ANNE VON DER HEIDEN
UND SARAH KOLB (HG.)

LOGIK DES IMAGINÄREN

Diagonale Wissenschaft nach Roger Caillois

Band 2: Spiel/Raum/Kunst/Theorie

Mit Beiträgen von Ruth Anderwald, Friedrich Balke, Mark Butler, Roger Caillois, Knut Ebeling, Karoline Feyertag, Peter Geble, Leonhard Grond, Thomas Hirschhorn, Ulrike Kadi, Joachim Koester, Sarah Kolb, Maria Muhle, Wolfgang Pircher, Sarah Rinderer, Elmar Schenkel und Georg Tscholl und einem Werkverzeichnis von Sarah Kolb.

August Verlag

Gedruckt mit Unterstützung der Kunstuniversität Linz.

INHALT

DAS UNIVERSUM DER SPIELE

DIE SPRACHE DER STEINE

VORWORT

Anne von der Heiden und Sarah Kolb

Fünf Jahre ist es her, dass wir mit dem ersten Band zu Roger Caillois' *Logik des Imaginären* neue Perspektiven auf das vielschichtige, ausgesprochen heterogene Œuvre geöffnet haben, mit dem Caillois den »transversalen Vorgehensweisen der Natur« nachzufolgen sucht und kategorische Unterscheidungen wie jene zwischen unterschiedlichen wissenschaftlichen und künstlerischen Disziplinen, Verfahrensweisen und Praktiken zugunsten eines Prinzips der Kohärenz in Zweifel zieht.[1] Die Beschäftigung mit Caillois' Werk bildet dabei nicht nur eine Klammer zwischen Theorie und Praxis, die Methoden künstlerischer Forschung miteinbezieht und deren Wert gerade an einer Kunstuniversität nicht hoch genug eingeschätzt werden kann, sie erweist sich im Kontext konkreter künstlerisch-forschender Praktiken auch als produktives Instrument der Zusammenarbeit.

Wenn der vorliegende Band nun die Kategorien *Spiel/Raum/Kunst/Theorie* in den Blick nimmt, so erklärt sich diese inhaltliche und methodische Zuspitzung nicht nur daher, dass Konzepte des Spielerischen, Fragen des Raums und die Erprobung vielfältiger Spielräume im Zusammenhang von Kunst und Theorie von Anfang an zu unseren gemeinsamen Interessen zählten. Wie die Rezeptionsgeschichte verdeutlicht, markieren die Kategorien Spiel, Raum, Kunst und Theorie auch innerhalb von Caillois' Œuvre zentrale Dreh- und Angelpunkte einer unermüdlichen Suche nach diagonalen Querverbindungen im Feld der Wissensproduktion. Anknüpfend an die frühen Extrapolationen zur »Versuchung durch den Raum«, in denen Caillois seinen posthumanistischen Ansatz mit einem trans-

[1] Heiden, Anne von der/Kolb, Sarah (Hg.): *Logik des Imaginären. Diagonale Wissenschaft nach Roger Caillois*, Bd. 1: *Versuchungen durch Natur, Kultur und Imagination*, Berlin 2018.

disziplinären Forschungsdesign und Methoden der künstlerischen Forschung verbindet,[2] lädt sein Werk nicht nur zu immer wieder überraschenden Assoziationen und Gedankenexperimenten ein – es ermutigt auch, außergewöhnliche Formen des Reflektierens zu erproben. So haben wir uns zuweilen auch selbst als Schreibende ›parallel zu Caillois‹[3] versucht und uns damit auf Bewegungen des Nachdenkens und Vorantastens eingelassen, die mit traditionellen wissenschaftlichen Formaten brechen, insbesondere auch Selbsttechniken erproben und dem Spielerischen, Prozessualen und Ergebnisoffenen große Bedeutung beimessen. Gemeinsam mit den eingeladenen Autor*innen versammelten wir – teils nachvollziehend und kontextualisierend, teils weiterdenkend und übertragend – Gegenstände, Bilder, Reflexionen unterschiedlicher Provenienz: künstlerische, poetische und wissenschaftliche Texte und Materialien, die sich vielfach den Rückseiten, dem Uneigentlichen, Blasen, Schäumen und Verkehrungen, den Transformationen des Subjekts, dunklen Räumen widmen. Zugleich war es uns wichtig, Caillois als Kunst- und Kulturwissenschaftler *avant la lettre* in den Blick zu rücken, seine Theoreme und Begrifflichkeiten historisch zu verorten und als Basis für zukünftige Studien ein Verzeichnis seiner Schriften und weiterführender Bearbeitungen zusammenzutragen.

Auf Grundlage dieser Überlegungen und Arbeitsprozesse gliedert sich der vorliegende Band in drei Sektionen, die jeweils von einem künstlerischen Beitrag eröffnet werden. Der erste Abschnitt zum *Zauber der Mimese* versammelt Beiträge, die einen Bogen von Caillois' künstlerisch-forschenden Erkundungen im Umfeld des Surrealismus über deren (kritische)

[2] Vgl. Caillois, Roger: »Mimétisme et psychasthénie légendaire«, in: *Minotaure* 7 (1935), S. 5–10; dt.: »Mimese und legendäre Psychasthenie«, in: ders.: *Méduse & Cie*, übers. v. Peter Geble, Berlin 2007, S. 25–43.

[3] Cézanne spricht 1897 in einem Brief an Joachim Gasquet von der Kunst als »Harmonie, die parallel zur Natur verläuft«, zit.n. Cézanne, Paul: *Correspondance*, hg. v. John Rewald, rev. u. erw. Neuausg., Paris 1978, S. 262.

Rezeption im Kontext von Psychoanalyse und Frankfurter Schule bis hin zu Fragen der Übersetzung in Wort und Bild spannen; darauf folgend widmet sich der Abschnitt zum *Universum der Spiele* unterschiedlichen Annäherungen an Caillois' Theorie der Spiele, die Zuständen von Taumel und Rausch nachspüren, die vom Atlasgebirge bis hin zu virtuellen Welten reichen und in denen die Welt mitunter selbst Kopf steht; der dritte Abschnitt schließlich versucht einen Ausblick auf die *Sprache der Steine*, Caillois' späte, gewichtige und zeitlose Leidenschaft, auf ihren Niederschlag in Literatur und Architektur, in Kunst und Religion, in Theorien und Phantasien von Aufstieg und Fall, im Denkbild der Kristallisation.

Was uns bei alldem besonders bemerkenswert erscheint, ist die unprätentiöse Bestimmtheit und Schärfe, mit der Caillois (vermeintliche) Gegensatzpaare wie Innen und Außen, Mensch und Tier, Natur und Kultur, Wissenschaft und Kunst, Universelles und Partikuläres, ja sogar Leben und Tod im Rahmen seiner »allgemeinen Phänomenologie der Einbildungskraft«[4] zusammenzudenken und ineinander aufzulösen versteht. In der Gesamtschau enthüllt sein Werk das Verhältnis zwischen Abgebildetem und Abbild, Dargestelltem und Darstellung, Signifikat und Signifikant als Frage der Inszenierung, deren Bedeutung und Stoßrichtung (frz. *sens*) sich nur jenen Betrachtenden erschließt, die sich längst nicht als unbeteiligte Dritte verstehen, da sie immer schon am Werkprozess teilhaben. Es ist kein Zufall, dass gerade Marcel Duchamp zu den Künstler*innen zählt, denen Caillois zumindest einige Zeilen widmet, wo er seine Kunstgeschichte sonst doch weitgehend ohne Eigennamen und zudem gerade auch im Namen der »Natur als Künstlerin« schreibt.[5] Mit der Behauptung »Ce sont

[4] Caillois, Roger: *Procès intellectuel de l'art*, in: ders., *Approches de l'imaginaire*, Paris 1974, S. 35–54, S. 50.

[5] Vgl. Caillois, Roger: »Natura pictrix. Anmerkungen zur figurativen und nichtfigurativen ›Malerei‹ in Natur und Kunst«, S. 15–26 im vorliegenden Band.

les regardeurs qui font les tableaux«, derzufolge die Betrachter*innen am Ende des Tages selbst verantwortlich sind für die Bilder, die sie sich machen, stellt Duchamp nicht weniger als die Bedeutung jener großen auktorialen Geste in Frage, mit der seine Ready-mades – entgegen der zugrundeliegenden Idee der »Indifferenz« – bis heute in Verbindung gebracht werden. Ebenso wie Duchamp ist auch Caillois kein Freund der Selbstanmaßung, und das in einer Zeit, in der die Kritik am Konzept des künstlerischen Genius noch im Bereich leiser Zukunftsmusik zu verorten ist. Unbeirrt und beflügelt durch den Irrsinn der Begeisterung folgte er seiner Überzeugung, dass die Kunst vom unscheinbaren Universum der Steine über Malereien und Schmetterlinge bis hin zum Formenzauber der entlegensten Galaxien reicht.

Dank

Wir danken allen Autor*innen für ihre Beiträge, die gute Zusammenarbeit, den inspirierenden Austausch und ihre Geduld angesichts der unerwarteten Verzögerungen, Peter Geble, Jana Mangold und Angelika Seppi für die Mitarbeit beim Lektorat sowie Sarah Rinderer, Caroline Salfinger, Christian Scherrer und Ann-Kathrin Strecker für ihre Unterstützung als Assistent*innen. Besonderer Dank gilt der Kunstuniversität Linz für die finanzielle Unterstützung, Erich Brinkmann für die Rechte am Beitrag von Roger Caillois, dem Muséum national d'Histoire naturelle in Paris und François Farges für die Abbildungen von Exponaten aus Caillois' Steinesammlung, Vera Weig für die grafische Gestaltung und dem August Verlag, vor allem Morten Paul und Maria Muhle, für die sorgsame und kenntnisreiche Begleitung des Projekts.

Linz, November 2023

NATURA PICTRIX. ANMERKUNGEN ZUR FIGURATIVEN UND NICHT-FIGURATIVEN ›MALEREI‹ IN NATUR UND KUNST

Roger Caillois

Unabhängig davon, ob Schmetterlingsflügel und Bilder einander tatsächlich so ähnlich sind wie behauptet, ist nicht zu leugnen, dass sich in der Geschichte der Malerei kaum Beispiele für eine besondere Vorliebe der Maler für diese buntschillernden und ihre Arbeit offenbar vorwegnehmenden Oberflächen entdecken lassen.[1] Im Gegenteil, sie scheinen sie zu meiden und nur ausnahmsweise, etwa als untergeordnetes Beiwerk eines Stilllebens, wiederzugeben. Es kommt ihnen nicht in den Sinn, beispielsweise den Ausschnitt eines beliebigen Schmetterlingsflügels zum Vorwurf zu nehmen, ihn auf die Größe einer Leinwand zu bringen und dabei peinlich genau Motive, Proportionen und Farben beizubehalten. Ich stelle diese Zurückhaltung fest, ohne sie zu kommentieren. Ich vermute allerdings, dass sie davon rührt, dass der Flügel bereits als Bild wahrgenommen wird; ihn zu malen hieße daher weniger, die Natur darzustellen, als einem Werk ein Duplikat zur Seite zu stellen.

[1] Anm. d. Hg.: Dieser Text wurde unter dem gleichlautenden französischen Originaltitel erstveröffentlicht in den *Cahiers du Musée de poche* 1 (März 1959) und wiederabgedruckt in Caillois, Roger: *Méduse et Cie*, Paris 1960, S. 54–68. In deutscher Übersetzung wurde der Text erstveröffentlicht in *Méduse & Cie*, in: ders.: *Méduse & Cie*, mit »Die Gottesanbeterin« und »Mimese und legendäre Psychasthenie«, übers. v. Peter Geble, Berlin 2007, S. 45–139, S. 72–80. Die deutsche Fassung wurde für den vorliegenden Wiederabdruck in Zusammenarbeit mit dem Übersetzer durchgesehen und in die neue deutsche Rechtschreibung übertragen.

Jedenfalls scheint es möglich, die Flügel der Schmetterlinge als *ihre* Bilder oder, wenn man so will, als das genaue Gegenteil der menschlichen Bilder in Betracht zu ziehen, sind sie doch die einzigen ästhetischen Gebilde, die bei Lebewesen vorstellbar sind, die zum Automatismus verurteilt und nur als Gattung, nicht aber als freie Individuen zu kreativen Leistungen in der Lage sind. Eine Parallele hierzu bilden die Gesteine mit ihren natürlichen Zeichnungen, deren Ähnlichkeit mit den Werken der Malkunst die Einbildungskraft der Betrachter oft derart beeindruckt hat, dass ihnen die Natur bisweilen selbst als eine Art Künstlerin vorkam.

Solange – wie es heute heißt – figurativ gemalt wurde, solange Malen darin bestand, Wesen, Szenen, Landschaften oder Gegenstände darzustellen, so lange glaubte man auch, dieselben Darstellungen in den Zeichnungen des Marmors, des Jaspis oder des Achats wiederzuerkennen. Es handelt sich zwar um trügerische, fast gänzlich willkürliche Deutungen, die jedoch umso aufschlussreicher sind, als die behauptete Analogie kaum tragfähig und schwer zu entschlüsseln ist.

Dadurch, dass die Formen in der zeitgenössischen nichtfigurativen Malerei ihre Gestalthaftigkeit eingebüßt haben und keine bestimmten Wesen oder Gegenstände mehr darstellen, ist die Ähnlichkeit heutiger Bilder mit den Zeichnungen und Farben gewisser Gesteine bisweilen so offensichtlich, dass man meinen könnte, die Maler legten es darauf an, den Stein zu kopieren. Selbstverständlich ist dem nicht so. Dem Künstler ist das Mineral, dessen getreues Duplikat sein Bild zu sein scheint, völlig unbekannt. Außerdem vermeidet er tunlichst alles, was auch nur entfernt an irgendeine Form von Wiedergabe erinnert. Und doch kann man sich des Eindrucks nicht erwehren, als zielte seine Kunst – ohne dass ihm dies bewusst wäre – darauf ab, über eine Vielzahl tastender und immer auch mangelhafter Versuche letztendlich doch das perfekte Gegenstück zu jenen Motiv- und Farbkompositionen zu schaffen, die vor Jahrmillionen von den unveränderlichen und blind wirkenden Gesetzen der Geologie hervorgebracht wurden.

Überdies lassen sich vielfältige Überkreuzungen, Interferenzen, ja sogar Fälschungen zwischen den beiden Ordnungen, dem Natürlichen und dem Künstlichen, feststellen, Überschneidungen, die widerstreitenden, immer aber auch verlockenden Herausforderungen entsprechen, so dass es wohl der Mühe wert ist, am Beispiel der mineralischen Welt die verschiedenen Formen von Einverständnis oder Konkurrenz zwischen der Natur und dem Künstler genauer zu untersuchen.

Seit der Antike haben sich die Menschen bemüht, die Flecken und Äderungen der Steine zu deuten und darin Tiere, Personen, Landschaften, ja ganze Szenen wiederzuerkennen. Plinius der Ältere berichtet, dass Pyrrhus einen Achat besaß, der, *ohne dass die Kunst dazu beigetragen hätte*, Apollon darstellte, eine Lyra in der Hand, begleitet von den neun Musen, jede mit ihren jeweiligen Attributen.[2] Man diskutierte Jahrhunderte lang über den mysteriösen Achat: Im 16. Jahrhundert meint Girolamo Cardano, dass es sich um eine dem Stein hinzugefügte Malerei handle,[3] im 17. Jahrhundert behauptet Gaffarel, Bibliothekar von Richelieu und Kaplan des Königs, es handle sich um ein spontanes Wunder.[4] Tatsächlich werden die Bildersteine seit langem gesucht, katalogisiert, verschönert, vervollständigt, gefälscht, ja sogar künstlich hergestellt. Zwischen dem 13. und dem 17. Jahrhundert entwickelt sich bei gewissen Kunstliebhabern oder Einzelpersonen eine regelrechte Leidenschaft für diese Bilder, die die Natur in Achat, Marmor, Jaspis

[2] Gaius Plinius Secundus Maior: *Naturkunde / Naturalis Historia*, Buch XXXVII: *Steine: Edelsteine, Gemmen, Bernstein*, Lateinisch-Deutsch, hg. v. Roderich König u. Gerhard Winkler, in Zusammenarbeit mit Joachim Hopp u. Wolfgang Glöckner, Berlin 2012, Kapitel 3.

[3] Cardano, Girolamo [Hieronymi Cardani Medici Mediolanensis]: *De Subtilitate*, Buch XXI, Nürnberg 1550, S. 181.

[4] Gaffarel, Jacques: *Curiositez inouyes sur la sculpture talismanique des Persans*, Paris 1629.

und Porphyr eingeschlossen zu haben scheint. Jurgis Baltrušaitis, der die Geschichte dieser Mode nachgezeichnet hat,[5] stellt ihr nicht zu Unrecht den berühmten Ratschlag Leonardo da Vincis voran: »Wenn du manches Gemäuer mit verschiedenen Flecken oder mit einem Gemisch aus verschiedenartigen Steinen anschaust und du dir gerade eine Landschaft ausdenken sollst, so kannst du dort Bilder verschiedener Landschaften mit Bergen, Flüssen, Felsen, Bäumen, großen Ebenen, Tälern und Hügeln verschiedener Art sehen; ebenso kannst du dort verschiedene Schlachten und Gestalten mit lebhaften Gebärden, seltsame Gesichter und Gewänder und unendlich viele Dinge sehen, die du dann in vollendeter Form und guter Gestalt wiedergeben kannst. Mit solchem Gemäuer und Steingemisch geht es wie mit den Kirchenglocken, du findest in ihrem Schlagen jeden Namen und jedes Wort, das du dir vorstellst.«[6]

Philipp Hainhofer, ein Augsburger Kaufmann, trieb sogar Handel mit diesen Bildersteinen, die er aus Italien kommen ließ. Zu seinen Kunden zählten der Herzog von Pommern und der König von Schweden. Der Stein gibt den Bildgrund ab: Wolkensäulen, zusammenbrechende Wogen eines aufgewühlten Meeres, das ganze Dekor, das die Zeichnungen des Minerals ohne jedes Zutun darzubieten scheinen. Der Künstler begnügt sich damit, menschliche Gestalten hinzuzufügen. Johann König malt auf einen Achat in dieser Manier den Durchzug durch das Rote Meer und das Jüngste Gericht; Antonio Carracci auf eine Alabasterplatte die Verkündigung und eine Szene mit Maria mit dem Kind und dem heiligen Fran-

[5] Baltrušaitis, Jurgis: *Aberrations. Les perspectives dépravées*, Paris 1957, Teil 3, »Pierres imagées«, S. 47–72; dt.: *Imaginäre Realitäten. Fiktion und Illusion als produktive Kraft*, Köln 1984, »Bilder im Stein«, S. 55–89. Ich entnehme dieser aufschlussreichen Untersuchung fast alle folgenden Angaben über die Bildersteine.

[6] Manuskript 2038 der Bibliothèque Nationale, Paris, S. 22, verso. Zit.n. Da Vinci, Leonardo: *Sämtliche Gemälde und die Schriften zur Malerei*, hg., komm. u. eingel. v. André Chastel, übers. v. Marianne Schneider, München 1990, S. 385.

ziskus. »Der Maler«, sagt Baltrušaitis, »hat seine anmutigen Gestalten mit Bedacht angeordnet, doch das übernatürliche Element, der Hauch des Geheimnisses, verdankt sich der Natur«.[7] Es verdankt sich den träge dahinfließenden Mäandern des Alabasters, dessen milchig-trübe Windungen das Ganze in ein jenseitiges Licht tauchen.

Wir haben es also mit einer regelrechten Zusammenarbeit zwischen dem Künstler und der Natur zu tun. In der Mehrzahl der Fälle ist der Anteil des Künstlers sehr gering; häufig fehlt er, wie bei einigen bemerkenswerten Stücken aus der Sammlung des Kopenhagener Arztes Ole Worm, sogar ganz. In dem 1655 in Leyden veröffentlichten Sammlungskatalog wird namentlich ein ungeschliffener Marmor erwähnt, dessen Adern eine Stadt an zwei Ufern, mit Türmen und Ruinen, zeigen, »fein umrissen, als wären sie vom Pinsel eines Künstlers gemalt«.[8] Diese Beschreibung bezieht sich zweifellos auf einen jener Ferrareser Marmorsteine, deren Risse die Ansicht zerstörter Städte wiedergeben. Die Engländer nennen sie *ruin marble*.[9] Ihre vertikalen Linien, die von anderen Bruchlinien spitzwinklig durchkreuzt werden, erinnern gelegentlich an jene dichtgedrängten Stadtansichten mit ihren schematisierten Wolkenkratzern, die wir von Bernard Buffet kennen.

Im Allgemeinen unterscheiden die Kataloge jener Zeit sorgfältig zwischen Steinen, die vom Künstler vervollständigt wurden und mit der Formel »künstlerisch bearbeitet« (*ars adaptavit*) bezeichnet werden, und Mineralien, die unverändert belassen wurden und durch folgende Beschreibungen definiert

[7] Baltrušaitis: *Aberrations*, S. 56; dt.: *Imaginäre Realitäten*, S. 63.

[8] Worm, Ole: *Museum Wormianum, Seu Historia Rerum Rariorum, Tam Naturalium, quam Artificialium, tam Domesticarum, quam Exoticarum, quae Hafniae Danorum in aedibus Authoris servantur: Variis & accuratis Iconibus illustrata*, Leyden, Amsterdam 1655, S. 44, https://digi.ub.uni-heidelberg.de/diglit/worm1655/0059 (aufgerufen: 3.7.2023, Anm. d. Hg.).

[9] Eine andere Marmorart, auf der das Auge Bäume und Büsche zu sehen glaubt, wird *landscape marble* genannt.

werden: »von der Natur gemalt« (*a natura depicti*) oder »natürlich, ohne jedes künstlerische Einwirken« (*a natura sine omni artis ministerio*).

Es gibt indes bei diesen natürlichen Bildern eine Zwischenform, die in den Katalogen offenbar nicht berücksichtigt wurde und die auch Baltrušaitis nicht erwähnt. Sie entsteht dadurch, dass man Marmor- oder Porphyrplatten mit vielversprechenden Adern *senkrecht* durchschneidet. Anschließend ›öffnet‹ der Künstler den Stein, indem er – so wie man ein Buch aufschlägt – die beiden Hälften um eine Achse herum aufklappt und dadurch eine Symmetrie schafft, die die Natur selbst nicht aufweist. Das gesuchte Bild entsteht allein durch diese hinzutretende Symmetrie. Nicht anders machen es Kinder, wenn sie ein Blatt Papier falten, auf dem sie zuvor einen Tintenklecks verteilt haben. Die Steintafeln, die den Narthex und den Hauptbau der Sophienkirche in Konstantinopel im Innern schmücken, sind in dieser Technik ausgeführt. Die Adern der Steinplatten, verdoppelt und nebeneinandergestellt, stellen Kamele, Dämonen und etliche andere, mehr oder weniger unbestimmte Gestalten dar, die der Einbildungskraft des Betrachters das eine Mal relativ deutlich die Richtung vorgeben, die ihr das andere Mal aber auch wieder genug Raum lassen, um selbst herauszufinden, was sie in ihnen wahrnehmen möchte.

In diesem letzten Fall bereichert der Künstler die Natur nicht, noch verändert er die Formen, die sie ihm bietet. Vielmehr kombiniert er sie entsprechend einer Symmetrie, die den trügerischen Eindruck einer bestimmten Gestalt vermittelt. Er verändert die Elemente nicht, sondern isoliert sie, um sie anschließend mittels einer geschickten Verdopplung des gewählten Motivs zu figurativen Zwecken zu verwenden.

Im Fall der Sophienkirche handelt es sich um eine ausgeklügelte Manipulation, die die Ausschmückung des Innenraums zum Ziel hat und sich dabei überaus effektiv der Geometrie und ihrer Eigenschaften bedient. Im westlichen Teil Europas hat man sich hingegen eher von den Wundern der unerklärlichen – und überdies willkürlichen und folgenlosen – Analogie leiten lassen, die man bisweilen in den Zeichnungen gewisser Steine zu erkennen glaubte, in denen sich die verschiedensten Dinge aus aller Herren Länder abzeichnen.

Ein Naturforscher aus Bologna, Ulisse Aldrovandi (1522–1605), gibt in seinem 1648 von Bartolomeo Ambrosini veröffentlichten Werk über die Mineralogie, dem *Museum Metallicum*, das für die damalige Zeit vollständigste Verzeichnis dieser Merkwürdigkeiten, die er als Wunder der Natur ansieht. Mehr noch, er klassifiziert den Marmor nach seinen figürlichen Eigenschaften und unterscheidet Marmor mit religiösen Darstellungen, Marmor, der »Flüsse nachahmt«, schäumenden Marmor, Marmor mit Wäldern, mit Gesichtern, mit Hunden, Fischen, Drachen usw. Das Werk ist, seiner Bedeutung entsprechend, reich illustriert.

Athanasius Kircher hat in seinem *Mundus subterraneus* aus Aldrovandis Dokumentation viele Anregungen und Anleihen übernommen. Er stellt seinerseits eine Klassifikation der Naturwunder auf und bietet für sie mehrere unterschiedliche Erklärungen, die von allgemeinsten physischen Eigenschaften bis zu göttlichen Verfügungen reichen. Denn Gott verschmäht es ihm zufolge nicht, gegebenenfalls mit der Natur zusammenzuwirken, wie etwa im Fall der chinesischen Krabben, in deren Panzer er Kreuzzeichen einprägte, oder beim Splintholz japanischer Bäume.[10]

Wie die italienischen Kataloge seiner Zeit ist auch Kircher voll des Lobes über die Vorzüge der von den Marmor- und Chalzedonsteinen spontan dargebotenen Bilder: So heißt es von einem eingeäscherten Troja, Xerxes hätte es nicht besser malen können; von den Landschaften, Städten, Gebirgen und

[10] Kircher, Athanasius: *Mundus subterraneus*, Amsterdam 1664, Bd. II, Buch VIII, At. 1, Kap. 8 u. 9, S. 22–45.

Himmeln, sie würden von den Liebhabern höher geschätzt als gewöhnliche Kunstwerke.

Um diesen Überschwang etwas zu dämpfen, mag es angebracht sein, auf zwei Dinge hinzuweisen. Zum einen handelt es sich stets um Deutungen von notwendigerweise unvollkommenen und wirren Zeichnungen, in denen die Einbildungskraft vertraute Formen wiedererkennt, deren Konfiguration sie jedoch vollenden oder zumindest bestätigen muss, so dass der Künstler die ungenaue Darstellung des Steins häufig berichtigt oder vervollständigt. Er bereichert die Natur um seine Kunst, er spielt mit ihr, wie Hainhofer im Briefwechsel mit seinem Bruder erklärt (*ars vnd natura mit ain ander spilen*).[11] Analogie und Ähnlichkeit sind die Leitbegriffe dieser Ästhetik und so erkennt man in den unerklärlichen Bildern – in Form religiöser Darstellungen – gerne das Wirken Gottes: Kruzifixe, Jungfrauen, Heilige, Einsiedler, Ungläubige mit Turbanen werden ebenso entdeckt wie Ansichten von zerstörten Städten, undurchdringliche Wälder, lange Wüstenstreifen, aus denen sich unvorstellbare Gebirgsketten erheben, oder Schaumkronen, die auf Riffen tanzen. Es wird viel gemutmaßt, gerätselt und entschlüsselt, wobei auch die Phantasie nicht zu kurz kommt.

Zum anderen ist keiner dieser Steine signiert: Es sind Wunder der Natur. Was an ihnen interessiert, ist die formale Ähnlichkeit, nicht der eigentlich ästhetische Wert. Keiner der Künstler kam – wie später Marcel Duchamp mit seinen Readymades – auf den insgesamt doch sehr fragwürdigen Gedanken, ihnen allein durch die Gnade seiner Wahl zur Auszeichnung eines persönlichen Kunstwerks zu verhelfen. Eine solche Auszeichnung veränderte Wesen und Bestimmung der betreffenden Objekte allein dadurch, dass sie den Betrachter zwingt, selbst noch die banalste Erscheinung nach neuen Normen zu

[11] Philipp Hainhofer zit.n. Baltrušaitis: *Aberrations*, S. 52; dt.: *Imaginäre Realitäten*, S. 59.

beurteilen. Duchamps Kühnheit bedeutet, dass das Wesentliche in der Verantwortung liegt, die der Künstler übernimmt, indem einen beliebigen Gegenstand signiert, den er nicht einmal selbst hergestellt haben muss. Dennoch eignet er ihn sich souverän an, indem er ihn als ein Werk ausweist, das, ebenso wie das Gemälde eines Meisters, den Eindruck von Kunst hervorzurufen vermag.

Marcel Duchamp ist nicht der erste, der diesen Weg gegangen ist. Bereits im 19. Jahrhundert gab es in China Künstler, die sich, anstatt zu malen, damit begnügten, Marmorplatten zurechtzuschneiden, zu rahmen, ihnen einen Titel zu geben, sie zu signieren und sie so, als handelte es sich um wirkliche Gemälde, dem Publikum zu präsentieren. Eine dieser Platten, auf der der ›Maler‹ neben seinem Siegel lediglich seinen Namen K'iao Chan und den Titel *Einsamer Held* (*Ying hiong ton li*) eingraviert hat, befindet sich in meinem Besitz. Eine weitere, auch sie ein Marmorstein und ähnlich signiert, befindet sich im Londoner Natural History Museum. Ich erkenne hier zwei Neuerungen, die zu der abendländischen Leidenschaft für die Bildersteine in einem deutlichen Kontrast stehen: Die erste ist die Signatur; die zweite die Tatsache, dass hier mehr die Harmonie der Formen und Farben gesucht wird als eine wundersame und flüchtige Ähnlichkeit mit irgendwelchen bestimmten Bildern oder Szenen aus dem Bereich der Natur oder der Geschichte. In China hatte die Praxis der dekorativen Kalligraphie die Augen zweifelsohne seit langem darin geschult, die Qualität einer nicht-figurativen Kunst zu beurteilen. Nicht dass die chinesischen Steine ihrer Definition immer vollkommen entsprechen. Allein der Titel zwingt ihnen ein Sujet auf, aber es ist doch offenkundig, dass es sich bei dieser Entsprechung sehr viel stärker um eine affektive oder abstrakte als um eine morphologische Entsprechung handelt.

Nachdem sich im Westen die Maler von ihrer Bindung an das Sujet befreit haben, legen sie es nun darauf an, die üblichen

Formen zu zerstören. Sie bemühen sich, sich so weit wie möglich vom Bestand der Figuren zu entfernen, die dem Menschen durch die Wahrnehmung der Welt der Festkörper vertraut geworden ist. Daher all diese Linien und Striche, Tupfen und Flecken, die der Feinstruktur der Materie, wie sie die Präzisionsinstrumente (Mikroskope, Spektroskope usw.) zeigen, sehr viel näher stehen als der üblichen Wahrnehmung. Ein solches Bild ähnelt einem Gewebeschnitt, einer zwischen zwei Glasplättchen zerquetschten und durch das Objektiv vergrößerten Schicht Hollundermark, einem Insektenfühler, einer ausgefaserten Flamme oder weißglühendem Silber, einem jeden Bild, das die Technik heute von der Materie gibt, sowie es ihr gelingt, ihre innere Architektur offenzulegen. Das geht so weit, dass es selbst für einen erfahrenen Kunstkritiker schwierig sein dürfte, zwischen guten Farbreproduktionen zeitgenössischer Bilder und wissenschaftlichen oder industriellen Photographien zu unterscheiden, wie man sie in großer Zahl in den entsprechenden Fachpublikationen findet.

Man vertausche nur einmal die Bildlegenden: Kaum jemand wird imstande sein, sie wieder richtig zuzuordnen. Den chinesischen Präzedenzfall vor Augen, machte ich mich einmal daran, einige Mineralproben, die ich nach langer Suche mit Bedacht in naturgeschichtlichen Kabinetten ausgewählt hatte, in Bilder zu verwandeln. Weder was die Komposition, noch was die Farben, noch insbesondere was den unabdingbaren Erfolg angeht, der das Wesentliche des Kunstwerks ist, erscheinen sie mir als weniger gelungen als die subtilsten Ergebnisse der ambitionierten Malerei von heute. Im Gegenteil, sowie diese Steine (Septarien, Labradorite, Serpentine, Utahite, Malachite, Korsite, orbikulare Granite, Achate, Kalksteine mit Spuren von Meerlilien, und viele andere mehr) poliert und entsprechend zentriert sind – der menschliche Eingriff beschränkt sich auf diese Kadrierung, das Ausschneiden eines passenden Rechtecks – bezeugen sowohl ihre Komposition als auch ihre Färbung eine ergreifende Sicherheit, Delikatesse und Kühnheit. Sie sind tatsächlich die ›Bilder‹ der Natur. In derselben Weise habe ich neben eine chinesische Skulptur, die nur aus einem einzigen polierten und stark ausgehöhlten Bergkristall besteht und in sich tiefe Einbuchtungen und mächtige Auswölbungen eines imaginären, komplexen und verwirrenden Torsos vereinigt, einen anderen, kaum weniger abstrakten, ja fast schon geometrischen Kristall gestellt, in dessen Transparenz sich ein schräg verlaufender Strahl feiner Rutilnadeln abzeichnet – etwas weniger transparent in diesem vollkommenen Licht und gleichsam ein schüchterner Vorbote der Dunkelheit.

Athanasius Kircher, der begeisterte Panegyriker der *Unterirdischen Welt*, erklärt, die Natur sei ein Geometer, ein Astronom, sogar ein Maler, der Polygone, Sterne, Landschaften und Gesichter besser wiedergibt als ein Künstler dies könnte. Er legt für diese Behauptung mehr – und leider auch sehr anfechtbare – Beweise vor, als von ihm verlangt, hat dabei aber nur die figurative Malerei im Auge, und hier wird man ihm wohl widersprechen müssen. Anders verhält es sich hingegen bei der nicht-figurativen Malerei, wenn die Künstler die Darstellung des absolut Elementaren anstreben, jenseits des Formalen und Distinkten, und unabhängig davon, ob sie sich von den Beispielen aus der Mineralogie oder von den polychromen Tafeln der technischen Fachliteratur inspirieren lassen oder nicht. Wenn sie Stillleben vorlegen, die – häufig ohne dass es ihnen bewusst wäre – erstaunlich genau (manchmal zum Verwechseln ähnlich) dem Bild entsprechen, das sich unsere Zeit zum ersten Mal vom innersten Gewebe der Materie macht, scheint ihnen die Natur auf diesem unerschlossenen Gebiet den Weg geebnet zu haben. Im Ausschnitt eines Schmetterlingsflügels, im Motiv seltener Steine zeigt sich, dass sie ihnen, lange bevor sie selbst zu malen begonnen haben, als ›Malerin‹ vorausging. Sowohl in der aleatorischen Chemie der alljährlichen Verpuppungen als auch in den geheimnisvollen und langsamen Vorgängen der Geologie hat sie ihre Erfolge vorweggenommen. Als sich die Maler von ihrem herkömmlichen Anspruch entfernten, das menschliche Universum darzustellen, haben sie offenbar einen Weg eingeschlagen, auf dem sie sich früher oder später unweigerlich der schlimmsten Konkurrenz stellen mussten: nämlich der mit der Natur selbst.

Der Vergleich ist unvermeidlich: Die Kriterien, die gestatten, Originalität, Reiz und Wert von Werken zu beurteilen, sind in dem einen wie in dem anderen Fall die gleichen. Was sich unterscheidet, ist allein die Art der Entstehung. Hier Idee und Ausführung eines selbständigen Werks durch einen absolut einzigartigen, ja unersetzlichen Künstler. Dort die undurchsichtigen, ganze Zeitalter übergreifenden Vorgänge einer anonymen Physik. Man darf jedoch nur nach den Ergebnissen urteilen, auf der Grundlage der reinen Ästhetik und ausschließlich nach den plastischen Qualitäten der vorliegenden Werke. Warum also sollte man von vornherein Kompositionen von einer offensichtlichen und unbestreitbaren Pracht, häufig von einer erdrückenden Überlegenheit, allein durch das Argument herabwürdigen, sie verdankten sich nicht der Initiative und der Mühe eines intelligenten Wesens, sondern der wirren Metamorphose eines anderen, weniger differenzierten Teils der Materie?

Die Maler haben selbst diesen Wettbewerb und ein so großes Risiko gesucht. Haben sie, als sie das Formlose gewählt haben, bedacht, dass in den urzeitlichen Verglasungen des tiefen Laboratoriums der Lavamassen eine unfassbare Kraft am Werk war, die ihrer edlen und schwankenden Kühnheit mit einer traumwandlerischen Sicherheit vorausging? Wie auch immer. Menschliche Größe bestand stets darin, fehlbar zu sein und tastend Neues hervorzubringen.

Aus dem Französischen von Peter Geble

Abb. 1
Le Masque / Die Maske, Turmalin, 35 x 35 x 1 cm, Sammlung Roger Caillois.
Foto: François Farges.

EINFÜHRUNG: TAUMEL ALS METHODE. ZUR VERSUCHUNG DURCH DIE DIAGONALEN WISSENSCHAFTEN

Sarah Kolb

Dem Menschen, der sich nie außer
sich gefühlt hat, fehlt etwas.[1]

Roger Caillois

In ihren gegenläufigen Bewegungen und widerständigen Momenten, in ihrer Intensität und Unberechenbarkeit, in ihrem Streben und Straucheln und Tasten und Taumeln sind Versuch und Versuchung immer schon aufs Engste ineinander verschlungen. Ob in der Musik oder im Tanz, im Schamanismus oder in der Mystik, in Kunst oder Literatur, Wissenschaft oder Philosophie – wo immer sich Räume und Zeiten für Unerwartetes auftun und ihren Reiz entfalten, müssen Forschende und Kunstschaffende, ja Teilhabende aller Art damit rechnen, Boden zu verlieren und ins Wanken zu geraten. »*Non cogitat qui non experitur*«: Wer nicht experimentiert, erlangt kein Wissen, besagt eine Alchimistenweisheit, die die Schriftstellerin Marguerite Yourcenar, ihres Zeichens Nachfolgerin von Caillois und damit erste Frau in den Reihen der Académie française, in ihrer Würdigung des Verstorbenen mit Verweis auf einen

1 Caillois, Roger: *Der Fluss Alpheios*, übers. u. m. Anm. v. Rainer G. Schmidt, hg. u. m. einem Nachw. v. Anne von der Heiden u. Sarah Kolb, Berlin 2016, S. 31. Im Orig: *Le Fleuve Alphée*, Paris 1978, S. 45: »Il manque quelque chose à l'homme qui ne s'est jamais senti éperdu.«

griechischen Ausspruch noch weiter zuspitzt: »*Nicht verstehen heißt hinnehmen müssen.*«[2]

Mit dem Bewusstsein des Hinnehmen-*Müssens* jedoch rückt das *Nicht*-Verstehen auch als eine Triebfeder der Neugierde und Erfindungskunst in den Blick, und es öffnet sich die Perspektive auf ein mögliches Verstehen-*Können*, in dem Phänomene jenseits aller situativen Unschärfe und Flüchtigkeit begreifbar werden. Nur wer sich nicht vorschnell über Konflikte, Hindernisse und Irritationen hinwegsetzt und sich ohne Vorbehalte einlässt auf das Spiel des Entstehens und Vergehens, kann am Ende des Tages wie Caillois von sich behaupten, dass er »*kein Verständnis hat für das Nicht-Verstehen*, folglich entschlossen ist, seine Suche so weit wie irgend möglich zu treiben, sei sie auch noch so gefährlich, und mit aller Kraft gegen das anzugehen, was sich ihr seiner Meinung nach entgegenstellt«.[3]

***

Roger Caillois steht mit seinen diagonalen Wissenschaften in einer langen Tradition von Experimentierfreudigen, die den Taumel als kreative Ressource und Instrument der Emanzipation zu nutzen und ins Werk zu setzen verstanden – einer Tradition, deren prähistorische Wurzeln bis zu den Naturreligionen reichen und deren Ausläufer nicht zufällig mit entsprechenden Phänomenen aus der Tierwelt konvergieren, wie bei physisch oder chemisch induzierten Trance- und Rauschzu-

[2] Zit.n. Yourcenar, Marguerite: »Der Mann, der die Steine liebte«, Antrittsrede an der Académie française vom 22. Januar 1981, in: dies.: *Die Zeit, die große Bildnerin. Essays über Mythen, Geschichte und Literatur*, München, Wien 1998, S. 226–250, S. 228. In Yourcenars Übersetzung lautet der Ausspruch: »*Ne pas comprendre, mais subir.*« Zit.n. »Discours de réception de Marguerite Yourcenar«, https://www.academie-francaise.fr/discours-de-reception-de-marguerite-yourcenar (aufgerufen: 3.7.2023).

[3] Caillois zit.n. Yourcenar: »Der Mann, der die Steine liebte«, in: *Die Zeit, die große Bildnerin*, S. 227.

ständen, Drehtänzen, Geschwindigkeitsrausch oder Phänomenen des Mimetismus.[4] Zugleich ist das Prinzip des Vertigo in seinem Bedingtsein durch schnelle Rotationsbewegungen oder schwindelerregende Höhen und Tiefen (der französische Begriff *vertige* umfasst sowohl den Taumel wie auch das Schwindelgefühl) aber auch in die Grundfesten neuzeitlicher Philosophie und Wissenschaft eingeschrieben.[5] So kommt es nicht nur in Nikolaus Kopernikus' Theorie von den »Umdrehungen der Himmelssphären« (*De revolutionibus orbium coelestium*, 1543) zum Tragen, die ein ganzes Weltbild ins Wanken bringt, indem sie die zentrale Stellung des Menschen im Universum in Frage stellt. Das Prinzip des Vertigo entfaltet seine destabilisierende und inspirierende Wirkung auch in René Descartes' Theorie der Schwerkraft verursachenden Materiewirbel (*Principia philosophiæ*, 1644), in Christiaan Huygens' Wirbelmodell der Gravitationsbeschleunigung (*De vis centrifuga*, 1673) und in Isaac Newtons allgemeinem Gravitationsgesetz (*Philosophiæ naturalis principia mathematica*, 1687). In Verbindung mit dem Leib-Seele-Dualismus und dem Verfahren des »methodischen Zweifels«, die mit dem Cartesianismus als neue

[4] Vgl. bes. Caillois, Roger: *Le Mythe et l'homme*, Paris 1938 (dt.: *Der Mythos und der Mensch*, übers. u. m. einem Nachw. v. Peter Geble, hg. v. Anne von der Heiden u. Sarah Kolb, Berlin 2022); *L'Homme et le sacré*, Paris 1939; durch ein Vorw. u. drei Anhänge über den Sexus, das Spiel u. den Krieg in ihren Beziehungen zum Heiligen erw. Ausg., Paris 1950 (dt.: *Der Mensch und das Heilige* (1950), übers. v. Brigitte Weidmann, m. einem Nachw. v. Peter Geble, München, Wien 1988); ders: *Les Jeux et les Hommes. Le Masque et le Vertige*, Paris 1958 (dt.: *Die Spiele und die Menschen. Maske und Rausch*, übers. u. m. einem Nachw. v. Peter Geble, Berlin 2017); ders.: *Méduse et Cie*, Paris 1960 (dt.: *Méduse & Cie*, übers. v. Peter Geble, Berlin 2007).

[5] Zur Kulturgeschichte des Taumels in der Neuzeit, vgl. bes. Simmen, Jeannot: *Vertigo. Schwindel der modernen Kunst*, hg. v. Bazon Brock u. Achim Preiß, München 1990; den mit Textbeiträgen ausgestatteten Ausstellungskatalog *Vertigo. Op Art und eine Geschichte des Schwindels 1520 bis 1970*, hg. v. Eva Badura-Triska u. Markus Wörgötter, Museum moderner Kunst Wien u. Kunstmuseum Stuttgart, Köln 2019; den Band *Schwindelerfahrungen. Zur kulturhistorischen Diagnose eines vieldeutigen Symptoms*, hg. v. Rolf-Peter Janz, Fabian Stoermer u. Andreas Hiepko, Amsterdam, New York 2003; sowie den künstlerisch-wissenschaftlichen Band *Dizziness – A Resource*, hg. v. Ruth Anderwald, Karoline Feyertag u. Leonhard Grond, Berlin, New York 2019.

Standards gelten,[6] bedeutet die stufenweise Annäherung an das Konzept der Schwerkraft[7] in philosophischer und psychologischer Hinsicht einen Quantensprung für die menschliche Orientierung in Raum und Zeit, die nunmehr einem dynamischen Kräfteverhältnis von unbelebter und belebter Materie, einem Wechselspiel von (universeller, physikalischer, unbewusster) Anziehung und (situativer, willentlicher, bewusster) Abstoßung zu unterliegen scheint. Auch Caillois wird der Schwerkraft eine zentrale Rolle für die Entwicklung der Lebensformen bis hin zum Menschen zuweisen:

> Die Schwerkraft regiert die lebenden Organismen ebenso wie die unbelebte Materie. Das Leben, das Entwicklung ist, zwingt jedoch dazu, Gleichgewicht und Wachstum zu verbinden. [...] Pflanzen und Tiere zeigen von nun an eine Seite, die zum Himmel weist, und eine entgegengesetzte Seite, die auf dem Boden ruht. [...] Die senkrechte Achse, die durch die so definierte Ebene läuft, ist jedoch zum Vektor geworden, zur ausgezeichneten und irreversiblen Richtung, die sie aus der neutralen kristallinen Existenz herausreißt. [...] Die bloße Tatsache, dass die Schwerkraft den Fall bewirkt, musste Antithesen hervorbringen – und brachte sie auch hervor –, die sich unverzüglich zu einem streng manichäischen Universum organisierten. Oben und unten, das ist

[6] Mit dem Verfahren des »methodischen Zweifels« (*Meditationes de prima philosophia*, 1641) etabliert Descartes eine grundlegende Kritik der sinnlichen Erfahrung als solides Fundament für die abendländische Metaphysik und Erkenntnistheorie, die im berühmten »cogito ergo sum« gipfelt. Interessant ist in diesem Zusammenhang auch Descartes' eigenes Naheverhältnis zum Rausch. Vgl. Pagès, Frédéric: »Descartes und das Cannabis. Über das Leben eines französischen Philosophen in Holland«, in: *Lettre International* 55 (Winter 2001), S. 99–106.

[7] Tatsächlich zählt die Schwerkraft bis heute zu den ungelösten Problemen der Physik, insofern sie im Gegensatz zu den drei anderen physikalischen Grundkräften (starke Wechselwirkung, schwache Wechselwirkung und Elektromagnetismus) nicht mit der Quantentheorie vereinbar ist. Mit der Theorie der Quantengravitation wird aktuell eine Vereinigung von Quantenmechanik und allgemeiner Relativitätstheorie versucht.

> auch das Hohe und das Niedere, das Ätherische und das Grobe, der Geist und die Materie, die *erhabenen* Gefühle und die *niederen* Instinkte, das Leichte und das Schwere, Aufstieg und Niedergang. An dem einen Pol befindet sich die Vernunft und die Uneigennützigkeit, an dem anderen das uneingestehbare Verlangen und die Sinnlichkeit.[8]

Einen ersten bildhaften Niederschlag findet das neu entdeckte labile Spannungsverhältnis zwischen Zuständen der Schwere und des Erhabenen, zwischen Gravitation und Levitation, in der Kunst des Barock (1600–1720). So bestimmt Heinrich Wölfflin den Übergang von der Renaissance zum Barock durch eine Entwertung der Linie als begrenzendem Umriss, der Körper und Raum zuvor klar voneinander trennte. Durch die Modellierung kontinuierlicher Übergänge und Schattierungen zwischen Hell und Dunkel bekommt die malerische Erscheinung den »Charakter des Schwebenden«, »die Form fängt an zu spielen« und »das Ganze gewinnt den Schein einer rastlos quellenden, nie endenden Bewegung«, in der »das Undingliche und Körperlose [...] ebensoviel bedeuten muß wie das Körperlich-Gegenständliche«.[9] Wölfflin zufolge sind es aber nicht nur die nuancierten Spiele von Licht und Schatten, mit denen unzählige Engel, stürzende Körper und emporstrebende Schwebefiguren modelliert werden, es ist gerade auch die »Diagonale als Hauptrichtung des Barock«, die eine »Erschütterung der Tektonik des Bildes« zur Folge hat, »indem sie die Rechtwinkligkeit der Bühne negiert« und im Gegenzug das »Nichtgeschlossene, Zufällige«, ja das »Bildganze als Sichtbares« in den Vordergrund rückt.[10] Mit den Schwebe- und Sturzfiguren des Barock

[8] Caillois, Roger: *Dissymmetrie*, übers. v. Peter Geble, m. einem Nachw. v. Wolfgang Schäffner, Berlin 2015, S. 31, 39f., 72 (im Orig.: *Dissymétrie*, Paris 1973).
[9] Wölfflin, Heinrich: *Kunstgeschichtliche Grundbegriffe: das Problem der Stilentwickelung in der neueren Kunst*, München 1915, S. 21f.
[10] Ebd., S. 150.

Abb. 2
Femme aux yeux bandés / Frau mit verbundenen Augen, Achat, 18 x 14 x 0,5 cm, Sammlung Roger Caillois. Foto: François Farges.

und der Infragestellung traditioneller Grenzsetzungen wie jener zwischen Körper und Raum, Himmel und Erde, ist gewissermaßen auch schon der Weg für die diagonalen Wissenschaften vorgezeichnet.

Nachdem das menschliche Universum durch das Konzept der Schwerkraft bereits seit dem 17. Jahrhundert um eine ausgezeichnete Richtung – und damit auch um ein neues Bewusstsein von Aufrichtung und Fall – bereichert wurde, wird dieses Bewusstsein mit der Entdeckung des Gleichgewichtsorgans seit Mitte des 19. Jahrhunderts nochmals auf eine neue Stufe gehoben und ins Extrem gesteigert.[11] Dabei ist bemerkenswert, dass in Bezug auf die menschliche Wahrnehmung bis heute für gewöhnlich nur von fünf Sinnen die Rede ist, vom Tasten, Schmecken, Riechen, Hören und Sehen nämlich, obwohl der Mensch (wie viele andere Arten) mit dem Gleichgewichtssinn auch über einen sechsten Sinn verfügt, der, aller Unscheinbarkeit zum Trotz, nicht nur völlig unabhängig von allen anderen Sinnen (selbst mit geschlossenen Augen) funktioniert, sondern darüber hinaus auch alle anderen Sinne übertreffen und außer Kraft setzen kann. Wie Bazon Brock treffend bemerkt, ist die Entdeckung des Gleichgewichts aufs Engste mit den überhandnehmenden Schwindel- und Ohnmachtsphänomenen moderner Gesellschaften verbunden:

> Welche fundamentale Bedeutung der Schwerkraft für unsere Wahrnehmung zukommt, belegt die Tatsache, daß wir für diese Kraft ein eigenständiges Sinnesorgan besitzen; unser Gleichgewichtsorgan dominiert sogar alle anderen

[11] Als paariges Gleichgewichtsorgan ist das so genannte Vestibularium beim Menschen Teil des Innenohrs, jedoch vom Hörsinn unabhängig. Neben zwei Vorhofsäcken besteht es aus drei vertikal zueinanderstehenden, innerhalb mit Haarzellen – sekundären Sinneszellen – versehenen und mit Endolymphe gefüllten Bogengängen, die zusammen das Drehsinnorgan bilden. Zur Entdeckung und Bedeutung des Gleichgewichtsorgans und zur zeitgleich entstandenen Geschichte der Schwindel-Krankheit, vgl. Simmen: *Vertigo*, S. 18–23.

> Sinnesorgane. Erstaunlicherweise wurde das Vestibularium erst im letzten Drittel des 19. Jahrhunderts entdeckt und in seiner Reaktion auf die Schwerkraft zum Problem erhoben. Wahrscheinlich mußte erst mit den verschiedenen Beschleunigungs-Erfahrungen der modernen Zivilisation die vermeintliche Stabilität unserer Standpunkte und Positionen kritisch überfordert werden, bevor erkannt werden konnte, daß grundsätzlich alle Formen unserer Weltorientierung vom balancierten Gleichgewicht abhängen. [...] erst im Zustand des Stürzens oder Schwebens, der Desorientierung und Ortlosigkeit setzt sich die Schwerkraft als natürliche Basis aller menschlichen Operationen ins Recht.[12]

Was die Moderne betrifft, so scheint sich der Taumel geradezu als geheimer Dreh- und Angelpunkt eines buchstäblich überbordenden Rationalismus, Fortschrittsdenkens und Geschwindigkeitskults durchzuschlagen. Dafür spricht auch Michel Foucaults Beobachtung, dass die Gesetze der Vernunft von Anfang an nur um den Preis einer Institutionalisierung des Wahnsinns als eines so wirkmächtigen wie verachtungswürdigen Gegenspielers aufgeklärten Denkens in Anschlag zu bringen waren.[13] Synonyme wie Irrsinn, Verdrehtheit, Verrücktheit oder Geistesschwäche machen den engen Bezug zum Taumel deutlich, den der Berliner Arzt Marcus Herz bereits 1786 betont, wenn er der Vernunft in seinem *Versuch über den Schwindel* ein symptomatisches Naheverhältnis zum Abgründigen attestiert. So bringt Herz das Gefühl des Schwindels nicht nur mit schnellen Drehbewegungen des Körpers, sondern auch mit einer ungeahnten Beschleunigung von Vorstellungen und Gedanken in

[12] Brock, Bazon: »Vorwort«, in: Simmen: *Vertigo*, S. 7f.
[13] Foucault, Michel: *Wahnsinn und Gesellschaft. Eine Geschichte des Wahns im Zeitalter der Vernunft*, übers. v. Ulrich Köppen, Frankfurt a.M. 1973.

Verbindung, die in ihrem Kulminieren wiederum einen spezifischen körperlichen Schwächezustand hervorrufen könne.[14]

Gerade im Taumel, auf der Kippe oder im Schwebezustand sind Körper und Geist, Leib und Seele, Maßlosigkeit und Mäßigung aufs Ambivalenteste ineinander verwickelt – und gerade diese Ambivalenz, das regelrechte Hin- und Hergerissen-Sein zwischen These und Antithese, kristallisiert sich nach und nach als zentrales Charakteristikum eines modernen Selbstverständnisses heraus. So bahnt sich mit der Romantik seit dem ausgehenden 18. Jahrhundert auch eine Gegenbewegung zur Aufklärung ihren Weg, die sich auf das Flüchtige, Unergründliche, Uneindeutige und Veränderliche besinnt – auf Leidenschaft und Spontaneität, Mystik und Geheimnis, Träume und Phantasien, Utopien und Schattenseiten. Je schneller die Räderwerke der Zivilisation, Fabriken und Uhren, Züge und Automobile, Fahrgeschäfte und Gedankenkarusselle umeinanderkreisen, desto tiefer wird der Graben, der das aufgeklärte Individuum vom Taumel entfremdet, indem er dessen Verlockungen, Spiel und Spaß, Rausch und Raserei, Suggestion und Illusion zugleich als übermächtige Sehnsuchtsorte erscheinen lässt. Und vice versa: »Moderne wird Rausch von berechenbarer Nüchternheit, eine paradoxale *Ekstase des Präzisen.*«[15]

Spätestens mit der Figur des Dandy, mit den Schriften eines Charles Baudelaire, eines Comte de Lautréamont, Stéphane Mallarmé, Arthur Rimbaud, Friedrich Nietzsche beginnt das Licht der Vernunft in Anbetracht von dunklen Mächten und Machenschaften, von Selbstvergessenheit und Melancholie, von Extravaganz und Zügellosigkeit unweigerlich zu verblassen.[16] Mit voller Wucht brechen die ernüchternden Realitäten

[14] Herz, Marcus: *Versuch über den Schwindel*, Berlin 1786.
[15] Simmen: *Vertigo*, S. 15.
[16] Vgl. beispielhaft Baudelaire, Charles: *Les Fleurs du Mal*, Paris 1857; Lautréamont, Comte de: *Les Chants de Maldoror*, Brüssel 1869; Rimbaud, Arthur: *Une Saison en Enfer*, Brüssel 1873; Mallarmé, Stéphane: *L'Après-midi d'un Faune*, Paris 1876; Nietzsche, Friedrich: *Menschliches, Allzumenschliches*, Chemnitz 1878.

von Industrialisierung und Großstadtleben, die Zweifel und Erkenntnisse durchwachter Nächte über die Ideale der Aufklärung herein. Die Avantgarden des frühen 20. Jahrhunderts wissen davon allerlei Lieder zu singen: die einen im Namen eines verklärenden Primitivismus und romantischen Rückzugs auf die Natur, andere im Namen einer zukunftswütigen Verherrlichung von Technologie, Fortschritt und Beschleunigung, andere wieder im Namen von narzisstischer Selbstermächtigung, strategischem Kontrollverlust und spielerischer, bisweilen uferloser Unvernunft.

Was die unterschiedlichen Bewegungen vereint, ist eine Tendenz weg vom Zentrum hin zur Peripherie, weg vom Boden der Gewissheit hin zum Horizont des Unerwarteten: die Fliehkraft, die das Individuum ereilt, sobald es nicht allein um ein Zentrum, eine fixe Idee oder Weltanschauung kreist, sondern sich in Anbetracht der unüberschaubaren Vielfalt von Perspektiven mitunter auch verliert und außer sich gerät.

Erste Grenzerfahrungen und Gehversuche

Streben und Straucheln, Tasten und Taumeln, Versuch und Versuchung: Das Gefühl, gegen gewisse Widerstände ankämpfen zu müssen, die sich seinem Forscherdrang entgegenstellten, begleitete Caillois von Kindesbeinen an. In der 1978 kurz vor seinem Tod veröffentlichten autobiographischen Schrift *Der Fluss Alpheios* verweist er gleich eingangs auf eine eigentlich »unbedeutende Episode« aus seiner Kindheit, die unter all den intensiven und herausfordernden Eindrücken, die ein Aufwachsen inmitten der Verheerungen des Krieges mit sich bringen musste, doch den »unzweifelhaftesten Einfluss« auf ihn ausübte und die er zeitlebens als eine der wesentlichen Quellen seines Schaffens betrachtete. In der »schwer berechenbaren Dauer eines Moments der Verzückung oder des Entsetzens«

habe ihm jene Episode den »Keim der Panik« eingepflanzt, der »bei jedem Kind den köstlichen oder schrecklichen Taumel vorwegnimmt«, in dem es in seinem Innersten, buchstäblich von seinen Eingeweiden her erschüttert wird, in dem seine »viszerale Seele« ins Wanken gerät und »in ihrer Verwirrung jede Hoffnung auf die geringste Festigkeit mit sich fortzureißen« scheint, denn: »Diese Erschütterungen, die nur die Organe des Körpers ergreifen, bringen dadurch nicht minder das Bewusstsein zum Umsturz.«[17]

Was war Caillois widerfahren, das nicht nur seine Existenz, sondern auch sein Bewusstsein von Grund auf in Frage stellen konnte, ihm von diesem Tag an aber auch als unerschöpfliche Quelle der Motivation und Inspiration erschien? Versetzen wir uns für einen Moment in die Situation:

> Am Rand der zerstörten Stadt war ein Militärflugfeld bestehen geblieben; es gab dort ausgebrannte Hangars und Rollbahnen, die eher durch die Unbilden des Wetters als durch Artilleriebeschuss arg gelitten hatten. Ein verrosteter Leitungsmast ragte dort immer noch empor. Eines Tages kam ich auf die Idee, ihn zu erklimmen. Die Eisenleiter, die zur Spitze führte, war fast unbeschädigt. Auf halber Höhe verspürte ich zum ersten Mal den Schwindel, jene schrecklich gesteigerte Leere, die sich einem nähert und gegen die man nichts vermag, die einen zwingt, ihr entgegenzutreten. Eindrücklich bleibt nur das schreckliche Gefühl, weder weiter hinauf-, noch wieder hinabsteigen zu können. Ich zwang mich, den Weg nach oben fortzusetzen, sowohl aus Angst wie aus Trotz. Nachdem ich mich wieder beruhigt hatte, stieg ich, die Augen starr auf den Himmel gerichtet, wieder hinab, mit jedem Schritt den Halt der nächsten Sprosse

[17] Caillois: *Der Fluss Alpheios*, S. 29. 1913 in Reims geboren, verbrachte Caillois die Kriegsjahre mit seiner Mutter und Großmutter auf dem Land, bis die Familie 1920 ins zerbombte Reims zurückkehrte. Vgl. ebd., S. 9ff.

> ertastend. Von diesem missglückten Abenteuer blieb mir eine Mischung aus Beklemmung und Triumph. Ich habe in der Folge verschiedene Arten von Schwindel kennengelernt. Er ist nicht immer körperlich, er kann auch seelisch oder geistig sein. Bis zu welchen Abwegigkeiten können die Folgen einer waghalsigen Entscheidung führen? Bis zu welchem Einsatz kann man dem Unglück die Stirn bieten? Bis zu welcher Gefahr die Vorsicht herausfordern? Sich absichtlich etwas zu weit auf einem Hang hinabwagen, etwas zu sehr in ein Räderwerk hineingeraten, genau in die Nähe des Punktes, an dem die Beschleunigung keine Umkehr mehr erlaubt?[18]

Diese erste Erfahrung einer grundlegenden existentiellen Verunsicherung hinterließ bei Caillois einen tiefen und bleibenden Eindruck. Das Bedürfnis, seinen Horizont nicht nur auf intellektueller Ebene, sondern auch durch anderweitige Grenzerfahrungen zu erweitern, hatte ihn gepackt – und sollte ihn zeitlebens nicht mehr loslassen. Schritt für Schritt wagte er sich näher an den Abgrund heran, der die Komfortzonen des Altbekannten und Gewohnten, das sichere Terrain des Wissens und Glaubens ein für alle Mal zu sprengen drohte.

In Reims, der zerstörten Stadt, packte Caillois nach seinem Initiationserlebnis bald eine weitere Gelegenheit beim Schopf. Schon mit 13 Jahren schloss er sich im Herbst 1926 dem literarischen Zirkel der Phrères simplistes an, einer jugendlichen Geheimgesellschaft, die sein älterer Freund und Nachbar Roger Gilbert-Lecomte 1922 gemeinsam mit Roger Vaillard, Robert Meyrat und René Daumal gegründet hatte.[19] Mit unter-

[18] Ebd., S. 29f.

[19] Dem Zirkel der Phrères schlossen sich mit der Zeit zahlreiche Künstler*innen und Literat*innen an, unter ihnen Joseph Sima, Pierre Audard, André Delons, Artür Harfaux, Maurice Henry, Pierre Minet, Hendrik Cramer, Vera Milanova und André Rolland de Reneville. Einen Einblick in das Selbstverständnis und die Aktivitäten der

schiedlichen spirituellen und esoterischen Praktiken, aber auch durch Alkohol und Drogenexperimente versuchten sich die Gymnasiasten an ein spontanes, intuitives Wissen anzunähern, die Unbefangenheit kindlicher Erfahrung zurückzugewinnen, sich insbesondere auch Jenseitserfahrungen zu öffnen und die Grenzen eines bewussten Selbst zu sprengen.[20] Ein Vorbild fanden sie einerseits in Rimbaud, der sich als Dichter »eine lange, unermeßliche und planmäßige Ausschweifung aller Sinne« (*unlong, immense et raisonné dérèglement de tous les sens*) zum Ziel gesetzt hatte,[21] andererseits in Alfred Jarrys Konzept der »Pataphysik«, das dieser seit den 1890er Jahren als »Wissenschaft des Partikulären« im Sinne eines absurdistischen Gegenmodells zu den verallgemeinernden Theorien moderner Wissenschaft entwickelt hatte.[22]

Indem sich die Gruppe seit 1925 zunehmend auch am zeitgenössischen Surrealismus orientierte, nahm Gilbert-Lecomte als charismatische Vaterfigur der Phrères den jungen, begabten Caillois unter seine Fittiche und begleitete dessen erste literarische Gehversuche, hielt ihn jedoch, glücklicher Halt im Taumel der Euphorie, von Drogenexzessen fern. Doch schon nach einer kurzen, intensiven Zeit der Initiation zog sich Caillois wieder aus der Gruppe der Phrères zurück. Während seine Weggefährten weiterhin mit psychischen und physischen Grenzerfahrungen, mit Drogen und Schlafentzug experimen-

Phrères, die bislang nur lückenhaft aufgearbeitet wurden, gibt der Roman von Barré, Claire: *Phrères*, Paris 2016.

[20] Neben exzessivem Alkoholkonsum experimentierte die Gruppe u.a. mit Tetrachlormethan, Äther und Opium, wobei sich besonders Gilbert-Lecomte auch ganz bewusst mit dem Moment der Selbstzerstörung und der gezielten Überschreitung der Grenze zwischen Leben und Tod spielte. Vgl. Felgine, Odile: *Roger Caillois. Biographie*, Paris 1994, S. 33f., sowie Geble, Peter: »Zeittafel II – Maske und Rausch, Gletscher und Steine«, in: Heiden, Anne von der/Kolb, Sarah (Hg.): *Logik des Imaginären. Diagonale Wissenschaft nach Roger Caillois*, Bd. 1: *Versuchungen durch Natur, Kultur und Imagination*, Berlin 2018, S. 187–193, S. 187.

[21] Rimbaud, Arthur: *Seher-Briefe / Lettres du voyant*, übers. u. hg. v. Werner von Koppenfels, Mainz 1990, S. 25f.

[22] Jarry, Alfred: *Gestes et opinions du Docteur Faustroll, pataphysicien*, Paris 1911, S. 21.

Abb. 3
Désintégration / Desintegration, Achat, 12 x 10,5 x 0,5 cm, Sammlung Roger Caillois.
Foto: François Farges.

tierten und ihren Einfluss unter dem neuen Namen Le Grand Jeu zugleich kontinuierlich vergrößerten,[23] begann Caillois nicht nur immer tiefer in die Welt der Literatur, Philosophie und Psychoanalyse einzutauchen, sondern durchlebte eine Zeitlang auch selbst intensive psychasthenische Episoden, die ihn an den Rand seiner Kräfte brachten. Mit detaillierten Protokollen seiner Erlebnisse gibt Caillois Einblick in die Grundlagen seiner Methodologie.[24] In langen Nächten, in denen er »vergeblich versuchte, *bewusst einzuschlafen*« und neue Räume jenseits des Wachbewusstseins auszuloten, erlebte er sich selbst als »Ort der erstaunlichsten taktilen Halluzinationen«,[25] die seine Sehnsucht, die eigenen Körpergrenzen zu überschreiten, ins Unermessliche wachsen ließen:

> Ich wurde aus meinem Körper herausgezogen. Wie Papier, das man beim Ablösen zerreißt. Man trennte mich von jedem Partikel meiner Haut ab. Jedes Mal kam es mir vor, als würde man mich in einen Trichter schütten. Jetzt lebt mein Körper, ich aber bin tot, denn ich bin nicht mehr in meinem Körper, wo etwas anderes meine Stelle eingenommen hat. Während des Schlafs werde ich zu Stoff, zu einer Art Schwamm; ich sage das, weil ich völlig durchlöchert bin und eisige Flüssigkeiten in alle Richtungen durch mich hindurchfließen.[26]

[23] Eine wesentliche Rolle spielte dabei auch die seit 1928 hg. Zeitschrift *Le Grand Jeu*. Zur Bedeutung des Taumels für die Gruppe, vgl. bes. Roberts, Donna: »The Vertiginous Pursuit of the Grand Jeu: Experimental Metaphysics, Paramnesia, and Creative Involution«, in: *Surrealism, Occultism and Politics: In Search of the Marvellous*, hg. v. Tessel M. Bauduin, Victoria Ferentinou, Daniel Zamani, London 2018, S. 39–56.

[24] Vgl. Caillois, Roger: *La Nécessité d'esprit* (1933–35), Paris 1981, S. 142ff.

[25] Ebd., S. 142.

[26] Ebd., S. 144 (Übers. zit.n. Geble: »Zeittafel II«, in: *Logik des Imaginären*, Bd. 1, S. 188).

Obschon Caillois seine nächtlichen Experimente als enorm kräftezehrend und zermürbend erlebt, erscheinen sie ihm doch als »das metaphysische Verfahren par excellence«:

> Ich wurde Raum, dunkler Raum, in den man keine Dinge hineinstellen kann. Mir wurde klar, dass mein Körper nicht mehr wirklich war. Meine Hellsichtigkeit wurde beängstigend: Alles in meinem Körper zerbröselte und schmolz. Naturgemäß erschien er mir wie ein Wirbel von kaum unterscheidbaren Molekülen und Staub, denn ich hatte echte Augen und die Dinge sind letztendlich nichts als das: Staub, der umherkreist; die Dinge enden nicht und sind nicht getrennt. [...] Ich wurde immer schneller gedreht. Hände packten mich an den Schultern, schossen durch mich hindurch und gingen weg. [...] Die anderen glauben an Automobile, an Häuser, an ihre Willenskraft, an Ideen, aber die Wissenschaft beweist und die Erfahrung bestätigt es: Anstelle von Menschen gibt es nur grauen Staub.[27]

Jenseits prominenter Vorbilder und bewunderter Freunde ist es also auch eine bis ins Extrem gesteigerte Form der Vergegenwärtigung, ist es die Intensität konkreter, sinnlicher Erfahrung, aus der Caillois Inspiration für sein literarisches Schaffen schöpft. Und auch wenn er 1932 einen weiteren, durchaus engagierten Versuch macht, sich für eine Künstlerbewegung zu entflammen, geht er auch diesmal bald wieder auf Distanz.

Intellektuelle Emanzipation

Caillois ist in seinem zwanzigsten Lebensjahr und am Ende seiner Schulkarriere, als er sich der Gruppe der Surrealisten

[27] Ebd., S. 144f. (Übers. d. Verf.).

anschließt, deren Wortführer André Breton ihn schon nach kurzer Zeit als eine Art »geistigen Kompass« der Bewegung betrachtet.[28] Seiner anfänglichen Bewunderung zum Trotz dauert es nicht lange, bis sich Caillois' kritischer Geist zu regen beginnt. Tatsächlich kann er dem bedingungslosen Glauben an die Ideale des Irrationalen und Unbewussten, an Methoden wie die *écriture automatique*, die jede Form von Reflexion oder Kritik verbieten, mit wachsendem Selbstbewusstsein immer weniger abgewinnen. Nicht nur beweist er sich inzwischen selbst als Autor ebenso vielschichtiger wie eigenständiger Beiträge zur surrealistischen Zeitschrift *Minotaure*, mit denen er die Grundpfeiler seiner diagonalen Wissenschaften setzt.[29] In dem zwischen 1933 und 1935 verfassten, allerdings erst posthum veröffentlichten Werk *La Nécessité d'esprit* bezieht sich Caillois im Namen der »Notwendigkeit des Geistes« auch direkt auf seine früheren Experimente mit psychischen und physischen Grenzerfahrungen, um schließlich mit aller Vehemenz für eine strenge, wissenschaftliche Methodik einzutreten, die basierend auf der Annahme einer grundlegenden »Kontinuität des Universums« nicht nur auf materielle (und sozusagen leichter objektivierbare) Phänomene, sondern selbst auf die »*affektive Einbildungskraft*« und damit auch auf Kunst und Literatur anzuwenden sei.[30]

Caillois' ambivalentes Verhältnis zum Surrealismus erreicht bald eine Grenze. So kommt es 1934, eines Abends in den Weihnachtsfeiertagen, zu dem legendären Streit um eine Handvoll Springbohnen (*Sebastiania pavoniana*), die Benjamin Péret aus

[28] Vgl. Béhar, Henri: *Les Enfants perdus. Essai sur l'Avant-garde*, Lausanne 2002, S. 163.

[29] Caillois, Roger: »La mante religieuse. De la biologie à la psychanalyse«, in: *Minotaure* 5 (1934), S. 23–26; ders.: »Mimétisme et psychasthénie légendaire«, in: *Minotaure* 7 (1935), S. 5–10 (dt.: »Die Gottesanbeterin«, in: ders.: *Méduse & Cie*, S. 7–23; »Mimese und legendäre Psychasthenie«, ebd., S. 25–43). Beide Texte nahm Caillois 1938 in erweiterter Form in *Le Mythe et l'homme* auf.

[30] Caillois: *La Nécessité d'esprit*, S. 17. Der ursprünglich geplante Titel des Werks lautete *La Nécessité d'esprit ou la continuité de l'Univers*, vgl. ebd., S. 9.

Mexiko mitgebracht hatte und die im Kreis der Surrealisten für Erheiterung sorgen, da sie unversehens über den Tisch zu hüpfen beginnen, wenn man sie mit den Händen erwärmt. Wo Breton im ehrfürchtigen Staunen über dieses Wunder der Natur verweilen will, beschließt Caillois kurzerhand, eine der Bohnen aufzuschneiden – um eine der Mottenlarven (*Cydia saltitans*) zutage zu fördern, die über Monate hinweg im Inneren der Bohne überleben können und deren Überlebenstaktik darin besteht, bei Wärmeeinwirkung so heftige Zuckbewegungen auszuführen, dass sich die Bohne an einen kühleren Ort bewegen und ein Austrocknen verhindern kann.[31]

Offenbar gibt es schon länger Differenzen, denn anlässlich dieser Lappalie kommt es zum Bruch. In Reaktion auf die unverständliche Empörung seines Freundes verfasst Caillois tags darauf einen berühmt gewordenen Brief an Breton, mit dem er dem Surrealismus den Rücken kehrt, um sich von nun an, so auch der Leitgedanke seiner 1935 veröffentlichten Schrift *Procès intellectuel de l'art*, umso entschiedener dem Versuch zu widmen, die Kluft zwischen Kunst und Wissenschaft mithilfe einer »allgemeinen Phänomenologie der Einbildungskraft« zu überbrücken.[32] Im Zuge seiner Distanznahme vom Surrealismus kritisiert Caillois namentlich auch die »desaströse Neigung, das Wunderbare und Außergewöhnliche mit allen nur denkbaren Tugenden auszuschmücken« und »die Verwirrtheit des eigenen Geistes für etwas Heiliges zu halten«, wie es nach dem Vorbild Rimbauds so viele getan hätten, wohlgemerkt ohne dessen »Hellsichtigkeit« und »Mut« zu besitzen, »sie sich

[31] Zum Streit um die Springbohnen, vgl. auch Kolb, Sarah: »Einführung: ›Eine Form des Wunderbaren, die das Wissen nicht scheut‹. Roger Caillois als Grenzgänger zwischen Literatur, Philosophie und Wissenschaft«, in: *Logik des Imaginären*, Bd. 1, S. 25–77, S. 38f.

[32] Caillois, Roger: *Procès intellectuel de l'art*, Marseille 1935, Wiederabdruck in: ders.: *Approches de l'imaginaire*, Paris 1974, S. 35–54. Vgl. auch Caillois' »Lettre à André Breton«, Brief vom 27. Dezember 1934, ebd., S. 35–38.

offen einzugestehen« und »sich aus einem so eitlen Spiel zurückzuziehen«.[33]

Einen ersten Schritt in Richtung einer Phänomenologie der Einbildungskraft hatte Caillois bereits mit seinen Veröffentlichungen in der Zeitschrift *Minotaure* getan. So sind die beiden Artikel »Die Gottesanbeterin« und »Mimese und legendäre Psychasthenie« bemerkenswerten Parallelen zwischen mimetischen Insekten und Menschen mit psychischen Erkrankungen im Bereich des Schizophrenie-Spektrums gewidmet.[34] Durch eine Störung der Selbst- und Fremdwahrnehmung, so Caillois, würden gewisse Insekten ebenso wie manche psychisch Kranke einer regelrechten »*Versuchung durch den Raum*« erliegen.[35] Das Phänomen, das er damit beschreibt, ist analog zur Höhenangst zu verstehen, in der das Individuum gleichsam eine Art Tiefenrausch erfährt.[36] Die *Versuchung*, die Caillois ins Treffen führt, impliziert schließlich nichts Geringeres als eine Form von »*Depersonalisation durch Angleichung an den Raum*«[37]

[33] Caillois, Roger: »Pour une orthodoxie militante. Les tâches immédiates de la pensée moderne«, in: *Inquisitions.* Organe du groupe d'études pour la phénoménologie humaine 1 (1936), hg. v. Louis Aragon, Roger Caillois, Jules Monnerot u. Tristan Tzara, S. 6–14, S. 9. Der Text fand unter dem Titel »Schluss« 1938 auch Eingang in den Band *Der Mythos und der Mensch.*

[34] Vgl. oben, Fn. 29. Caillois' Analyse der Zusammenhänge zwischen Mimese und Psychasthenie basiert wesentlich auf den Erlebnisprotokollen, die er 1929 und 1930 im Zuge seiner Experimente mit Schlafentzug erstellte und die er zum Teil sogar wörtlich in seine Analyse einfließen lässt. Vgl. Caillois: *La Nécessité d'esprit*, S. 142ff.

[35] Caillois: »Mimese und legendäre Psychasthenie«, in: *Méduse & Cie*, S. 35.

[36] Typische Begleiterscheinungen von Höhenangst (Akrophobie) sind Depersonalisation und die überwältigende Vorstellung, aus Versehen in die Tiefe zu stürzen oder die Kontrolle zu verlieren und sich bewusst fallen zu lassen. Es können auch körperliche Symptome wie Atemnot, Herzrasen, Benommenheit oder Schwindel auftreten. Im Gegensatz zur Höhenangst ist der Höhenschwindel nicht krankhaft, auch wenn er ebenfalls von Angst oder körperlichen Symptomen begleitet sein kann. Wer sich in größerer Höhe an ausgesetzten Stellen befindet, schätzt die eigene Körperhaltung in der Regel als instabil ein. Vgl. etwa Rennert, Helmut: »Höhenschwindel, Höhenangst und Höhenphobie«, in: *Psychiatrie, Neurologie und medizinische Psychologie* 42/6 (Juni 1990) S. 333–339.

[37] Ebd., S. 37.

und einen »*Trieb zur Selbstaufgabe*«,[38] der gängige Vorstellungen von Identität untergräbt:

> Der Raum erscheint diesen enteigneten Wesen als ein alles verschlingender Wille. Der Raum verfolgt sie, umzingelt sie, verschlingt sie in einer gigantischen Phagozytose. Zuletzt nimmt er ihre Stelle ein. Der Körper dissoziiert sich vom Denken, das Individuum überschreitet seine Körpergrenzen und besetzt die andere Seite seiner Sinne. Es versucht, *sich selbst zu sehen, von irgendeinem Punkt im Raum aus.* Es fühlt sich selbst Raum werden, *dunkler Raum, in den man keine Dinge hineinstellen kann.* Es ist gleich. Nicht irgend etwas Besonderem gleich, sondern einfach *gleich.* Und es erfindet Räume, deren ›konvulsivische Besessenheit‹ es ist.[39]

Sucht man nun nach möglichen Ursachen für derartige Störungen der Wahrnehmung, so sind diese Caillois zufolge grundsätzlich auf ein Problem der Unterscheidung zurückzuführen, auf ein Verschwimmen klarer Grenzen wie jener »zwischen dem Realen und dem Imaginären, zwischen Wachen und Traum, zwischen Unwissenheit und Erkenntnis, usw.«, wobei gewiss keine Unterscheidung »schärfer«, ja »unmittelbarer« erlebt werden könne als die »zwischen Organismus und Umgebung«.[40] So unmittelbar die Unterscheidung, so unmittelbar ist aber auch der Widerstand, den sie hervorrufen kann und der im Extremfall auf einen (zeitweiligen oder auch langfristigen) Identitätsverlust hinausläuft: auf die bedingungslose Hingabe an das Abgründige des Taumels, in anderen Worten, an die Versuchung, die eigenen Körpergrenzen, die eigene Endlichkeit und Vergänglichkeit zu überwinden und ganz im »gro-

38 Ebd., S. 39.
39 Ebd., S. 36f.
40 Ebd., S. 27.

ßen Anderen« aufzugehen.[41] Ein spektakuläres Beispiel liefern diesbezüglich etwa jene Gespenstschrecken aus der Familie der Phylliidae, die Blätter so erfolgreich imitieren, dass sie sich mitunter sogar gegenseitig verzehren.[42]

Elemente einer Phänomenologie der Einbildungskraft

Mit seinen ersten, wegweisenden Texten stellt Caillois nicht nur vermeintlich naturgegebene Grenzen wie jene zwischen Mensch und Tier, zwischen Individuum und Umwelt, zwischen belebter und unbelebter Materie in Frage, er setzt sich auch freihändig über die historisch gewachsenen Grenzen zwischen verschiedenen Disziplinen und Wissenskategorien hinweg und legt damit den Grundstein für jene Phänomenologie der Einbildungskraft, die ihn in der Folge in die unterschiedlichsten Bereiche der Natur-, Kultur- und Geisteswissenschaften, aber

[41] Lacan zufolge ist der »große Andere« das Gegenüber des Subjekts, das Nicht-Ich, »der Ort, an dem das Ich, das spricht, sich konstituiert«. Lacan, Jacques: *Die Psychosen. Das Seminar, Buch III*, hg. u. übers. v. Michael Turnheim, Berlin, Weinheim 1997, S. 322. Interessant ist in diesem Zusammenhang auch, dass Lacan mit seinem Konzept des Spiegelstadiums (1936) explizit auf Caillois' Theorie der *psychasthenie* rekurriert, insofern diese »die morphologische Mimikry« mit einer »Zwangsvorstellung vom Raum in ihrer entrealisierenden Wirkung« in Verbindung bringe. Lacan, Jacques: »Das Spiegelstadium als Bildner der Ich-Funktion wie sie uns in der psychoanalytischen Erfahrung erscheint«, in: ders.: *Schriften*, Bd. 1, Frankfurt a.M. 1975, S. 61–70, S. 66. Im Orig.: »Le stade du miroir comme formateur de la fonction du Je, telle qu'elle nous est révélée dans l'expérience *psychanalytique*«, in: *Revue Française de Psychanalyse* 13/4 (1949), S. 449–455, S. 452: »Rappelons seulement les éclairs qu'y fit luire la pensée (jeune alors et en fraîche rupture du ban sociologique où elle s'était formée) d'un Roger Caillois, quand sous le terme de *psychasthénie légendaire*, il subsumait le mimétisme morphologique à une obsession de l'espace dans son effet déréalisant.« Der Ausdruck »mimétisme morphologique« wäre genauer mit »morphologische Mimese« zu übersetzen, vgl. Geble, Peter: »Der Mimese-Komplex«, S. 89–106 im vorliegenden Band, S. 101.

[42] Vgl. Caillois: »Mimese und legendäre Psychasthenie«, in: *Méduse & Cie*, S. 33. Caillois verweist hier konkret auf die so genannten Wandelnden Blätter (Phylliinae), eine Unterfamilie der Phylliidae, die Blätter nicht nur in Form und Farbe, sondern auch in ihren Bewegungen so erfolgreich nachahmen, dass sie sich bei dichtem Bewuchs in manchen Fällen gegenseitig anfressen – wobei ihre Gliedmaßen allerdings auch wieder nachwachsen können.

Abb. 4
Masque africain / Afrikanische Maske, Malachit, 20,5 x 14 x 6 cm, Sammlung Roger Caillois. Foto: François Farges.

auch ins Feld der Kunst und Literatur und in letzter Konsequenz schließlich sogar zurück zur Natur führen wird. Wenn Caillois am Ende seines Weges von einer gigantischen »*Klammer*« (*parenthèse*) spricht, die fast die Gesamtheit seines Lebens und Schaffens umfasst, jedenfalls sämtliche »Studien, Lektüren, Forschungen, Beschäftigungen und den Großteil der Bücher«, die er schrieb, so weil er gelernt hat, was es bedeutet, von alledem »vollständig losgelöst« und sozusagen »Teil desselben Universums« zu sein, das Wissenschaft und Philosophie, ja selbst die Künste nur aus einer gewissen Distanz betrachten können – und weil dieses Wissen den Keim jener Sehnsucht nach Vereinigung, nach jener Perspektive der Einswerdung nährt, die ihn sowohl als Menschen wie als Gelehrten zeitlebens begleitete.[43]

Ebenso wie das Elixier des Taumels sind dementsprechend auch die Themen und Objekte, denen sich Caillois im Laufe seines Lebens zuwendet, gleichsam als ein »Antidot« gegen die Klammer gelehrten Wissens zu betrachten.[44] Bald sieht er in gewissen Büchern weniger Bücher denn Objekte, »Mittel zur Träumerei«, die ihm »durch die Anwendung einer merkwürdigen Homöopathie« dazu dienen, »das Übel durch das Übel zu heilen«; meist sind es poetische Texte, exotische und kuriose Dokumente, an denen sich seine Leidenschaft entflammt – eine »Art Verzauberung« durch »die unentwirrbaren Entsprechungen zwischen Zugvögeln, Glocken, Glockengießern, Drachen, Jahreszeiten, Farben, Tänzen, Martern, Morgenländern, Metallen, Sternen, Dynastien«.[45] Bald ist es der kollektive Rausch der Feste, das Spannungsverhältnis zwischen den Sphären des Heiligen und Profanen, bald sind es kulturübergreifende Phänomene wie Trance und Ausschweifung, die ihn

[43] Caillois: *Der Fluss Alpheios*, S. 5, 46. Vgl. das Kapitel »Die Klammer und der Riss«, ebd., S. 44–52.

[44] Vgl. das Kapitel »Bücher als Antidot«, ebd., S. 53–60.

[45] Ebd., S. 58.

insbesondere auch als Gründungsmitglied des Collège de Sociologie (1937–1939) faszinieren.[46] Mehr und mehr ist es die phantastische Literatur, sind es ausgedehnte Reisen, entlegene Landschaften und fremde Kulturen, denen er sich im argentinischen Exil (1939–1945) zuwendet und die seine weitere Laufbahn – zunächst als Herausgeber und Übersetzer lateinamerikanischer Literatur im Verlagshaus Gallimard (seit 1945), dann als weitgereister Mitarbeiter der UNESCO (seit 1948),[47] schließlich als Mitglied der Académie française (seit 1972) – maßgeblich prägen. Und nicht zuletzt sind es die Spiele, mit denen Caillois in seiner viel beachteten Schrift über *Die Spiele und die Menschen* (1958) eines der wirksamsten Gegengifte benennt, insofern sie dem Primat der Vernunft trotz ihrer »nahezu grenzenlosen und auffällig beständigen Vielfalt« stets »Vorstellungen von Leichtigkeit, Risiko oder Geschicklichkeit« entgegensetzen, »eine entspannte und unterhaltsame Atmosphäre, in der man sich erholt und vergnügt«, »eine Tätigkeit ohne Zwang, aber auch ohne Folgen für das wirkliche Leben«.[48]

Es ist bezeichnend, dass Caillois in seiner Analyse unter dem Begriff *ilinx* (angelehnt an den griechischen ›Wasserwirbel‹) gerade den Taumel als eine der vier Grundkategorien der Spiele bestimmt – als eine Kategorie, die in ihrem rauschhaften und süchtig machenden Charakter auch die drei anderen Kategorien *agôn* (Wettkampf), *alea* (Zufall) und *mimicry* (Nachahmung) keineswegs unberührt lässt.[49] Namentlich fallen unter *ilinx* alle Arten von Drehspielen, Schaukeln, Karussellen und anderen Jahrmarktsattraktionen, die Trapezkunst, Tänze wie

[46] Vgl. Caillois: *L'Homme et le sacré* (dt.: *Der Mensch und das Heilige*), sowie Hollier, Denis (Hg.): *Das Collège de Sociologie 1937–1939*, übers. v. Horst Brühmann, editorisch bearb. u. m. einem Nachw. v. Irene Albers u. Stephan Moebius, Frankfurt a.M. 2012.

[47] Zu Caillois' Rolle bei der UNESCO, vgl. Vermeren, Patrice: *Die Philosophie und die UNESCO*, übers. v. Hans Jörg Sandkühler, m. einem Nachw. v. Jacques Poulain, Bonn 2011, S. 39–43.

[48] Caillois: *Die Spiele und die Menschen*, S. 7.

[49] Zu Caillois' Klassifikation der Spiele, vgl. ebd., S. 32–61. Zum Taumel, vgl. ebd., S. 46–51.

der Walzer oder der Danza del Volador, aber auch Extremsport und Alpinismus, kurz, all jene Vergnügungen, die mit einer Form von Schwindel (*vertige*) verbunden sind und »deren Reiz darin besteht, für einen Augenblick die Stabilität der Wahrnehmung zu zerstören und dem klaren Bewusstsein eine Art wollüstiger Panik einzuflößen«.[50]

Mit *ilinx* adressiert Caillois jedoch nicht nur »die bewusst herbeigeführte Störung des körperlichen Gleichgewichts«, sondern »auch jede Gefahr oder Herausforderung, die, in Kenntnis der Sachlage, als mögliche Folge den Verlust des geistigen oder seelischen oder emotionalen Gleichgewichts, wenn nicht gar des Daseins schlechthin, umfasst«.[51] Der Reiz derart waghalsiger Unternehmungen liegt Caillois zufolge in einer »Verwirrung, die zugleich akzeptiert und erlitten wird«, da sie mit der stillschweigenden Erwartung einhergeht, »im letzten Augenblick die gepriesenen, nicht berechenbaren, in einem Moment dem Zufall preisgegebenen Güter durch pures Herausfordern wiedererlangt zu haben«.[52] So wecken die unterschiedlichen Spielarten des Vertigo nach Caillois eine zutiefst »ambivalente Begierde«, die zugleich eine »metaphysische Herausforderung« in sich birgt, insofern die Stabilität der Existenz für eine »austauschbare Versuchung« aufs Spiel gesetzt wird, wie es bei diversen Riten und Leidenschaften, beim Konsum von Drogen oder auch beim »Rausch der Erotik« der Fall ist.[53] Dabei ist solches Vergnügen, wie Caillois hervorhebt, keineswegs ein Vorrecht des Menschen. Selbst im Tierreich sind instinktgesteuerte Verhaltensweisen und physische Extravaganzen zu beobachten, die, wie im Fall des Mimetismus, nicht nur dem Überleben dienen, sondern mitunter auch purer und dar-

[50] Ebd., S. 46. Vgl. auch ebd., S. 61.
[51] Caillois: *Der Fluss Alpheios*, S. 30.
[52] Ebd.
[53] Ebd., S. 31.

über hinaus »gefährlicher Luxus« sind.[54] Mit Donna Haraway könnte man sagen, die Verausgabungen von *ilinx* laufen einem Prinzip des *kinship* folgend darauf hinaus, »sich entlang erfinderischer Verbindungslinien verwandt zu machen«, herrschende Verhältnisse zu unterwandern und innerhalb der wohlgeordneten Welt des Wissens durch das Knüpfen neuer Beziehungen gezielt »Unruhe« (*trouble*) zu stiften.[55]

Diagonale Verwandtschaften

Angesichts der existentiellen Bedeutung, die Caillois dem Phänomen des Taumels zuspricht, liegt es nur nahe, dass er die Potentiale der Verunsicherung und Neuorientierung auch im Feld der Wissenskulturen verortet. Einmal mehr zeigt sich hier sein zentrales Anliegen, das Verbindende über das Trennende zu stellen. Im Auftrag des internationalen Beirats für Philosophie und Geisteswissenschaften der UNESCO gründet er 1952 mit der Zeitschrift *Diogène* einen »Ort des Empfangs, der Begegnung«, eine »Kreuzung« oder mehr noch »eine Orientierungstafel, die offen ist gegenüber mehreren Disziplinen und den unterschiedlichen solidarischen Kulturen, deren Urheber zu sein der Mensch gleichermaßen stolz sein kann«.[56] Anknüpfend an seine frühen Arbeiten aus dem Kontext des Collège de Sociologie, mit denen Caillois die Lebensweisen und Weltanschauungen unterschiedlicher Völker und Kulturen im Sinne einer transkulturellen »Soziologie des Sakralen« zusammenzuführen suchte, sind es nunmehr auch die verschiedenartigen

[54] Caillois: »Mimese und legendäre Psychasthenie«, in: *Méduse & Cie*, S. 33.

[55] Vgl. Haraways Ausführungen zum Begriff *trouble* (aufwirbeln, wolkig machen, stören) in Haraway, Donna J.: *Unruhig bleiben. Die Verwandtschaft der Arten im Chthuluzän*, übers. v. Karin Harrasser, Frankfurt a.M., New York 2018, S. 9 (im Orig.: *Staying with the Trouble. Making Kin in the Chthulucene*, Durham, London 2016).

[56] Caillois zit.n. Felgine, Odile: »Roger Caillois. Vie et Œuvre, 1913–1978«, in: Caillois, Roger: *Œuvres*, hg. v. Dominique Rabourdin, Paris 2008, S. 31–80, S. 62.

Wissenskulturen, die vielen streng voneinander getrennten künstlerischen und wissenschaftlichen Disziplinen und Praktiken, die nicht mit seinem Glauben an eine grundlegende »Kontinuität des Universums« vereinbar scheinen. So formuliert Caillois 1959 endlich auch jenes Theoriemodell der »diagonalen Wissenschaften«, mit dem er zwar anerkennt, dass die altbewährte Einteilung der Künste und Wissenschaften in verschiedene Disziplinen im Sinne einer Spezialisierung und Vertiefung des Wissens durchaus zielführend ist, indem er jedoch zugleich unterstreicht, dass eine solche Einteilung notwendig den Blick auf universelle Zusammenhänge verstellt.[57]

Trennlinien wie jene zwischen belebter und unbelebter Materie, Natur und Kultur, Mensch und Tier, Wissenschaft und Kunst sind in Caillois' Augen nichts als künstliche Schnitte – und damit ein Ausdruck ausgesprochen fragwürdiger Konventionen. Warum sollte man etwa die Narbenbildung lebendiger Organismen nicht mit der von Kristallen vergleichen, wo doch beide eine offensichtliche Fähigkeit zur Regeneration besitzen, »die den Schaden, das Ungleichgewicht, die Dissymmetrie, die durch die Wunde hervorgerufen wurde, zu kompensieren trachtet«? Keineswegs habe man es in Fällen wie diesem »mit einer trügerischen Analogie, mit einer einfachen Metapher« zu tun, so ist Caillois überzeugt:

> Mir ist natürlich der Abgrund bewußt, der die unbelebte von der belebten Materie trennt. Und doch könnte ich mir vorstellen, daß die eine wie die andere Eigenschaften aufweist, durch die am Ende die Unversehrtheit ihrer Strukturen wiederhergestellt wird – ganz gleich, ob es sich um unbelebte oder belebte Materie handelt. Ich weiß sehr wohl, daß ein

[57] Vgl. Caillois, Roger: »Sciences diagonales«, in: *Nouvelle Revue Française* 76 (April 1959), S. 679–683, Wiederabdruck in: ders.: *Méduse et Cie*, Paris 1960, S. 9–18 (dt.: »Diagonale Wissenschaften«, in: *Méduse & Cie*, S. 47–52, Wiederabdruck in: *Logik des Imaginären*, Bd. 1, S. 15–22).

> Sternnebel, der Tausende von Welten enthält, und die Schale, die von einer Molluske gebildet wird, sich jedem Versuch eines Vergleichs entziehen. Dennoch sehe ich beide dem gleichen Gesetz der Spiralentwicklung unterworfen, was mich im Übrigen nicht überrascht, stellt doch die Spirale die Verbindung par excellence zweier fundamentaler Gesetze des Universums dar: der Symmetrie und des Wachstums; sie verbindet Ordnung mit Wachstum. Es ist fast unvermeidlich, daß das Lebendige, das Pflanzliche und die Sterne dem gleichen Gesetz unterworfen sind.[58]

Es ist bezeichnend, dass Caillois mit der Spirale eine Struktur zum Beispiel nimmt, die auch im Prinzip des Vertigo zum Tragen kommt. Als eine Art Scharnier zwischen dem Offenen und Geschlossenen zeichnet sich die Spirale durch die Eigenschaft aus, zugleich bei sich zu bleiben und über sich hinauszuwachsen. Sie erscheint damit gleichsam als Prototyp für die gegenläufigen Bewegungen und widerständigen Momente, mit denen sich die Versuchungen von Kunst und Wissenschaft ineinander verwickeln können. Dem Bild der Spirale folgend gibt Caillois einem bisweilen unüberschaubaren Mit- und Durcheinander unterschiedlicher Zugänge und Perspektiven klar den Vorzug gegenüber dem Bekenntnis zu einer einzigen, ausgezeichneten Form von Wissen oder Wissensproduktion. Er betreibt Wissenschaft mit Mitteln der Literatur und Literatur mit Mitteln der Wissenschaft – und wenn er dabei ins Taumeln gerät, dann nicht unbedingt, weil er zu weit gegangen ist, sondern weil er so weit gehen wollte, »genau in die Nähe des Punktes, an dem die Beschleunigung keine Umkehr mehr erlaubt«, an dem Wissen und Ungewissheit in ihr Gegenteil umschlagen und sich gegenseitig befruchten können.

58 Caillois: »Diagonale Wissenschaften«, in: *Méduse & Cie*, S. 48f.

Wenn dem Menschen, der sich nie außer sich, aus der Mitte, ganz und gar verloren gefühlt hat, tatsächlich eine wertvolle Erfahrung fehlt,[59] so muss die Erfahrung des Kontrollverlusts umgekehrt besonderes Potential in sich bergen. Indem wir ins Taumeln geraten und die Fassung verlieren, stoßen wir nicht nur an die Grenzen des Verständlichen und Machbaren, sondern geraten auch in den Bannkreis jenes Räderwerks, das man in Anlehnung an eine zentrale These der modernen Physik als Ereignishorizont bezeichnen könnte: in eine Art kugelförmige, ausgefranste Sphäre im Raum-Zeit-Kontinuum, die eine echte Singularität – sei es ein Schwarzes Loch oder das Ungewisse unserer Existenz – umschließt, indem sie Beobachtbares und Unbeobachtbares voneinander trennt und einen *point of no return* markiert, mit dem die Gesetze der Kausalität aus den Angeln gehoben werden.[60]

Im Taumel wissen wir nicht, wo uns der Kopf steht: Wir sind gefangen, orientierungslos, wie in einer Möbiusschleife, im Universum der »reinen Ereignisse«, in dem Sein und Schein nicht mehr auseinanderzuhalten sind. Mit Gilles Deleuze gesprochen versetzt uns der Taumel ins Innerste der paradoxalen *Logik des Sinns*, in ein »Wechselspiel von Sinn und Unsinn« und in die »Gleichzeitigkeit eines Werdens, dessen Eigenheit es ist, sich dem Gegenwärtigen zu entziehen« und »die Unterscheidung von Vorher und Nachher« zu unterwandern; der Taumel folgt einem Prinzip der Nicht-Orientierbarkeit, ja präziser noch, einer *Logik der Sensation*, in der die Grenze

[59] Vgl. oben, Fn. 1.

[60] Als ›echte Singularitäten‹ bezeichnet man in der Physik und Astronomie Orte, an denen die Gravitation so stark ist, dass die Krümmung der Raumzeit unendlich ist und physikalische Gesetze außer Kraft gesetzt sind. Singularitäten sind folglich auch nicht Bestandteil des Raum-Zeit-Kontinuums. Da die Lichtgeschwindigkeit als Grenzgeschwindigkeit nicht überschritten werden kann, können Ereignisse, die innerhalb des Ereignishorizonts geschehen, außerhalb dieses Horizonts nicht beobachtet werden. Der Ereignishorizont markiert daher einen *point of no return*: Jede Form von Materie oder Strahlung, die sich einer Singularität – etwa einem Schwarzen Loch – bis zum Ereignishorizont nähert, stürzt an diesem Punkt in die Singularität.

Abb. 5
Calligraphie onyx / Onyx-Kalligraphie, Onyx-Achat, 13,5 x 12 x 0,5 cm (Recto), Sammlung Roger Caillois. Foto: François Farges.

zwischen intensiver Empfindung und spektakulärem Ereignis verschwimmt:

> Denn die persönliche Ungewissheit ist kein dem Geschehen äußerlicher Zweifel, sondern eine objektive Struktur des Ereignisses selbst, insofern es stets in zwei Richtungen zugleich verläuft und das Subjekt dieser doppelten Richtung entsprechend zerteilt. Das Paradox besteht zunächst darin, den gesunden Menschenverstand als einzige Richtung, als Einbahnstraße, oder einzigen Sinn, dann aber auch den Gemeinsinn als Zuweisung festgelegter Identitäten zu zerstören. [...] Das Verrückt-Werden, das Unbegrenzt-Werden ist kein dröhnender Grund mehr, es steigt an die Oberfläche der Dinge und wird unerschütterlich. [...] Das Versteckteste ist das Offensichtlichste geworden, alle gealterten Paradoxa des Werdens müssen in einer neuen Jugend andere Gestalt annehmen – Verwandlung.[61]

Verschmelzungen, Erdbeben, Orgasmen

In Anbetracht der vielen Wege und Weltgegenden, die Caillois auf seinen diagonalen Streifzügen zwischen Kunst und Wissenschaft erforschte,[62] überrascht es nicht, dass er die metaphysische Herausforderung des Taumels zu guter Letzt auch in der inerten Materie wiederentdeckt. Nach Insekten und Menschen, Gesellschaften und Spielen, Landstrichen und Künsten wendet er sich schließlich dem faszinierenden Reich der Steine und Mineralien zu, die er auf seinen Reisen leidenschaftlich zu

[61] Deleuze, Gilles: *Logik des Sinns*, übers. v. Bernhard Dieckmann, Frankfurt a.M. 1993, S. 15, 18, 23. Vgl. ders.: *Francis Bacon: Logik der Sensation*, übers. v. Joseph Vogl, Paderborn 2016.

[62] Für einen Überblick zu Caillois' Streifzügen, vgl. u.a. Caillois, Roger: *Cases d'un échiquier*, Paris 1970.

sammeln beginnt und die bald auch in seinem literarischen Werk zentralen Stellenwert erlangen.[63] 1966 erscheint Caillois' erste Schrift über *Steine*, ein »quasi mystischer Text« von einer »areligiösen« und »gleichsam materialistischen Mystik«, der einer Metaphysik der Natur und ihrer Einheit gewidmet ist.[64] Im Reich der toten Materie, mit dessen beunruhigendem Abgrund uns der verheißungsvolle Luxus des Taumels konfrontiert, findet Caillois all das wieder, was ihn in seiner schillernden Vielfalt seit jeher am Lebendigen und namentlich am Reichtum der menschlichen Einbildungskraft faszinierte. Es scheint, als versetzten ihn die Steine, fern jeder analytischen Strenge, gleichsam in einen erhebenden Rausch:

> Von Steinen spreche ich: Algebra, Taumel und Ordnung; von Steinen, Lobgesängen und Würfelfünfform; von Steinen, Dornen und Blumenkronen, Saum des Traumes, Ferment und Bild; vom Stein als Haargardine steif und undurchsichtig wie der Ertrunknen Locke, die dennoch über keine Schläfe rieselt, dort, wo in einem blauen Kanal sichtbarer und verletzlicher wird ein Saft; von Steinen wie entknittertes Papier, nicht brennbares, gesprenkelt mit verschwommnen Funken; oder wasserdichtestem Gefäß, drin hinter abgelöster Wandung eine Flüssigkeit, die vor dem Wasser da war und wunderbarerweise erhalten blieb, hin und her tanzt, bevor sie ihre Lage wiedereinnimmt. Von Steinen spreche ich, die älter sind als das Leben und die nach ihm, wenn es

[63] Vgl. Caillois, Roger: *Pierres*, Paris 1966 (dt.: *Steine*, übers. v. Gerd Henniger, München, Wien 1983); ders.: *L'Écriture des pierres*, Genf 1970, sowie ders.: *Pierres réfléchies*, Paris 1975 (dt. beide in ders.: *Die Schrift der Steine*, übers. v. Rainer G. Schmidt, Graz 2004: *Die Schrift der Steine*, S. 123–184; *Durchdachte Steine*, S. 5–121). Vgl. bes. auch ders.: *La Lecture des Pierres*, m. einem Vorw. v. Massimilano Gioni u. einem Nachw. v. Henri-Jean Schubnel, Paris 2015. Neben Abbildungen von Exponaten aus Caillois' Steine-Sammlung, die seit 1988 Eingang in den Bestand des Pariser Muséum national d'histoire naturelle fand, enthält der reich bebilderte Band auch Caillois' Texte *Pierres* (S. 89–237), *L'Écriture des pierres* (S. 239–367) und »Agates paradoxales« (1977, S. 369–385).

[64] Caillois zit.n. Felgine: »Roger Caillois. Vie et Œuvre«, in: *Œuvres*, S. 68.

> das Glück erfuhr, auf ihnen zu erblühen, auf den erkalteten Planeten fortdauern. Von Steinen spreche ich, die nicht mal des Todes gewärtig sein müssen und nichts weiter zu tun haben, als sich Sand, Platzregen oder Brandung, Unwetter und Zeit übers Gesicht rieseln zu lassen.[65]

Viel braucht es Caillois zufolge, um die Steine »in Wallung zu versetzen: Hitze vom Schmelzofen oder vom elektrischen Bogen, das Ungestüm der Erdbeben, vulkanische Krämpfe. Ohne die schwindelerregende Zeit mitzurechnen.«[66] Von »rauhester Behandlung geformt und geadelt«, seien ihre Strukturen einzig dem »Gesetz des Gleichgewichts« unterworfen, dem »Spiel noch unstabiler, grobschlächtiger Ausgleichsbemühungen, die den Sprüngen und Stößen eines erstarrenden Gestirns langsam ein Ende setzten«, um dem großen Auf und Ab des Daseins ein Moment der Beständigkeit abzuringen: »Vielleicht gibt es kein verlässlicheres Vorbild für unergründliche Schönheit als die aus großen Bitterkeiten aufgetauchten Gestaltungen.«[67] Die Bitterkeiten, es sind wohl nicht zuletzt Caillois' eigene, die Leiden des Schriftstellers, der das Chaos der Welt in Worte fasst, um dabei doch nur den Boden unter den Füssen zu verlieren. So sucht Caillois im Universum der Steine, bei allem Taumeln und Fragen, auch sein eigenes Tun zu ergründen:

> Ich bemühe mich in Gedanken, sie im glühenden Augenblick ihrer Entstehung zu erfassen. Da gerate ich in eine ganz merkwürdige Erregung. Ich spüre, wie ich ein wenig die Natur der Steine annehme. Zugleich nähere ich sie der meinigen an, dank der unvermuteten Eigenschaften, die ich ihnen im Verlauf abwechselnd präziser und ungezwungener Gedankengänge zuschreibe, in denen das Gewebe des

[65] Caillois: *Steine*, S. 6.
[66] Ebd., S. 25.
[67] Ebd., S. 26.

> Traums und die Kette des Wissens sich bilden. Dort werden ohne Unterlaß fragile, vielleicht notwendige Bauten errichtet und stürzen wieder in sich zusammen. Dort stützt die Metapher den logischen Beweis (oder macht ihn zunichte); die Vision speist die Stringenz (oder führt sie in die Irre). Zwischen der Starre des Steins und der geistigen Gärung kommt eine Art Kontakt zustande, in dem ich für einen Augenblick, einen denkwürdigen, das ist wahr, Weisheit und Stärkung finde.[68]

Im Reich der Steine meint Caillois schließlich nichts Geringeres als »den möglichen Keim einer neuen, widersprüchlichen Art von Mystik« zu entdecken, den lang ersehnten Schlüssel »zur Auflösung in irgendeiner außermenschlichen Unermeßlichkeit«, deren Abgrund »nichts Göttliches« mehr wäre, sondern »ganz stofflich, ja stofflich allein«, »wirkende, verwirrende Materie aus Laven und Verschmelzungen, aus Erdbeben, Orgasmen und großen tektonischen Ordalien«, »reglose Materie eines dauerhaften inneren Friedens« zugleich, die das ihrige dazu tut, »dass die Meditation nun bis zum Taumel, bis zur Ekstase getrieben wird«.[69]

***

Wenn Caillois 1970 zu dem Schluss kommt, sein Werk habe sich im Grunde genommen allein auf die vielgestaltigen »Daten, Triebfedern und Wirkungen der Einbildungskraft« konzentriert, auf das breite »Spektrum des Poetischen und Phantastischen«, auf »Mythen, Bilder, Zustände des Taumels, Träume oder Spiele, Leidenschaften und Grausamkeiten«,[70] so unter-

[68] Ebd., S. 94f.
[69] Ebd., S. 95.
[70] Caillois, Roger: »Intervention surréaliste (Divergences et connivences)«, in: ders.: *Cases d'un échiquier*, S. 209–222, S. 212: »Tous mes livres sont ainsi des analyses des

streicht er ein weiteres Mal, wie seine mitunter fast schon traumwandlerischen Untersuchungen zur Logik des Imaginären neben Insekten, Spielen und Steinen auch zu einem so empfindsamen Wesen wie dem Kraken führen.[71] Im Sog der Einbildungskraft weicht der Taumel der Differenz einem tiefen Einverständnis – der Erkenntnis, dass alles Entstehen und Vergehen ein Potential zur Kristallisation in sich birgt. Was Caillois zunächst nur ahnen kann, erscheint ihm schließlich immer deutlicher in Gestalt der Querverbindungen, die es zwischen Natur und Kultur, Wissenschaft und Kunst zu entdecken gilt – die jedoch keineswegs so beständig sind, dass sie sich nicht jederzeit wieder in Luft auflösen könnten. Nichts als Ahnungen mochten es sein, »Blasen, die platzen, sobald sie sich gebildet haben«, Phänomene von einer »unbestimmten, flüchtigen, schwebenden Existenz«, und doch spannten sie ihre Netze quer durch ein ganzes Universum:

> Fast nur Ahnungen, wimmeln sie herum und verschwinden wieder, fortgeschwemmt von der ununterbrochenen Gärung, von der sie, ein Ballett der Atome, hervorgebracht werden. Sie lösen sich sofort wieder auf. Manchen wird jedoch die Chance gegeben, an Deutlichkeit, an Umrissen zu gewinnen. Zuweilen erlangen sie, vorübergehend, eine fragile Festigkeit. Sie bleiben im Gedächtnis haften, Schatten, die sich im Geiste niederschlagen und einer ersten Beständigkeit teilhaftig werden. [...] Sie waren Schaum, der sich verflüchtigt, nichtige Turbulenz. Nun haben sie Gewicht, Einfluß, Fruchtbarkeit. Diejenigen, die gedeihen, werden zu Ideen, Mythen, Glaubensvorstellungen, Gedichten. Ihre Verbündeten sind

données, des ressorts, des effets de l'imagination (mythes, images, vertiges, rêves ou jeux, passions et cruautés, l'éventail quasi entier du poétique et du fantastique).«

[71] Caillois, Roger: *La Pieuvre: essai sur la logique de l'imaginaire*, Paris 1973 (dt.: *Der Krake. Versuch über die Logik des Imaginativen*, übers. v. Brigitte Weidmann, München, Wien 1986).

> die Sensibilität, die Intelligenz, die Kunst. Sie haben jene ungreifbare, fließende Festigkeit erworben, die den Gegenständen des Denkens, den Quellen des Gefühls, den Brennpunkten der Faszination eigen ist.[72]

Es ist jene ungreifbare, fließende Festigkeit, die Trost und Hoffnung spenden kann, weil sie einen Raum umreißt, der jenseits von Kategorien des Lebens und Sterbens, jenseits von Halt und Haltung liegt. So sollte auch Caillois selbst eines Tages wieder dem Boden angehören, »aus dem die schönen Dinge hervorgegangen sind, die er so unermüdlich liebte«, während er »versuchte, sich in die Richtung der Dinge zu bewegen«.[73]

Was das heißen könnte? Dass die Stimmen sich vermischen, dass Stein und Ozean, Mensch und Werk, Gedanken und Worte am Ende des Tages nicht mehr auseinanderzuhalten sind, da sie ein und demselben Universum angehören. Hätte man Caillois zuletzt gefragt: »Sag noch etwas, vorm Weggehen«, vielleicht hätte er geantwortet wie Clov in Becketts *Endspiel*:

> Gut, es wird also nie enden, ich werde also nie gehen. *Pause.* Dann, eines Tages, plötzlich, endet es, ändert es sich, ich verstehe es nicht, stirbt es ... oder bin ich es, ich verstehe es nicht, auch das nicht. Ich frage es die Wörter, die übrigbleiben – Schlafen, Wachen, Abend, Morgen. Sie können nichts sagen. *Pause.* Ich öffne die Tür der Zelle und gehe. Ich gehe so gebeugt, daß ich nur meine Füße sehe, wenn ich die Augen öffne, und zwischen meinen Beinen ein wenig schwärzlichen Staub. Ich sage mir, dass die Erde erloschen

[72] Caillois: *Der Krake*, S. 139f.

[73] Yourcenar, Marguerite: »Der Mann, der die Steine liebte«, in: dies.: *Die Zeit, die große Bildnerin. Essays über Mythen, Geschichte und Literatur*, München, Wien 1998, S. 226–250, S. 250.

> ist, obgleich ich sie nie glühen sah. *Pause.* Es geht von selbst. *Pause.* Wenn ich falle, werde ich weinen ... vor Glück.[74]

Was Caillois erlebt haben, wo er gelandet sein mag, in jenem köstlichen Moment? Wenn es einer ahnen mochte, dann vielleicht Becketts Hamm: »Die Unendlichkeit der Leere wird dich umgeben, alle auferstandenen Toten aller Zeiten würden sie nicht ausfüllen, du wirst darin wie ein kleiner Kiesel mitten in der Wüste sein.«[75] Ein kleiner Kiesel, ja. *Un petit caillou.*

[74] Beckett, Samuel: *Endspiel. Fin de partie. Endgame*, übers. v. Elmar Tophoven u. Samuel Beckett, Frankfurt a.M. 2018, S. 111/113/115.
[75] Ebd., S. 55.

Abb. 6
Le Petit Fantôme / Das kleine Gespenst, Achat, 19 x 16 x 1 cm (Recto), Sammlung Roger Caillois. Foto: François Farges.

DER ZAUBER DER MIMESE

* Joachim Koester & Stefan A. Pedersen: *Insect Silver Noir*, Soundstück, 18 Minuten, 2018, Courtesy: Jan Mot.

EIN FEINES, BRÜCHIGES NETZ. INSECT SILVER NOIR

Sarah Rinderer

ich setze die kopfhörer auf. gepolsterte, oft getragene schalen. durch den überzug aus mattschwarzem kunstleder zieht sich ein feines, brüchiges netz: abblätternde aderung. am boden des abgedunkelten zimmers die ausgebreitete yogamatte, gerillte oberfläche, anthrazitfarben. in meiner hand das smartphone. ein schwarzweißfoto auf dem display, blattlose verästelungen darauf, die sich überlagern, mit geringer tiefenschärfe und hohem kontrast. in den gegenüberliegenden ecken des coverbilds der titel *insect silver noir* und die weiße wellenform des soundstücks von joachim koester und stefan a. pedersen.* scharfe ränder meiner spiegelung im displayglas, bevor ich das handy neben mir auf die matte, mich auf den rücken lege. das rechte bein angewinkelt, das linke ausgestreckt, die arme längs an den körper gefaltet zur schallwandlerin werde mit geschlossenen augen.

eins
rauschen. ein geräusch
mit feingliedriger nervatur. frequenzen,
die sich zu eindrücken in graustufen
überlagern, nie ganz weiß. rotorblätter,
ferngewitter, eine frauenstimme
nah an meinem ohr, mahlsteine, maschinen,
meer, *feel yourself sinking,* von eins
bis zehn an die schlafränder. rauschen.
kreisförmig, regelmäßig, rau. wie
die rillen der matte unter meinen handflächen,
meine atmung. jetzt

zähle ich immer langsamer
auf, ab, ein, aus.
zwei
dunkelrauschen hinter meinen geschlossenen augenlidern,
grobkörniges flimmern, flatterhaft, fastschwarz. flecken,
weiß gekernt, seidenfäden, partikel,
die sich ständig neu verbinden,
wenn ich mit geschlossenen augen blinzle
ein beginnendes silberbild.
drei
spüre, wo mein körper die matte berührt. weich
wie waldboden. rauschen. wie wind
zwischen den zweigen fremder gewächse. rascheln
im unterholz, im blattwerk,
die kühle von feuchtem moos,
fernes quaken, summen, sirren.
dann plötzlich
vier
ganz nah.
dunkle ommatidien, halbkugelförmige netzaugen.
mein rechter fuß beginnt zu kribbeln.
dreieckiger kopf, verlängerter halsschild, angewinkelte
fangarme. ich strecke das bein aus. mein körper
jetzt wie der des insekts: stielförmig. still –
nur die kreisenden bewegungen
der dünnen vorderbeine, meiner zehen. der zweig,
fünf
meine bauchplatte zittert leicht, reißt
ein, bricht
auf, blättert
ab, härtet
aus, ständig neu. leere chitinhüllen,
die leuchten. geister, rinden,

riesen, ast. mantiden,
ein totes blatt.
sechs
mein körper summt, fühlt sich
leicht an, verwandlungsschwindlig.
zischendes geräusch sich ausbreitender flügel,
mich treiben, schweben, reisen lassen.
sieben
auf, ab, von, kopf-
über wachsende bäume, pflanzen,
reben, farne, moos, ständig neu.
zwischen, ein, aus, rauschen,
in, durch, quer,
längs, blatt-, flügeladern.
werde
acht
durchsichtig,
schwere-, randlos,
raum-imago,
neun
ein
netz,
pulsierend.
zehn

zehn

zehn

nach einer zeit nur mehr stille zwischen warm gewordenen kopfhörerschalen. ich streife sie ab, öffne die augen, richte mich auf im abgedunkelten zimmer. in den rillen der matte noch der abdruck meiner ruhelage, langsam heller werdend. meine haut fühlt sich dehnbar an, noch weich, passt nicht zu den scharfen rändern der silhouette im displayglas, als ich das handy wieder in die hand nehme. und plötzlich sehe ich sie wieder, ganz deutlich in der schwarzweißkörnung des coverbilds: fangarme, schreitbeine, längs an den körper gefaltete flügel – zwischen den zweigen das dreieckige gesicht einer *mantis religiosa*.

Abb. 1
Joachim Koester: *Violin Mantis*, Tintenstrahldruck, 109 x 84 cm, 2016.

Abb. 2
Joachim Koester: *Ghost Mantis (1)*, Tintenstrahldruck, 109 x 84 cm, 2015.

Abb. 3
Joachim Koester: *Flower Mantis (1)*, Tintenstrahldruck, 109 x 84 cm, 2016.

Abb. 4
Joachim Koester: *H. Grandis (1)*, Tintenstrahldruck, 109 x 84 cm, 2015.

Abb. 5
Joachim Koester: *H. Grandis (2)*, Tintenstrahldruck, 109 x 84 cm, 2016.

Abb. 6
Joachim Koester: *Idolomantis Diabolica (2)*, Tintenstrahldruck, 109 x 84 cm, 2015.

Abb. 7
Joachim Koester: *Idolomantis Diabolica (1)*, Tintenstrahldruck, 109 x 84 cm, 2015.

DER MIMESE-KOMPLEX

Peter Geble

Begriffe

Angenommen, wir hätten einen mimikrytheoretischen Text aus dem Französischen ins Deutsche zu übersetzen: Was wäre wohl der größte Stolperstein?[1] Aufs Ganze gesehen sicher die kaum überschaubare Menge der entomologischen Wortprägungen, angefangen bei der Nomenklatur, etwa den Coleoptera, mit ihren Unterordnungen und Dutzenden Familien, über den Körperbau, wo man es mit Lippen- und Kiefertastern, Halsschilden, Vorder-, Mittel- und Hinterhüften zu tun hat, bis hin zu den übergenauen Einzelbeschreibungen, wenn es zum Beispiel von Schmetterlingsflügeln heißt, sie seien »länglich auslaufend, gekerbt, gezähnelt, ausgefranst oder voll«.[2] Letztendlich ist es aber nur ein Begriff, der wirkliche Schwierigkeiten bereitet, der Begriff der Mimikry selbst, denn im Französischen wird nicht von Mimikry gesprochen, sondern von *mimétisme*. Und obwohl es in Langenscheidts Großwörterbuch, dem bekannten Sachs-Villatte, unter dem Eintrag *mimétisme* heißt: »1. *biol* Mimikry [-kri] *f*; 2. *fig* Nachahmung *f*«,[3] wird einem sehr schnell klar, dass das Eine nicht wirklich das Andere meint. *Mimétisme* ist nicht *Mimikry* – was zu beweisen wäre.

[1] Der vorliegende Text ist eine überarbeitete und erweiterte Fassung von Geble, Peter: »Der Mimese-Komplex«, in: Johach, Eva/Mersmann, Jasmin/Rulffes, Evke (Hg.): *ilinx – Berliner Beiträge zur Kulturwissenschaft*, Bd. 2: *Mimesen*, Hamburg 2011, S. 185–195.

[2] Caillois, Roger: *Méduse & Cie*, Paris 1960, S. 46; dt.: *Méduse & Cie*, in: ders.: *Méduse & Cie*, mit »Die Gottesanbeterin« und »Mimese und legendäre Psychasthenie«, übers. v. Peter Geble, Berlin 2007, S. 45–139, S. 67.

[3] *Langenscheidts Großwörterbuch Französisch*, Teil 1: *Französisch-Deutsch*, begründet v. Karl Sachs u. Césaire Villatte, Berlin 1979, S. 601.

Zunächst zum englischen Begriff der *mimicry*, der eine lange, bis in die Zeit Shakespeares zurückreichende Geschichte hat.[4] Es ist unverkennbar ein dem Theaterbereich entstammender Neologismus des frühen 17. Jahrhunderts, wobei aus dem *mimic* die *mimicry* abgeleitet wurde, aus dem Mimen, dem komödiantischen Gaukler, die Gauklerei, oder, etwas gehobener, aus dem Schauspieler die Schauspielerei. Damals wurde der Begriff allerdings nur in diesem theaterspezifischen Sinn gebraucht. Noch Darwins Großvater Erasmus spricht in seiner *Zoonomia* (1794–1796), wenn er die Schutztracht von Wildkatzen und Vögeln behandelt, durchgängig von *imitating* oder *resembling*, nur einmal verwendet er *mimicry*, freilich noch ganz traditionell im Sinn von »as acting a play«.[5] Er kennt das Phänomen mimetischer Tiere, verwendet aber noch nicht den sich anbietenden Begriff. Der Grund hierfür liegt auf der Hand: Bis in die Mitte des 19. Jahrhunderts ist nur die Färbungs- und Gestaltübereinstimmung bestimmter Tiere mit ihrer spezifischen Lebensumgebung bekannt, etwa der physiologische Farbwechsel[6] des Chamäleons (Homochromie) und die morphologische Ununterscheidbarkeit des Wandelnden Blatts im Laub von Bäumen und Sträuchern oder der Stabheuschrecke im Gestrüpp kahler Äste (Homomorphie). Und entscheidend ist hier kein »acting a play«, sondern vor allem Bewegungslosigkeit. Erst mit der von Henry Walter Bates aufgestellten (und 1862 veröffentlichten) These, dass gewisse genießbare Schmet-

[4] Das Wort geht letztlich auf den römischen *mimus* zurück, ein derbes Volkstheater zur Unterhaltung der Massen, bei dem auch gerne Stücke der Hochkultur parodiert wurden. Von daher der pejorative Unterton des Nachäffens, des Grimassierens und Faxenmachens im engl. *mimic*.

[5] Darwin, Erasmus: *Zoonomia, or, The Laws of Organic Life: In Three Parts*, Bd. 1, London 1794, S. 254.

[6] Physiologischer Farbwechsel wird der schnelle Farbwechsel genannt, bei dem sich die Pigmentmenge insgesamt nicht ändert, sondern nur verschieden verteilt wird. Beim langsamen morphologischen Farbwechsel tritt im Lauf der Zeit eine vermehrte oder verminderte Pigmentbildung auf, wodurch sich Färbung und Zeichnung eines Tieres entsprechend verändern. Vgl. Bruns, Herbert: *Schutztrachten im Tierreich*, Wittenberg 1958, S. 15.

terlinge andere ungenießbare Schmetterlinge ›nachahmen‹, um sich deren Immunität – so die Deutung – zunutze zu machen, kam es zu der Bedeutungsausweitung des Begriffs *mimicry* und seinem allgemeinen Gebrauch.[7] Denn wenn ein Glasschwärmer, ein völlig harmloses und überdies für Vögel schmackhaftes Insekt, genauso aussieht wie die überaus wehrhafte und für Vögel ungenießbare Wespe, er also gelb-schwarz geringelt ist, gleichen Körperbau und in diesem Fall sogar gleiches Flugverhalten aufweist, dann ist es für den potentiellen Fressfeind offensichtlich unmöglich, die beiden Insektenarten visuell zu unterscheiden, und die Folgerung, hierin ein für den Nachahmer vorteilhaftes Vorgaukeln zu sehen, ist naheliegend. Hinzu kommt, dass in den gleichen brasilianischen Urwäldern, in denen sich auch Bates aufhielt, der deutsche Zoologe Fritz Müller nur wenig später (1878) entdeckte, dass diese Tracht- und Verhaltensähnlichkeit auch zwischen zwei ungenießbaren Schmetterlingsarten vorkommen kann. Hier würde sich – so wiederum die Deutung – die Schutzfunktion gerade durch die gemeinsame Ungenießbarkeit erhöhen.[8] Mit diesen Entde-

[7] Vgl. Bates, Henry Walter: »Contributions to an Insect Fauna of the Amazon Valley. *Lepidoptera: Heliconidæ*«, in: *Transactions of the Linnean Society of London* 23/3 (1862), S. 495–566. Meiner Behauptung widerspricht, dass William Kirby und William Spence in ihrer *Introduction to Entomology* – im Zusammenhang mit Phasmiden, also Gespenstschrecken – bereits 1816/1817 von *mimicry* sprechen. Vgl. Kirby, William/Spence, William: *An Introduction to Entomology: or Elements of the Natural History of Insects: with Plates*, Bd. 1, London 1816, S. 9, Bd. 2, London 1817, S. 220. Folglich muss ein schleichender Bedeutungswandel stattgefunden haben, der trotz des informativen Eintrags zur Mimikry in Georg Toepfers *Historischem Wörterbuch der Biologie* (Toepfer, Georg: *Historisches Wörterbuch der Biologie. Geschichte und Theorie der biologischen Grundbegriffe*, Stuttgart 2010, S. 1132–1142) im Einzelnen nicht belegt werden kann.

[8] Vgl. Müller, Fritz: »Ituna und Thyridia. Ein merkwürdiges Beispiel von Mimicry bei Schmetterlingen«, in: *Kosmos* 5 (1879), S. 100–108. Beide Deutungen sind jedoch irreführend, weil man in dieser darwinistischen Deutung glaubt, das Phänomen allein durch die *causa finalis*, also den Schutz, erklären zu können. Dabei gerät notwendigerweise aus dem Blick, dass es auch Mimikry zwischen ungeschützten Arten gibt. In diesen Fällen bietet die Ähnlichkeit keinen Schutz, ist sogar schädlich, und die sogenannten Nachahmer können infolgedessen nicht durch Mutation und Selektion entstanden sein. Wie aber dann? Aristoteles hätte vorgeschlagen, die Antwort in der *causa formalis*, dem Bauplan, zu suchen. Davor schrecken Evolutionsbiologen indes

ckungen war neben die altbekannte Form mimetischer Tiere etwas Neues getreten, das nach einer genaueren Bestimmung verlangte. Es waren Bates' Kollegen Alfred Russel Wallace und Edward Bagnall Poulton, die in diese Richtung einen ersten Schritt unternahmen, indem sie die Erscheinung des ungenießbaren Insekts als echte Warntracht (aposematische Tracht), die Erscheinung des genießbaren Nachahmers dagegen als trügerische Scheinwarntracht (pseudoaposematische Tracht) definierten. Das bedeutete aber auch, dass es sich bei der Müller'schen Mimikry um keine echte Mimikry handelt, sondern um die Konvergenz zweier Warntrachten. Eine nach langen Diskussionen gefundene Definition der Mimikry lautet denn auch: »Mimikry oder Scheinwarntracht ist die vor Feinden schützende, täuschende Ähnlichkeit nicht widerwärtiger und nicht wehrhafter Tiere mit widerwärtigen oder wehrhaften, auffällig warnend ausgestatteten Tieren desselben Wohnorts.«[9] Seither spricht man von Mimikry, sei es Bates'scher oder Müller'scher, und denkt bei diesem Begriff im Allgemeinen nur noch an das Phänomen der Ähnlichkeit zwischen ›Modell‹ und ›Nachahmer‹.[10]

Wie sieht es nun aber im Französischen und Deutschen aus? Wie eingangs erwähnt, kennt das Französische den Begriff der Mimikry nicht, sondern spricht auch heute noch fast ausschließlich von *mimétisme*, ein Begriff, der erst 1872 unter dem Eindruck der Bates'schen Entdeckung in die französische zoo-

in der Regel zurück, da sie selbst heute noch einen Bauplan, bzw., wie es aktuell ultimativ heißt, »regulatorische Gennetzwerke« mit dem Schöpfungsplan verwechseln.

9 Heikertinger, Franz: »Exakte Begriffsfassung und Terminologie im Problem der Mimikry und verwandter Erscheinungen«, in: *Zeitschrift für wissenschaftliche Insektenbiologie* 15 (1919/1920), S. 57–65/162–174, S. 57.

10 Erschöpfende Auskunft über alle Facetten mimetischer Prozesse im Naturreich erhält man nach wie vor bei Portmann, Adolf: *Tarnung im Tierreich*, Berlin 1956, und – unter den informationstheoretischen Prämissen der sechziger Jahre – bei Wickler, Wolfgang: *Mimikry. Nachahmung und Täuschung in der Natur*, München 1968.

logische Literatur eingeführt wurde.[11] Da Anglizismen in Frankreich bekanntermaßen noch nie gerne gesehen wurden, könnte man natürlich annehmen, dass lediglich die englische Begriffsbildung keine Gnade fand,[12] der Sinngehalt aber übernommen wurde und infolgedessen der Neologismus *mimétisme* nichts anderes als das englische *mimicry* bedeutet. Dem ist aber nicht so. In Frankreich hielt man – und hält man teilweise bis heute – wesentlich stärker an der Überzeugung fest, dass die hauptsächlich an Insekten zu beobachtende Mimikry lediglich einen Sonderfall des allgemeineren Phänomens homomorpher Organismen darstellt, der überdies nicht allein durch Mutation und Selektion zu erklären sei. Infolgedessen blieben die morphogenetischen Spekulationen in Frankreich – auch aufgrund der eigenen lamarckistischen Tradition – stets auf das altbekannte Phänomen der Tier-Umwelt-Mimese fokussiert.[13] Im angelsächsischen Sprachraum dagegen verlagerte sich die Aufmerksamkeit – auch durch die Aufnahme der Bates'schen Entdeckung in Darwins *The Origin of Species*[14] – weitgehend auf das Phänomen der Tier-Tier-Mimikry. Im deutschen Sprachraum wiederum befanden sich die beiden Lager mehr oder weniger im Gleichgewicht. Einerseits war die fast zeitgleich mit Bates

[11] Boulard, Michel: »Mimétisme«, in: Tort, Patrick (Hg.): *Dictionnaire du darwinisme et de l'évolution*, Bd. 2, Paris 1996, S. 2965.

[12] Wie etwa auch im Fall des Computers, der zum *ordinateur*, oder noch besser im Fall des Chips, der zum *puce*, einem Floh, umgetauft wurde.

[13] So heißt es im *Littré*, dem monumentalen französischen Wörterbuch des 19. Jahrhunderts, im »Supplément« von 1877 unmissverständlich: »mimétisme = faculté qu'ont les animaux de prendre une apparence conforme aux objets que les entourent«, also »die Fähigkeit von Tieren, ein Aussehen anzunehmen, das den sie umgebenden Gegenständen entspricht«. Zit.n. Boulard: »Mimétisme«, in: *Dictionnaire du darwinisme et de l'évolution*, S. 2965 (Übers. d. Verf.).

[14] Das ganze Kapitel 11 von Darwins *The Descent of Man* – einschließlich eines eigenen Abschnitts zur Mimikry – ist von Bates' Beobachtungen geprägt und wurde vor der Drucklegung von diesem sogar selbst durchgesehen. Vgl. Darwin, Charles: *The Descent of Man*, Bd. 1, London 1871, S. 386–423. Auch in der nur ein Jahr später veröffentlichten 5. Auflage von *The Origin of Man* sind mehrere Seiten der Bates'schen Mimikry gewidmet. Vgl. ders.: *The Origin of Species by Means of Natural Selection, or the Preservation of Favoured Races in the Struggle of Life*, London ^{5}1872, S. 283f.

entwickelte Mimikrytheorie von Fritz Müller Grundlage dafür, dass sich Phänomen und Begriff im Deutschen unmittelbar etablierten. Andererseits gab es aber auch eine lange physiognomisch-morphologische Tradition, die von Goethe über die romantische Naturphilosophie bis hin zu Jakob von Uexküll und Adolf Portmann reicht und in der Fragen der Passung, der Einfügung in die Umwelt, der Gestaltausbildung durch Kräfteeinwirkung immer eine große Rolle spielten.[15] Und genau aus dieser Tradition heraus wurde Anfang des letzten Jahrhunderts der Begriff der *Mimesie* bzw. der *Mimese* geprägt.[16] Zu nennen ist hier zunächst der Entomologe Roman Puschnig, der den Begriff der Mimese prägte und 1916 in einem Vortrag erstmals verwendete,[17] und dann vor allem Franz Heikertinger, der in den Folgejahren in einer Fülle von Aufsätzen die Begriffsdifferenzierung von Mimikry und Mimese weiter präzisierte[18]

[15] Vgl. Komárek, Stanislav: *Mimicry, Aposematism and Related Phenomena. Mimetism in Nature and the History of its Study*, München 2003. Mit Dank an Georg Toepfer für den wertvollen Hinweis.

[16] Vgl. Toepfer: *Historisches Wörterbuch der Biologie*, S. 1140f.

[17] Puschnig, Roman: »Die Kriegslist des Kleides und der Verkleidung in der Tierwelt«, in: *Carinthia II. Mitteilungen des Naturwissenschaftlichen Vereins für Kärnten* 106/26–107/27 (1917), S. 48–57. Es handelt sich um die Verschriftlichung eines mitten im 1. Weltkrieg im Rahmen der Roten Kreuz-Woche gehaltenen Lichtbildervortrags im Handelskammersaal von Klagenfurt. Der Titel lässt Schlimmes befürchten, der Vortrag selbst ist jedoch eine völlig sachliche Darstellung des damaligen Forschungsstands zum Mimikryproblem.

[18] Vgl. u.a. Heikertinger, Franz: »Exakte Begriffsfassung und Terminologie im Problem der Mimikry und verwandter Erscheinungen«, in: *Zeitschrift für wissenschaftliche Insektenbiologie* 15 (1919/1920), S. 57–65/162–174; ders.: »Über die Begriffe ›Mimikry‹ und ›Mimese‹ mit besonderer Berücksichtigung der Myrmekoidie: Zugleich eine Antwort an E. Wasmann«, in: *Biologisches Zentralblatt* 45 (1925), S. 272–289. Heikertinger (1876–1953), seines Zeichens Zentralinspektor des Wiener Postsparkassenamtes und späterer Regierungsrat, war eine ungewöhnliche Erscheinung. Er betrieb das Sammeln, Beschreiben und Klassifizieren von Insekten aller Art nebenbei als – nach eigener Aussage – »Liebhaberei« und entwickelte sich dennoch zu einem weithin geschätzten, von manchen auch gefürchteten Entomologen. Die Summe seiner mehr als vierzigjährigen Studien und Experimente, die sich in über 80 Einzelveröffentlichungen allein zum Problem der Mimikry niederschlugen, ist das kurz nach seinem Tod erschienene Werk *Das Rätsel der Mimikry und seine Lösung*, Jena 1954.

und zu der auch heute noch gültigen Definition der Mimese gelangte:

> Mimese ist die phylaktische [schützende/deckende] Ähnlichkeit eines Tieres mit einem vom Feinde unbeachtet bleibenden Einzelding der Umgebung. [...] Die Mimese kann eingeteilt werden in: a) Zoomimese; das Modell ist ein vom Feinde nicht beachtetes Tier (Ähnlichkeit von Ameisengästen mit ihren Wirten, Ähnlichkeit von Räubern mit ihren Beutetieren, insofern nur Unbeachtetbleiben und nicht Anlockung in Betracht kommt); b) Phytomimese; das Modell ist eine unbeachtet bleibende Pflanze oder ein Pflanzenteil (Ähnlichkeit mit Blättern, Stengeln, Knospen, Blüten, Samen usw., insolange hierbei nicht Anlockung in Betracht kommt); c) Allomimese; das Modell ist kein Organismus, bezw. kein Teil eines solchen (Ähnlichkeit mit Steinen, Erdklumpen, Exkrementen usw.).[19]

Dank Heikertingers überaus genauer Begriffsfassung verfügt das Deutsche über eine klare begriffliche Unterscheidung zwischen Mimikry und Mimese, die in der Unterschiedlichkeit der Phänomene selbst begründet ist. Und da dies so ist, spricht viel dafür, an dieser Begriffsdifferenzierung festzuhalten. Sie macht es zu etwas ganz Selbstverständlichem, dass man je nach Kontext im einen Fall von Schmetterlingsmimikry, Wespenmimikry etc. sprechen kann, im anderen Fall von Rindenmimese, Flechtenmimese etc. (und nicht wie im Französischen von Mimetismus/Mimikry im engeren oder im weiteren Sinn).[20]

[19] Heikertinger: »Exakte Begriffsfassung und Terminologie im Problem der Mimikry und verwandter Erscheinungen«, in: *Zeitschrift für wissenschaftliche Insektenbiologie*, S. 62, 172.

[20] Sollte man es jedoch mit einem Text zu tun haben, in dem unter dem Oberbegriff *mimétisme* beide mimetischen Erscheinungsweisen behandelt werden, empfiehlt es sich, den Neologismus Mimetismus zu gebrauchen.

Für den Übersetzer ergibt sich somit folgende Unterteilung:

	Gestalt- und Färbungsübereinstimmung[21]	
	mit einem unauffälligen Einzelding der Umgebung	**mit einem auffälligen (Tier-) Modell**
Englisch	*mimesis, masquerade, camouflage*	*mimicry*
Französisch	*mimétisme*	*mimétisme proprement dit, mimétisme typique, mimétisme total*
Deutsch	Mimese (Zoomimese, Phytomimese, Allomimese)	Mimikry

Damit ist die Vorgabe klar: Bei Lebewesen, die in ihrem Äußeren das auffällige Erscheinungsbild eines wehrhaften oder ungenießbaren Tiers vortäuschen und dabei als visuell abgrenzbare Gestalt kenntlich bleiben, wird man von Mimikry sprechen, bei Lebewesen, die ihr Äußeres ununterscheidbar in ihre unauffällige Umgebung einpassen und dadurch die visuellen Grenzen ihrer Gestalthaftigkeit auflösen, von Mimese. Unter dem Aspekt der Wahrnehmung könnte man sagen, dass es sich bei Mimikry um eine ›Ästhetik der Verwandlung‹ handelt, bei Mimese dagegen um eine ›Ästhetik des Verschwindens‹.[22] Wechseln wir nun aber aus der weiträumigen Begriffsgeschichte in die Nahperspektive eines Textvergleichs.

[21] Im Kleindruck werden alternative Begrifflichkeiten angegeben, die aber – besonders im Englischen – nur selten anzutreffen sind.

[22] Obwohl man besser an Verhaltenslehren als an Ästhetiken denken sollte, da den beiden Erscheinungsformen zwei genau unterschiedene Handlungsweisen zugrunde liegen: das Täuschen und das Verbergen. Täuschen und Verbergen sind im Übrigen seit jeher Fähigkeiten, die zur habituellen Ausstattung der *happy few* gehören. Man denke nur an die zwei Regeln aus dem Verhaltenskodex des Gentleman: an die *Simu-*

Abb. 1
Lehrtafel »Mimese«, um 1900.

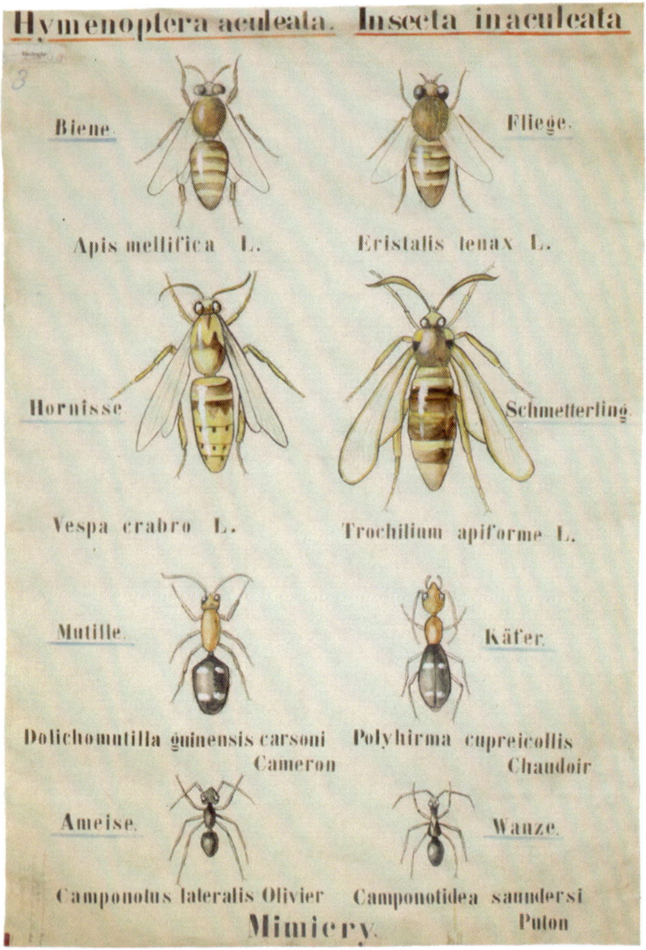

Abb. 2
Lehrtafel »Mimicry«, um 1900.

Theorien

1934/35 veröffentlichte Roger Caillois zwei Aufsätze, die für Furore sorgten.[23] Der erste löste in der französischen Kunstszene eine Reihe von Bildern und Plastiken mit dem Mantis-Motiv aus,[24] der zweite wurde unmittelbar nach seinem Erscheinen von Jacques Lacan rezipiert und als Referenz in seinen Vortrag »Le stade de miroir comme formateur de la fonction du Je« aufgenommen.[25] In beiden Aufsätzen kommt ein komparatives Verfahren zur Anwendung, bei dem ein reales Merkmal mimetischer Organismen entsprechenden Mythen und psychopathologischen Erscheinungen gegenübergestellt wird. Im Fall der – mimetischen – *Mantis religiosa* korrespondiert ein kannibalisches Paarungsverhalten mit Mythen und Legenden über die Gefräßigkeit und sexuelle Aggressivität des Insekts und insbesondere mit der Schreckvorstellung, beim Sexualakt verstümmelt zu werden, also mit dem Kastrationskomplex. Im Fall des *mimétisme* korrespondieren homomorphe Erscheinung (Wandelndes Blatt, Stabheuschrecken) mit kontaktmagischen Praktiken zahlreicher Naturvölker (Regenzauber, Behexungsriten, »Ähnliches wirkt auf Ähnliches«[26]) und dem psycho-

latio und *Dissimulatio*, die ohne weiteres als Übersetzungen der biologischen Mimikry und Mimese ins Gesellschaftliche gelten können. »Kunst ist, die Kunst zu verbergen« (*ars est celare artem*). Man täuscht Lässigkeit vor und verbirgt das Kalkül. Vgl. Castiglione, Baltasar: *Das Buch vom Hofmann* (1528), Buch II, München 1986, S. 40.

[23] Caillois, Roger: »La Mante religieuse«, in: *Minotaure* 5, Paris 1934, S. 23–26; ders.: »Mimétisme et psychasthénie légendaire«, in: *Minotaure* 7, Paris 1935, S. 5–10; dt.: »Die Gottesanbeterin«, in: Caillois: *Méduse & Cie*, S. 7–23; »Mimese und legendäre Psychasthenie«, ebd., S. 24–43.

[24] So bei André Masson, Salvador Dalí, Félix Labisse, Germaine Richier u.a.

[25] Lacan, Jacques: »*Le stade de miroir comme* formateur de la fonction du Je«, in: ders.: *Écrits I. Texte integral* (1966), Paris 1999, S. 92–99; dt.: »Das Spiegelstadium als Bildner der Ich-Funktion wie sie uns in der psychoanalytischen Erfahrung erscheint (Bericht für den 16. Internationalen Kongress für Psychoanalyse in Zürich am 17. Juli 1949)«, in: ders.: *Schriften I*, ausgewählt u. hg. v. Norbert Haas, übers. v. Rodolphe Gasché, Norbert Haas, Klaus Laermann u. Peter Stehlin unter Mitwirkung v. Chantal Creusot, Frankfurt a.M. 1975, S. 61–70.

[26] Mauss, Marcel: *Schriften zur Religionssoziologie*, hg. v. Stephan Moebius, Frithjof Nungesser u. Christian Papilloud, mit einem Nachw. v. Stephan Moebius, übers. v.

pathologischen Phänomen einer Identifikation mit dem Raum (»legendäre Psychasthenie«). Erklärte Absicht des ersten Aufsatzes ist es, am Beispiel der Gottesanbeterin die Existenz »gewisser Gegenstände und Bilder« nachzuweisen, deren ausgeprägte »lyrische Kraft« (*capacité lyrique*) ihnen eine »unmittelbare Einwirkung auf die Affektivität« ermöglicht, eine evokatorische Wirkung frei von jeder gesellschaftlich vermittelten Symbolik.[27] Im zweiten Aufsatz wird dieses Motiv des direkten Durchschlags auf die Affektivität fortentwickelt und verallgemeinert, indem versucht wird, Homomorphie (*und* Psychasthenie) durch eine Störung der Raumwahrnehmung zu erklären, durch eine invasionäre und zugleich prägende Raumeinwirkung auf den Organismus, bei der die übliche strikte Trennung von Organismus und Umgebung durchbrochen wird. In beiden Fällen insistiert Caillois auf realen und optisch wirkenden Prägekräften, die nicht gesellschaftlich vermittelt sind. Die gedankliche Grundlage hierfür lieferte unter anderem der Biologe Félix Le Dantec, der mit der Hypothese zitiert wird, die Morphogenese mimetischer Insekten setze eine ursprünglich gegebene Organplastizität einschließlich eines Imitationsmechanismus voraus, wobei letzterer jedoch nach dem erfolgreichen »Erwerb« des morphologischen Merkmals verlorengegangen sei.[28] Caillois fügte dem die medientheoretische Spekulation hinzu, dass eine derartige Prägung nicht anders als eine photographische Fixierung vorzustellen wäre. So wie die chromatische Mimese als

Eva Moldenhauer u. Henning Ritter, Frankfurt a.M. 2012, S. 311.

[27] Caillois: »La Mante religieuse«, in: *Minotaure* 5, S. 23; dt.: »Die Gottesanbeterin«, in: *Méduse & Cie*, S. 9.

[28] Le Dantec, Félix: *Lamarckiens et Darwiniens*, Paris 1899, S. 143. Von Le Dantec zu Paul Vignon führt Peter Berz in »Tier Blatt Flügel Herbst. Caillois und sein Biologe: Paul Vignon«, in: Heiden, Anne von der/Kolb, Sarah (Hg.): *Logik des Imaginären. Diagonale Wissenschaft nach Roger Caillois*, Bd. 1: *Versuchungen durch Natur, Kultur und Imagination*, Berlin 2018, S. 115–158. Berz eröffnet in diesem wunderbaren Essay einen Ausblick in die völlig untergegangene Wissenschaftslandschaft der experimentellen Biologie der späten französischen Lamarckisten, aus der, vermittelt durch Caillois, auch Lacan noch schöpfte.

Photographie einer Oberflächenstruktur gelten könne, so könne auch die morphologische Mimese als Photographie auf der Ebene des Objekts, als »Reproduktion im dreidimensionalen Raum mit seiner Fülle und Tiefe«, als »Skulptur-Photographie oder besser als *Teleplastik*« erklärt werden.[29]

Es ist nicht überraschend, dass Lacan hier hellhörig wurde. Denn wie bereits aus dem Titel seines Vortrags von 1936 hervorgeht, stellte er genau dieselbe Frage nach der Morphogenese, wenngleich dialektisch verändert und verschoben auf das Feld der Psychoanalyse. Auch Lacan fragt – in Bezug auf die Ich-Funktion – nach der prägenden Kraft einer äußeren Gestalt, bzw. umgekehrt, nach der Herausbildung oder vielmehr nach dem *Triggern* einer psychischen Instanz durch eine visuelle Wahrnehmung. Sein Ausgangspunkt ist die besondere menschliche Situation des ersten Lebensjahrs, des »extra-uterinen Sonderjahrs«,[30] das durch starke »motorische Inkoordination« und damit durch eine »zerstückelte« Körperwahrnehmung gekennzeichnet ist: einen Zustand, der seine organische Ursache in der noch unabgeschlossenen Entwicklung der Nervenbahnen hat.[31] In dieser Phase der »Ohnmacht und Abhängigkeit« stellt sich beim Säugling aber auch die Fähigkeit ein, sein Spiegelbild ganzheitlich zu erkennen und »in jubilatorischer Geschäftigkeit« in ein identifikatorisches Verhältnis mit ihm zu treten.[32] Dabei übe die ideale Einheit der gespiegelten Gestalt – so Lacans These – noch vor jeder gesellschaftlichen Determinierung auf den entstehenden psychischen Apparat »bildnerische Wirkungen« aus.[33] Lacan spricht davon, dass in dieser homomorphen Identifikation die Matrix entsteht, »an

[29] Caillois: »Mimétisme et psychasthénie légendaire«, in: *Minotaure* 7, S. 7 ; dt.: »Mimese und legendäre Psychasthenie«, in: *Méduse & Cie*, S. 32.
[30] Vgl. Portmann, Adolf: *Zoologie und das neue Bild des Menschen*, Hamburg 1956, S. 68–80.
[31] Lacan: »Das Spiegelstadium als Bildner der Ich-Funktion«, in: *Schriften I*, S. 66f.
[32] Ebd., S. 63f.
[33] Ebd., S. 65.

der das *Ich* (je) in einer ursprünglichen Form sich niederschlägt«, was nichts anderes besagt, als dass über eine gespiegelte Gestaltwahrnehmung ein »Phasen-Effekt« eintritt: Der Säugling ist von da an ein anderer.[34] Zur Unterstützung dieser These bezieht sich Lacan allerdings nicht auf Spekulationen über Insekten, sondern verweist auf ethologische Versuche unter anderem mit Tauben, bei denen nachgewiesen werden konnte, dass zur Reifung der Geschlechtsdrüsen nicht notwendigerweise die Anwesenheit von Artgenossen erforderlich ist, sondern als Trigger allein schon der Anblick des eigenen Spiegelbilds ausreicht.[35] Verglichen mit der unumkehrbaren organischen Veränderung der Tauben ist die Veränderung des Menschenjungen jedoch weitaus komplexer. Der Säugling ist nun zwar ein anderer, er gerät aber zugleich in eine extrem gespannte, widersprüchliche Lage – für Lacan die Lage des menschlichen Subjekts schlechthin. Denn dem sich durch die Identifikation mit der idealen Einheit des Spiegelbilds herausbildenden »*Ideal-Ich*« steht unverändert die körperliche »Ohnmacht und Abhängigkeit« gegenüber,[36] so dass das kleine Subjekt sich einer doppelten, in sich widersprüchlichen Wahrnehmung ausgeliefert sieht: einerseits der chaotischen, »zerstückelten« Körperwahrnehmung, andererseits der Wahrnehmung seiner Einheit im Spiegelbild.[37] Lacan spricht daher von einem »imaginären Oszillieren«, das aus dieser »fundamentalen Zwiegespaltenheit der menschlichen Wahrnehmung« resultiert.[38] Dennoch ist mit der homomorphen Identifikation, mit dem »Bild des Ich«[39] ein erster – wenn auch narzisstischer und rein imaginärer – Bezug

[34] Ebd., S. 64.
[35] Ebd., S. 65.
[36] Ebd., S. 64.
[37] Ebd., S. 67.
[38] Lacan, Jacques: *Das Ich in der Theorie Freuds und in der Technik der Psychoanalyse. Das Seminar, Buch II (1954–1955)*, hg. v. Norbert Haas, übers. v. Hans-Joachim Metzger, Olten 1980, S. 213, 217. Es würde zu weit führen, die Konsequenzen dieser Doppelung hier zu erörtern, vgl. ebd., S. 212–216.
[39] Ebd., S. 327.

zur Welt hergestellt. Eine wesentlich dramatischere Situation ergibt sich aus der anderen Variante der Identifikation, der »heteromorphen Identifikation«, und hier kommt Caillois' *mimétisme*-Aufsatz ins Spiel:

> Doch die Tatsachen des *mimétisme*, begriffen als heteromorphe Identifikation, interessieren uns hier nicht weniger, um so mehr als sie das Problem der Bedeutung des Raumes für den lebenden Organismus stellen [...]. Erinnern wir uns nur an die Einblicke, die uns das Denken eines Roger Caillois [...] verschaffte, als er unter dem Begriff *psychasthénie légendaire* den morphologischen *mimétisme* einer Zwangsvorstellung vom Raum in ihrer entrealisierenden (*déréalisant*) Wirkung zuordnete.[40]

Lacan macht sich offensichtlich Caillois' Einsicht zu eigen, dass es neben der homomorphen Identifikation noch eine andere, eine Identifikation mit dem Ganz-Anderen geben kann, eine Besessenheit durch den Raum, mit dem Effekt einer »Derealisation«. Eine Parallelstelle lautet:

> Wenn das Tableau der Beziehung zur Welt nicht entwirklicht (*déréalisé*) wird durch das Subjekt, dann deshalb, weil es Elemente enthält, die abwechselnde Bilder seines Ich repräsentieren und ebenso viele Punkte der Anknüpfung, der Stabilisierung, der Trägheit sind.[41]

Im Umkehrschluss würde das heißen: In der heteromorphen Identifikation, in der das »Tableau der Beziehung zur Welt« offensichtlich keine »Elemente« aufweist, die verschiedenartige Bilder seines Ich »repräsentieren«, »derealisiert« sich diese

[40] Lacan: »Das Spiegelstadium als Bildner der Ich-Funktion«, in: *Schriften I*, S. 66; im Orig.: S. 95.
[41] Lacan: *Das Ich in der Theorie Freuds und in der Technik der Psychoanalyse*, S. 214.

Beziehung. Lacan verwendet hier den ihm als ehemaligem Psychiater geläufigen Begriff der Derealisation, aber wie könnte man sich dieses In-der-Welt-Sein ohne Weltbezug vorstellen? Caillois gibt dazu beredte Auskunft. Seine These ist ja, dass aufgrund einer bestimmten Raumerfahrung zwischen der Morphogenese bestimmter mimetischer Organismen und gewissen psychopathologischen Erscheinungen, die er unter dem – selbst geschaffenen – Begriff der *psychasthénie légendaire* zusammenfasst, ein Korrespondenzverhältnis besteht. In beiden Fällen »weicht das Leben um eine Stufe zurück«: Die mimetischen Organismen vernachlässigen ihre Lebensfunktion, sie verbergen sich oder verfallen in völlige Regungslosigkeit; die Opfer der *psychasthénie légendaire* empfinden den Raum als einen

> alles verschlingende[n] Wille[n]. Der Raum verfolgt sie, umzingelt sie, verschlingt sie in einer gigantischen Phagozytose. Zuletzt nimmt er ihre Stelle ein. Der Körper dissoziiert sich vom Denken, das Individuum überschreitet seine Körpergrenzen und besetzt die andere Seite seiner Sinne. Es versucht, *sich selbst zu sehen, von irgendeinem Punkt im Raum aus.* Es fühlt sich selbst Raum werden, *dunkler Raum, in den man keine Dinge hineinstellen kann*. Es ist gleich. Nicht irgend etwas Besonderem gleich, sondern einfach *gleich*.

Und weiter: »Alle diese Formulierungen beleuchten ein und denselben Vorgang: *Depersonalisation durch Angleichung an den Raum*, d.h. das, was der *mimétisme* morphologisch an bestimmten Tierarten realisiert.«[42] Heteromorphe Identifikation wäre also zu verstehen als Identifikation mit dem Inbegriff der Gestaltlosigkeit, der Grenzenlosigkeit des Raumes. Kein Bezug zur Welt, sondern Überwältigung durch den Raum. Derealisa-

[42] Caillois: »Mimese und legendäre Psychasthenie«, in: *Méduse & Cie*, S. 36f.

tion, Depersonalisation. Was für den Analytiker Lacan die Psychose, ist für den Insektenfreund Caillois *mimétisme*.

Und damit schließt sich der Kreis. Denn wie lautete eine eingangs gegebene Definition?

> Bei Lebewesen, die in ihrem Äußeren das auffällige Erscheinungsbild eines wehrhaften oder ungenießbaren Tiers vortäuschen und dabei als visuell abgrenzbare Gestalt kenntlich bleiben, wird man von Mimikry sprechen, bei Lebewesen, die ihr Äußeres ununterscheidbar in ihre unauffällige Umgebung einpassen und dadurch die visuellen Grenzen ihrer Gestalthaftigkeit auflösen, von Mimese.[43]

Und was sagt uns die in drei Auflagen vertriebene deutsche Übersetzung?

> Doch die Tatsachen der Mimikry, begriffen als heteromorphe Identifikation, interessieren uns hier nicht weniger, um so mehr als sie das Problem des Raumes für den lebendigen Organismus stellen.[44]

So kann man sich täuschen. Heteromorphe Identifikation ist Mimese, wenn es denn sein muss Mimetismus, aber sicher keine Mimikry.

[43] Vgl. oben, S. 96.

[44] Lacan: »Das Spiegelstadium als Bildner der Ich-Funktion«, in: *Schriften I*, S. 66. Hier wie in Seminar XI wird *mimétisme* durchgängig mit Mimikry übersetzt (an einer besonders verunglückten Stelle sogar mit Mimesis). Zutreffend wäre ebenso durchgängig Mimese. Es ist kein Geheimnis, dass die Lacan-Übersetzungen der 70er und 80er Jahre gravierende Mängel aufweisen, die früh erkannt, aber nie behoben wurden. Eine detaillierte, im Ton jedoch moderate Kritik dieser Übersetzungen findet sich bei Schmitz, Gerhard: »Wie man einen Autor ver-setzt, indem man ihn über-setzt«, in: Tholen, Georg Christoph/Schmitz, Gerhard/Riepe, Manfred (Hg.): *Übertragung – Übersetzung – Überlieferung*, Bielefeld 2001, S. 105–123.

Nachtrag

Wäre zum Zeitpunkt der Erstveröffentlichung dieses Beitrags die Neuübersetzung der Schriften Lacans durch Hans-Dieter Gondek bereits erhältlich gewesen, hätte es keinen Anlass gegeben, den Beitrag zu schreiben.[45] Gondek übersetzt, wie hier vorgeschlagen, *mimétisme* mit Mimese und hat auch an anderer Stelle einige Fehlgriffe der Erstübersetzung korrigiert. Er kündigt in einer »Übersetzernotiz« an, er werde der Übersetzung der Schriften Lacans »eine Art Begleitbuch« folgen lassen, »das neben der Einordnung dieser Neuübersetzung und einer Ausweisung von Grundbegriffen und grundsätzlichen Übersetzungsentscheidungen eine Summe von Erläuterungen sowie Literaturnach- und -hinweisen enthalten soll, die das weitere Umfeld der Texte erschließen«, und bittet »alle diejenigen, die ein Urteil darüber abgeben wollen, insbesondere ein öffentlich verbreitetes, [...] die Veröffentlichung dieses Begleitbuches abzuwarten.«[46] Die Höflichkeit gebietet, dieser Bitte nachzukommen, daher verbietet sich jedes weitere Wort zu dieser übersetzerischen und verlegerischen Großtat. Es wäre allerdings sehr zu begrüßen, wenn Gondek seine Ankündigung wahrmachen würde. Der Rechenschaftsbericht eines Übersetzers derart komplexer Ausgangstexte wäre in vielerlei Hinsicht hilfreich und eine absolute Seltenheit.

[45] Lacan, Jacques: *Schriften I*, übers. v. Hans-Dieter Gondek, Wien 2016; ders.: *Schriften II*, übers. v. Hans-Dieter Gondek, Wien 2015.
[46] Gondek, Hans-Dieter: »Übersetzernotiz«, in: Lacan: *Schriften I*, S. 676–679, S. 678.

ÜBER DEN MIMETISMUS – EINE REZEPTIONSGESCHICHTE. PARIS, 1934 BIS 1939

Maria Muhle

Im Frühjahr 2018 eröffnet das Berliner Haus der Kulturen der Welt die Ausstellung *Neolithische Kindheit. Kunst in einer falschen Gegenwart, ca. 1930*, die sich an der Figur des Kunstwissenschaftlers Carl Einstein orientiert und die wissenschaftlichen und politischen Umbrüche der frühen 1930er Jahre thematisiert. Die »falsche Gegenwart«, die hier in Rede steht, setzt kurz vor der Machtergreifung Hitlers ein, reicht in der Ausstellung bis in die 1940er Jahre und wird anhand der Arbeiten Einsteins sowie künstlerischer Positionen und Archivalien dieser Jahre dokumentiert. Eine der vielzähligen Vitrinen präsentiert unter dem Titel »Theorien des Faschismus in Frankreich« verschiedene Texte, Zeitschriften und Dokumente, die von der engen Verknüpfung der faschistischen Bewegungen besonders in Italien und Frankreich mit den Avantgarden zeugen sollen: So der für beide als Bezugspunkt geltende von Georges Sorel in seinen *Réflexions sur la violence* (1908) in Bezug auf den Generalstreik und die proletarische Gewalt entwickelte Begriff des »revolutionären Mythos«: »Dieser war als funktionales Agitationsinstrument zu denken, das durch visionäre Bilder und ästhetisierte Gewalt zur unmittelbaren Handlung auffordert und dabei Individuen wie Gesellschaft transformiert.«[1] An diesem Mythos-Modell arbeiteten sich unter anderem die Faschismus-Analysen von Roger Caillois und Georges Bataille in den 1930er Jahren ab, deren »irritierende Ambivalenz« wiederum »die

[1] Franke, Anselm: »Theorien des Faschismus in Frankreich«, in: ders./Holert, Tom (Hg.): *Neolithische Kindheit. Kunst in einer falschen Gegenwart, ca. 1930*, Berlin 2018, S. 403–405, S. 403.

Kritik von Theodor W. Adorno, Walter Benjamin und anderen auf sich zog«.[2]

In der Vitrine zu sehen sind neben Sorels *Réflexions* dann auch Caillois' berühmter Text über »Mimétisme et psychasthénie légendaire« in der ersten Veröffentlichung aus der Zeitschrift *Minotaure* von 1935, mit den Fotografien mimetischer Insekten des Fotografen des Pariser Musée d'Histoire Naturelle im Jardin des Plantes, Le Charles; weiterhin das Titelbild einer Ausgabe der von Bataille begründeten Zeitschrift *Acéphale* aus dem Jahr 1937, die die gemeinsam mit André Masson entworfene Zeichnung einer kopflosen Menschenfigur zeigt, sowie ein Flugblatt von Bataille und André Breton zur Gründung des antifaschistischen Kampfbundes Contre-Attaque und der Gründungstext des Collège de Sociologie, verfasst von Bataille, Michel Leiris und Caillois und 1938 in der *Nouvelle Revue Française* veröffentlicht. Nicht gezeigt werden die Kritiken von Adorno und Benjamin, die den Mitgliedern des Collège eine bis zur Angleichung reichende Ambivalenz gegenüber den faschistischen Theorien unterstellen. Und obgleich diese Reaktionen nicht expliziert werden, insistieren sie doch gleichwohl als Ordnungsprinzip dieser Vitrine, insofern dem Collège de Sociologie hier der »problematische Versuch« attestiert wird, den »Faschismus durch seine Imitation zu bekämpfen«.[3] In diesem Sinne würde auch der Text von Caillois über den Mimetismus, auf dessen Wichtigkeit für Jacques Lacans Theorie des Spiegelstadiums hingewiesen wird, eine »Theorie von Selbstverlust, Narzissmus und imaginärer Verkennung als Grenzverteidigung« entwickeln, die in eine Theorie des »faschistischen Subjekts« münde.[4]

[2] Ebd.

[3] Ebd.

[4] Ebd. Genauso wenig wie Benjamins und Adornos Kritik an den Gründungsfiguren des Collège wird auf Benjamins eigene Lektüre von Sorel in *Zur Kritik der Gewalt* von 1921 verwiesen. In diesem Text bezieht sich Benjamin intensiv und durchaus produktiv auf Sorels Gewaltbegriff und reformuliert diesen als »reine« oder »göttliche

Diese vehemente Kritik an den Äußerungen, Veröffentlichungen und Aktionen der Mitglieder des Collège de Sociologie von Seiten der sich im Exil befindenden deutschen Intellektuellen im Umkreis des Instituts für Sozialforschung ist dabei selbst nicht ganz so unambivalent, wie sie zunächst scheinen mag, denn besonders Adorno und Benjamin, aber auch Hans Mayer und, in minderem Maße, Max Horkheimer, beziehen sich an unterschiedlichen Stellen durchaus positiv auf die Schriften der Collège-Mitglieder, auch auf die Insekten-Studien Caillois'. Darüber hinaus gibt es Zeugnisse, die das Interesse der exilierten Mitglieder des Instituts an einer Zusammenarbeit mit dem Collège bekunden, sowie Nachweise über realisierte und unrealisiert gebliebene Gastvorträge von Mayer und Benjamin am Collège. Und zuletzt gibt es neben den merkwürdig ähnlich klingenden Namen der beiden Forschungsanstalten bei ihren jeweiligen Mitgliedern dezidiert verwandte Interessenlagen, was sich besonders in den Texten Benjamins und Caillois' feststellen lässt, die sich, bereits Mitte der 1930er Jahre, auf einen erstaunlich ähnlich gelagerten, entgrenzten Mimesis-Begriff berufen.

Im Folgenden soll besonders diese Diskussion der mimetischen Zusammenhänge als eine Art theoretische Miniatur (oder »Miniaturmodell«[5]) geltend gemacht werden für einen größeren Diskussionszusammenhang, der sich in der Pariser Konstellation Mitte und Ende der 1930er Jahre zwischen dem

Gewalt« (vgl. Benjamin, Walter: *Zur Kritik der Gewalt*, in: ders.: *Gesammelte Schriften*, Bd. II/1: *Aufsätze, Essays, Vorträge*, Frankfurt a.M. 1999, S. 179–204). Zwei Jahre später bezieht sich wiederum Carl Schmitt emphatisch auf Sorels Mythosbegriff und die damit einhergehende Kritik an den parlamentarischen Formen der Politik (vgl. Schmitt, Carl: *Die geistesgeschichtliche Lage des heutigen Parlamentarismus*, Berlin 1996). Es wird deutlich, wie ambivalent die Rezeption von Sorels Thesen war und dass die hier vorgenommene Ausdeutung eine bestimmte Tendenz verfolgt, diejenige, diese Ambivalenz auszuräumen und die einzelnen Theoriepositionen auf klare politische Positionen zu verteilen.

5 In einem Brief an Horkheimer vom 16. April 1938 bezeichnet Benjamin seinen *Baudelaire* als »Miniaturmodell« des Passagen-Buchs (Benjamin, Walter: *Gesammelte Briefe*, Bd. 2, Frankfurt a.M. 1978, S. 750).

Collège de Sociologie rund um Bataille, Leiris und Caillois, aber auch Pierre Klossowski und andere, und dem sich im Genfer bzw. Pariser Exil befindenden Institut für Sozialforschung und dessen Kooperationspartnern wie Adorno, Horkheimer, Benjamin oder Mayer herausbildet. Die Auseinandersetzungen zwischen den beiden Forschungseinrichtungen entfalten sich vornehmlich in gegenseitigen Rezensionen, zumeist gescheiterten Einladungen und mehr oder weniger regen Briefwechseln, die aber weniger *zwischen* den Instituten als vielmehr intern und, zunehmend von beiden Seiten abfällig, *über* diese geführt werden.

Die Annahme dieses Textes ist es, dass diese Pariser Konstellation der dezidierten Kritiken und Zurückweisungen zwischen den einzelnen Positionen wichtige Einblicke eröffnen kann in die hochkomplizierte philosophisch-politische Lage nach der Machtergreifung Hitlers am sogenannten »fin de l'après-guerre«,[6] kurz vor Anfang des Zweiten Weltkriegs. Weiterhin sollen hier Einblicke in die Beziehungen zwischen Caillois, Benjamin und Adorno gewonnen werden, die sich entlang einer Diskussion um den Mimesis-Begriff konkretisieren lassen und die zugleich eine Resituierung der tradierten, stark von Adorno geprägten Lesart von Benjamins Arbeiten zur Mimesis, zum Surrealismus, zum Mythos und Paris ermöglichen soll, wie sie sich indirekt auch in der zu Anfang beschriebenen Vitrinen-Anordnung wiederfindet. Ausgehend von Roger Caillois' Beschäftigung mit den mimetischen Insekten, die besonders in zwei frühen *Minotaure*-Texten stattfindet, soll im Folgenden eine theoretisch-politisch-institutionelle Rezeptionsgeschichte entworfen werden, in der Annahme, dass diese

[6] So der Titel eines 1938, im Jahr des Münchner Abkommens erschienenen Buches von Robert Aron, in dem der Autor die Ereignisse von 1938 (die Besetzung des Sudetenlandes, die Annexion Tschechiens und die Verhandlungen, die zum Münchener Abkommen geführt haben) als historisches Moment verstehen möchte: Aron, Robert: *La fin de l'après-guerre*, Paris 1938.

unterschiedlichen Rezeptionslinien symptomatisch sind für die politische und intellektuelle Gegenwart, die hier in Rede steht, nämlich Paris 1934 bis 1939.

Mimetische Insekten

Im Mai 1934 erscheint Roger Caillois' Aufsatz »La Mante religieuse. De la biologie à la psychanalyse« in der fünften Ausgabe der Zeitschrift *Minotaure*.[7] Im Herbst 1935 erscheint der Text »Mimétisme et psychasthénie légendaire« in der siebten Ausgabe von *Minotaure*, begleitet von Fotografien von Le Charles.[8] Zwei Jahre später, 1937, erscheint der Mantis-Text erneut mit einem geänderten Untertitel »La Mante religieuse. Recherche sur la nature et la signification du mythe« in *Mesures* 3/2 und im Verlag Les Amis des Livres, und 1938 erscheinen beide Texte in vollständiger Fassung in Caillois' Monographie *Le Mythe et l'homme* bei Gallimard.[9]

7 Dt.: »Die Gottesanbeterin«, in: Caillois, Roger: *Méduse & Cie*, m. »Die Gottesanbeterin« u. »Mimese und legendäre Psychasthenie«, übers. v. Peter Geble, Berlin 2007, S. 7–23.

8 Dt.: »Mimese und legendäre Psychasthenie«, ebd., S. 25–43. Die Bilder von Le Charles haben keinerlei künstlerischen Anspruch im surrealistischen Sinne, wie es bei einer Zeitschrift wie *Minotaure*, die sich grundlegend über die surrealistischen Fotografen definierte, doch eigentlich nahe liegen würde. Le Charles hatte bereits Paul Vignons *Introduction à la biologie expérimentale* (1930) illustriert; Vignon, dessen *Introduction* Caillois die maßgeblichen theoretischen Einsätze für seine Theorie des Mimetismus liefern sollte, dankt im Vorwort seinem »excellent collègue à la Société entomologique« für seine »aide artistique« (Vignon, Paul: *Introduction à la biologie expérimentale*, Paris 1930, S. 5). Caillois hingegen kommentiert den Ursprung und Status dieser Fotografien nicht, auf Vignons Einfluss verweist er v.a. in den Fußnoten. Vgl. für den Bezug von Caillois und Vignon Berz, Peter: »Tier Blatt Flügel Herbst. Caillois und sein Biologe: Paul Vignon«, in: Heiden, Anne von der/Kolb, Sarah (Hg.): *Logik des Imaginären. Diagonale Wissenschaft nach Roger Caillois*, Bd. 1: *Versuchungen durch Natur, Kultur und Imagination*, Berlin 2018, S. 115–158.

9 Caillois, Roger: *Le Mythe et l'homme*, Paris 1938. Parallel erscheinen in diesen Jahren die Texte »Le vent d'hiver« (*Nouvelle Révue Française* 298, 1938) und »L'Aridité« (*Mesures* 3, 1938), in denen Caillois eine Art kruden Sozialdarwinismus entwickelt, der durch Kälte und Strenge die robusten Naturen auswählt. Es scheint, als würde diese Askese und Disziplin für Caillois ein Gegenmittel gegen die Verführung der Selbstauflösung

Eine der Grundannahmen der beiden *Minotaure*-Texte ist die Zurückweisung finalistischer Erklärungen des Bezugs von Organismus und Milieu – also die Entwicklung eines anti-evolutionistischen Milieubegriffs, der zudem – und hierin liegt unter anderem der Unterschied zu den zeitgleich von Georges Bataille unternommenen Untersuchungen – für Mensch und Tier *gleichermaßen* gilt: In den beiden Texten untersucht Caillois das anscheinend auf Täuschung und Camouflage ausgerichtete Vermögen mancher Insekten, sich in ihre Umwelt einzupassen und so ›unsichtbar‹ zu werden. Was diese Tiere damit tun – und das ist eine der Hauptthesen Caillois', die er unter anderem dem Biologen Paul Vignon verdankt[10] –, ist jedoch gerade *nicht*, einen Abwehrmechanismus zu aktivieren, um der Bedrohung durch andere Tiere zu entgehen. Es geht ihm darum, die Erklärungen der Evolutionsbiologie zurückzuweisen, die das Phänomen des Mimetismus gänzlich verfehlt, insofern sie hierin einen reinen Schutzmechanismus sieht, der ausschließlich auf Selbsterhaltung abzielt und damit vollends durchfunktionalisiert ist. Vielmehr kommt die Mimese auf einer viel grundlegenderen, existenziellen Ebene einer Zersetzung der Unterscheidung zwischen Organismus und Umgebung gleich.[11]

Zentral ist dabei, dass Caillois seine Ablehnung dieses evolutionstheoretisch einschlägigen Erklärungsmusters, das er selbst als Finalismus bezeichnet, einerseits quasi-medientheoretisch anhand der Fotografie, andererseits lebenswissenschaftlich anhand der Theorien des bereits zitierten Vignon

liefern, so wie sie in »Mimese und legendäre Psychasthenie« dargestellt wird. Explizit wird diese Verbindung jedoch nicht hergestellt. (Vgl. auch Geble, Peter: »Zeittafel II: Maske und Rausch, Gletscher und Steine«, in: *Logik des Imaginären,* Bd. 1, S. 187–193, S. 189f.) Die Reaktionen auf diese Texte kann man als fast durchgängig entsetzt bezeichnen, von Adorno über Benjamin bis zu Victoria Ocampo.

10 Vgl. Vignon, Paul: »Que faut-il penser du mimétisme?«, in: *Revue scientifique* 16 (1923), S. 515–520, sowie ders.: *Introduction à la biologie expérimentale*, Kap. IV: »Mimétisme et faits connexes«, S. 310–468.

11 Vgl. Caillois: »Mimese und legendäre Psychasthenie«, in: *Méduse & Cie*, S. 27.

sowie des mechanistischen Biologen Jacques Loeb begründet, wobei in beiden Perspektiven das Durchbrechen eines einfachen Dualismus von subjektivem Vitalismus und mechanistischem Determinismus zentral wird. In diesem Sinne versteht Caillois das mimetische Verhalten der Insekten medienästhetisch als Produktion von Formen (er spricht von der ›Fotografie der Formen‹ bzw. einer »*Teleplastik*«[12]), die die Natur nicht braucht, und das Insekt im Anschluss an Vignon als Künstler. Dabei weist er jedoch die Unterstellung vehement zurück, nur ein Insekten*wille* könne diese Formproduktion erklären – vielmehr läuft das Verständnis des Insekts als Künstler gerade nicht auf eine quasi-humanisierende Auktorialisierung des formenproduzierenden Tieres hinaus, sondern im Gegenteil – so die These – auf eine Reformatierung des Kunstbegriffs selbst, der sich derart nicht über ein autonomes Schöpfersubjekt bestimmen lässt. Auch Caillois entwirft in seinem Text eine anti-auktoriale Ästhetik, die sich von tradierten Vorstellungen ästhetischer Freiheit abwendet und die künstlerische Schöpfung vielmehr in Kontinuität mit der Natur versteht.[13]

Diese ästhetische Reformatierung geht einher mit einer anderen Reformatierung, die in erster Linie die lebenswissenschaftliche Konstellation zwischen Organismus und Milieu betrifft und diese sowohl anti-mechanistisch als auch antifinalistisch wendet: Eine solche doppelte Reformatierung ermöglicht es, den Bezug überhaupt, die Art und Weise des Relationalen, anders – nämlich symmetrischer – zu denken als der kausalistische, asymmetrische Mechanist sowie der naive Finalist es in ihrer Milieutheorie können. Eine wissenschaftsgeschichtliche Kritik am mechanistischen Verständnis der Orga-

[12] Ebd., S. 32.

[13] Diese Kontinuität buchstabiert Caillois später, u.a. in der 1960 erschienenen Monographie *Méduse et Cie*, als »esthétique naturelle« aus, deren Relationen zur »art humain« er anhand der Untersuchung der Schmetterlingsflügel in den Blick nimmt. Vgl. Caillois, Roger: *Méduse et Cie*, Paris 1960, S. 31.

nismus-Milieu-Beziehung als deterministisch entwickelt einige Jahre später Georges Canguilhem in seinem maßgeblichen Text »Das Lebendige und sein Milieu«.[14] Der Bezug von Organismus und Milieu ist laut Canguilhem nicht deterministisch, sondern vielmehr als wechselseitiger Bezug zu denken: Der lebendige (und gesunde, also vitale) Organismus zeichnet sich dadurch aus, dass er sich zuallererst sein eigenes Milieu *schafft* und sich nicht von diesem mechanistisch determinieren lässt. Organismus und Milieu befinden sich in einer Beziehung der Polarität.

Caillois teilt diese Kritik am Dualismus, spricht vor dem Hintergrund dieser Reformatierungsketten jedoch von »Depolarisation«, die bei ihm letzten Endes automatistischen Ursprungs ist und in der Fotografie ihr Modell findet.[15] Eine solche Depolarisation, die *im* mimetischen Exzess entsteht, wäre folglich ein ›positiver‹ Begriff für Caillois und bezeichnet jenen Moment, in dem der Dualismus sowohl mechanistischer als auch vitalistischer Prägung zusammenbricht und einem Verschmelzungs- oder Ansteckungsparadigma stattgibt, das in der Horizontale funktioniert. Caillois durchbricht diese Dualismen in Richtung nicht eines bildenden Triebes (wie Canguilhem),

[14] Canguilhem, Georges: »Das Lebendige und sein Milieu«, in: ders.: *Die Erkenntnis des Lebens*, Berlin 2009, S. 233–279. Vgl. zu den Milieuinterpretationen von Caillois und Georges Canguilhem ausführlich Muhle, Maria: »Milieus, Mimesis, Mimesen«, in: Kesting, Marietta/Muhle, Maria/Nachtigall, Jenny/Witzgall, Susanne (Hg.): *Hybride Ökologien*, Berlin 2020, S. 63–76.

[15] In diesem Zusammenhang spricht Peter Berz von einer »weitverzweigten Photographiegeschichte der Mimikry, deren Grundfrage nach der Farbphotographie bis in Darwins Zeiten zurückreicht und schließlich in der Vorstellung einer ›dreidimensionalen Photographie‹ münden wird, die Caillois ebenfalls bei Vignon findet« (siehe Berz: »Tier Blatt Flügel Herbst«, S. 147) – und bei dem Mechanisten Loeb. Das heißt, dass sowohl aus der Kritik am Finalismus als auch dem damit verbundenen Interesse an der Fotografie eine bemerkenswerte Verquickung vitalistischer und mechanistischer Thesen zu konstatieren ist, die eine dualistische Lesart, *entweder* Vitalismus *oder* Mechanismus, unmöglich macht. Zu dem Bezug auf Loeb und Caillois' Vermittlung von vitalistischen und mechanistischen Positionen siehe auch Muhle, Maria: »›Eine Skulptur-Photographie oder besser eine Teleplastik‹ – Roger Caillois' Mimesen zwischen Natur und Kultur«, in: Balke, Friedrich/Linseisen, Elisa (Hg.): *Expanded Mimesis* (Publikation in Vorbereitung).

sondern vielmehr eines ent-bildenden Triebes: Eines Triebes, der nicht qua Ausbildung Differenzen/Polaritäten herstellt, sondern im Gegensatz Bilder nur produziert, um sich durch diese und in diesen Bildern zu verlieren – Bilder nicht als Alleinstellungsmerkmal, Bildungstrieb, sondern Bilder als Auflösungsvorgang, Todestrieb. Oder, wie Rosalind Krauss es später formuliert, geht es Caillois (im Gegensatz zu Canguilhem) darum, »to conceive of a doubling that would not be the generator of form«,[16] also um eine ent-formende Verdoppelung, eine auflösende, ent-setzende Mimesis.

Kritische Reaktionen

Adorno erwähnt die Texte Caillois', konkret den Mantis-Text, zum ersten Mal in einem Brief vom 22. September 1937, den er aus London an Benjamin richtet und der von seiner Ambivalenz gegenüber Caillois zeugt: Adorno unterstreicht zunächst, dass Caillois' Text ihn »positiv berührt« habe – vor allem die Tatsache, »daß Caillois die Mythen nicht in Bewußtseinsimmanenz auflöst, sie nicht durch ›Symbolik‹ verflacht, sondern auf ihre Wirklichkeit aus ist«.[17] Gleichwohl teile Caillois diesen Materialismus mit Carl Gustav Jung und besonders mit dem von den Nationalsozialisten hofierten Lebensphilosophen Ludwig Klages. Und wie dieser hänge er einer »Naturgläubigkeit« an, die Adorno als »antihistorische, der gesellschaftlichen Analyse feindliche und in der Tat kryptofascistische« benennt, »die am Schluß zu einer Art Volksgemeinschaft von Biologie und Imagination führt«.[18]

[16] Krauss, Rosalind: *The Optical Unconscious*, Cambridge, Mass./London 1993, S. 155.
[17] Adorno an Benjamin, 22. September 1937, in: Adorno, Theodor W./Benjamin, Walter: *Briefwechsel 1928–1940*, Frankfurt a.M. 1994, S. 276f.
[18] Ebd., S. 277.

Anstoß nimmt Adorno (wie auch Bataille, Mauss, Aron, u.a.) also am Kollabieren der Unterscheidungen zwischen Natur und Geschichte in einer falschen Totalität, wobei gleichwohl gerade diese Infragestellung klarer Grenzziehungen zwischen dem Natürlichen und dem Historischen das Interesse Adornos an den Thesen von Caillois zunächst geweckt hat: »Gewiß wäre es auch in unserem Sinne, die Verdinglichung von Sphären wie der biologischen hier und der historisch-sozialen dort zu sprengen. Aber ich fürchte, daß unvermerkt gerade bei Caillois diese Verdinglichung in einiger Naivetät bestehen bleibt, indem er zwar die historische Dynamik in die Biologie hineinzieht, nicht aber ebenso diese in die historische Dynamik.«[19] Die (ambivalente, aber interessante) Lesart der Geschichte vom Standpunkt der Biologie ginge nicht mit der notwendigen Historisierung des Biologischen einher, sondern etabliere dieses vielmehr in einer transzendentalen Modellhaftigkeit.

Adorno lobt Caillois einerseits also dafür, den Mythos nicht auf reinen Symbolismus zu verkürzen, sondern ihn (im Anschluss an Bergson, aber gegen diesen) als das menschliche Pendant zum instinktiven Verhalten der Insekten zu lesen. Zugleich scheint dieser zum Monismus führende Parallelismus, der letztendlich zu einem Verlust der Unterscheidungen – und damit auch der Hierarchien – zwischen Mensch und Tier führen muss, Adorno aber über das Ziel hinauszuschießen, insofern er jegliche Unterscheidungen einkassiert: »Und ich möchte sogar so weit gehen zu fragen, ob nicht in einer Welt, in der doch real der Mensch als *zoon politikon* dem biologischen [sic] entfremdet ist, auch die Abtrennung der Bereiche ihren guten dialektischen Sinn oder ob nicht vielmehr deren zu frühe Liquidation harmonistische Bedeutung hat. Mit einem Wort, die Sache ist mir zu kosmisch, und wenn schon in der Tat zwischen der Köpfe fressenden Mante und dem Men-

[19] Ebd.

schen nur ein minimaler Unterschied besteht, während die Imagination in ihrer ganzen Tiefe in den Kosmos fällt, so möchte ich Caillois mit einem ebenfalls aufgeklärten Franzosen nichts entgegenhalten als das alte Vive la petite différence.«[20]

Die Frage nach der Beziehung von Natur und Geschichte scheint in dieser Lektüre Adornos auf die Alternative zwischen »Dialektik« und »harmonistischer Einheit« hinauszulaufen, wobei letztere für Adorno umstandslos kryptofaschistisch ausdeutbar ist – es ist also gerade der Verlust der Differenz, noch der kleinsten, den Adorno bemängelt, und der wiederum in Caillois' zwei Jahre vorher, also 1935, erschienenem Text »Mimese und legendäre Psychasthenie« als Klammer für die Untersuchung der mimetischen Insekten und der psychasthenischen Störungen beim Menschen herangezogen wurde: Denn beide Phänomene werden als Störungen der Raumwahrnehmung und zunehmende Auflösung im »milieu inerte«, also im anorganischen Raum interpretiert – eben als Verlust der Differenz zwischen Organismus und Milieu, als eine Anverwandlung des Lebens an die (tote) Natur. Während diese These für Adornos und Horkheimers Analysen zur Mimesis und Mimikry besonders in der *Dialektik der Aufklärung*, aber auch in Adornos *Ästhetischer Theorie* eine nicht zu unterschätzende Wichtigkeit erlangen wird, fällt Adornos Urteil in diesem Brief an Benjamin eindeutig aus: »Hätte ich politisch dagegen zu polemisieren, ich würde ihm nicht, wie es ihm so passen könnte, Naturmetaphysik vorwerfen sondern den altmodischsten Vulgärmaterialismus, verkleidet durch Erudition. Sie sehen, ich muß Ihr bedächtiges Urteil, der Mann gehöre auf die andere Seite, mit der mir eigenen rudesse bekräftigen.«[21]

In seiner Antwort auf diesen Brief vom 2. Oktober desselben Jahres streift Benjamin die Caillois-Diskussion nur kurz und

[20] Ebd.

[21] Ebd., S. 277f. Unklar ist, auf welche Aussage Benjamins Adorno sich hier bezieht.

erklärt sein Einverständnis mit Adornos politischer Einschätzung, zugleich möchte er diese aber nicht als »Vulgärmaterialismus« charakterisiert wissen, ein Vorwurf, den Adorno im Zusammenhang mit der Diskussion um Benjamins *Baudelaire* und das dialektische Bild auch an diesen selbst gerichtet hatte, insofern er ihm ebenfalls eine theoretische Nähe zu Jung und Klages bescheinigt hatte.[22] Die im Hintergrund stehende Frage, ob sich ein Treffen mit Caillois lohnen würde, »ein Gespräch mit ihm ›inter pares‹«, beantwortet Benjamin (trotz »diplomatischer Unkosten«) positiv und plädiert dafür, »den Plan davon beizubehalten«.[23]

Abseits der Briefe zitiert Benjamin Caillois mehrmals im *Passagen-Werk*, besonders dessen Text über »Paris, mythe moderne« aus *Le Mythe et l'homme*, aber an einer Stelle ebenso den Mantis-Text in der Version, die 1937 in *Mesures* erschienen war, im Konvolut Z [DIE PUPPE, DER AUTOMAT] durchaus positiv: »In seiner Studie ›La Mante religieuse (Recherches sur la nature et la signification du mythe)‹ verweist Caillois auf den bei der Gottesanbeterin besonders auffallenden Automatismus der Reflexe (es gibt kaum eine Lebensfunktion, die sie nicht auch enthauptet ausführt). Er bringt sie, ihrer unheilvollen Bedeutung wegen in Zusammenhang mit den verhängnisvollen Automaten, welche die Mythen kennen.«[24]

Gerade der Hinweis auf den automatisch-reproduktiven Aspekt dieser »femmes fatales, la conception d'une femme-machine, artificielle, mécanique, sans commune mesure avec

[22] Adorno schlägt Benjamin sogar vor, eine Studie der beiden reaktionären Denker zu unternehmen, um sich so von diesen besser zu distanzieren (Adorno an Benjamin, 2.–4. August 1935, in: Adorno/Benjamin: *Briefwechsel 1928–1940*, S. 138–151, S. 145). Vgl. Weingrad, Michael: »The College of Sociology and the Institute of Social Research«, in: *New German Critique* 84 (Herbst 2001), S. 129–161, S. 139f.

[23] Benjamin an Theodor und Gretel Wiesengrund-Adorno, 2. Oktober 1937, in: Adorno/Benjamin: *Briefwechsel 1928–1940*, S. 286.

[24] Benjamin, Walter: *Passagen-Werk*, Gesammelte Schriften, Bd. V/2, Frankfurt a.M. 1991, S. 850f.

les créatures vivantes, et surtout meurtrières«[25] erscheint wiederum relevant für die Frage nach einer möglicherweise analogen Form von mechanischer und damit exzessiver Mimesis bei Caillois und Benjamin: Denn Caillois durchkreuzt die Frage nach dem mimetischen Exzess in seinem Mimese-Text automatistisch bzw. mechanistisch mit Blick auf die Fotografie, ohne dabei in einen reduktiven Mechanismus zu verfallen. Benjamin wiederum wendet sich der Frage exzessiver Mimesis im Kunstwerkaufsatz zu, der mit seiner These von der technischen Verfasstheit der Reproduktion und ihrer Infragestellung der »tradierten« Künste die Grundlage einer anti-auktorialen Ästhetik der populären Künste bildet – eine Lesart des Kunstwerk-Aufsatzes, die derjenigen Adornos diametral entgegensteht.[26]

Auch die nicht mal zweiseitige Rezension des Mantis-Texts von Adorno, die 1938 in der *Zeitschrift für Sozialforschung* erscheint, wirkt im Vergleich zum vorausgegangenen Briefwechsel moderierter. Hier attestiert Adorno Caillois erneut die Intention, die gemeinhin voneinander getrennten Gebiete der Biologie, der Mythenforschung und der Psychologie »in Beziehung zu setzen und an einem Modell ihre bruchlose Kontinuität zu entwickeln«.[27] Dieses Modell wird von der Gottesanbeterin geliefert, die menschenähnliche Gestalt hat und deren Verhaltensweisen Caillois ähnlich in den menschlichen Mythen wiederfindet. Die Mythen sollen damit auf »Urerfah-

[25] Ebd.

[26] »Für Benjamin könnte die Kunst der Massen Träger eines emanzipatorischen Potentials sein, Kontrapunkt und dialektische Kompensation des Niedergangs der Aura, für Adorno kann sie nur jedes künstlerische Werk in die universelle Verdinglichung hinabziehen.« Traverso, Enzo: »Eine Freundschaft im Exil. Der Briefwechsel zwischen Adorno und Benjamin«, in: jour fixe initiative berlin (Hg.): *Fluchtlinien des Exils*, Münster 2003, S. 55–88, S. 77.

[27] Adorno, Theodor W.: »Rezension zu *Roger Caillois, La Mante religieuse. Recherche sur la nature et la signification du mythe. Paris: La Maison des Amis des Livres 1937*«, in: ders.: *Vermischte Schriften I*, Frankfurt a.M. 2003, S. 229f., S. 229. Zuerst erschienen in *Zeitschrift für Sozialforschung* 7/3 (1938), S. 410f.

rungen biologischer Art« zurückgeführt werden: »Für Caillois ist der Mensch ein Wesen, das dem Ritual gewissermaßen gerade nur entronnen ist, und schon der älteste Mythos erscheint als nachbildliches Äquivalent eines vor der Zeit real vollzogenen Aktes.«[28] Im Unterscheid zum Tier beherrschen die biologischen Gesetze beim Menschen »nicht mehr sein Handeln, sondern bloß noch seine Vorstellungskraft«,[29] und zwar in Gestalt der Mythen. Diese werden, ähnlich wie Henri Bergson es in *Die beiden Quellen der Moral und der Religion* anhand der »fabulatorischen Funktion« (*fonction fabulatrice*) ausgeführt hatte, als vermenschlichte Form der tierischen Instinkte verstanden: »das heißt mit anderen Worten, daß in der Natur des Insekts die Handlungen vorgebildet sind, beim Menschen dagegen nur die Funktion.«[30]

Die Funktion des Mythos und der Antifaschismus

Adorno übersieht oder ignoriert in seiner Rezension diesen Bergson-Verweis, den Caillois selbst erst 1938 in »La fonction du mythe« aus *Le Mythe et l'homme* explizit ausführen wird.[31] Hier entleiht Caillois Bergson den Vergleich zwischen den »am weitesten entwickelten Modellen der unterschiedlichen Evo-

[28] Ebd.
[29] Ebd.
[30] Bergson, Henri: *Die beiden Quellen der Moral und der Religion*, übers. v. Eugen Lerch, Hamburg 2019, S. 110.
[31] Der Band produziert, wie bereits erwähnt, auch in Frankreich unbequeme Stellungnahmen und wird von dem ultranationalistischen späteren Kollaborateur Robert Brasillach positiv in der rechtsextremen Zeitschrift *Action Française* besprochen; Marcel Mauss lobt Caillois' Interpretation der Gottesanbeterin als »bonne mythologie«, kritisiert jedoch scharf »cette espèce d'irrationalisme absolu par lequel vous terminez au nom du labyrinthe et de Paris, mythe moderne« und fügt hinzu, dass dies ein verbreitetes Zeitphänomen sei, das wahrscheinlich dem heideggerschen Einfluss geschuldet sei: »bergsonien attardé dans l'hitlérisme, légitimant l'hitlérisme entiché d'irrationalisme…« Brief von Marcel Mauss an Roger Caillois, 22. Juni 1938, in: *Roger Caillois. Cahiers pour un temps*, Paris 1981, S. 205f., S. 205.

lutionen des Tierreichs, dem Menschen und dem Insekten«,[32] um die Korrespondenzen zwischen dem *Verhalten* der einen (Insekten) und der *Mythologie* der anderen (Menschen) zu suchen. Denn laut Bergson ist die mythische Repräsentation (als quasi-halluzinatorisches Bild) dazu bestimmt, »in Abwesenheit des Instinkts dasjenige Verhalten zu provozieren, das der Instinkt hervorgebracht hätte«.[33]

Im Unterschied zu Bergson insistiert Caillois jedoch darauf, dass es sich beim Mythos nicht um eine Ausformung des *élan vital* handeln kann: Im Gegensatz zum Instinkt, der immer »eine Kraft wäre, die das Wohl und die Erhaltung sichert« und damit immer einen »pragmatischen Wert von Schutz und Abwehr« hätte,[34] entrinnt der Mythos diesem Utilitarismus bzw. der Hypothese einer utilitaristischen Finalität in den Phänomenen des Lebendigen, die immer eine Tatsache des Rationalismus sind. Die Mythen sind für Caillois also gerade keine »Leitplanken [*garde-fous*], die an gefährlichen Kurven angebracht wären, um die Existenz des Individuums oder der Gattung zu sichern«,[35] sie sind weit entfernt vom »berühmten Selbsterhaltungstrieb« und nähern sich vielmehr Nietzsches Begriff der »orgiastischen Selbstvernichtung«[36] an. Der Mythos arbeitet, ähnlich wie die mimetischen Insekten, *gegen* die Selbsterhaltung, die Caillois hier als eine Form von einschränkendem Rationalismus versteht, der es einen ernstzunehmenden, mythologischen, kohärenten Irrationalismus entgegenzuhalten gilt: Keinen fantastischen Irrationalismus, sondern vielmehr eine anti-pragmatische, anti-utilitaristische (und damit irrationale, aber nicht a-rationale, sondern kohärente) Denkweise der natürlichen und menschlichen Vorgänge.

[32] Caillois, Roger: »La fonction du mythe«, in: ders.: *Le Mythe et l'homme*, S. 17–34, S. 24 (Übers. d. Verf.).
[33] Ebd. (Übers. d. Verf.).
[34] Ebd. (Übers. zit.n. Hollier: *Das Collège de Sociologie*, S. 82).
[35] Ebd., S. 25 (Übers. ebd.).
[36] Nietzsche, Friedrich: *Die Geburt der Tragödie*, § 21, KSA 1, München 1988, S. 137.

Diese Ausführungen zu Bergson, die Adorno in dieser Form wahrscheinlich nicht vorlagen, spiegeln sich auch in Caillois' Mantis-Text wider und es ist nicht verwunderlich, dass Adornos Reaktion hierauf zumindest als ambivalent zu bezeichnen ist. Denn obgleich er den »Versuch, psychologische Tendenzen nicht auf das Bewußtseinsleben des autonomen Individuums, sondern auf reale somatische Tatbestände zurückzuführen«, als einen »echt materialistischen Aspekt« lobend hervorhebt, so bemängelt er doch zugleich, dass dieser Materialismus »der mythisierenden Denkweise Caillois'«, die »durch Reduktion auf den Mythos und die Natur alle menschlichen Versuche, dem blinden Naturzusammenhang sich zu entwinden, als zufällig, isolierend und lebensfremd« kompromittiert, erst einmal »abzutrotzen« wäre.[37]

Adorno missversteht gleichwohl den spezifischen Irrationalismus, den Caillois in *Le Mythe et l'homme* adressiert, als »irrationalistische Konfusion«, die, so Adorno an Horkheimer, den Surrealismus kennzeichnen würde und die »die großen Ergebnisse von Max Ernst zu überwuchern beginnt«.[38] Adorno hat also einerseits ein manifestes Interesse am Surrealismus als einer Kritik der Aufklärung und des Rationalismus, andererseits erhofft er sich jedoch, die vermeintlichen Fehler, eben die »Konfusion« der Surrealisten – und hier ist Bataille genauso gemeint wie Breton und Caillois –, zu vermeiden.[39] Damit verkennt er jedoch zugleich die internen Auseinandersetzungen und Querelen, die die Pariser Surrealisten schon seit 1935/36 geteilt haben und die sich unter anderem um genau jenen Begriff des Irrationalen entfalten; so in der berühmt gewordenen Diskussion um die Mexikanischen Springbohnen (*querelle*

[37] Adorno: »Rezension zu *Roger Caillois, La Mante religieuse*«, S. 229f.

[38] *Theodor W. Adorno an Max Horkheimer, New York* (Oxford, 25. Januar 1937), in: Horkheimer, Max: *Gesammelte Schriften*, Bd. 16: *Briefwechsel 1937–1940*, Frankfurt a.M. 1995, S. 30–35, S. 34.

[39] Zur unterschiedlichen Surrealismus-Rezeption bei Benjamin und Adorno, vgl. auch Traverso: »Eine Freundschaft im Exil«, S. 73–76.

des haricots sauteurs), über die sich Caillois und Breton entzweien: Caillois möchte die Bohnen öffnen, um die Larven darin zu sehen, Breton hingegen möchte »das Wunder«, »*le mystère*«, unangetastet lassen. Am nächsten Tag wirft Caillois Breton in einem Brief vor, auf fast abergläubische Weise »auf der Seite der Eingebung, der Poesie, der Kunst – und ihrer Privilegien« zu stehen, wo doch die Strenge der Untersuchung notwendig wäre: »Er würde die Bohne nicht bewundern, sondern sie durchschneiden«.[40] Caillois verlässt die Gruppe der Surrealisten, indem er erklärt: »Das Irrationale: also gut; aber zuerst möchte ich Kohärenz«; zugleich versteht er sich weiterhin als »eine Art Korrespondent des Surrealismus«.[41]

Antifaschismus

Ebenfalls im Dunstkreis der Surrealisten gründen die eigentlich zerstrittenen André Breton und Georges Bataille im Oktober 1935 gemeinsam die Gruppe Contre-Attaque: Union de lutte des intellectuels révolutionnaires mit dem expliziten Ziel, Léon Blums Front Populaire zu unterstützen. Caillois überwirft sich mit Bataille und weigert sich, das Manifest von Contre-Attaque mitzuunterschreiben. 1936 gründet Bataille die Geheimgesellschaft Acéphale[42] sowie im selben Jahr zusammen mit André Masson die gleichnamige Zeitschrift. Ebenfalls zur gleichen Zeit gründet Caillois, quasi anstelle seiner Teilnahme an Contre-Attaque, gemeinsam mit Tristan Tzara, Louis Aragon und Jules-Marcel Monnerot die Groupe d'études pour la phénoménologie

[40] Caillois, Roger: »Lettre à André Breton«, in: ders.: *Approches de l'imaginaire*, Paris 1974, S. 35–38, S. 36 (hier und im Folgenden: Übers. d. Verf.). Dieser Brief wurde erstveröffentlicht als Vorwort zu Caillois' *Procès intellectuel de l'art* (Marseille 1935), in dem er eine »allgemeine Phänomenologie der Einbildungskraft« fordert.
[41] Ebd., S. 36, S. 38.
[42] Vgl. zur Geschichte von Acéphale Bischoff, Rita: *Tragisches Lachen. Die Geschichte von Acéphale*, Berlin 2010.

humaine, aus der die Zeitschrift *Inquisitions* hervorgeht, von der jedoch nur eine Nummer im Juni 1936 erscheint. Diese erste und einzige Ausgabe wird mit Gaston Bachelards Text »Le Surrationalisme« eröffnet. In seinem Kommentar zu dem kurzen programmatischen Text »Pour un Collège de Sociologie« von Caillois, der als Einleitung zu der dem Collège gewidmeten Ausgabe der *NRF* erscheint, liest Denis Hollier diese Einleitung als »›Proklamation‹ im bachelardschen Sinne eines soziologischen Instruments [...], bei dem das Collège Experimentator, Instrument und Versuchskaninchen zugleich wäre«, und er verweist auf Bachelards »Theorie der aggressiven, zupackenden Imagination«, die auch Caillois' *Le Mythe et l'homme* beschäftigt.[43]

Neben Caillois' Einleitung umfasst die auf Einladung von Jean Paulhan zusammengestellte und dem Collège gewidmete Ausgabe der *Nouvelle Revue Française* vom Juli 1938 Batailles »L'apprenti sorcier«, Leiris' »Le sacré dans la vie quotidienne« und Caillois' »Le vent d'hiver«.[44] Auch hier sind die Reaktionen mindestens ambivalent. So schreibt Paulhan an Caillois, dass es dem Tonfall seines Textes über den Winterwind geschuldet sei, dass manche sich fragen würden: »Mais pourquoi la NRF devient-elle fasciste?«[45] Auch Benjamin äußert sich in einem Brief an Horkheimer vom 24. Januar 1939 äußerst kritisch zu dieser Ausgabe, ohne dabei die Konkurrenz, die scheinbar zwischen Collège und Institut herrschte (zumindest von Seiten des Instituts), zu unterschlagen: »Es wird sie nicht wundern, daß die N.R.F., die sich unserer Sache imperméable gezeigt hat, in einem Sonderdruck des Collège de sociologie mit Bataille, Leiris und Caillois vorstellt. [...] Caillois tummelt sich weiter in Zweideutigkeiten. Sein Beitrag ›Le Vent d'Hiver‹ feiert den

[43] Vgl. Hollier: *Das Collège de Sociologie*, S. 264, Anm. 13 sowie Bataille/Caillois/Leiris: »Erklärung zur Gründung eines Collège de Sociologie«, ebd., S. 25 (Übers. d. Verf.).
[44] Für die dt. Übers., vgl. ebd., S. 269–309.
[45] Corr. Jean Paulhan – Roger Caillois 1934–1967, in: *Cahiers Jean Paulhan*, Bd. 6, Paris 1991, S. 87.

›scharfen Wind‹, unter dessen Frosthauch alles Schwächliche eingehen muß und in dem die Tauglichen an den nicht von Scham geröteten Wangen einander erkennend sich zu einer Herrenkaste zusammenschließen. Kein Sterbenswort situiert diese Darlegungen in der Wirklichkeit. Es versteht sich, daß dieses Schweigen besser als jedes Bekenntnis Bescheid gibt. – Die N.R.F. bekundet mit diesem Sonderdruck, mit welcher politischen Ausrichtung die Entschiedenheit erkauft ist, mit der sie in der europäischen Krise vom September gegen den französischen Pazifismus Partei ergriff. Sie legitimiert zugleich den Zweifel, den man in die Solidität dieser Entscheidung setzen konnte.«[46]

Zum Zeitpunkt dieser Veröffentlichung hat das Collège bereits ein Jahr lang Vorträge ausgerichtet. Caillois und Bataille erarbeiten gemeinsam die Studienprogramme für das Collège;[47] neben Bataille und Caillois tragen auch Klossowski, Alexandre Kojève, Anatole Lewitzky und Denis de Rougemont am Collège vor, die Vorträge sind öffentlich und erreichen ein relativ großes Publikum, darunter auch Benjamin, Mayer und angeblich auch Adorno, Horkheimer ... Die *NRF* wird in der Folge alle Veranstaltungen des Collège ankündigen und hatte sich ebenfalls, wie Benjamin in seinem Brief andeutet, deutlich hinter die vom Collège publizierte *Déclaration* zum Münchner Abkommen im September 1938 gestellt. Das am 29. September 1938 in München von Hitler, Chamberlain, Daladier und Mussolini geschlossene Abkommen markierte das sogenannte »fin de l'après-guerre« und sollte die »Sudetenkrise« beenden. Im

[46] Benjamin, Walter: *Gesammelte Briefe*, Bd. VI: *1938–1940*, Frankfurt a.M. 2000, S. 202f., zit.n. Moebius, Stephan: *Die Zauberlehrlinge. Soziologiegeschichte des Collège de Sociologie (1937–1939)*, Konstanz 2006, S. 375.

[47] Caillois gibt am 20. November 1937 seine erste öffentliche Vorlesung zur Sakralsoziologie; es folgen: »Die Tiergesellschaften« (19. Dezember 1937), »Bruderschaften, Orden, Geheimgesellschaften, Kirchen« (19. März 1938), »Die Sakralsoziologie der gegenwärtigen Welt« (2. April 1938, zusammen mit Bataille), »Die Ambiguität des Sakralen« (15. November 1938).

November 1938 veröffentlichen Bataille, Leiris und Caillois eine Stellungnahme gegen das Münchner Abkommen unter dem Titel: »Déclaration du Collège de sociologie sur la crise internationale«, die gleichzeitig in der Novemberausgabe der *NRF*, von *Esprit* und *Volontés* erscheint. Die *NRF* bekennt sich auch inhaltlich zu dieser Konstatierung einer internationalen Krise und der radikalen Kritik der *appeasement*-Politik.[48]

In seinem Brief an Horkheimer verurteilt Benjamin diese Stellungnahme bzw. unterstellt er den Autoren scheinbar, dass ihre Kritik am französischen Pazifismus und britischem *appeasement* nicht aus einer antifaschistischen Haltung heraus formuliert wird, sondern vielmehr aus einem sozialdarwinistischen Willen zur Macht und als Kritik an der vermeintlichen ›Schwäche‹ pazifistischer Positionen. Wie gerechtfertigt dieser Vorwurf ist, lässt sich bezweifeln, nicht zuletzt vor dem Hintergrund der Aktivitäten von Contre-Attaque und den kurz darauf folgenden expliziten Distanzierungen vom Hitlerismus von Seiten Caillois' in Argentinien. Gleichwohl ist der Tonfall besonders von Caillois irritierend. Dazu kommen die expliziten Verweise auf autoritäre Strukturen, die jenen (Selbst-)Auflösungstechniken entgegenwirken sollen, die mimetische Insekten und psychasthenische Menschen zeigen, die aber, nicht zuletzt im Anschluss an Jacques Lacans Caillois-Lektüren, für alle Subjekte geltend gemacht werden können. Es sind seine

[48] In der ersten Ausgabe der von Denis Hollier herausgegebenen Textsammlung des Collège de Sociologie ist der *Déclaration* ein kurzer Text vorangestellt, in dem die Stimmung nach der Unterzeichnung des Abkommens folgendermaßen beschrieben wird: »On respire à nouveau. Le traité de Versailles avait mis fin à la guerre. Les accords de Munich marquent ›la fin de l'après-guerre‹, selon le titre du livre que ces événements inspirent aussitôt à Robert Aron.« Hollier: *Le Collège de Sociologie*, S. 99. Der Schriftsteller Paul Nizan hat über die sogenannte Septemberkrise für die kommunistische Tageszeitung *Ce soir* berichtet und im direkten Anschluss daran eine *Chronique de Septembre* (Paris 1938) veröffentlicht. Jean Paulhan, Herausgeber der *NRF*, kommentiert die Krise in der Novemberausgabe seiner Zeitschrift unter dem Pseudonym Jean Guérin so: »*München*. Mit dem Abkommen von München ist der Frieden gerettet. Der Frieden in seiner ganzen Plattheit und Hinfälligkeit.« Zit.n. Hollier: *Das Collège de Sociologie*, S. 311.

martialischen Ansagen, die Caillois grundlegend von Benjamin distanzieren; nicht aber die Beschreibung der mimetischen Exzesse und ihrer pathologischen (also antifinalistischen) Folgen, die sich auch bei Benjamin finden lassen.

Eine ähnlich vehemente Reaktion von Seiten Benjamins ruft der am 15. April 1938 in der Zeitschrift *Mesures* veröffentlichte Text »L'Aridité« hervor, den Benjamin kurz darauf vernichtend in einer Sammelbesprechung rezensiert: »Der Aufsatz von Caillois im Aprilheft von ›Mesures‹ bestätigt, in wie hohem Maße die Vorbehalte, mit denen Adorno die ›Mante religieuse‹ versieht, berechtigt sind. Diese *dialectique de la servitude volontaire* beleuchtet, unheimlich, verschlungene Gedankengänge, in denen ein Rastignac herumlungert, der nicht mit dem Hause Nucingen, sondern mit der Clique autoritärer Propagandachefs zu rechnen hat. [...] Es ist abstoßend, wie die historisch bedingten Charakterzüge des heutigen Bourgeois durch ihre metaphysische Hypostasierung zu einer mit elegantem Griffel umrissenen Remarque am Rande des Zeitalters zusammentreten. [...] Wenn C[aillois] sagt, ›on travaille à la libération des êtres qu'on désire asservir et qu'on souhaite ne voir obéissants qu'envers soi‹ (S. 12), so hat er ganz einfach die faschistische Praxis gekennzeichnet. – Es ist traurig, einen schlammigen breiten Strom aus hochgelegenen Quellen gespeist zu sehen.«[49] Bereits am 28. Mai 1938 hatte Benjamin eine ähnliche Einschätzung des Textes aus *Mesures* in einem Brief an Max Horkheimer

[49] Benjamin, Walter: *Gesammelte Schriften*, Bd. III/3: *Kritiken und Rezensionen*, S. 549–550. Mit Pseudonym unterzeichnet, um Benjamins Verhältnis zu Bataille nicht zu beeinträchtigen; siehe Brief an Horkheimer, Benjamin: *Gesammelte Schriften*, Bd. VI, S. 776: »Wie ich vor wenigen Tagen durch einen glücklichen Zufall erfuhr, ist Caillois eng befreundet und auf du und du mit Rolland de Reneville. Reneville hat sich bisher in seiner Eigenschaft als Sekretär im Bureau des Naturalisations du Garde des Sceaux meiner Sache angenommen; er wird aber vor allem für – würde demzufolge auch gegen sie – wirken können, wenn sie einmal von der Prefecture ans Justizministerium gegangen ist. Unter diesen Umständen könnte meine Naturalisation tatsächlich gefährdet werden, wenn die Anzeige der ›Aridité‹ unter meinem Namen erschiene. Aus diesem Grunde möchte ich Sie sehr darum bitten, den Caillois-Benda-Komplex mit HANS FELLNER zeichnen zu dürfen. (17. II. 1938, an Horkheimer).«

formuliert, mit dem Unterschied jedoch, dass hier die »Clique autoritärer Propagandachefs« explizit als »Clique Göbbels« bezeichnet wird.[50] Auch Adorno kommentiert den Text Caillois' in einem Brief an Benjamin vom 2. August 1938 in aller Schärfe: »Da wir beim Widerwärtigen halten: Caillois hat einen Aufsatz, l'Aridité, in Mesures veröffentlicht, in dem er sich einerseits als strenger Mann aufspielt, andererseits von der Reglementierung des Gedankens schwärmt, ohne daß nur recht klar würde, welche Instanz das Reglement ausgeben soll. Damit ist es natürlich klar genug.«[51] Zugleich lobt auch hier Adorno Caillois erneut für seine »ganz außerordentliche [Schreib-]Begabung« und endet »es gibt nur ganz wenige Menschen, um die es so schade ist wie um diesen.«[52]

Im Dezember 1938 trifft Caillois bei einem Abendessen bei dem in Uruguay geborenen Schriftsteller Jules Supervielle auf Victoria Ocampo, Begründerin der argentinischen Zeitschrift *Sur*, die Caillois zusammen mit Denis de Rougement und der Fotografin Gisèle Freund nach Buenos Aires einlädt. Caillois fährt nach einem kurzen Aufenthalt mit Ocampo in Südfrankreich im Sommer nach Argentinien, zunächst für drei Monate, aber der Beginn des Zweiten Weltkriegs im September und die Besetzung Frankreichs im Sommer 1940 machen seine Rückkehr auf unbestimmte Zeit unmöglich.

Im Oktober 1939 erscheint dort der Text »Naturaleza del hitlerismo« in einer von Ocampo herausgegebenen Sondernummer der Zeitschrift *Sur* neben einem Text von Jorge Luis Borges. Dieser Text wird oft als lang erwartete, klare Positionierung Caillois' auf Seiten des Antifaschismus gelesen, wird jedoch von Benjamin in einem Brief an Gretel Adorno vom 17. Januar 1940 erneut ironisch bzw. abfällig abgehandelt: »Indépendamment des autres travaux je reprendrai avec plaisir les analyses

[50] Unveröffentlichter Brief, zit.n. Adorno/Benjamin: *Briefwechsel*, S. 357.
[51] Adorno an Benjamin, 2. August 1938, ebd., S. 346.
[52] Ebd.

des nouveautés françaises. Il y en a du reste une, assez drôle, qui vient de voir le jour en Argentine. C'est là-bas que [Roger] Caillois vient de publier en plaquette une réquisition contre le nazisme dont l'argumentation reprend, sans nuance ni modification aucune celle qui occupe les quotidiens du monde entier. Il ne fallait pas s'acheminer vers les régions les plus lointaines ni du monde intelligible ni du monde terrestre pour en rapporter cela.«[53]

Auch für die deutliche antifaschistische Wortergreifung durch Caillois hat Benjamin also nur feinen Spott übrig, seine »Beschlagnahmung« des Nazismus entbehre jeder Originalität, findet Benjamin, und reproduziere einzig, was Anfang 1940 eh in aller Munde sei und in allen Zeitungen zu lesen. Seine Ausflüge ans Ende sowohl der intelligiblen, intellektuellen wie auch geografischen Welt hätten Caillois, in Benjamins Augen, keinesfalls zu einer ausgefallenen oder besonders interessanten Haltung gegenüber der faschistischen Bedrohung geführt, sondern einfach zu einer durchschnittlich feuilletonistischen. Vor diesem Hintergrund scheinen die vorausgegangenen obskurantistischen und krypto-sozialdarwinistischen Einwürfe Caillois' wiederum nur zu bestätigen, was Benjamin immer schon unterstellt hat, nämlich dass Caillois keine wirkliche kritische, politische, antagonistische Haltung zum Faschismus hat. Sein Antifaschismus schwimmt mit der Meinung der Mehrheit und gibt keine besonderen Einsichten, die vor dem Hintergrund der früheren Ausführungen für Benjamin unbedingt notwendig gewesen wären, um diese in das richtige Licht zu rücken. Stattdessen ist es andersherum: Der Durchschnitts-Antifaschismus, den Caillois aus der bonaerensischen Sicherheit heraus kundtut, bestätigt vielmehr die Haltlosigkeit der vorausgegangenen Thesen, seien es die mimetischen genauso

53. Benjamin an Gretel Adorno, 17. Januar 1940, in: Benjamin: *Gesammelte Briefe: 1938–1940*, S. 843.

wie diejenigen zu Kälte und Dürre und deren reinigendem Charakter für robuste Naturen.

Polemik der feinen Differenzen

So verständlich Benjamins kritischer Blick auf jene Texte Caillois' ist, die einen autoritären, starken, robusten Charakter entwerfen, der sich der Bedrohung durch Auflösung entgegen stellen kann, nicht zuletzt auch aus der konkreten und unterschiedlichen Situation des exildeutschen Intellektuellen und des französischen Intellektuellen Ende der 1930er Jahre, so verkürzt scheint jedoch die radikale Zurückweisung jener Äußerungen Caillois' zum Mimetismus, die eben jene Auflösungsfigur transversal umreißen und die nicht zuletzt für Lacans Dezentrierung des Subjektbegriffs relevant sind.

Neben der klaren Differenz in der sozialen und politischen Situation der beiden Autoren hat die extrem scharfe Kritik an Caillois von Seiten Benjamins, so die These, auch mit einer Nähe in ihrem Denken zu tun, die sich vor allem in den Mimesis-Texten zeigt, die im Abstand von wenigen Jahren von Benjamin (»Lehre vom Ähnlichen«, »Über das mimetische Vermögen«, beide 1933) und Caillois (»La Mante religieuse« 1934, »Mimétisme et psychasthénie légendaire« 1935) veröffentlicht wurden und sich mit einem ähnlich formatierten Mimesis-Begriff befassen, der sich immer schon jenseits einer ästhetischen Einengung situiert und eine gesellschaftskonstituierende Dimension in den Vordergrund stellt. Die theoretische Nähe der beiden Positionen wird beispielsweise von Michael Taussig in *Mimesis and Alterity* herausgestellt, wenn er Caillois und Benjamin unter der Überschrift »Spacing Out« sowie in den Untersuchungen der »Hauka«-Rituale und den Erläuterungen zu Jean Rouch zusammenführt: Beide teilen für Taussig ein Verständnis vom mimetischen Exzess als »becoming matter«, das die Auflösung im Milieu als eine Bild- bzw. Dingwerdung liest[54] – oder als eine Gespensterwerdung, wie es bei beiden explizit heißt: bei Benjamin unter dem Titel »Verstecke« in der *Berliner Kindheit*: »Hier [in der Wohnung] war ich in die Stoffwelt eingeschlossen. [...] Das Kind, das hinter der Portiere steht, wird selbst zu etwas Wehendem und Weißem, zum Gespenst.«[55] Und bei Caillois als Motto des Psychasthenie-Textes: »Vorsicht: Wer Gespenst spielt, wird selber eins.«[56]

Aus dieser Nähe bleiben jedoch die späteren, ungleich verstörenderen Texte zum Winterwind, aber auch jener zur Dürre oder zur »Sociologie du clerc« (1939), die explizit die Gründung einer Geheimgesellschaft zum Schutz vor der Faschisierung der bestehenden Gesellschaft fordern, ausgeschlossen. Denn hier entwickelt Caillois eine geradezu martialisch anmutende Rhetorik, die Benjamin vollkommen fremd war und für die er keinerlei Sympathien hegte. Gerade auf diese Texte beziehen sich jedoch die vehementesten Kritiken von Seiten Benjamins an Caillois. In ihrer kürzlich erschienenen Studie zu *Entgrenzung als Mimesis* referiert Rosa Eidelpes die Rezeption und Einschätzung dieser Texte, vor allem von »Le vent d'hiver«, als »protofaschistisch«; zugleich verweist sie darauf, dass Caillois selbst seinen Text als »explizit antifaschistische Abhandlung« verstanden wissen wollte. Die Logik des Textes beruhe »auf der

[54] Vgl. Taussig, Michael: *Mimesis and Alterity. A particular history of the Senses*, London/New York 1993, bes. S. 33–43 u. S. 240–264.

[55] Benjamin, Walter: *Gesammelte Schriften*, Bd. IV: *Berliner Kindheit*, Frankfurt a.M. 1991, S. 253f.

[56] Caillois, Roger: »Mimese und legendäre Psychasthenie«, S. 27. Im Orig.: Caillois: *Le Mythe et l'homme*, S. 86: »Prends garde: à jouer au fantôme, on le devient.« Zugleich kann man diese theoretische Nähe zwischen Benjamin und Caillois auch *ex negativo* feststellen, insofern Adorno ihnen denselben Vorwurf macht, nämlich den des Vulgärmaterialismus und eine Nähe zu proto-faschistischen Lebensphilosophien. Der bereits zitierte Enzo Traverso verweist in seinem Vorwort zur französischen Ausgabe des Briefwechsels zwischen Adorno und Benjamin u.a. auf das finanzielle Abhängigkeitsverhältnis zwischen Adorno und Benjamin und suggeriert, dass Benjamin ab einem bestimmten Zeitpunkt keinerlei Kritik mehr an Adornos Positionen zu äußern wagte; das beträfe auch Adornos verkürzte Interpretation des Kunstwerk-Aufsatzes, die Benjamin gleichwohl lobt. Vgl. Traverso: »Eine Freundschaft im Exil«, S. 76–78.

Vorstellung, der politische Gegner könne und müsse durch seine rhetorische und moralische Überbietung und anschließende ›Umkehrung seiner Werte‹ besiegt werden«.[57]

Nun wäre eine These, dass Caillois in diesen Texten eine Antwort auf jene pathologischen Selbstauflösungsprozesse formuliert, die er anhand der Insekten und psychasthenisch erkrankten Menschen in den *Minotaure*-Texten untersucht hatte. In seinem Text zum Winterwind von 1938 versteht Caillois gleichwohl die Begründung einer starken Gesellschaft zunächst als Mittel zur Bekämpfung eines radikal um sich greifenden Individualismus, der sich aus eskapistischen Freiheitsvisionen speist: »Die Gründung als Gruppe wird von dem Wunsch geleitet, die Gesellschaft als Gesellschaft zu bekämpfen, von dem Plan, ihr als festere und dichtere Struktur entgegenzutreten und zu versuchen, sich wie ein Krebsgeschwür in einem labileren und lockereren, wenn auch unvergleichlich viel größeren Milieu festzusetzen. Es handelt sich um eine Methode der *Übervergesellschaftung*.«[58] Deren Prinzip, so führt Rosa Eidelpes in einem Kapitel zur »politischen Mimese« aus, ist die »mimetische Angleichung an den Gegner: Für die Unterwanderung der sozialen Strukturen sei die Geheimhaltung des eigenen Vorhabens und eine Strategie der Tarnung notwendig, Geheimgesellschaften müssten sich zunächst im Innern der Gesellschaft verstecken«.[59] Sie tun also vordergründig das, was mimetische Insekten in ihrer Umwelt tun – bzw. tun sie dies gerade nur vordergründig, denn die Pointe von Caillois' Mimese-Text ist es zu zeigen, dass das mimetische Verhalten der Insekten antifunktionalistisch ist, dass ihre mimetische

57 Eidelpes, Rosa: *Entgrenzung der Mimesis. Georges Bataille, Michel Leiris, Roger Caillois*, Berlin 2019, S. 130.
58 Caillois, Roger: »Der Winterwind«, in: Hollier: *Das Collège de Sociologie*, S. 290–309, S. 295f.
59 Eidelpes: *Entgrenzung der Mimesis*, S. 131.

Tarnung also nicht zu ihrer Selbsterhaltung beiträgt, sondern vielmehr an »kollektiven Masochismus« grenzt.[60]

Eidelpes bewertet diese Art mimetischer Praktiken als »*gescheiterte* Form der Beschwörung und als pathologisches Verhalten«, das bis zur Selbstauflösung führt; dem entgegen steht eine hoffungsvolle politische Mimese in Form der Geheimgesellschaft: »Mimesis hat bei Roger Caillois also zwei Seiten: Als Mimese (*mimétisme*) ist sie ein gefährlicher und pathologischer ›Luxus der Natur‹ und Ausdruck des Todestriebs; als ›magische‹ Form der Beschwörung kann die Mimesis im Feld des Politischen dagegen zu subversiven Zwecken benutzt werden.«[61] Damit würde der Angleichung an das Feindesmilieu nun eine politische Kraft innewohnen, während die Angleichung an das bedrohliche Naturmilieu vorher nur zur Zersetzung aller Kraft in der Auflösung des Selbst geführt hat. Doch auch die politische Mimese läuft in dieser Interpretation Gefahr, so Eidelpes, einem Umschlag stattzugeben von der magischen Beschwörung des Faschismus *durch* Mimesis zur tatsächlichen mimetischen Angleichung *an* ihn. Gerade darin läge die *zu große* Exzessivität der exzessiven Mimesis, deren Gefahr unter anderem darin bestünde, der Ununterscheidbarkeit von Original und Kopie, Freund und Feind, Objekt und Umwelt Vorschub zu leisten. Dass dieses Desiderat einer klaren, vollkommen nicht-ambiguen Positionierung und Unterscheidbarkeit und die Sorge davor, die Mimesis könne »*zu* gut gelingen«, selbst wiederum eine klare (kritische, autoritäre) Position einfordern muss, bleibt offen.

Damit würde die laut Adorno »vulgärmaterialistische« und »kryptofaschistische« (Benjamin) Naturalisierung des Historischen in Caillois' Insekten-Texten letztendlich in eine nur halb versteckte, Gewalt und Stärke verherrlichende Koketterie mit

[60] Caillois: »Mimese und legendäre Psychasthenie«, S. 33.
[61] Ebd., S. 132f.

faschistischen Strukturen münden, so die These der kritischen Theorie. Dass Caillois genauso wie Bataille sich wiederholt antifaschistisch positioniert hat und auch die im Zuge des Münchener Abkommens formulierte Kritik wiederholt auf die faschistische Gefahr hinweist, vor der sich die schwächelnden europäischen Demokratien schützen müssten, scheint – wie auch ganz vehement für Denis Hollier – nicht ins Gewicht zu fallen. Ohne den martialischen Tonfall der Texte zu Dürre und Winterwind und ihre autoritäre Rhetorik verteidigen zu wollen, ließe sich gleichwohl fragen, ob der Faschismus-Vorwurf nicht letztendlich zu kurz greift, insofern er gerade das politische Potential dieser Stellungnahmen verstellt.

Vor diesem Hintergrund scheint es letztendlich weniger interessant, das politische Potential geheimgesellschaftlicher Entwürfe in Frage zu stellen, als vielmehr *im* selbstauflösenden mimetischen Prozess eine politische Mimese offenzulegen: Das hieße, die Selbstauflösung im Milieu selbst als subversives Potential zu verstehen, insofern hier ein Verständnis des Pathologischen (oder des Todestriebs) für Caillois ausschlaggebend ist, das nicht rein negativ (als »*gescheiterte* Form«) zu denken ist, sondern selbst politisch produktiv, *weil* anti-funktionalistisch, anti-sozial, auflösend, deformierend, ent-setzend. Entgegen einer disziplinären Einhegung exzessiver Mimesis (exzessiv, aber nicht zu sehr) ginge es vielmehr darum, das Oszillieren zwischen einer normativen und einer exzessiven Tendenz jeder mimetischen Ordnung in den Blick zu rücken, wie es dies gerade ein anspruchsvoller Begriff des Pathologischen ermöglicht, den Caillois in seinen Insekten-Studien entwickelt.

HÖLLENFAHRT IN DUNKLE RÄUME. ZUR BEDEUTUNG VON ROGER CAILLOIS' RAUMKONZEPT FÜR EINE PSYCHOANALYSE DES RAUMS

Ulrike Kadi

Bis heute kommt dem Raum in der psychoanalytischen Praxis und Theorie nicht jene explizite Beachtung zu, die er verdient.[1] Anders als über die Zeit der Behandlung – die Dauer der einzelnen Stunde und die Zeit, welche eine Kur bis zu ihrem Ende beansprucht[2] – gibt es innerhalb der Psychoanalyse nur wenig Diskurs über den Praxisraum. Zwar scheint ein gewisser Konsens darüber zu bestehen, dass ein psychoanalytisch benutzter Praxisraum eine Couch zu beinhalten habe,[3] und vereinzelt wird auch darüber nachgedacht, welche Bedeutung dem Mobiliar, der Wandfarbe oder Elementen wie Büchern in einer psychoanalytischen Praxis zukomme.[4] Öfter noch wird der Behandlungsraum als Metapher für die Behandlung selbst aufgefasst,[5] sodass eher Gender, Rasse oder Gewalt *im* Behand-

[1] Dieser Text wurde im Rahmen des Projekts »Topographien des Körpers: phänomenologische, genealogische und psychoanalytische Forschungen« (FWF-Projekt Nummer P25977-G22) weitreichend überarbeitet. Vielen Dank an Sarah Kolb für die genaue Lektüre und weiterführende Hinweise.

[2] Vgl. z.B. die bis heute fortdauernden Debatten um das von Jacques Lacan eingeführte Thema der Skandierung. Siehe dazu einführend Langlitz, Nicolas: *Die Zeit der Psychoanalyse. Lacan und das Problem der Sitzungsdauer*, Frankfurt a.M. 2005.

[3] Vgl. Marinelli, Lydia: *Die Couch. Vom Denken im Liegen*, München, London, New York 2006.

[4] Vgl. z.B. Chumaceiro, Cora L. Díaz: »The Analyst's Consulting Room«, in: *The American Journal of Psychoanalysis* 56 (1996), S. 237–238; Kahr, Brett: »On Painting the Consulting Room«, in: *American Imago* 67 (2010), S. 669–675.

[5] Vgl. z.B. Ferro, Antonino: *Nella stanza d'analisi. Emozioni, Racconti, Trasformazioni*, Mailand 1996.

lungsraum als der Raum selbst untersucht werden.[6] Als konkreter Bestandteil des Behandlungsrahmens bleibt der Raum aber im Hintergrund. Das ist auch insofern bemerkenswert, als der Raum in der Psychoanalyse in metapsychologischer Hinsicht methodisch wie inhaltlich wichtig ist: Als Formen der methodischen Einbeziehung des Raums sind beispielsweise auf Seiten der strukturalen Psychoanalyse Jacques Lacans Einsatz der Topologie zur Beschreibung subjektiver Strukturen[7] und auf Seiten der Objektbeziehungstheorie der an Donald W. Winnicott anknüpfende behandlungstechnische Einsatz des Übergangsraums[8] zu nennen. Inhaltlich führt einer der Wege in das elterliche Schlafzimmer als jenen Raum, in dem häufig die Urszene angesiedelt wird,[9] ein anderer in die Träume als besondere Räume, in denen dem Psychoanalytiker Sami-Ali zufolge jede Art von Raum imaginiert werden kann.[10]

Im Folgenden wird einer dritten Manifestation des Raums in der Psychoanalyse nachgegangen, nämlich einzelnen Bedeutungsdimensionen des Raums, die sich in Bezug auf das Subjekt und seine Struktur ausmachen lassen. Bei Roger Caillois, der sich seinerseits immer wieder auf psychoanalytische Über-

[6] Vgl. z.B. Notman, Malkah T./Nadelson, Carol C.: »Gender in the Consulting Room«, in: *The Journal of American Academic Psychoanalysis* 32 (2004), S. 193–200; Msebele, Naison/Brown, Hilary: »Racism in the Consulting Room: Myth or Reality?«, in: *The Psychoanalytic Revue* 98 (2011), S. 451–492; oder Grand, Su/Newirth, Joseph/Stein, Abby: »Violence and Aggression in the Consulting Room«, in: *Psychoanalytic Perspectives* 6 (2009), S. 1–21.

[7] Zu einer ersten Orientierung hinsichtlich Lacans methodischem Einsatz des Raums vgl. Wegener, Mai: »Psychoanalyse und Topologie – in vier Anläufen«, in: Günzel, Stephan (Hg.): *Topologie. Zur Raumbeschreibung in den Kultur- und Medienwissenschaften*, Bielefeld 2007, S. 235–249; als pädagogische Einführung Nasio, Juan-David: *Introduction à la topologie de Jacques Lacan*, Paris 2010; sowie Amiel, Gérard: »Topologie. Nodalité«, in: *La revue lacanienne* 3 (2010), S. 213–218.

[8] Zu Winnicotts Übergangsraum vgl. Ogden, Thomas H.: »On Potential Space«, in: *The International Journal of Psycho-Analysis* 66 (1985), S. 129–141.

[9] Für Rosine Jozef Perelberg etwa spiegelt sich darin, wie der Behandlungsraum mit Assoziationen gefüllt oder nicht gefüllt wird, die Weise wider, in der die Urszene nicht anerkannt wird. Vgl. Perelberg, Rosine Jozef: »Espaces pleins et espaces vides dans le processus analytique«, in: *Revue française de psychanalyse* 4 (2000), S. 1269–1290, S. 1270.

[10] Vgl. Sami-Ali: »L'espace du rêve«, in: ders.: *L'espace imaginaire*, Paris 1974, S. 124–157.

legungen gestützt hat, finden sich in einem Mitte der 1930er Jahre veröffentlichten Artikel einige Thesen zum Raum. Sie werden im Folgenden in einem ersten Schritt mit Raumkonzepten aus zwei anderen Arbeiten zum Raum, die zur selben Zeit wie Caillois' Text veröffentlicht worden sind, verglichen. Auf einen der beiden Autoren, den phänomenologisch orientierten Psychiater Eugène Minkowski, nimmt Caillois selbst Bezug. Der andere, Paul Schilder, hat sich dem Raum aus psychoanalytischer Perspektive genähert. Beide Autoren setzen andere Akzente als Caillois, was es möglich macht, spezielle Züge von Caillois' Raumverständnis klarer zu erfassen. Im Vergleich mit einer frühen Position Lacans, in der sich dieser explizit auf Caillois' Text bezieht, wird in einem zweiten Schritt eine besondere, innerhalb der Psychoanalyse bis heute diskutierte Qualität von Caillois' Gedanken zum Raum erkennbar. Caillois' Thesen verdienen dabei weniger deswegen Beachtung, weil Lacan von ihnen Gebrauch macht, sondern vor allem, weil sie Aspekte des Raums aufrufen, die in Lacans Rezeption an den Rand rücken.

Der verschlungene Raum

In seinem Artikel über »Mimese und legendäre Psychasthenie«[11] berührt Caillois das Problem des Raums im Ausgang von einer bemerkenswerten Frage: Wie kommt es dazu, dass sich Lebewesen mit dem sie umgebenden Raum verbinden? Die Gleichheitsmimese als eine körperliche Veränderung, bei der Farben, Formen, Muster oder Bewegungen der Umgebung übernommen werden, lässt die Lebewesen vor den Blicken anderer im Raum verschwinden.[12] Dieser Gedanke hat etwas Kontraintui-

[11] Caillois, Roger: »Mimese und legendäre Psychasthenie« (1935), in: ders.: *Méduse & Cie*, übers. v. Peter Geble, Berlin 2007, S. 24–43.
[12] Vgl. ebd., S. 35, S. 38.

tives. Es ist jedenfalls nicht selbstverständlich, Räume von der Möglichkeit her zu denken, in ihnen zu verschwinden. So wird etwa der öffentliche Raum seit Foucault oft mit einem benthamschen Panoptikum verglichen – mit einem Raum, der nichts Verführerisches hat, sondern vor allem mit einer äußeren Bedrohung assoziiert wird.[13] In diesem zum Paradebeispiel moderner Herrschaftstechniken avancierten, hellen, transparenten und visuell kontrollierbaren Raum sind Subjekte permanent einem überwachenden Blick ausgesetzt. Dabei sind sie nicht nur vom Raum, sondern auch voneinander scharf unterschieden. Auf den ersten Blick scheint Caillois im Unterschied zu Foucault geradezu einen Schutzraum zu beschreiben.

Doch dieser Eindruck täuscht. Bei genauerem Hinsehen erweist sich Caillois' Raumvorstellung keineswegs als ein freundliches Gegenstück zum panoptischen Raum: In Caillois' »*dunklem Raum*« ist das Subjekt äußeren Kräften unterworfen, die auf es einwirken.[14] Das Subjekt findet sich in einem Raum mit einem Sog wieder, in dem es Gefahr läuft, bedrängt, ja verschlungen zu werden. Um das Problem der Unterscheidung zwischen Organismus und Umgebung zu verdeutlichen, beschreibt Caillois, welche Strategien Tiere verwenden, um durch Nachahmung unsichtbar zu bleiben – für die Blicke von Menschen, vor allem aber für die Augen anderer Tiere.[15] Die Mimese stört die Wahrnehmung des Raums, insofern sie das Individuum und die Umgebung ineinander übergehen lässt. In Caillois' Beschreibung geht die Mimese allerdings nicht nur vom Lebewesen aus, vielmehr findet sich auch auf Seiten des Raums eine Aktivität. Die Mimese ist ein Wechselspiel. Der Raum selbst fördert das Versteckspiel, weil er verführerisch auf

[13] Vgl. Kap. 3 »Der Panoptimus« in: Foucault, Michel: *Überwachen und Strafen. Die Geburt des Gefängnisses*, übers. v. Walter Seitter, Frankfurt a.M. 1976, S. 251–292.
[14] Caillois: »Mimese und legendäre Psychasthenie«, in: *Méduse & Cie*, S. 37.
[15] Vgl. ebd., S. 27ff.

seinen Inhalt einwirken kann.[16] Der Raum nimmt das Tier in der Mimese in sich auf, verschlingt es geradezu. Das Verschlingen oder Verschlucken nimmt im Text insofern konkrete Gestalt an, als in Bezug auf die mimetischen Strategien bestimmter Insekten von einer Anstiftung zu »Kannibalismus« und »Homophagie« die Rede ist.[17] Caillois fasst den Raum als einen Schlund.

Nicht nur Tiere können sich dem Raum mimetisch anverwandeln. Auch Menschen sind Caillois zufolge vom Wunsch geleitet, unsichtbar zu sein,[18] doch sie haben einen unsicheren Stand im Raum, da ihre Raumvorstellung ihre Raumwahrnehmung überlappt. Und es scheint, als wäre in dieser Überlappung auch der Verlust eines Teils des Raumes angelegt. Caillois zufolge ist sowohl die Raumwahrnehmung als auch die Raumvorstellung mit zwei orthogonal zueinanderstehenden Flächen zu vergleichen, wodurch sich eine doppelte Diederformation ergibt.[19] Das Dieder der Wahrnehmung setzt sich zusammen aus einer horizontalen Ebene, die den Boden der Handlung verkörpert, und einer vertikalen Ebene, die dem Menschen entspricht. Das wahrnehmende Subjekt ist mit dem Boden der Handlung verbunden, führt ihn mit sich. Die zweite Formation entspricht dem vorgestellten, nicht aber wahrgenommenen Raum. Auch ihn denkt Caillois als Dieder, dessen horizontale Fläche sich mit dem Boden der Handlung überlappt und der an der Stelle, wo der Gegenstand erscheint, von einer vertikalen Fläche durchschnitten wird. Die beiden horizontalen Flächen passen nicht zusammen: Der Boden des vorgestellten Raums lässt sich nicht mit dem Boden des Handelns zur Deckung bringen. In der Wahrnehmung des Subjekts schrumpft der

[16] Vgl. ebd., S. 35, S. 38.
[17] Ebd., S. 33.
[18] Vgl. Caillois, Roger: *Méduse & Cie* (1960), in: ders.: *Méduse & Cie*, S. 45–139, S. 106.
[19] Vgl. hier und im Folgenden Caillois: »Mimese und legendäre Psychasthenie«, in: *Méduse & Cie*, S. 36.

Raum auf den Boden der Handlung zusammen, auf dem sich das Subjekt sicher verankert vorfindet. Im Raum der Vorstellung hingegen ist das Subjekt dezentriert, ja ortlos und nur noch ein Punkt unter vielen.

Die Divergenz zwischen dem Boden der Handlung und dem Boden der Vorstellung macht den Platz des Subjekts im Raum unsicher. Und Unsicherheit macht erfinderisch. Für Caillois ist es dieser Zustand, der wiederum zu anderen, neuen Vorstellungen über den Raum führt. Das verunsicherte Subjekt denkt sich phantastische wissenschaftliche Räume aus. Caillois nennt etwa den Finsler-Raum, den Raum Fermats sowie Riemann-Christoffels Hyperraum. Alle diese Raumvorstellungen haben einen Zweck: Sie sollen dem Subjekt einen sicheren und zugleich beweglichen Ort im Raum verschaffen, eine *Ver*ortung, die es dem Subjekt zugleich ermöglichen soll, den Boden der Handlung zu verlassen und sich frei im Raum zu bewegen.

Das Verhältnis eines Subjekts zum Raum ist für Caillois grundlegend für dessen Persönlichkeit. Wenn dem Subjekt das Bewusstsein eines festen Punktes im Raum abgeht, fehlt ihm Caillois' Argumentation zufolge das Gefühl für sich als Person. Dieses Gefühl stützt sich auf eine Verortung des Subjekts im Raum, basierend auf der Möglichkeit des Subjekts, sich vom umgebenden Raum zu unterscheiden. Caillois bringt für den Verlust dieses Gefühls eine psychiatrische Diagnose ins Spiel: die Psychasthenie.[20]

[20] In der psychiatrischen Nosologie hat sich der Begriff der Psychasthenie aus jenem der Neurasthenie entwickelt. Letzterer wurde von George Miller Beard in der puritanisch und moralistisch ausgerichteten frühen amerikanischen Psychiatrie verbreitet. Vgl. Beard, George Miller/Rockwell, Alphonso David: »A Practical Treatise of Nervous Exhaustion (Neurasthenia), its Symptoms, Nature, Sequences, Treatment«, in: *American Journal of Insanity* 36 (1880), S. 521–526. Die Häufigkeit der Störung in den Vereinigten Staaten wurde mit den hohen Arbeitsanforderungen einer fortschrittsgläubigen Gesellschaft in Verbindung gebracht. Vgl. Pichot, Pierre: *Ein Jahrhundert Psychiatrie*, Paris 1983, S. 57. Mit dem Ausdruck »Neurasthenie« wurde der somatische Aspekt einzelner psychischer Symptome anstelle von deren Einordnung als moralisches Vergehen unterstrichen. Die Bezeichnung »Psychasthenie« betont dagegen den psy-

Die Symptome einer Psychasthenie werden uneinheitlich beschrieben. Pierre Janet, auf den sich Caillois bezieht, unterschied die Hysterie von der Psychasthenie, worunter er die Zwangsneurose, die Phobie und einige andere neurotische Erscheinungen subsummierte.[21] Neben Zwangsvorstellungen waren für Janet in symptomatischer Hinsicht seelische und körperliche, zum Teil manisch anmutende Unruhezustände für die Psychasthenie typisch.[22] Später beschrieb Janet drei Hauptgruppen von asthenischen Syndromen, die sich als Mangel an Kraft und Energie, als Empfindungen von Leersein und als schwere schizophrene Zustände präsentierten.[23] Janet rückte psychasthenische Symptombilder auch in die Nähe der Epilepsie, nannte sie eine mildere, chronische Form der Epilepsie.[24] Die Vielfalt an Krankheitsbildern, die mit dem Ausdruck »Psychasthenie« in Verbindung gebracht wurden, macht verständlich, weshalb dieser Begriff auch als Sammelbecken unklarer Symptome bezeichnet wurde.[25]

In Caillois' Text wird die Psychasthenie ähnlich wie neu gebildete Raumvorstellungen von Wissenschaftlern zu einem Hinweis auf eine zugrunde liegende Irritation im Verhältnis Subjekt und Raum. Sie kann sich als sehr schwer erweisen. Caillois zitiert eine von Minkowski beschriebene Phantasie, die

chischen Charakter der Störung und lässt sich als Versuch einer Wiedereingliederung der Symptome in das Untersuchungsfeld der Psychologie lesen.

[21] Vgl. Ellenberger; Henry F.: *Die Entdeckung des Unbewußten*, Bd. 1, übers. v. Gudrun Theusner-Stampa, Bern, Stuttgart, Wien 1973, S. 511.

[22] Vgl. Janet, Pierre: *Les Obsessions et la Psychasthénie*, Paris 1903.

[23] Vgl. Ellenberger: *Die Entdeckung des Unbewußten*, Bd. 1, S. 519f.

[24] Vgl. Janet: *Les Obsessions et la Psychasthénie*, S. 734.

[25] Vgl. dazu die Rezension von Ferenczi, Sándor: »Dr. med. Otto Dornblüth, Nervenarzt Wiesbaden. Die Psychoneurosen (Neurasthenie, Hysterie und Psychasthenie). Ein Lehrbuch für Studierende und Ärzte. Leipzig, Verlag von Veit u. Co«, in: *Zentralblatt für Psychoanalyse* 2/5 (1912), S. 281–282, S. 281. Freud wirft 1912 Stekel vor, das subtilere und morphologisch ausgerichtete Unterscheidungssystem der Neurosen zugunsten der Psychasthenien aufgeben zu wollen. Vgl. Freud, Sigmund: »Schlusswort der Onaniediskussion« (1912), in: ders.: *Gesammelte Werke*, hg. v. Anna Freud, Edward Bibring, Willi Hoffer, Ernst Kris u. Otto Isakower, Bd. 8: *Werke aus den Jahren 1909–1913*, Frankfurt a.M. 1996, S. 334–345, S. 338.

auch er kenne, nämlich sich trotz des Wissens um den eigenen Aufenthaltsort zu fühlen, als sei man nicht an diesem Ort. Manche Schizophrene würden sich vom Raum in einem solchen Ausmaß verschlungen fühlen, dass dieser ihren Platz einnähme.[26] Wie in einer Mimese würden sie geradezu zu Raum, eins mit dem Raum. Caillois fasst diesen Raum, mit dem das Subjekt verschmilzt, als dunklen Raum. Der Raumbegriff, den er damit darlegt, lässt sich entlang der folgenden Besonderheiten charakterisieren.

Der Raum wird erstens so aufgefasst, als hätte er Züge eines anderen Subjekts. Caillois denkt den Raum, als wäre er eine dem Subjekt gegenüber vorgängige Struktur, die so etwas wie ein Gegenüber oder zumindest Momente von Alterität verkörpert. Dieser Eindruck ist dort besonders stark, wo Caillois von der »*Versuchung durch den Raum*« schreibt.[27]

Die zweite Besonderheit von Caillois' Raumauffassung liegt in der dem Raum zugeschriebenen desorientierenden Wirkung. Der Raum bietet dem Subjekt zwar ein Versteck, aber keinen stabilen Ort. Einen Ort im Raum zu besetzen impliziert aus leibphänomenologischer Sicht, den eigenen Körper als Nullpunkt, als einen Ausgangspunkt der Orientierung etabliert zu haben.[28] Ein solcher Nullpunkt geht mit dem oben beschriebenen Raum der Vorstellung verloren. Caillois' doppelte Diederformation entwirft ein im Raum verlorenes Subjekt, das mittels (wissenschaftlicher) Zwangsvorstellungen über mögliche Räume um die eigene Stabilität ringt.[29]

Drittens kommt dem Raum selbst, insofern er mit dem Subjekt verschmilzt, ein für unsere alltäglichen Vorstellungen unklarer Status zu: Er erweist sich als gleichzeitig innerer und

[26] Caillois: »Mimese und legendäre Psychasthenie«, in: *Méduse & Cie*, S. 37.
[27] Ebd., S. 35.
[28] Vgl. Merleau-Ponty, Maurice: *Vorlesungen I*, übers. v. Alexandre Métraux, Berlin, New York 1973, S. 245.
[29] Psychodynamisch lassen sich Zwang und zwanghafte Phänomene als Abwehrformationen des Subjekts im Sinne einer Panzerbildung des Ichs (*moi*) begreifen.

Abb. 1
Joos van Craesbeeck: *Die Versuchung des Heiligen Antonius*, Öl auf Leinwand, 78 x 116 cm, um 1650.

äußerer. Das Subjekt wird einerseits vom Raum umfasst bzw. verschlungen, während der vom Raum besetzte Innenraum andererseits als eine vom Subjekt ausgehende Verschlingung begriffen werden kann. Indem das Subjekt mit dem Raum verschmilzt, wird es selbst zum Akteur. Nicht nur der Raum verschlingt, sondern auch das Subjekt, wenn zwischen beiden kein Unterschied mehr besteht. Das verschlungene Subjekt verschlingt. Eine verschlungene Verschlingung.

Joos van Craesbeecks Darstellung der *Versuchung des Heiligen Antonius* (Abb. 1), in der der Heilige am rechten Bildrand gleichsam entrückt am Fuß eines Baumes sitzt, verdeutlicht einige der Aspekte einer solchen Verschlingung: Der Mund des Riesen ist die Eintrittspforte zur Hölle. Als paradigmatischer Ort des Verschlingens steht er weit offen. In der dunklen Mundhöhle verschwinden Menschen und diverse Fabelwesen. Die Verdopplung von Verschlingen und Verschlungenwerden bestimmt das Schreckensbild: Der Kopf verliert seinen Platz an den Raum, wird selbst zum Raum. Die offene Stirn zeigt, wie es sich die seltsamen Herrschaften im Innenraum des Subjekts gemütlich machen. Zusammen illustrieren der menschliche Riesenkopf und die kleinen Menschen in seinem Inneren beide Optionen: Das Subjekt verschlingt und wird verschlungen.

Der erlebte Raum

Den Terminus des »dunklen Raums« bezieht Caillois von Eugène Minkowski, der in *Le temps vécu* von 1933 einen dunklen, schwarzen Raum einem hellen gegenüberstellt.[30] Minkowski entwickelt seine Überlegungen zum Raum in Opposition zu einer Reihe von abstrakten Raummodellen, die im Zusammenhang mit der aufblühenden mathematischen Forschung zu topologischen Räumen um 1900 entstanden.[31] (Für Caillois fallen diese unter die vielen vorgestellten Räume.) Minkowski ist in seiner Analyse auf die nicht mathematischen, nicht geometrischen Aspekte des Raumes[32] und damit auf jene Momente ausgerichtet, die das Subjekt in seinem Erleben bestimmen. Diesen Raum bezeichnet Minkowski als »irrational« und – analog zu seinem Terminus der »gelebten Zeit« – als den »erlebten Raum«.[33] In diesem er/gelebten Raum überlappen sich zeitli-

[30] Vgl. Minkowski, Eugène: *Le temps vécu*, Paris 1933, S. 373.

[31] In der Mathematik wird ein vierdimensionaler Vektorraum nach seinem Erfinder Hermann Minkowski genannt. Ob der Psychopathologe Eugène Minkowski dieses Raumkonzept kannte, ist uns nicht bekannt.

[32] Vgl. Minkowski: *Le temps vécu*, S. 367.

[33] Ebd. Der französische Ausdruck *vécu* heißt beides: gelebt und erlebt. Minkowskis Arbeit *Le temps vécu*, auf die im Folgenden Bezug genommen wird, wird von Meinrad Perrez und Lucien Kayser (Salzburg 1971/1972) mit *Die gelebte Zeit* übersetzt. Analog zu dieser Standardübersetzung wäre es auch möglich, von einem »gelebten Raum« zu sprechen. Diese semantische Facette ist daher im Folgenden ebenso mitzudenken wie eventuell – im Ausgang von den oben geschilderten Verschlingungen zwischen Subjekt und Raum und im Deutschen aufgrund klanglicher Ähnlichkeit nahelie-

che, räumliche und subjektive Momente. Sie bilden eine zeitlich-räumliche Einheit im Sinne eines »Ich-Hier-Jetzt«.[34]

Ein wesentlicher Aspekt der Raumauffassung Minkowskis ist die Distanz. Darin zeigt sich eine erste Differenz zu Caillois, der die Distanz nicht näher untersucht, sondern den Raum als geradezu distanzlos betrachtet. Minkowski fokussiert jene Distanz, die ein Subjekt innerlich zu etwas einnehmen kann. Er fasst Distanz als etwas auf, das Freiheit im Raum ermöglicht.[35] Auch hinsichtlich der Distanz ist zwischen einer geometrischen Vorstellung und dem Erleben zu unterscheiden: Wie sehr gemessene und erlebte Distanz divergieren, wird etwa daran deutlich, dass eine äußerliche Berührung einer anderen Person keineswegs mit einer Empfindung von Nähe zu dieser Person einhergehen muss.

Die Beschränkung auf den erlebten Raum führt Minkowski zur Frage nach der Sinnesmodalität, die für den Zugang zum Raum von vorrangiger Bedeutung ist. Ist es vor allem der Sehsinn, der als Fernsinn unsere Erfahrungen von Nähe und Distanz und damit unsere räumliche Wahrnehmung strukturiert? Für den hellen Raum mag das gelten, für den dunklen aber nicht. Die schwarze Nacht haben wir nicht vor uns, sie umgibt und berührt uns vielmehr – anders als der helle Raum – auf äußerst intime Weise. Minkowski ordnet diesen dunklen, ja schwarzen Raum dem Hören zu, denn in der Nacht sind wir auf unser Ohr mehr angewiesen als auf unser Auge. Minkowskis dunkler Raum hat wie Caillois' wahrgenommener Raum, mit

gend – die Charakterisierung des Raumes als »belebt«, was im Französischen allerdings mit *animé* ausgedrückt würde.

[34] Ebd. Diese Kennzeichnung erinnert an das besondere Interesse, das in einigen psychoanalytischen Schulen dem Hier-und-Jetzt in technischer Hinsicht gewidmet wird. Vgl. Busch, Fred: »The Workable Here and Now and the Why of There and Then«, in: *The International Journal of Psycho-Analysis* 92 (2011), S. 1159–1181. In solchen Techniken könnte man, was hier nicht näher ausgeführt, aber durch die folgenden Ausführungen hoffentlich klarer wird, eine besondere Fokussierung räumlicher und insbesondere mütterlich konnotierter Aspekte sehen.

[35] Minkowski: *Le temps vécu*, S. 370.

dem das Subjekt verschmilzt, keinen Abstand zu unserem Körper. Es gibt keinen Horizont, keinen Bewegungsspielraum, der für das Leben in einer Gemeinschaft unabdingbar ist.[36] So wie Musik uns umgibt,[37] werden wir vom Raum umhüllt, ja wie ein Parfüm, gegen das wir uns nicht abschließen können, dringt der Raum in uns ein.[38] Minkowski beschreibt den Raum unter anderen Gesichtspunkten als Caillois. Generell versteht er Raum als Möglichkeit von Freiheit, und nicht so sehr als Ort einer Gefahr oder Bedrohung. Neben der Zeit wird der Raum bei Minkowski als ein weiteres, aktives Moment der Einbettung des Subjekts begriffen. Minkowskis Raum ist durch die Distanz und eine damit einhergehende Möglichkeit einer Erfahrung von Freiheit bestimmt. Anders als bei Caillois wird die Verringerung von Abständen nicht als ein bedrohliches Verschlucktwerden durch den Raum verstanden. Dort, wo es eng und dunkel wird, mutiert der Sehraum Minkowski zufolge vielmehr zu einem Hörraum.[39]

Vor dem Hintergrund von Minkowskis Raumkonzept wird etwas Spezifisches an Caillois' Überlegungen zum Raum deutlich: Sie widmen sich primär dem Dunklen, Verschlingenden, Abgründigen, Gefährlichen, Engen, ja dem Angsterregenden am Raum.[40] Freiheitsgrade, Distanzvergrößerungen, Erweiterungen des Raums sind Caillois weniger wichtig. Allerdings sollte dabei auch nicht unerwähnt bleiben, dass sich Minkowskis Betonung der Distanz als unbewusste Kehrseite der dem Raum zugeschriebenen Verschlingungstendenzen und der damit verbundenen Ängste zu lesen gibt. Welche klaustrophobischen Motive mit einer solchen, als Abwehr fungierenden, an der Distanz orien-

[36] Ebd., S. 367.
[37] Ebd., S. 372.
[38] Vgl. Baier, Franz Xaver: *Der Raum,* Köln 1996, S. 15. Baier unterscheidet einen ungelebten von einem gelebten und einem erweiterten Raum. Minkowski, so ließe sich mit Baier sagen, thematisiert am Raum jene Qualitäten, die im gelebten Raum auf den erweiterten Raum verweisen. Vgl. ebd., S. 62.
[39] Minkowski: *Le temps vécu,* S. 373.
[40] Vgl. dazu auch Vidler, Antony: »Dunkler Raum«, in: *Jungle World* 11 (6. März 2002), http://jungle-world.com/artikel/2002/10/24328.html (aufgerufen: 3.7.2023).

tierten Beschreibung verbunden sind, ist Thema eines rezenten spanischen Thrillers: Im Film La habitación de Fermat[41] muss eine Gruppe von Wissenschaftler*innen – an einem einsamen Ort und unter außerordentlichem Zeitdruck – komplexe Probleme lösen. Jedes Mal, wenn ihre Lösungsversuche fehlschlagen, rücken die Wände des Raums, in dem sie eingeschlossen sind, näher an sie heran. Der Raum schrumpft. Schließlich fällt auch die elektrische Beleuchtung diesem Prozess zum Opfer. Der dunkle Aufenthaltsort der Wissenschaftler*innen droht von den Begrenzungen des Raumes vernichtet zu werden.

Der libidinöse Raum

Psychoanalytisch sind bei der Untersuchung der Bedeutung des Raums für das Subjekt zwei Momente zu berücksichtigen: Einerseits hat das Subjekt immer schon eine Geschichte mit dem Raum, die jede spätere Raumerfahrung mitgestaltet, und andererseits sind es Erfahrungen und Phantasien über den Körper, die den Raum und dessen Wahrnehmung konstituieren.

Der Psychiater und Psychoanalytiker Paul Schilder hat 1935 – im selben Jahr, in dem auch Caillois seinen Aufsatz zur Mimese publizierte – Grundzüge einer Psychoanalyse des Raums skizziert, in der diese Erfahrungen und Phantasien eine zentrale Rolle spielen.[42] Seinen Fokus richtet er dabei wie Minkowski auf den erlebten Raum. Schilder zufolge nimmt die Entwicklung der Raumwahrnehmung des Subjekts ihren Ausgang bei den verschiedenen Körperöffnungen.[43] Der frühe primitive Raum werde nicht als Einheit erfahren, sondern erstrecke sich

[41] Es handelt sich um einen Thriller unter der Regie von Luis Piedrahita und Rogdrigo Sopeña, der 2007 in Spanien in die Kinos kam.

[42] Schilder, Paul: »Psycho-Analysis of Space«, in: *The International Journal of Psycho-Analysis* 16 (1935), S. 274–295, S. 274.

[43] Ebd.

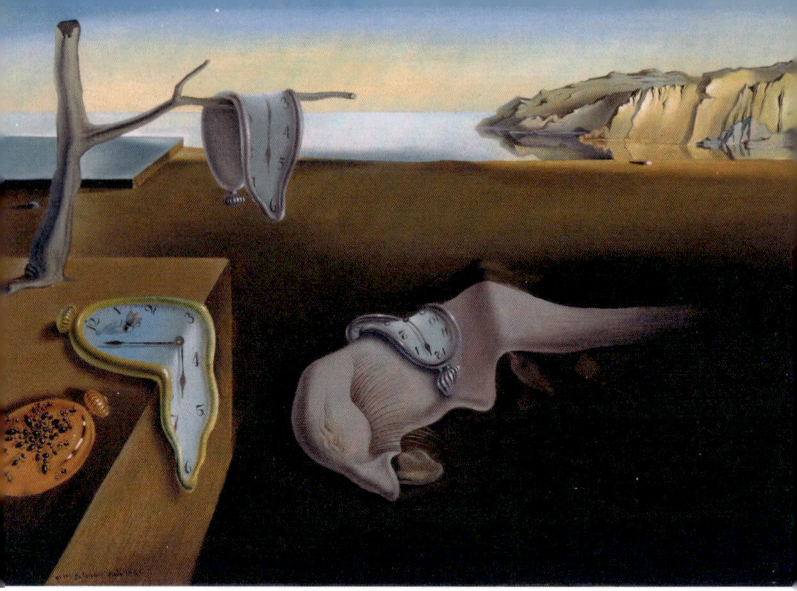

Abb. 2
Salvador Dalí: *Die Beständigkeit der Erinnerung*, Öl auf Leinwand, 24,1 x 33 cm, 1931.

um verschiedene Löcher in der Körperoberfläche, die Schilder allerdings nicht genauer benennt. Es bleibt daher offen, ob er abgesehen von den Zentren der Partialtriebe (Mund, Anus, Urethra, Auge und Ohr) noch andere Öffnungen wie den Nabel, die Vagina oder die Nasenlöcher als konstitutive Elemente in der Entwicklung der Raumwahrnehmung einschließt.

Schilder zitiert aus dem Protokoll eines Studenten, der zum Zweck des Selbstversuchs Marihuana geraucht und seine Erfahrungen unter Cannabis-Einfluss niedergeschrieben hat. Im Zentrum stehen Veränderungen des Raum- und Zeiterlebens. Der Student wandert von einem Hügel zum anderen und hat dabei den Eindruck, weder vom Fleck noch zum Ziel zu kommen, ohne dass ihm diese Tatsache unangenehm wäre.[44]

[44] Ebd., S. 276.

Raum und Zeit erweisen sich auf einprägsame Weise als miteinander verschränkt. Beide sind für den Studenten gleichzeitig verändert, ähnlich wie in Salvador Dalís bekannter Darstellung *Die Beständigkeit der Erinnerung* (1931), in der das Zerrinnen der Zeit als ein Zerfließen der räumlichen Gestalt der Uhren zu sehen ist (Abb. 2). Schilder schließt aus der protokollierten Darstellung auf einen engen Zusammenhang zwischen Raum, Zeit und Bewegung.[45] Er unterstreicht, dass sich solche Veränderungen der Distanzwahrnehmung nicht nur im Rausch, sondern auch bei schizophrenen Patienten beobachten lassen.

Entwicklungstheoretisch unterscheidet Schilder einen frühen primitiven Es-Raum, der im Rahmen der narzisstischen Entwicklung des Körperbildes weiter geformt wird, von einem erst später ausgebildeten Ich-Raum, der sich unter dem Primat der Genitalität entwickelt und die Basis bzw. den Bezugspunkt für das Ich bildet.[46] Dieser Ich-Raum steht dem von Schilder als Es-Raum bezeichneten primitiven Raum gegenüber.[47] Der Ich-Raum bestimmt die Wahrnehmung, bildet einen Boden für unsere Handlungen und Orientierungen. Nur wenn wir anderen näher kommen, in Konflikte geraten, kann es – ähnlich wie in einer schizophrenen Entwicklung – zu einer regressiven Bewegung kommen, mit der das Subjekt in seinen Es-Raum zurückfällt. Der Es-Raum ist von magischen Erfahrungen bestimmt, von vielfach wechselnden Identifizierungen und Projektionen und von einem sich dauernd ändernden emotionalen Wert des Raums selbst, da sich im Es-Raum die affektiv bestimmten Beziehungen zu anderen einnisten. Dabei verschiebt sich oftmals das Verhältnis zwischen dem Körperraum und dem Raum außerhalb des Körpers nachhaltig, was Schilder anhand von eigenen Erfahrungen mit Patienten darstellt.[48]

[45] Ebd., S. 277.
[46] Ebd., S. 295.
[47] Vgl. hier und im Folgenden ebd., S. 278.
[48] Ebd., S. 280.

Die Aufladung des Raums kann entsprechend den triebhaften Grundrichtungen eine sexuelle oder eine aggressive sein.[49] Die Sinnesmodalitäten, über die der Raum hauptsächlich wahrgenommen wird, wechseln im Rahmen solcher veränderter Zustände – etwa von einer optisch zu einer haptisch dominierten Form der Wahrnehmung.[50] Die Änderungen der Wahrnehmung können sich auch auf die Wahrnehmung der Objekte ausdehnen und diesen die dritte Dimension rauben, wie in Zuständen der Depersonalisation, in denen alle Gegenstände flach erscheinen.[51] *Last, not least* fasst Schilder den Raum als ein soziales Phänomen auf, weil sich in unserer Raumwahrnehmung unser Verhältnis zu anderen widerspiegelt.[52]

Systematisch sind Schilders Überlegungen zum Raum an der Genese des Subjekts orientiert. Er übernimmt eine Reihe von entwicklungstheoretischen Voraussetzungen, um das Verhältnis des Subjekts zum Raum zu klassifizieren. Schilders Unterscheidung eines Es- von einem Ich-Raum ermöglicht es, Caillois' Raumvorstellung weiter zu spezifizieren. Es wird erkennbar, dass sich Caillois' Bemerkungen auf einen Es-Raum beziehen, den Raum eines Subjekts, bei dem sich narzisstische und psychotische Züge besonders deutlich abzeichnen und das den Ich-Raum wenig nützen kann.

Der gehöhlte Raum

Was macht nun das Spezifische von Caillois' Raumbegriff im zitierten Text über die Mimese aus? Man könnte Caillois' Raum den Charakter eines Behälters zusprechen, von dem das Subjekt eingeschränkt zu werden droht. Raumtheoretisch ist das

49 Ebd., S. 280f.
50 Ebd., S. 282.
51 Ebd., S. 292.
52 Ebd., S. 295.

wichtig, weil sich darin eine Tendenz zeigt, die die Klassifizierung ›klassisch‹ nahelegt: Caillois vollzieht den modernen Bruch mit der substanzhaften Vorstellung des Raums[53] nicht mit.[54] Jenseits einer ideengeschichtlichen Einordnung kann der von Caillois beschriebene Raum als dreidimensionale Höhle gekennzeichnet werden. Caillois denkt das Verhältnis des Subjekts zum Raum als gebrochenes: Er hat sich von einer anthropozentrischen Perspektive auf den Raum verabschiedet, was zum einen seine Position hinsichtlich des Problems der Einverleibung durch den Raum deutlich macht, zum anderen sein geometrischer Aufriss, in dem das Subjekt buchstäblich den Boden unter den Füßen verliert. Zudem nähert sich Caillois der Frage nach dem Raum ausgehend von einer zoologischen Untersuchung, die sich seiner Voraussetzung fügt, dass Phänomene des menschlichen Unbewussten eher als Sonderfälle biologischer Gegebenheiten denn als Ausnahmen vom Bewusstsein anzusehen sind.[55]

Die Schwierigkeit, einen Ort im Raum zu finden und stabil zu besetzten, stellt Minkowski zufolge nur einen Teilaspekt der Raumproblematik dar. Die von Caillois angenommene, für das Subjekt bedrohliche Diederformation ist bei Minkowski als zweifache Möglichkeit gefasst: Der erlebte Raum führt zu anderen Koordinaten als der vorgestellte Raum im Allgemeinen und als der vorgestellte geometrische Raum im Besonderen. Eine Differenz zwischen Caillois und Schilder besteht darin, dass Caillois die Entwicklung subjektiver Raumverhält-

[53] Vgl. Günzel, Stephan: »Raum – Topologie – Topographie«, in: ders.: *Topologie*, S. 13–29, S. 15f.

[54] Freilich widersprechen manche einer solchen Klassifizierung von Caillois' Raumkonzept, weil sie mit dem Behältermodell eine Loslösung des Raums von Richtungen, punktförmigen Festlegungen und eindeutigen Verortungen verbinden (vgl. u.a. Waldenfels, Bernhard: *Ortsverschiebungen. Zeitverschiebungen. Modi leibhaftiger Erfahrung*, Frankfurt a.M. 2009, S. 16f.), was Caillois' Auffassung auf die Seite der Moderne rücken würde. Psychoanalytisch ist der Ausdruck ›Behälter‹ als Container allerdings keineswegs ›leer‹ oder ›ohne Richtung‹.

[55] Vgl. Caillois, Roger: »Die Gottesanbeterin«, in: Caillois: *Méduse & Cie*, S. 7–23, S. 20.

Abb. 3
Salvador Dalí: *Die Versuchung des Heiligen Antonius*, Öl auf Leinwand, 89,7 x 119,5 cm, 1946.

nisse nicht thematisiert. Schilders früher, primitiver Es-Raum gestattet keine sicheren Unterscheidungen. Sein Ich-Raum wiederum fokussiert den Erfahrungsraum, in dem der eigene Körper zum Nullpunkt der Wahrnehmung, Orientierung, Handlung und Reflexion wird. In Caillois' Analyse der Mimese fehlt ein solcher Nullpunkt der Erfahrung. Er schreibt von einem Raum, in dem das Subjekt keine Differenz zwischen dem Anderen und sich selbst etabliert. Caillois' Subjekt haftet nicht nur am Boden des Handlungsraums, sondern auch am Anderen. Analog dazu lässt sich bei Kindern im Behandlungszimmer beobachten, dass die Strukturierung des Raums in Bezug auf den Körper des Anderen erfolgt: Rechts und Links sind in einer frühen Entwicklungsstufe noch Richtungen im

Raum, die je nach der Position des Anderen und nicht des eigenen Körpers bestimmt werden.[56]

Dalís Darstellung der *Versuchung des Heiligen Antonius* (Abb. 3) macht die Zusammenhänge im hellen Ich-Raum, die Caillois nur kurz streift, erkennbar: Der Heilige Antonius ist, so scheint es, an der »legendären Psychasthenie« erkrankt.[57] Links unten, in demütiger und dennoch kämpferischer Pose, meint er den Versuchungen widerstehen zu können, die da in einer gestelzten Karawane auf ihn zukommen. Er, der über einen klaren Überblick im weiten Raum verfügt, möchte seine Sinne gegen eine nomadische Invasion wohlbehauster Frauenkörper verteidigen.

Angelehnt an Sami-Ali[58] lassen sich drei räumliche Formationen unterscheiden, die für das Subjekt im Zuge seiner Entwicklung wichtig sind: erstens ein dem schilderschen Es-Raum nahestehender imaginärer Raum, der von Zerstückelung, Verschlingen und Verschlungenwerden bestimmt ist; zweitens ein perzeptiver Raum, in dem das Subjekt sich in einer Weise etabliert hat, in der es seine körpereigenen Koordinaten im Raum gefunden und damit einen Wahrnehmungsraum zur Verfügung hat; und drittens ein phantasmatischer Raum, in dem sich auf Basis eines unbewussten Phantasmas ein Verhältnis zum Anderen herausgebildet hat, das es dem Subjekt ermöglicht, den Anderen in die eigene libidinöse Ökonomie einzubeziehen. Die entwicklungsgeschichtlich früh auftretende imaginäre Raumerfahrung ist wesentlich durch aggressiv getönte

[56] Sami-Ali beschreibt mit Bezug auf Maurice Merleau-Ponty und anhand seiner Beobachtung des achtjährigen Ahmed, wie letzterer, solange er dem Analytiker frontal gegenübersitzt, seine eigene rechte Hand als linke auffasst und diese Zuordnung korrigiert, sobald er parallel zur Raumposition des Analytikers mit dem Rücken zu diesem platziert ist. Vgl. Sami-Ali: *L'espace imaginaire*, Paris 1974, S. 27.

[57] Caillois: »Mimese und legendäre Psychasthenie«, in: *Méduse & Cie*, S. 36. Caillois versteht darunter eine Störung des Verhältnisses zwischen Persönlichkeit und Raum. An anderer Stelle im Text bezieht sich Caillois selbst auf Gustave Flauberts *Versuchung des Heiligen Antonius*, vgl. ebd., S. 38.

[58] Vgl. Sami-Ali: *L'espace imaginaire*, insbes. S. 67–123.

libidinöse Impulse geprägt, was sich in den Phantasien des Subjekts auch manifestiert. In diesem Sinn ist Caillois' Vorstellung eines dunklen Raums, in dem eine Verschlingung befürchtet wird, Ausdruck einer frühen Phantasie über den Raum,[59] in der der eigene Körper – noch ohne Abgrenzung vom Anderen – gleichermaßen droht, verschlungen zu werden wie selbst zu verschlingen.

Caillois beschreibt ganz offensichtlich kein ungestörtes, gleichsam erwachsenes Verhältnis zum Raum. Er richtet seinen Fokus vielmehr auf jene archaischen Momente der Raumerfahrung, die – das wäre Caillois' Ausführungen hinzuzufügen – nicht nur für Schizophrene, sondern auch für Normalneurotiker*innen bei späteren Raumerfahrungen eine Rolle spielen können. Zu denken ist hier an jene Anflüge von Angst, die für viele aufkommen, wenn sich die Tür eines Fahrstuhls schließt, wenn sie mit dem Auto in langen Straßentunnels unterwegs sind, wenn ein Schmerz im Inneren eines hohlen Zahns zu pochen beginnt oder eine allzu schwere Mahlzeit ihren Bauch als einen begrenzten Raum spürbar werden lässt. Caillois versucht im Übrigen, unterschiedliche Raumauffassungen integrativ zusammenzuführen: Er berücksichtigt einerseits das Verhältnis des Subjekts zum perzeptiven und phantasmatischen Ich-Raum und eröffnet darin andererseits einen Zugang zum imaginären Es-Raum.

Die bedrohlichen Aspekte des Raums werden von Caillois zusätzlich betont, wenn er von der »*Versuchung durch den Raum*« schreibt und diese mit einer »*Höllenfahrt*« in Verbindung bringt.[60] Die Vereinigung mit der Materie – man beachte die explizit substanzbezogene Vorstellung des Raums –, der der

[59] Der Terminus ›frühe Phantasie‹ steht hier – anders als in der objektbeziehungstheoretischen Auffassung einer frühen Phantasie (vgl. Isaacs, Susan: »The Nature and Function of Phantasy«, in: *The International Journal of Psycho-Analysis* 29 (1948), S. 73–97) – für spätere, nachträgliche Umarbeitungen von frühen Erfahrungen.
[60] Caillois: »Mimese und legendäre Psychasthenie«, in: *Méduse & Cie*, S. 35, S. 38.

Heilige Antonius im Gefolge der Verführung durch den hier wohl als dunkel gedachten Raum erliegt,[61] hat für Caillois eine höchst gefährliche Konnotation. Höllisch. Die Verführung nimmt Dimensionen einer Entführung an, weit entfernt von jenen bukolischen Sphären, in denen sie gemeinhin angesiedelt wird. Es wird nebenbei auch nicht ganz klar, *wer* hier eigentlich verführt. Der Raum erscheint wie eine – vor allem gefährliche – Gesamtheit zwischen dem »Belebten« und dem »Unbelebten«.[62]

Sowohl die fehlende Beschreibung des verführenden Agenten als auch die betonten Gefahren einer Verführung durch den Raum machen deutlich, dass Caillois den Raum des Subjekts als eine Überlagerung verschiedener früher Raumvorstellungen denkt. Frühkindliche Phantasien einer aggressiv konnotierten Zerstückelung des Subjekts und des Anderen vermischen sich mit Vorstellungen über den eigenen und den anderen Körper wie auch mit einer stärker libidinös besetzten Vorstellung einer Zusammenkunft mit dem schon als Anderem gefassten Gegenüber. Ohne dass Caillois es explizit erwähnen würde, ist dieser Andere implizit als weiblich und mütterlich bestimmt. Der Hinweis auf Dalís Text *La Femme visible*[63] lässt sich von seiner wörtlichen Bedeutung her jedenfalls als eine Allusion auf das weibliche Geschlecht des Gegenübers auffassen. Und die dem Raum zugeschriebene, alles in ihren Sog ziehende Dunkelheit ist als Attribut jener mütterlichen genitalen Räume begreifbar, aus denen das Subjekt hervorgegangen ist und wohin zurückzugeraten für das Subjekt ein schrecklicher Gedanke wäre.

[61] Vgl. ebd., S. 38.
[62] Ebd.
[63] Ebd. Vgl. Dalí, Salvador: *Die sichtbare Frau* (1930), in: ders.: *Unabhängigkeitserklärung der Phantasie und Erklärung der Rechte des Menschen auf seine Verrücktheit. Gesammelte Schriften*, hg. v. Axel Matthes u. Tilbert Diego Stegmann, übers. v. Brigitte Weidmann, München 1974, S. 128–156.

Der mütterliche Raum

Lacan hat an mehreren Stellen seines Seminars auf Caillois Bezug genommen.[64] Etwas Mütterliches oder etwas Weibliches am Raum thematisiert er in diesem Zusammenhang nicht. Für die Zwecke unserer Überlegungen sind jene Stellen in der zweiten schriftlichen Fassung zum Spiegelstadium zentral, die sich direkt auf Caillois' Mimese-Aufsatz beziehen.[65] Im betreffenden Text stellt Lacan die Frage nach der Bedeutung des Raums für das Lebewesen, im Speziellen für das menschliche Subjekt, nur passager. Während der Raum in der ersten Fassung seiner Theorie des Spiegelstadiums als eine Kategorie geführt wird, die sich in ihrer Konstitution dem Chaos der frühen Erfahrung von Zerstückelung verdankt,[66] wird die Frage nach dem Raum in der zweiten Fassung mit der Herstellung von Ähnlichkeiten verknüpft und damit ein Bezugspunkt zur Theorie der Spiegelidentifizierung hergestellt. Lacan weist jene Konzepte der Mimikry, die sich auf die Notwendigkeit einer Anpassung von Organismen an die Gegebenheiten des Raums stützen, zunächst zurück und meint dann: »Erinnern wir uns nur an die Einblicke, die uns das Denken eines Roger Caillois [...] verschaffte, als er unter dem Begriff *psychasthénie légendaire* die morphologische Mimikry einer Zwangsvorstellung vom Raum in ihrer entrealisierenden Wirkung zuordnete.«[67]

An Caillois' Text akzentuiert Lacan die Beschreibung der Mimikry als eine Zwangsidee über den Raum, die letzteren vor

[64] Vgl. etwa Lacan, Jacques: *Le Séminaire. Livre VIII: Le transfert* (1960–1961), Paris 1991, S. 254; ders.: *Le Séminaire. Livre XI: Les quatre concepts fondamentaux de la psychanalyse* (1964), Paris 1973, S. 70, S. 92f.

[65] Vgl. Lacan, Jacques: »Das Spiegelstadium als Bildner der Ichfunktion, wie sie uns in der psychoanalytischen Erfahrung erscheint« (1949), übers. v. Peter Stehlin, in: ders.: *Schriften I*, hg. v. Norbert Haas, Weinheim, Berlin 1986, S. 61–70. Bezüglich der ersten Fassung vgl. ders.: »Die Familie« (1938), übers. v. Friedrich Kittler, in: ders.: *Schriften III*, hg. v. Norbert Haas, Olten, Freiburg i.Br. 1980, S. 39–100.

[66] Vgl. Lacan: »Die Familie«, in: *Schriften III*, S. 59.

[67] Lacan: »Das Spiegelstadium«, in: *Schriften I*, S. 66.

allem seiner Realität beraube. Diese Wendung unterstreicht ein wichtiges Moment in Caillois' Text, opfert aber gleichzeitig ein anderes. Lacans Text legt nahe, dass das Subjekt frühe bedrohliche Raumvorstellungen überwinden und ein erwachsenes, realitätskonformes Verhältnis zum Raum entwickeln sollte, welches sich dem Einschnitt der Sprache verdankt. Dabei wird eine unreife, pathologische von einer reifen, gleichsam normalen Raumerfahrung erkennbar unterschieden. Die Mimikry wird zu einem Teil eines vor allem pathologischen Versuchs, die Realität des Raums nicht anzuerkennen.[68] Verloren geht der neugierige Blick auf die besondere Phänomenologie früher Raumerfahrungen, die in Caillois' Annäherung an den Raum noch enthalten ist.

Lacan tendiert dazu, jene Aspekte des subjektiven Raumverhältnisses nicht weiter zu beachten, die auf präverbale Erfahrungsmomente zurückgehen und insofern noch nicht zu Vorstellungen geronnen sind. Er nimmt etwa die Dunkelheit, die bei Caillois so zentral ist, nicht auf. Und auch vom verführerischen Sog, der Caillois' Raumbegriff kennzeichnet, ist keine Rede. Das Räumliche wird in Lacans Theorie des Spiegelstadiums als Kategorie gefasst, von der sich das Subjekt – um es pointiert zu sagen – am besten schon immer gelöst haben sollte. Diese Lesart wird jedenfalls von jenen Stellen im Text nahegelegt, die den Raum mit einer »räumlichen Befangenheit« und einer »lockenden Täuschung« assoziieren.[69]

Anstelle des Raums rückt bei Lacan eine andere Kategorie in den Vordergrund: die Zeit.[70] Im Text zum Spiegelstadium wird die Art und Weise, in der Lacan den Übergang von einer räum-

[68] Der lacanschen Lesart Caillois' folgt auch Peter Berz in seinem materialreichen Text »Die Lebewesen und ihre Medien«, in: Brandstetter, Thomas/Harrasser, Karin/Friesinger, Günther (Hg.): *Ambiente. Das Leben und seine Räume*, Wien 2010, S. 23–49.

[69] Lacan: »Das Spiegelstadium«, in: *Schriften I*, S. 66f.

[70] Vgl. Langlitz: *Die Zeit der Psychoanalyse*, S. 64. Langlitz bezieht sich hier auf Lacan, Jacques: »Die logische Zeit und die Assertion der antizipierten Gewissheit. Ein neues Sophisma«, übers. v. Hans-Joachim Metzger, in: ders.: *Schriften III*, S. 103–121.

lichen zu einer zeitlichen Strukturierung denkt, dort besonders sinnfällig, wo er auf die Doppeldeutigkeit des französischen Ausdrucks *le stade* zu sprechen kommt: *le stade* kann gleichermaßen Stadium wie Stadion bedeuten. Lacan bezieht sich dabei auf die Beschreibung räumlicher Formationen, die ihm im Zuge von Behandlungen begegnen. In Träumen von Analysant*innen trifft er auf einen Lagerplatz, der aus einem Sumpfgebiet oder Schuttplatz herausragt und wie ein Sportplatz in zwei Felder geteilt ist. Etwas entfernt von diesem Kampfplatz positionieren die Träumer*innen bisweilen ein Schloss, das Lacan, hierin ein wenig an Schilder erinnernd, als Symbol für den Raum des Es begreift.[71] Anstelle einer Phänomenologie früher Raumerfahrung entfaltet Lacan im Spiegelstadium-Text eine Topographie getrennter Orte. Weit entfernt von den Verschlingungen oder Verwechslungen, wie sie für frühe Entwicklungsstufen typisch sind, klingt mit dem Kampf bereits eine Machtthematik an. Und auch die Fähigkeit der Symbolisierung, die für das Traumbild eines Es-Schlosses nötig ist, macht deutlich, dass die Entfernung zu früh erlebten Räumen größer geworden ist. Im Fortgang des Textes rückt an die Stelle des Traum-Stadions, eines explizit körperlich gedachten Raums, nach und nach das Spiegel-Stadium, das dem Augenblick nicht nur im optischen, sondern vor allem im zeitlichen Sinn nahesteht.[72]

Auf die Bedeutung des ersten Raums, in welchem ein späteres Subjekt sich vorfindet, wurde in der ersten Fassung von Lacans Theorie des Spiegelstadiums in Zusammenhang mit dem Kastrationsphantasma mit der kryptischen Formulierung »Geheimnis der [sic] Mutterschoßes« noch angespielt.[73] In der bekannteren späteren Fassung ersetzt Lacan die Mutter durch den Spiegel, eine Hohlform durch eine Oberfläche. Der Spiegel wird zur Mut-

71 Vgl. Lacan: »Das Spiegelstadium«, in: *Schriften I*, S. 67.
72 Vgl. ebd., S. 68f.
73 Lacan: »Die Familie«, in: *Schriften III*, S. 69.

ter des Ichs.[74] Diese Substitution lässt sich mit einer Bewegung vergleichen, die sich auch in einem Bild manifestiert, das lange Zeit in Lacans Besitz war: Gustave Courbets Gemälde *L'Origine du monde*.[75] Der darauf dargestellte weibliche, genitale Torso mutiert zu einer Fläche, zu einer Landschaft. Der weibliche, eine Höhle enthaltende Unterkörper wird – wie die Mutter in Lacans Text und wie die als Dieder vorgestellten Räume des Subjekts bei Caillois – platt gedrückt und in eine Fläche verwandelt, als wäre hier eine Aggressivität, wie jene von Schilder beschriebene, am Werk.[76] Die Tragweite einer solchen metaphysischen Spekulation ist selbstverständlich begrenzt.[77] Und es wäre auch ein Missverständnis anzunehmen, dass Lacan den weiblichen Körper in seinen Seminaren außer Acht gelassen hat. Nicht erst nachdem er Melanie Kleins Arbeiten rezipiert hat, taucht der Körper der Mutter in seinen Überlegungen regelmäßig auf. Allerdings ist dieser Körper für Lacan vor allem in seiner Eigenschaft als Rezeptakel des Phallus interessant. Das ist wesentlich für Lacan: Es ist der Phallus, der nachträglich die frühen Phantasievorstellungen besetzt – mehr die Phantasievorstellungen als den mütterlichen Körper, auf den er projiziert wird.[78] So entsteht der Eindruck, als wäre es der Phallus selbst, der die Wahrnehmung dessen, worauf er projiziert wird, unmöglich macht. Solange er die phallisch organisierte Sprache im Zentrum der subjektiven Entwicklung sieht, kann Lacan den Raum in seinen vielfältigen, das heißt auch

[74] Vgl. auch für das Folgende Barzilai, Shuli: *Lacan and the Matter of Origins*, Stanford 1999, S. 88.

[75] Vgl. zu den Umständen dieses Besitzes ebd., S. 8–18.

[76] Vgl. Schilder: »Psycho-Analysis of Space«, in: *The International Journal of Psycho-Analysis*, S. 280f.

[77] Artur R. Boelderl hat auf der Tagung *Logik des Imaginären* (Linz 2012) mit Recht darauf hingewiesen, dass der von Lacans Schwager André Masson auf Lacans Wunsch hin verfertigte kleine Kasten, der das Bild vor den gierigen Blicken der Betrachter*innen verdeckt hielt, wohl dreidimensional war und nicht platt. Vgl. hierzu auch Hentschel, Linda: *Pornotopische Techniken des Betrachtens. Raumwahrnehmung und Geschlechterordnung in visuellen Apparaten der Moderne*, Marburg 2001, S. 20.

[78] Vgl. Lacan: *Le Séminaire. Livre VIII: Le transfert*, S. 255.

grauenerregenden, höllischen Facetten nicht eigens thematisieren. Der Raum muss wie eine Kluft übersprungen werden.

Als Psychoanalytiker kann Lacan auf eine Thematisierung körperlicher Innenräume und der mit ihnen verbundenen Unklarheit, Dunkelheit oder Gefahr nicht verzichten. Trotz seiner unbestreitbaren Tendenz, sich vor allem an der männlich konnotierten Struktur des Phallus abzuarbeiten, ist der mütterliche Raum als ein gefährlicher – wie die Kehrseite seiner Argumentation – in vielen Texten Lacans präsent.[79] Was hier in Verbindung mit Lacans Übernahmen Cailloisscher Konzepte durchschimmert, ist allerdings nicht mehr als eine Tendenz in Lacans Ansatz. Eine deutliche Differenz zwischen Lacans und Caillois' Raumauffassung manifestiert sich auch in ihren jeweiligen Positionen zur Kastrationsangst. Lacan unterstreicht 1964 in einer Diskussionsbemerkung gegenüber Françoise Dolto, dass die Kastrationsangst als das Zentrum der libidinösen Entwicklung aufzufassen sei.[80] Diese Position fügt sich in seine phallozentrische Zugangsweise zur Entwicklung. Einen wichtigen Bestandteil von Caillois' Ansatz lässt Lacan in einer solchen Argumentation beiseite. Denn Caillois erscheint, so hatte er 1934 geschrieben, »die Angst, von der Frau verschlungen zu werden, nicht mehr als Abwandlung der Kastrationsangst [...], sondern ganz im Gegen-

[79] In Bezug auf Lacans Artikel über die Familie macht Barzilai auf einen Matrizentrismus in Lacans frühen Überlegungen zum Über-Ich aufmerksam. Vgl. Barzilai: *Matter of Origins*, S. 41f. Als einem solchen Matrizentrismus zugehörig ist auch die Ende der fünfziger Jahre auftauchende und von Geneviève Morel aufgenommene Theorie des Gesetzes der Mutter anzusehen. Vgl. Morel, Geneviève: *La loi de la mère. Essai sur le sinthome sexuel*, Paris 2008. Aus Lacans späten Arbeiten wäre zum Matrizentrismus sein neologistischer Begriff des Ab-Sens anzuführen, welcher, zwischen Abwesenheit und fehlendem Sinn situiert, jene Aspekte zu fassen versucht, die mit dem verworfenen mütterlichen Körper verbunden sind. Vgl. Johnston, Adrian: »This Philosophy which is not one: Jean-Claude Milner, Alain Badiou, and Lacanian Antiphilosophy«, in: *Journal of the Jan van Eyck Circle for Lacanian Ideology Critique* 23 (2010), S. 137–158. Zur Frage des Umgangs mit dem Raum bei Lacan vgl. auch Kadi, Ulrike: »Psychoanalytische Körperphantasien. Zwei Lesarten von Thomas Vinterbergs Film Dear Wendy«, in: Stoller, Silvia/Unterthuner, Gerhard (Hg.): *Entgrenzungen der Phänomenologie und Hermeneutik*, Nordhausen 2012, S. 205–225.

[80] Lacan: *Le Séminaire. Livre XI: Les quatre concepts fondamentaux de la psychanalyse*, S. 62.

teil die Kastrationsangst als ein Sonderfall jener anderen Angst, die höchst wahrscheinlich das ursprünglich Gegebene ist, weil sie als Restbestand einer Verhaltensweise aufgefasst werden kann, die bei vielen anderen Lebewesen nachweisbar ist.«[81]

Lacan und Caillois unterstreichen mit ihren jeweiligen Schwerpunktsetzungen, in welcher Perspektive sie das Subjekt, seine Zustände, seine Verortungen sehen wollen: Lacans Betonung der Kastrationsangst rückt implizit den männlichen Körper in den Blick. Caillois' Rückführung der Kastrationsangst auf die Befürchtung, von einer Frau (oder deren Vagina) verschlungen zu werden, nimmt den weiblichen Körper als Ausgangspunkt. Caillois' Interesse an entwicklungsgeschichtlich frühen unstrukturierten Räumen passt zu seiner Hervorhebung der frühen Angst, während Lacan, phallozentristisch die Zeit vor dem Raum priorisierend, jenseits eines genetischen Blickwinkels die frühen mütterlichen Räume beiseitelässt.

Eine Psychoanalyse des Raumes kann auf Caillois' Beitrag nicht verzichten. Denn er führt in den kulturtheoretischen Rahmen eines frühen (psychosenahen) Erlebens, das in einem objektbeziehungstheoretischen Kontext besondere Berücksichtigung findet. Wie in einer psychoanalytischen Kur stützt sich Caillois mit seinen Überlegungen zum Raum als ängstigende Höhle einerseits auf Erfahrungen, andererseits auf Intuitionen, um diese Erfahrungen in Ordnungsstrukturen einzufügen. Sie sind Teil einer Logik des Imaginativen, die ihre Produktivität aus einer Beobachtung der Natur bezieht, sich dabei aber auch wie Schaum darstellt. Die Diskussionen zum Raum innerhalb der Psychoanalyse dauern an. Längerfristig bleibt vom Schaum nur übrig, was sich im Kontext weiterer Beobachtungen und Auseinandersetzungen bewähren, und das heißt: aus dem Schaum wieder verflüssigen kann.[82]

81 Caillois: »Die Gottesanbeterin«, in: *Méduse & Cie*, S. 20.

82 Vgl. Caillois, Roger: *Der Krake. Versuch über die Logik des Imaginativen,* übers. v. Brigitte Weidmann, München 1986, S. 139.

DAS UNIVERSUM DER SPIELE

TAUMEL UND ATLAS

Ruth Anderwald, Karoline Feyertag, Leonhard Grond

Je fixais des vertiges.[1]
Arthur Rimbaud

Der Taumel eröffnet einen Möglichkeitsraum, durchaus auch unerwünscht.[2] Denn in Momenten, in denen wir an unsere Grenzen stoßen, jene unseres Könnens und unseres Wissens, in Momenten, in denen die Welt sprichwörtlich Kopf steht, in denen wir uns mit dem Unbekannten, Fremden und Unheimlichen konfrontiert finden, taumeln wir. Diese Lage sind wir nicht imstande über lange Zeiträume hinweg auszuhalten. Als ungerichtete, unvorhersehbare Bewegung tritt der Taumel temporär, situativ und lokal auf. Denn er ist Übergangsphase, Passage, und kündigt die aktuelle Möglichkeit von Veränderung an. Dabei vermengt er heterogene Elemente, klärt auf, trübt ein, wirbelt Staub auf und schlägt Wellen. Er bringt uns aus unserer stabilen Haltung und reißt uns den Boden unter unseren Füßen weg. Hierin zeigt sich auch die Verwandtschaft des Taumels mit gewissen Spielen, die »durch eine schnelle Dreh- oder Fallbewegung einen organischen Verwirrungs- und Auf-

[1] Rimbaud, Arthur: *Délires II: Alchimie du Verbe* (1873), in: ders.: *Poésies. Une Saison en Enfer. Illuminations*, Paris 1999, S. 192.

[2] Dieser Beitrag entstand auf der Basis des von 2014 bis 2017 an der Akademie der bildenden Künste Wien durchgeführten künstlerischen Forschungsprojekts *Dizziness – A Resource* von Ruth Anderwald und Leonhard Grond (PEEK-FWF, AR-224), an dem die Philosophin Karoline Feyertag eng beteiligt war. Der Taumel ist in ihren gemeinsam verfassten künstlerischen und wissenschaftlichen Texten auch Methode: Gewohnte Rahmungen – wie etwa die Trennung disziplinärer Wertesysteme – müssen aufs Spiel gesetzt werden, um Möglichkeitsräume, Einsichten und Argumente jenseits eingefahrener diskursiver Hegemonien erschließen zu können. Nähere Informationen zum Projekt: http://www.on-dizziness.org (aufgerufen: 3.7.2023).

lösungszustand« (*ilinx*) hervorrufen können.[3] »Der physische Taumel, ein Ausnahmezustand, der das Opfer jeglicher Verteidigung beraubt«, schreibt Roger Caillois, »ist ebenso schwer zu erlangen wie gefährlich zu erleben. Deshalb muss das Streben nach einer Bewusstseinsauflösung oder einer Wahrnehmungsstörung, wenn sie sich auf den Alltag ausdehnt, ganz andere Formen annehmen, als wenn es sich mit den Rotations- und auf Schockwirkung bedachten Apparaturen zufriedengibt, die eigens dazu erfunden sind, den Rausch in der geschlossenen und geschützten Welt des Spiels hervorzurufen.«[4] Der Taumel trifft uns also auf einer körperlichen, emotionalen und geistigen Ebene. Er trifft uns als Einzelperson, aber auch in unseren Gemeinschafts- und Gesellschaftsformen. Mit dem Taumel betreten wir eine Phase der Verletzlichkeit, des Ausgesetzt-Seins und des Außer-Uns-Seins, die – je nach Kontext und individueller Erfahrung – sowohl als positiv als auch als negativ oder zwiespältig erlebt werden kann.[5] Die Grenzerfahrung des Taumels versteht Platon als seine Stärke: Weil er in uns aufwühlt, was wir für unverrückbar hielten, weil er Gewissheiten ins Wanken bringt, wird er zum Ursprung allen Philosophierens.[6]

In diesem Sinn zeigt das künstlerische Forschungsprojekt *Dizziness – A Resource*, dass der Taumel, obwohl er zumeist als destruktiv oder zumindest ambig erlebt wird, durchaus auch zur Ressource werden kann. Der Taumel als die Dynamisierung von Gewissheit, Ordnung und Tatsächlichkeit kann ein Dazwischen öffnen, welches den Blick auf neue und kreative Lösungen zulässt. Oft sind solche Entdeckungen aber eine

[3] Caillois, Roger: *Die Spiele und die Menschen. Maske und Rausch*, übers. u. m. einem Nachw. v. Peter Geble, Berlin 2017, S. 34.

[4] Ebd., S. 75.

[5] Anderwald, Ruth: »Der Taumel, eine Ressource?«, Vortrag im Rahmen der Tagung *Resonanz 20:17. Das Zukunftslabor der Jugendarbeit – jugend:spiegel:resonanz*, Meran 2017, http://www.forum20.eu/images/pdf/Anderwald_Meran2017.pdf (aufgerufen: 3.7.2023).

[6] Echterhölter, Anna/Gießmann, Sebastian/Ladewig, Rebekka/Butler, Mark: »Editorial«, in: dies. (Hg.): *ilinx – Berliner Beiträge zur Kulturwissenschaft*, Bd. 1: *Wirbel, Ströme, Turbulenzen*, Hamburg 2009, S. VII–IX.

Frage der Haltung, die es einzunehmen gilt. Somit beflügelt der Taumel auch unseren Sinn fürs Imaginäre, unseren Möglichkeitssinn.[7] Der Schriftsteller Adolf Muschg beschreibt den Möglichkeitssinn als »offen, für alles, was an der Welt sichtbar, und für fast alles, was in ihr möglich wäre; was nur in ihr, der Sichtbaren, möglich ist. Denn darin, in seinem Möglichkeitssinn, geht das schauende Auge über das bloß sehende hinaus.«[8]

Müsste nicht die Welt kopfstehen?

Der Kopf als Sitz unserer Augen bewegt sich indes auf einem Wirbel, der Atlas heißt. Als oberster Teil der Wirbelsäule trägt er die Last des Schädels. Daher stammt auch sein Name, der griechischen Mythologie entlehnt, vom Titanen Atlas, der die Last des Himmels auf seinen Schultern stemmen musste. Atlas stemmt nicht nur, er trennt und verbindet zugleich, etwa als Übergang vom Gehirn zum Rückenmark oder vom visuellen Reiz zur Bewegung des Körpers. Zwischen dem Schädel und dem zweiten Halswirbel Axis verortet, bildet er das zentrale Element der Kopfgelenke, die das Drehen, Heben und Senken des Kopfes ermöglichen, mit dem wir unseren Blickwinkel vergrößern.

Die Fotoserie *Atlanten* spielt ausgehend von der mythologischen Figur des Atlas mit diesen beiden Begriffen, dem Sehen des Vorhandenen und dem Schauen des Möglichen. Ausgangspunkt ist der mythologische Ernstfall: Die Personen, die in der Fotoserie die Figur des Atlas verkörpern, sind aufgefordert, sich in jenen griechischen Titanen hineinzuversetzen, der von Zeus

7 Der Möglichkeitssinn wurde als Pendant zum Wirklichkeitssinn erstmals von Robert Musil in seinem Roman *Der Mann ohne Eigenschaften* (Bd. 1, 1930) prominent in Szene gesetzt. Vgl. dazu Feyertag, Karoline: *Hirngespinste und andere Ungeheuerlichkeiten*, Wien 2003, S. 4–9. https://core.ac.uk/download/pdf/12236563.pdf (aufgerufen: 3.7.2023)

8 Muschg, Adolf: *Der rote Ritter. Eine Geschichte von Parzivâl*, Frankfurt a.M. 1993, S. 106.

zur Strafe für seine Illoyalität verpflichtet wurde, Himmel und Erde, Uranos und Gaia, für immer auseinander zu stemmen. Uranos, der Himmel, sollte mit Gaia, der Erde, keine Kinder mehr zeugen, denn sie war seiner überdrüssig. Es war also eine buchstäblich tragende Rolle, die jener in Ungnade gefallene Titan zu bewältigen hatte, der an den äußersten Rand der damals bekannten Welt verbannt worden war, wo das Atlasgebirge noch heute seinen Namen trägt. Von diesem westlichsten Rand der Welt wurde auch angenommen, er bilde die Achse, um die der Himmel sich dreht. Dieses Drehmoment schließt an den Taumel an, der von uns Besitz ergreift, sobald wir uns wie Atlas am Übergang zwischen der bekannten und der unbekannten Welt befinden, Teil beider, am Rand und im Zentrum zugleich. Atlas sieht und schaut das Bekannte wie das Unbekannte, seine Situation zu verkörpern, ist Einladung zum Mitspielen und Imaginieren.

In Anlehnung an Caillois' Spieltheorie kann das Verhältnis Abbildende – Abgebildete – Betrachtende durchaus als Spiel und Inszenierung vorgestellt werden. Inhalte lassen sich nicht getrennt von ihrer Darstellung denken und Sinn kann – entsprechend dem Doppelsinn des französischen *sens* (Richtung, Sinn) – nur im Handeln gebildet werden. »Dadurch gewinnt jede Handlung eine doppelte Bedeutung: Sie ist ernst gemeint und ist es zugleich auch nicht. Nur mit Hilfe der Imagination kann diese Unterscheidung getroffen und zugleich wieder außer Kraft gesetzt werden. In jedem Fall ist diese Doppeldeutigkeit für ein Spiel charakteristisch, das ohne diesen paradoxalen Charakter nicht möglich ist.«[9]

So kommt in der Fotoserie *Atlanten* zum Sehen und Schauen der Fotograf*innen das der Darsteller*innen, ihre individuelle Interpretation des mythologischen Atlas, ihr Sich-Einlassen

[9] Wulf, Christoph: *Bilder des Menschen. Imaginäre und performative Grundlagen der Kultur*, Bielefeld 2014, S. 84.

auf die Spielregeln (*ludus*) und ihre Bereitschaft, performativ Atlas zu imaginieren und verkörpern (*mimicry* und *paidia*).

Aber auch als Betrachter*in muss man das Buch nur umdrehen, um festzustellen, wie das Spiel gespielt, das Foto aufgenommen wurde. Mit all der Ernsthaftigkeit des Spiels und seiner Regeln nimmt diese Enttarnung den Bildern ihre Kraft nicht. Die gemeinsame Imagination bleibt ungebrochen erhalten, durch die Regeln des Spiels und im Möglichkeitsraum der Fotografie.

Abb. 1
Anderwald + Grond: *Atlanten (Franz)*, S/W-Fotografie, 2016.

Abb. 2
Anderwald + Grond: *Atlanten (Katherine)*, S/W-Fotografie, 2016.

Abb. 3
Anderwald + Grond: *Atlanten (César)*, S/W-Fotografie, 2016.

Abb. 4
Anderwald + Grond: *Atlanten (Oliver)*, S/W-Fotografie, 2016.

Abb. 5
Anderwald + Grond: *Atlanten (Saskia)*, S/W-Fotografie, 2016.

Abb. 6
Anderwald + Grond: *Atlanten (Monika)*, S/W-Fotografie, 2016.

TAUMEL DER TEILCHEN, SPIELE DES RAUSCHES. ÜBER EIN GEMEINSAMES MOTIV BEI GASTON BACHELARD UND ROGER CAILLOIS

Friedrich Balke

Wo ist der Dichter, der uns die Bilder
dieser neuen Sprache schenkte?[1]

Gaston Bachelard

Poetik und Epistemologie des Raums

Die Epistemologie nimmt ihren Ausgangspunkt bei einem wissenschaftshistorischen Datum, das zugleich die Erschütterung jeder Phänomenologie mit sich bringt.[2] Die mikrophysikalische Revolution hat das Denken von Raum und Zeit vollständig erneuert und uns damit jener ersten oder spontanen Erfahrung entfremdet, die den naiven Realismus unserer natürlichen Einstellung zur Welt hervorbringt. Die elementare Operation der Lokalisierung von Dingen im Raum, die sich bislang auch wissenschaftlich durch eine bestimmte Konzeption der Geometrie gerechtfertigt wusste, steht unter dem Eindruck der epistemischen Umbrüche im Kontext der modernen Mikrophysik in Frage. Im Vorwort zur *Bildung des wissenschaftlichen Geistes*

[1] Bachelard, Gaston: *Der neue wissenschaftliche Geist*, übers. v. Michael Bischoff, Frankfurt a.M. 1988, S. 78. Die Arbeit an diesem Beitrag geht auf ein Fellowship zurück, das ich im Wintersemester 2011/12 am Internationalen Kolleg für Kulturtechnikforschung und Medienphilosophie (IKKM) in Weimar wahrnehmen konnte. Den Direktoren, Lorenz Engell und Bernhard Siegert, danke ich für die Gelegenheit, erste Überlegungen zum Zusammenhang von Poetik des Raums und Epistemologie bei Bachelard zur Diskussion stellen zu können.

[2] Vgl. zur Entstehung und zum Verlauf der Epistemologie Rheinberger, Hans-Jörg: *Epistemologie zur Einführung*, Hamburg 2007.

spricht Bachelard sogar von dem »Bedürfnis, gewissermaßen unterhalb des Raumes zu arbeiten«,[3] der für unsere alltäglichen Lokalisierungsoperationen maßgeblich ist. Die Einsteinsche Relativitätstheorie deformiert die »ursprünglichen Konzepte, die man für unveränderbar gehalten hatte«, sie »zersetzt die Grundbegriffe und fügt sie neu zusammen, sie erprobt die gewagtesten Abstraktionen«,[4] die keinen Halt mehr in einer ersten Erfahrung finden. In seiner Studie *Der neue wissenschaftliche Geist* führt Bachelard vor, was es heißt, dass die neuen Forschungen im Bereich der Physik nicht bloß die physikalischen Erkenntnisse umwälzen, sondern die Grundkategorien selbst erschüttern, mit denen eine bestimmte Wissenschaftsphilosophie cartesianischen Stils bislang der klassischen Physik ihr unbezweifelbares Fundament verlieh. »Welche Verwegenheit, die Welt aus dem Ich heraus in einer Stunde neu schaffen zu wollen!«,[5] resümiert Bachelard ironisch den cartesianischen Meditationsstil, dessen Radikalität jedoch inzwischen in seiner ganzen Konventionalität sichtbar geworden ist, nachdem eine wissenschaftliche Revolution die Selbstgewissheit eines epistemischen Subjekts, von dem aus sich die Welt aufbauen ließe, dauerhaft erschüttert hat.

Für die cartesianische Umsturz- und Fundamentalreflexion ist eine Rückzugsbewegung konstitutiv, die sich mit dem Bachelard der *Poetik des Raumes* als eine temporäre ›Verwurzelung‹ des Subjekts in einem »Winkel der Welt«[6] beschreiben ließe: »So habe ich denn heute zur rechten Zeit meine Gedanken aller Sorgen entledigt, mir ungestörte Muße in einsamer Zurückgezogenheit verschafft und werde endlich ernsthaft und

[3] Bachelard, Gaston: *Die Bildung des wissenschaftlichen Geistes. Beitrag zu einer Psychoanalyse der objektiven Erkenntnis*, übers. v. Michael Bischoff, Frankfurt a.M. 1987, S. 37.

[4] Ebd., S. 39.

[5] Bachelard: *Der neue wissenschaftliche Geist*, S. 16.

[6] Bachelard, Gaston: *Poetik des Raumes*, übers. v. Kurt Leonhard, Frankfurt a.M. 1987, S. 31.

unbeschwert zu diesem allgemeinen Umsturz meiner Meinungen schreiten.«[7] Weit davon entfernt, dass der Umsturz das Subjekt, das ihn organisiert, mitreißt und in den Abgrund stürzt, zielt das Kalkül dieser philosophischen Aktion auf seine unangreifbare Selbstgewissheit. Der allgemeine Umsturz, der Vollzug des umfassenden cartesianischen Zweifelakts ist an den Intimitätswert des inneren Raums und damit an die Funktion des Hauses im Sinne Bachelards gebunden: »Im Leben des Menschen schließt das Haus Zufälligkeiten aus, es vermehrt seine Bedachtheit auf Kontinuität. Sonst wäre der Mensch ein verstreutes Wesen. [...] Es ist die erste Welt des menschlichen Seins. Bevor er ›in die Welt geworfen‹ wird, wie die eiligen Metaphysiker lehren, wird der Mensch in die Wiege des Hauses gelegt. Und immer ist das Haus in unseren Träumen eine große Wiege.«[8] Der Cartesianismus ist auch die Inszenierung der großen Rückkehr in dieses Haus, nachdem ihr Protagonist ausgedehnte Reisen, militärische Abenteuer und Pilgerfahrten absolviert hatte. Sorgenfreiheit, ungestörte Muße, einsame Zurückgezogenheit sind die Bilder einer beschützten Innerlichkeit, die jenen Rückzugsraum hervorbringen, von dem aus die Gesamtheit der Meinungen und Urteile, die in der Welt zirkulieren und die uns aus dem »Sein des Drinnen« reißen,[9] in Frage gestellt werden können. Von den cartesianischen Meditationen fällt ein Licht auf den Cartesianismus der Phänomenologie des inneren Raums, denn das Haus, wie es Bachelard denkt, ist eben jene Instanz, die das Subjekt mit einer primordialen Selbstgewissheit und Selbstvertrautheit ausstattet, die selbst durch die Listen und Machenschaften eines bösen Dämons nicht zerstört werden können. Descartes' *genius malignus* ist die mythische Projektion jener Lage, »in der

[7] Descartes, René: *Meditationen über die Grundlagen der Philosophie*, übers. v. Arthur Buchenau, Hamburg 1977, S. 31.
[8] Bachelard: *Poetik des Raumes*, S. 33.
[9] Ebd., S. 34.

sich die Feindlichkeit der Menschen und die Feindlichkeit des Weltalls zusammenballen«, eine Lage, die entsteht, wenn »das menschliche Sein nach draußen geworfen wird«.[10] Die Produktion des cartesianischen Subjekts ist an die Funktion des Hauses im Sinne Bachelards gebunden, das die entscheidende Produktionsinstanz jenes Registers ist, das Jacques Lacan mit dem Imaginären bezeichnet. Das ›Unerschütterliche‹ und ›Bleibende‹ in der Wissenschaft gründet in der Selbstgewissheit des *ego cogito*, das wiederum an einer bestimmten elementaren Technik der Lokalisierung des ›eigenen‹ Körpers hängt, wie die folgenden berühmten Sätze deutlich machen: Lässt sich auch an allem zweifeln, was mir die Sinne »mit Bezug auf zu kleine und entfernte Gegenstände« mitteilen, so lässt sich doch im Moment des Zweifelns nicht daran zweifeln, »daß ich jetzt hier bin, daß ich, mit meinem Winterrock angetan, am Kamin sitze, daß ich dieses Papier mit den Händen betaste und ähnliches; vollends daß diese Hände selbst, daß überhaupt mein ganzer Körper da ist, wie könnte man mir das abstreiten. Ich müßte mich denn mit ich weiß nicht welchen Wahnsinnigen vergleichen«.[11] Vorgänge der Depersonalisierung erweisen sich stets als Störungen einer elementaren Selbstverortung im Raum und erzeugen Zonen, in denen die von Descartes gesuchte bzw. unterstellte Selbstgewissheit sich nicht länger problemlos einstellt.

Bachelard legt seiner Poetik des Raums diese identitätskonstituierende und identitätsbewahrende Matrix unter dem Namen des Hauses zugrunde, die er in der Epistemologie systematisch destruiert. Die moderne Physik, die sich von den Festkörpern entfernt, die sich in unserer Nähe befinden und mit denen wir täglich Umgang pflegen, die sich jenen »zu kleinen und entfernten Gegenständen« zuwendet, von denen

[10] Ebd.
[11] Ebd., S. 33.

Descartes zufolge unsere Sinne und damit unsere erste Erfahrung nur unzuverlässige Daten liefern, setzt das epistemische Subjekt, dessen Grundlegung Descartes in den Meditationen betreibt, buchstäblich vor die Tür. Deshalb ist es keine beliebige Metapher, zu der Bachelard im folgenden Zitat greift, wenn er die »totale Umwälzung« der Einsteinschen Mechanik zu beschreiben versucht:

> In der Newtonschen Welt lebt es sich im übrigen wie in einer hellen, geräumigen Wohnung. Auf den ersten Blick war das Newtonsche Denken ein ausgesprochen klares Beispiel geschlossenen Denkens; verlassen konnte man es nur durch einen Ausbruch.[12]

Die Epistemologie Bachelards ist nichts anderes als der fortwährende Versuch, diesen Ausbruch philosophisch nachzustellen und ein Vokabular zu erfinden, mit dem es möglich ist, diesen Ausbruch aus der »hellen, geräumigen Wohnung« zu denken. Die erforderliche nicht-cartesianische Epistemologie bricht vor allem mit der Vorstellung einer in Ruhe befindlichen Materie, die nur durch die Zufügung von Energie in Bewegung gesetzt werden kann. Dass alle Körper entweder in Ruhe oder in Bewegung sind, dieses fundamentale Axiom der klassischen Mechanik und der primären Erfahrung mit den Dingen unseres alltäglichen Einwirkungsbereichs, gilt nicht länger und damit gilt auch jene fundamentale Dialektik des Drinnen und Draußen nicht mehr, die Bachelard seiner Poetik des Raumes zugrunde legt. So schreibt der Epistemologe: »Wir müssen dem Phänomen all seine Bezüge zurückgeben, und zuallererst müssen wir mit dem Konzept der *Ruhe* brechen. In der Mikrophysik ist es absurd, sich Materie in Ruhe vorzustellen, da sie für uns nur als Energie existiert und uns Botschaften allein in Form

[12] Bachelard: *Der neue wissenschaftliche Geist*, S. 45.

von Strahlung zukommen lässt. Was wäre das für ein *Ding*, das man nie im Zustand der Bewegungslosigkeit untersuchen könnte?«[13] Für die cartesianische Epistemologie ist die Verlangsamung der Bewegung des reflektierenden Subjekts charakteristisch. Der »allgemeine Umsturz meiner Meinungen« ist an den Rückzug des reflektierenden Subjekts aus den Beschäftigungen des Alltags (›Muße‹) sowie an eine buchstäblich sitzende Position gebunden: Das Subjekt muss hier sein und ›hier sein‹ bedeutet wesentlich anwesend sein, konkret: in einem Winterrock am Kamin sitzen. Der cartesianische Reflexionsstil befördert ein »asyntaktisches Denken«,[14] da er der Wissenschaft die Aufgabe zuweist, das Komplexe als die Zusammensetzung einfacher, nicht weiter auflösbarer Elemente zu konstruieren. Statt das Komplexe auf das Einfache zurückzuführen, fehlt der postcartesianischen Physik jedes Vertrauen in die Einfachheit der Elemente, die sie durch die Vorstellung einer fundamentalen (nicht erst abgeleiteten) Komplexität ersetzt.

Unbehaustheit des Teilchens: Die Dynamik der Ausstoßung

Das asyntaktische Denken ist dem Reflexionsstil im Register des Imaginären eigen: Das Haus ist, jedenfalls in seiner ursprünglichen phänomenologischen Erfahrung, ein nicht weiter auflösbarer, unverbundener Ort, der den »Träumer umgibt, das Haus erlaubt uns, in Frieden zu träumen«.[15] Der Emphase der »Topophilie«, die »Bilder des glücklichen Raumes«[16] sammelt und deren Untersuchungsstil man als eine Art eidetischer Reduktion der mannigfaltigen Dimensionen von Behausungen auf die Vorstellung eines umhegten Innen

[13] Ebd., S. 140.
[14] Ebd., S. 143.
[15] Bachelard: *Poetik des Raumes*, S. 33.
[16] Ebd., S. 25.

begreifen kann (Paläste fallen nicht unter die Idee des Hauses),[17] steht eine ganz anders geartete Leidenschaft des Epistemologen für die Dynamiken der Delokalisierung gegenüber, die sich ausgerechnet an den kleinen, menschlicher Wahrnehmung entzogenen Körpern der Mikrophysik vollziehen, die Bachelard in ihrem Zumutungsgehalt expliziert: Was sind das für Dinge, die sich auf der Ebene mikrophysikalischer Experimentalanordnungen aller robusten Dinghaftigkeit, die wir ihnen spontan zuzuschreiben geneigt sind, und damit auch den gewohnten Techniken der Lokalisierung entziehen? Am Beispiel der physikalischen Teilchen demonstriert Bachelard im Einzelnen, welche Konsequenzen es hat, wenn die experimentelle Forschung uns das Recht bestreitet, »dem Elektron einen bestimmten Ort zuzuweisen, solange wir kein Experiment aufzeigen können, das diesen Ort aufzufinden gestattet«.[18] Die Schwierigkeit liegt also nicht darin, ein Teilchen, das sich möglicherweise versteckt hat, an einem Ort aufzusuchen, der als grundsätzlich bekannt oder doch zugänglich angenommen wird, sondern den Ort selbst aufzufinden, der nicht länger wie ein Behälter vorzustellen ist, in dem die Dinge Platz haben. Die Teilchenphysik kann nicht auf eine Geometrie zurückgreifen, deren Gesetze sich letztlich an vorhandenen und zuhandenen Dingen orientieren: »Das elektrische Teilchen besitzt nicht die für Festkörper typische Form, denn es verformt sich in der Bewegung«,[19] deren Erfassung spezifische Mess- und Rechenoperationen verlangt. Unter diesen Bedingungen lässt sich das Problem der Struktur der Materie nicht mehr von ihrem Ver-

[17] Dieser phänomenologischen Imagination des Hauses hat die ethnologische Forschung die Konzeption von »Häusergesellschaften« (*sociétés à maisons*) gegenübergestellt, die weit über die Reproduktionsform der (Klein-)Familie hinausreicht, indem sie durch spezifische körperschaftliche Operationen (Heiraten, Schenkungen, Adoptionen, Begräbnisriten) ein weitgespanntes, zum Teil auch fiktives Filiations- und Allianznetz in die Gesellschaft hinein spannt. Vgl. dazu Lévi-Strauss, Claude: »Maison«, in: *Dictionnaire de l'ethnologie et de l'anthropologie*, Paris 2004, S. 434–436.

[18] Bachelard: *Der neue wissenschaftliche Geist*, S. 48.

[19] Ebd., S. 42.

halten in der Zeit trennen. Der Materialismus, den die moderne Physik verlangt, setzt den Bruch mit der Denkgewohnheit voraus, der zufolge die Natur eines Stoffes »in einer ruhigen, gegen die Zeit gleichgültigen Materie« wurzele.[20] Die Materie ist nicht länger ein bewegungsloser und tangibler Träger von Eigenschaften oder Akzidenzien, kein Kausalsubstrat, das »unterhalb der diversen physikalischen Transformationen« verharrt;[21] die Materie verliert ihre Kompaktheit und Substantialität, ohne deshalb doch, wie es die idealistischen Profiteure der mikrophysikalischen Revolution wollen, bloß das Korrelat von Vorstellungen und konventionellen Setzungen zu werden. So sehr Bachelard also bemüht ist, die mikrophysikalische Revolution gegen die Bilder zur Geltung zu bringen, mit denen die Wissenschaft und die Kultur bislang die physikalischen Basiskonzepte (Materie, Ding, Geschwindigkeit etc.) besetzte, so sehr sieht sich doch auch sein Denken weiterhin auf Bilder verwiesen, wenn es den epistemologischen Bruch einer wissenschaftlichen Erfindung nicht nur wissenschaftlich nachvollziehen, sondern ihn auch in seiner kulturellen Bedeutsamkeit und in seinem kognitiven Provokationsgehalt explizieren und darstellen will. Die Epistemologie Bachelards ist keine Wissenschaftstheorie, die sich mit Fragen der Rechtfertigung wissenschaftlichen Wissens befasst, sondern eine »Differentialphilosophie«, die ausgehend vom epistemologischen Detail den »polemischen Charakter« einer Entdeckung entfalten will.[22]

Die hauptsächlichen Charakteristika der Teilchen, wie sie Bachelard rekonstruiert – Substanzlosigkeit, relative Dimensionalität, Formlosigkeit, Ortlosigkeit, Identitätsverlust, Autodestruktivität –, konstituieren eine Serie negativer Zuschreibun-

20 Ebd., S. 64.

21 Ebd., S. 67.

22 Bachelard, Gaston: *Epistemologie*, Textauswahl v. Dominique Lecourt, m. einem Nachw. zur Neuausgabe v. Friedrich Balke, übers. v. Henriette Beese, Frankfurt a.M. 1993, S. 29f.

gen, die über den spezialdiskursiven Bereich der modernen Mikrophysik hinausweisen. Die Mikrophysik bestätigt, dass unter dem Gesichtspunkt der Handlungsfähigkeit oder Handlungsmacht zwischen *humans* und *non-humans* keine Diskontinuität, sondern ein Kontinuum besteht. »Handeln«, schreibt Bruno Latour, »ist definitionsgemäß nicht lokalisierbar, sondern stets verlagert, verschoben, dislokal.«[23] Das Teilchen, weit davon entfernt eine »chose« oder eine »chosette« zu sein,[24] erweist sich umso weniger als ›Ursprung einer Handlung‹, als es die ›Dynamik einer Ausstoßung‹ ist, der Bachelard mit seinen Beschreibungen eine Bühne bereitet. Bei der Korpuskel hat man es mit dem »merkwürdigen Fall« zu tun, dass sie »aus einem Raum herauskommend existiert, in dem sie vermutlich nicht existierte (qui existe à la sortie d'un espace dans lequel vraisemblablement il n'existait pas).«[25] Aus dem Raum herauskommend, an seinem Ausgang (*sortie*) oder seiner Schwelle existiert oder manifestiert sich ein Teilchen, das aber zu diesem Ausgang nicht auf die gewöhnliche Weise von Hausbewohnern gelangt, die sich zuvor im Inneren des Gebäudes aufgehalten haben, um nun den Raum zu verlassen. In gewisser Weise also existiert dieses Teilchen ›*ex nihilo*‹, seine Erscheinungsweise ist regellos und nicht als das Resultat eines selbstgewählten ›Weges‹ rekonstruierbar, den es zurückgelegt hat. Deshalb sucht Bachelard nach einer weiteren Formulierung für eine gewisse ›Unbehaustheit‹ des Teilchens, das nicht »im Kern« anzusiedeln ist: »In gewisser Weise«, schreibt er, »ist es die Dynamik der Ausstoßung (la dynamique de l'expulsion), welche hier die korpuskulare Existenz als Resultat der Ausstoßung ergibt (qui donne ici l'existence corpusculaire au résultat de

[23] Latour, Bruno: *Eine neue Soziologie für eine neue Gesellschaft. Einführung in die Akteur-Netzwerk-Theorie*, übers. v. Gustav Roßler, Frankfurt a.M. 2007, S. 82.
[24] Bachelard: *Epistemologie*, S. 67: »Der Atomismus war die Lehre von den Dingchen par excellence.« Im Orig.: Bachelard, Gaston: *Épistémologie*, Textauswahl v. Dominique Lecourt, Paris 1992, S. 56.
[25] Ebd., S. 65; frz.: S. 54.

l'expulsion). Der Dynamismus ist hier einmal mehr das erste Prinzip, das zu bedenken ist, und von ihm muß eine wesentlich dynamische Gestaltung der Mikrologie ausgehen.«[26] In der Dynamik der Ausstoßung ist das Teilchen offenbar Kräften ausgesetzt, die ihm Geschwindigkeit zuführen und ihm auf diese Weise Bahnen eröffnen, die es weit abweichen lassen von jenen Wegen, die Festkörper zurücklegen. Teilchenbeschleuniger, wie sie dann in der weiteren Geschichte der Mikrophysik entwickelt und genutzt werden, sind technische Vorrichtungen, die je nach Teilchenart (Elementarteilchen, Atomkerne, Moleküle) und Beschleunigertyp Lichtgeschwindigkeit erreichen können.

Die Teilchenphysik ist nicht nur ein beliebiger Gegenstand der Epistemologie, sie erhält vielmehr von diesem regionalen Gebiet einer modernen Wissenschaft ihre spezifische Signatur. Einem ungenannten berühmten Existentialisten, der die Bewegung »›eine Krankheit des Seins‹« nennt, erwidert Bachelard:

> Das Sein ist eine Verstopfung der Bewegung, ein Aufenthalt, eine Pause, eine Leere. Und ich sehe die Notwendigkeit einer radikalen Umkehrung der Phänomenologie des menschlichen Daseins, derart, daß das menschliche Dasein als Beförderung des Seins beschrieben wird (à décrire l'être humain comme promotion d'être), in seiner wesentlichen Spannung, indem systematisch jede Ontologie durch eine Dynamologie verdoppelt wird.[27]

Die Epistemologie versteht sich als ein Existentialismus mit umgekehrten Vorzeichen, ein »Existentialismus auf der Spitze des denkenden Seins (un existentialisme à la pointe de l'être pensant)«, der uns dem »täglichen Drama der täglichen For-

[26] Ebd.; frz.: S. 54f.
[27] Ebd., S. 23; frz.: S. 15.

schung« beiwohnen lässt.[28] Die Beschäftigung mit den Teilchen, so sehr sie auch auf die experimentelle Organisation verweist, in der sie produziert und manipuliert werden, stürzt die Anschauung »in Verwirrung«,[29] da die Anschauung der Matrix einer cartesianischen Imagination gehorcht. Vor die äußerste Herausforderung sieht sich diese Imagination gestellt, wenn sie erfährt, dass das Teilchen der Mikrophysik unter bestimmten Bedingungen nicht nur seine Identität verliert, sondern dass es sich selbst vernichten kann. Damit büßt es die »Funktion absoluter Permanenz« bzw. »radikaler Existenz« ein[30] und erschüttert nicht nur die Vorstellung einer aristotelisch geordneten Welt, in der alle Dinge ihren Ort als geometrischen Punkt und rhetorischen Topos haben; sie stellt auch die neuzeitliche Alternative zu dieser antiken Ontologie in Frage, die alles Seiende auf das Prinzip der Selbsterhaltung zurückführte.

Physik und Politik des Teilchens

Mit der Ansetzung des epistemischen Subjekts als einer Letzt- und Restgewissheitsinstanz, die durch keinen Zweifel zu erschüttern ist, expliziert Descartes gewissermaßen seinen Vorbehalt gegen die Gesamtheit von Kulturtechniken, über die Menschen verfügen, um sich zu bestimmten Gelegenheiten von der punktuellen Ontologie zu lösen. Zur »Karenz der punktuellen Ontologie«[31] auf der Ebene der Beschäftigung mit einer speziellen Sorte von Objekten gibt es ein Pendant auf der Ebene des Umgangs der Subjekte mit sich selbst. Das Subjekt, wie es Descartes ansetzt, ist das Bewusstsein eines Punktes und damit zugleich die Fähigkeit des Individuums, das »Index-

[28] Ebd., S. 24; frz.: ebd.
[29] Ebd., S. 64.
[30] Ebd., S. 66.
[31] Ebd., S. 64.

Bewußtsein«,[32] das ihm im Umgang mit stabilen Dingen geläufig ist, auf sich selbst anzuwenden: Subjekte haben mit Objekten gemeinsam, dass sie lokalisierbar und identifizierbar sind und ihnen daher dasselbe Maß an Seinsgewissheit zugesprochen werden kann, wie den Objekten unserer alltäglichen Umgebung. Individuen, denen diese Subjektivierungstechnik fremd ist oder gelegentlich abhanden kommt, sind entweder Träumer oder Verrückte. Wenn die Topophilie stets auf eine spezifische Emphase des ›In-Seins‹ verweist, wie man es an der Fundamentalontologie Heideggers[33] genauso beobachten kann wie an der Poetik Bachelards, dann läuft die von Bachelard als revolutionär bezeichnete Epistemologie der Mikrophysik darauf hinaus, einen »Raum der Äußerlichkeit« zu entwerfen,[34] der sich einer Aneignung durch das Bewusstsein eines Subjekts hartnäckig entzieht. Die cartesianische Ordnung ist zunächst eine Ordnung der Körper – und eben diese Ordnung und Verortbarkeit des Körpers im mikrophysikalischen Raum steht in der Epistemologie Bachelards zur Disposition: »Auf der gleichen Stufe paradoxer Gedanken muß auch unterstrichen werden, daß der in der gewöhnlichen Erfahrung so vertraute, so klare Ausdruck (locution) in etwas sein (être dans) allmählich ebenso wichtige Einwände hervorruft wie jene, die gegen den Ausdruck (locution) da sein (être là) erhoben wurden.«[35] Das Teilchen hat strenggenommen keinen Ort, es ist ein »Anteilloses«,[36] das sich der gewöhnlichen oder geometrischen

[32] Ebd.

[33] Heidegger, Martin: *Sein und Zeit*, Tübingen 1979, S. 54: »Das In-Sein meint so wenig ein räumliches ›Ineinander‹ Vorhandener, als ›in‹ ursprünglich gar nicht eine räumliche Beziehung der genannten Art bedeutet; ›in‹ stammt von innan-, wohnen habitare, sich aufhalten«. Das Seiende, das ich selbst je bin, ist ursprünglich ›bei‹ den Dingen, es drückt sich in ihm, wie Bachelard schreibt, »eine gewissermaßen angeborene Hingabe an die Urfunktion des Wohnens« aus. Bachelard: *Poetik des Raumes*, S. 31.

[34] Foucault, Michel: *Archäologie des Wissens*, übers. v. Ulrich Köppen, Frankfurt a.M. 1981, S. 82.

[35] Bachelard: *Epistemologie*, S. 65; frz.: S. 54.

[36] Vgl. dazu Rancière, Jacques: *Das Unvernehmen. Politik und Philosophie*, übers. v. Richard Steurer, Frankfurt a.M. 2002, S. 24.

Aufteilung des Raums entzieht. Um es sprachlich erfassen bzw. ›lokalisieren‹ zu können – das französische *locution*, das Bachelard verwendet, bezeichnet die *locutio*, die Redewendung als Teil der rhetorischen Topik –, muss man sich von der Vorstellung trennen, dass das Teilchen oder Elektron »im Kern« (*être dans*) ist.

Die moderne Physik und ein bestimmtes politisches Denken, das sich nicht länger im Horizont der Logik von Teil und Ganzem bewegt, konvergieren im Interesse an dieser Exzentrizität des ›Teilchens‹. Jacques Rancière bestimmt die Politik in Analogie zu jener »Revolution« in der Physik,[37] die es verhindert, dass einem ›Teilchen‹ ein ›sehr genauer Ort‹ zugeschrieben werden kann und es damit in den Zustand der Anteilslosigkeit versetzt. An die Stelle der »Lokalisation des Teilchens« tritt das Konzept einer »Einflußzone«: »die Korpuskel existiert nur innerhalb der Grenzen des Raums, in denen sie aktiv ist.«[38] Das Politische im Unterschied zum Polizeilichen äußert sich als eine Aufkündigung dessen, was Rancière die »Regel des Erscheinens« nennt, worunter er eine bestimmte ›polizeilich‹ garantierte »Gestaltung der Beschäftigungen und der Eigenschaften der Räume versteht, auf die diese Beschäftigungen verteilt sind«.[39] Die Unterscheidung von Existenzzone und Einflusszone eines Teilchens bei Bachelard hat ihr Pendant in der Unterscheidung zwischen zugewiesenen Orten legitimer Aktivität und den ›Weisen der Kundgebung‹, durch die die politische Tätigkeit einen Raum seiner vorgegebenen Bestimmung entzieht und neu ordnet. So wie die Körper der klassischen Physik einer bestimmten Geometrie unterworfen sind – vom mikrophysikalischen Teilchen dagegen gesagt werden muss, dass es »keine Geometrie« hat –,[40] gilt auch von der philoso-

[37] Bachelard: *Epistemologie*, S. 64.
[38] Ebd., S. 62.
[39] Rancière: *Das Unvernehmen*, S. 41.
[40] Bachelard: *Epistemologie*, S. 63.

phischen »Archi-Politik«,[41] wie sie Platon und Aristoteles entwerfen, dass sie sich in einem geometrisierten Raum entfaltet:

> Das Kernprojekt der Philosophie, so wie sie sich bei Platon zusammenfasst, ist, die arithmetische Ordnung, die Ordnung des Mehr oder Weniger, die den Tausch der verderblichen Güter und menschlichen Übel regelt, durch die göttliche Ordnung der geometrischen Proportionen zu ersetzen, die das wahre Gut regelt, das Gemeinwohl, das virtuell der Vorteil aller ist und der Nachteil von niemandem. [...] Die Philosophie will im Gemeinwesen und in der Seele, wie in der Wissenschaft von den Flächen, von den Volumen und von den Sternen die arithmetische durch die geometrische Gleichheit ersetzen.[42]

Arithmetik und Geometrie werden zu politischen Wissenschaften in dem Maße, wie sie sich gegen die »leere Freiheit der Athener« richten, die die »Wirkung einer anderen Gleichheit« ist:[43] Diese Gleichheit hebt die arithmetische auf, »ohne irgendeine geometrische zu begründen«, sie erweist sich mithin als »Gleichheit zwischen Beliebigen« und damit als die Manifestation der »reinen Kontingenz jeder sozialen Ordnung«.[44] »Unter verschiedenen Umständen«, heißt es bei Bachelard,

[41] Rancière: *Das Unvernehmen*, S. 75: »Das Prinzip der Politik der Philosophen besteht darin, das Prinzip der Politik als Tätigkeit mit der Polizei als Bestimmung der Aufteilung des Sinnlichen, die die Anteile der Einzelnen und der Teile definiert, zu identifizieren.«

[42] Ebd., S. 27f. Rancière schließt hier an die Überlegungen Jean-Pierre Vernants an, der den hierarchischen Charakter der griechischen *isotes* (Gleichheit) hervorhebt: »Die Stadt stellt ein organisiertes Ganzes dar, einen *kosmos*, dessen Harmonie davon abhängt, daß jedes seiner Elemente den ihm zukommenden Platz einnimmt und den Anteil an der Herrschaft besitzt, der ihm aufgrund seiner Stellung zukommt.« Die Gleichheit in der Politik ist untrennbar von der Wahrung der Abstände zwischen den Klassen, deren Aufteilung bei Solon nicht zufällig eine »numerische Form« erhält. Vgl. Vernant, Jean-Pierre: *Die Entstehung des griechischen Denkens*, übers. v. Edmund Jacoby, Frankfurt a.M. 1982, S. 92f.

[43] Rancière: *Das Unvernehmen*, S. 28.

[44] Ebd.

»setzt die Mikrophysik als wirkliches Prinzip den Identitätsverlust des Teilchens.«[45] Dieser Identitätsverlust manifestiert sich (unter bestimmten Bedingungen) als die Nichtanschreibbarkeit des Teilchens durch die geometrische oder arithmetische Notation: »Wenn zwei durch ihre Bahnen individualisierte Teilchen in eine so enge Region geraten, daß man sie nicht mehr unterscheiden kann, so kann man tatsächlich, wenn sie aus dieser Region herauskommen, die Numerierung [sic], nach der sie zuvor unterschieden wurden, nicht mehr aufrechterhalten.«[46]

Aussagenverstreuung und Schreibspiele

In Michel Foucaults Befragung des Diskurses und seiner Praktiken setzt sich die Skepsis Bachelards fort, man könnte von den Wörtern umstandslos auf die Dinge schließen, die sie bezeichnen. Es gibt für Foucault wie für Bachelard keine prädiskursiven Objekte, die nur darauf warten, in den Diskurs aufgenommen zu werden. Bachelard hat für diese Macht des Diskurses, die Gegenstände, von denen er spricht, allererst zu bilden, einen drastischen, aber erhellenden Vergleich gefunden, der die Vorstellung stabiler Referenzverhältnisse erschüttert. Interessanterweise führt Bachelard einen Dichter (Luc Decaunes) an, der in der »Kühnheit seiner Bilder« dieses Problem klar gesehen habe: »Erst als Christoph Columbus Amerika entdeckt hatte, hat sich die Erde, sicher, daß sie rund sei, entschlossen daran gemacht, sich zu drehen. Nun hielt die Drehung der Himmel inne, nun wurden die Fixsterne – während der vier Jahrhunderte, die Einstein erwarteten – zum Bezugspunkt eines absoluten Raumes. All das, weil ein Schiff sich in umgekehrter Richtung zum Land der Gewürze aufgemacht hatte.«[47]

[45] Bachelard: *Epistemologie*, S. 66.
[46] Ebd.
[47] Ebd., S. 34.

Dort, wo Foucault den problematischen und prekären Status der »Aussage« (*l'énoncé*) zu bestimmen versucht, also im Herzen der Archäologie des Wissens,[48] wiederholt er die Geste Bachelards, mit der dieser dem Teilchen – wie die Aussage ein scheinbar gesicherter Allerweltsbegriff – seine überkommenen absoluten Dimensionen abspricht. Die Aussage ist zwar die ›elementare Einheit des Diskurses‹, aber sie muss von den üblichen Verortungen dieser Einheit als Proposition, Satz oder Sprechakt unterschieden werden, denn diese sind allesamt längst eingeführte Kategorien, die den für Foucault entscheidenden Ereignischarakter der Aussage verfehlen. Es geht darum, die Aussage »in ihrem historischen Hereinbrechen« zu erfassen und damit jenen »Einschnitt« in den Blick zu bringen, »jenes irreduzible – und sehr oft äußerst kleine – Auftauchen«, das von den anerkannten logischen oder linguistischen Basiseinheiten ignoriert wird.[49] Der Versuch, die Funktion der Aussage zu bestimmen, trifft auf dieselben Probleme, wie die Bestimmung des Teilchens in der Physik: »Beim ersten Blick erscheint die Aussage als ein letztes, unzerlegbares Element, das in sich selbst isoliert werden kann und in ein Spiel von Beziehungen mit anderen ihm ähnlichen Elementen eintreten kann. [...] Ein Korn, das an der Oberfläche eines Gewebes auftaucht, dessen konstitutives Element es ist. Ein Atom des Diskurses.«[50] Es gilt, für die Diskursanalyse denselben »chosisme«[51] zu überwinden, den Bachelard für die Epistemo-

[48] Foucaults Verhältnis zu Bachelard reduziert sich nicht auf die Beziehung von Archäologie und Epistemologie: Im abschließenden Kapitel der *Archäologie des Wissens* steht Bachelards Unternehmen für einen wissenschafts- und rationalitätsgeschichtlichen Analysestil, der von der Frage bestimmt ist, »wie sich eine Wissenschaft gegen und über ein vorwissenschaftliches Niveau hinweg errichtet hat, das sie zugleich vorbereitete und ihr im vorhinein Widerstand leistete, wie sie die Hindernisse und Grenzen, die sich ihr noch entgegenstellten, überwinden konnte.« Foucault: *Archäologie des Wissens*, S. 270f.

[49] Ebd., S. 43f.

[50] Ebd., S. 116f.

[51] Bachelard: *Epistemologie*, S. 67; frz.: S. 56.

logie der Physik anprangert. Man kann der Aussage sowenig wie dem Teilchen eine bestimmte Form zuschreiben, eben so wenig wie ihr ein für alle Mal ein bestimmter (institutioneller) Ort zugewiesen werden kann. Die Aussage ist »keine Einheit, wie ein materieller Gegenstand es sein könnte, der seine Grenzen und seine Unabhängigkeit besitzt«,[52] sie erweist sich vielmehr als eine Funktion, die unterschiedlichste sprachliche und nicht sprachliche Performanzen durchdringt und sie »mit konkreten Inhalten in der Zeit und im Raum erscheinen läßt«.[53]

Foucault hat im Kontext seiner Theorie des Diskurses den Raum der Äußerlichkeit, in dem sich Aussageereignisse formieren, der »vereinheitlichende[n] Funktion eines Subjekts« gegenübergestellt,[54] das vielmehr in seiner »Dispersion« analysiert werden müsse.[55] Diskursanalyse ist Dispersionsanalyse. Die Diskursanalyse entfaltet für den Raum des Wissens die epistemologische Einsicht, dass das Subjekt niemals als Ursprung seines Wissens anzusetzen ist, sondern in Abhängigkeit von Statuten, Positionen und institutionellen Räumen (Laboren) das Wort ergreift, das von ihnen mit Autorität beliehen wird. Das Schreiben heute, heißt es bei Foucault an anderer Stelle, »identifiziert sich mit seiner eigenen Äußerlichkeit« – und in unmittelbarer Nachbarschaft zu dieser Feststellung findet sich dann der Begriff und die Gedankenfigur, um die es mir im Folgenden gehen wird:

> Das Schreiben entwickelt sich wie ein Spiel, das zwangsläufig seine Regeln überschreitet und so über sie hinaustritt. Im Schreiben geht es nicht um den Ausdruck oder um die Verherrlichung der Geste des Schreibens, es geht nicht darum, ein Sujet einer Sprache anzuheften; es geht um die Öffnung

[52] Ebd., S. 126.
[53] Ebd., S. 127.
[54] Ebd., S. 81.
[55] Ebd., S. 82.

> eines Raumes, in dem das schreibende Subjekt unablässig verschwindet.[56]

Dieses Verschwinden des schreibenden Subjekts hat Foucault als eine Weiterführung jener Erfahrung verstanden, die er im Umgang mit dem Diskurs der Wahnsinnigen gemacht hatte, deren Rede als kulturell nicht bewahrenswerte ausgelöscht oder marginalisiert wird. Statt das Schreiben als die Produktion eines Werks zu begreifen, das seinen Autor unsterblich macht, interessiert sich Foucault dafür, wie das Schreiben in unserer Zeit zum Medium des Verschwindens oder der Auslöschung des schreibenden Subjekts in dem, was es schreibt, wird. Dass Foucault diese Erfahrung des Schreibens dem ›Spiel‹ annähert, provoziert die Frage, in welchem Sinne hier von Spiel die Rede ist.

Rauschspiele und ihre Maschinerien

Die Hartnäckigkeit, mit der Foucault das Schreibspiel der Erfahrung eines ›Außen‹ (*dehors*) annähert, das sich jeder sinnhaften Aneignung entzieht, verweist auf die Figur der Rotation, die nach Roger Caillois im Zentrum eines der vier Grundtypen von Spielen steht, die er unterscheidet. Reflexion, Rotation: Wenn Foucault der Sprache der modernen Literatur eine »Selbstbezüglichkeit« attestiert, die sie gerade nicht »in extremer Weise nach innen« führt, sondern die sie »am weitesten von sich selbst entfernt« und das cartesianische ›Ich denke‹ nur mehr als eine »Leerstelle« erscheinen lässt,[57] wenn er, unter Hinweis auf Artaud, diese Literatur als ein »aus der geschwätzigen Innerlichkeit des Bewusstseins entlassenes Denken«

[56] Michel Foucault: »Was ist ein Autor?«, in: ders.: *Schriften zur Literatur*, übers. v. Hermann Kocyba, Frankfurt a.M. 2003, S. 234–271, S. 238f.

[57] Foucault, Michel: »Das Denken des Außen«, in: ders.: *Schriften zur Literatur*, übers. v. Michael Bischoff, Frankfurt a.M. 2003, S. 208–234, S. 209f.

beschreibt, das »zu materieller Energie wird, zur Qual des Fleisches, zur Verfolgung und zur Zerrissenheit des Subjekts«,[58] dann hat er mit dieser Charakteristik zugleich die Verwirrung aufgerufen, in die der Rausch und seine Drehspiele den Körper Caillois zufolge versetzen. Die vierte Kategorie von Spielen (*ilinx*), die Caillois unterscheidet, umfasst alle Spiele, deren Ziel die Herbeiführung von Rausch-, Verwirrungs-, Panik- und Trancezuständen ist. Anders als im Fall der agonalen Spiele, in denen die Subjekte miteinander rivalisieren und zu diesem Zweck ein Höchstmaß an Selbstbewusstsein, Stärke und Zielstrebigkeit zeigen müssen, anders als im Fall der aleatorischen Spiele, in denen man die Macht des Zufalls in ein Kalkül von Chancen und Risiken zu transformieren versucht, anders schließlich auch als im Falle der mimetischen Spiele, in denen man ein anderer nur dadurch wird, dass man den anderen spielt bzw. nachahmt, bezeichnet *ilinx* die Gesamtheit zunächst sehr basaler Körpertechniken, mit deren Hilfe sich ein Subjekt gezielt außer sich zu setzen vermag: »Jedes Kind«, schreibt Caillois, »verfügt über das Mittel, sich, indem es sich immer schneller um sich selbst dreht, in einen Zustand schwereloser Flucht und Aufhebung des Gleichgewichts zu versetzen, in dem der Körper nur mit Mühe seine Lage und die Wahrnehmung seiner Klarheit wiederfindet.«[59] Caillois spricht von »Sensationen«, die dadurch hervorgerufen werden, dass der Körper in eigentümliche Zustände versetzt wird, »Sturz oder Schweben im Raum, rapide Rotation, Gleiten, Geschwindigkeit, die Beschleunigung einer gradlinigen Bewegung oder die Kombination mit einer kreisförmigen, rufen sie hervor«.[60] Diese Zustände dementieren alle Vorstellungen davon, was die natürliche Position oder die natürliche Bewegung eines Körpers sein

[58] Ebd., S. 213.
[59] Caillois, Roger: *Die Spiele und die Menschen. Maske und Rausch*, übers. v. Sigrid von Massenbach, Frankfurt a.M., Berlin, Wien 1982, S. 33.
[60] Ebd.

könnte. Dem Körper scheint es hier eigen zu sein, sich einem ›extremen‹ Bewegungsprogramm zu unterwerfen, das ihn an die Grenzen nicht seiner Leistungsfähigkeit, sondern seiner Konstitution führt.

Obwohl Caillois die Spiele – dem Titel seines Buches entsprechend – im Bereich der menschlichen Tatsachen untersucht, öffnet er doch im Fall des Rauschs seine Untersuchung auch auf andere lebende Körper, die von diesem Spiel nicht ausgenommen sind. Der technische Ausdruck *ilinx* (›Wasserstrudel‹) verweist zudem auf das Feld elementarer physischer Erscheinungen: »Dieses Vergnügen ist kein Privileg des Menschen. Man muß hier auch die Drehkrankheit bestimmter Säugetiere, insbesondere der Schafe erwähnen.«[61] Diese pathologische Ausformung des Rauschs darf nicht darüber hinwegtäuschen, dass es zahllose Beispiele in der Tierwelt gibt, »deren spielerischer Charakter außer Frage steht. Die Hunde drehen sich, um nach ihrem Schwanz zu schnappen, so lange um sich selbst, bis sie hinfallen. Ein andermal werden sie von einem Lauffieber ergriffen, das sie im Zustand völliger Erschöpfung zurücklässt«.[62] Andere wild lebende Tiere wie Antilopen, Gazellen oder Wildpferde werden »häufig von einer Panik ergriffen, die mit keiner Gefahr, nicht einmal mit dem geringsten Anzeichen einer solchen, in Beziehung steht, die vielmehr die Wirkung einer übermächtigen Ansteckung und des unmittelbaren Wohlgefallens, ihr nachzugeben, ist.«[63] Caillois führt im Folgenden noch die Beispiele von Wasserratten, Gämsen und Gibbons an, die allesamt Amateure oder Virtuosen des Rauschspiels sind, das sie bis an die Grenze der Selbstzerstörung führt, wie die Vögel, die sich »aus großer Höhe wie ein Stein fallen [lassen] und ihre Flügel erst wenige Meter über dem Boden [öffnen], so daß sie den Eindruck erwecken, als

61 Ebd., S. 34.
62 Ebd.
63 Ebd.

wollten sie sich zu Tode stürzen«.[64] Funktionalistische Deutungen dieser Rauschspiele überzeugen hier umso weniger, als Caillois ausdrücklich auf ihren performativen Charakter abhebt: Den Rauschspielen gibt sich das Tier nicht in Momenten des Rückzugs auf sich selbst hin, es vollzieht sie vor Zeugen und im Bewusstsein des Beobachtetwerdens durch seine Artgenossen: So sausen die Gämsen schneebesetzte Steilhänge hinunter, »während die anderen zuschauen«.[65]

Die Rauschspiele – bereits auf dieser elementaren Ebene – entziehen sich der Alternative von Traum und Wahnsinn, mit der Descartes die Zustände der Depersonalisierung des Subjekts zu erfassen, also zu exkludieren oder zu verharmlosen sucht. Sie sind Körpertechniken im Sinne Marcel Mauss', insofern die Rauschspiele in ihrer elementaren Form auf den Körper des Lebewesens einwirken, ohne dass es zu diesem Zweck über ein Instrument oder über spezielle Apparate verfügen muss. Mauss bezieht sich nicht zufällig auf menschliche Gangarten und andere Bewegungsspiele wie den Tanz, um an die seit der Antike geläufige Konzeption einer *techné* anzuknüpfen, deren Wirksamkeit darauf beruht, dass sie den Körper als primäres Objekt und primäres Mittel der technischen Verrichtung einsetzt.[66] Allerdings berücksichtigt Mauss in seinem Artikel von 1934 ebenfalls die körperformierende und habitualisierende Rolle von Medien, wenn er das Kino für die Verbreitung einer »amerikanischen Gangart« in Europa verantwortlich macht.[67] Körpertechniken sind nicht auf die Existenz und Wirksamkeit von Instrumenten und Apparaten angewiesen, das Kreiselspiel etwa lässt sich ohne sie praktizieren; aber schon die Rolle von Schaukeln und schließlich die Erfindung von »gewaltigen Maschinerien«,[68] wie sie auf

[64] Ebd., S. 34f.

[65] Ebd., S. 34.

[66] Mauss, Marcel: »Die Techniken des Körpers«, in: ders.: *Soziologie und Anthropologie* 2, übers. v. Axel Schmalfuß, Frankfurt a.M. 1989, S. 199–220, S. 205f.

[67] Ebd., S. 202.

[68] Caillois: *Die Spiele und die Menschen*, S. 35.

Jahrmärkten eingesetzt werden, um den Rausch mit größerem Nachdruck zu erzeugen, belegen, dass es zwischen apparatefreien und apparativ hoch aufgerüsteten Körpertechniken einen gleitenden Übergang gibt. Caillois schließt daraus sogar, dass man »eigentlich erst das Industriezeitalter abwarten mußte, um den Rausch wirklich zu einer Kategorie des Spiels werden zu sehen. Durch tausend unbarmherzige, auf den Jahrmärkten und in den Vergnügungsparks aufgestellte Apparate wird er seither einer gierigen Menge dargeboten.«[69]

Diese Einrichtungen zur nachdrücklicheren Rauscherzeugung entsprechen in ihrer apparativen Zurüstung jenen hochkomplexen Vorrichtungen, mit denen in der experimentellen Physik die Praxis der Teilchenbeschleunigung organisiert wird. Die Physik, obwohl sie doch eine Naturwissenschaft sein will, ist überhaupt nicht an der ›natürlichen‹ Bewegung mikrophysikalischer Objekte interessiert, sondern daran, sie durch extrem aufwändige maschinelle Experimentalanordnungen in den Zustand einer »äußersten Geschwindigkeit« zu versetzen.[70] Wenn also auch die Funktion einer situierten Existenz für diese Entitäten keinen absoluten Wert mehr hat, sind es doch sehr spezielle ›Häuser‹ oder Kammern, die von den Physikern erfunden werden müssen, um diese ›seltsamen Teilchen‹ (*strange particles*) zu zwingen, sich zu zeigen. Nebel- und Blasenkammern sind komplexe mit Detektoren ausgerüstete Vorrichtungen, in denen Partikel mit einem bestimmten Material interagieren, das ihre Bahnen sichtbar und dokumentierbar macht. Andrew Pickering hat die Blasenkammern als »Fallen« beschrieben, »um das Agieren (*agency*) von Elementarteilchen einzufangen (anzulocken, zu mobilisieren)«.[71]

[69] Ebd.

[70] Ebd.

[71] Pickering, Andrew: *Kybernetik und Neue Ontologien*, übers. v. Gustav Roßler, Berlin 2007, S. 46.

Auf der Ebene menschlicher Spiele erwähnt Caillois als Beispiele für den »Rausch einer äußersten Geschwindigkeit« die Praktiken des Skilaufens, Motorradfahrens sowie des Fahrens in einem »offenen Wagen« und fügt hinzu: »Um derartigen Sensationen die Intensität und Brutalität zu verleihen, die nötig ist, den Organismus der Erwachsenen zu betäuben, mußte man gewaltige Maschinerien erfinden.«[72] Diese »gewaltigen Maschinerien« und das in sie investierte Kapital stehen in einem bezeichnenden Missverhältnis zu ihrem ›sozialen Zweck‹, der in der Produktion von bestimmten ›Effekten‹ (Intensitäten, Sensationen) am Körper der ihnen ausgesetzten Subjekte besteht. Die Maschinerien zerstören die Illusion einer wesentlichen Ruhe des Körpers und der Selbstgewissheit des in ihm situierten Subjekts. Die Geschwindigkeiten, die sie dem Körper zuführen, sind nicht länger aus den natürlichen Bewegungen abgeleitet, zu denen ein Körper in der Lage ist, wobei bereits diese Vorstellung von ›natürlichen‹ Bewegungen körpertechnisch nicht haltbar ist. Es sind zudem Geschwindigkeiten, die mit dem Selbsterhaltungsimperativ bzw. der wesentlichen Inertie des menschlichen Körpers kollidieren, zwar nicht in der Weise, dass sie die Subjekte effektiv dem Risiko des Todes aussetzen, aber doch so, dass sie ihm eine körperliche »Sensation«[73] dieses äußersten Risikos verschaffen:

> Wenn es nur darum ginge, das Innere, das Gehör und den von ihm abhängigen Gleichgewichtssinn zu betäuben, dann würden diese Maschinen zweifellos zuviel bewirken. Aber hier wird der ganze Körper Behandlungen ausgesetzt, die jeden erschrecken würden, wenn er nicht sähe, wie die andern sich zu dieser Prozedur drängen. Es lohnt sich tatsächlich, die Menschen zu beobachten, wenn sie diese schwindelerregen-

[72] Caillois: *Die Spiele und die Menschen*, S. 35.

[73] Zum Begriff der »Sensation« vgl. Deleuze, Gilles: *Francis Bacon – Logik der Sensation*, übers. v. Joseph Vogl, München 1995.

> den Apparate verlassen, bleiche, schwankende Wesen am Rande der Übelkeit. Eben noch stießen sie Schreckensschreie aus, der Atem ging ihnen aus, sie waren bis ins Innerste erschrocken, hatten Angst, krümmten sich zusammen, als wollten sie dem gräßlichsten Ansturm entgehen.[74]

Epistemologie und die Erfahrung des Nicht-Lebbaren

Die Epistemologie hat mit den Rauschspielen gemeinsam, dass sie das Wissen ausgerechnet unter den modernen Bedingungen einer umfassenden Nutzbarmachung der Erkenntnisse in einen Bereich treibt, wo es weder von der Seite der Objekte noch von der des erkennenden Subjekts einen Haltepunkt gibt, an dem der »aktive Empirismus« der Wissenschaft zur Ruhe kommen könnte.[75] Dass dieser Dynamismus über alle Identitätssicherungen hinausgeht, expliziert Bachelard, wie wir gesehen haben, ausgerechnet an jenem Inbegriff aller Objekte, dem Teilchen, das gemeinhin als so etwas wie ein Grundbaustein alles Seienden vorgestellt wird. Der rasende Dynamismus dieser kleinsten Objekte hat sein Gegenstück in dem, was Bachelard eine »Wissenschaft der ›Effekte‹« nennt,[76] die sich an die Stelle des vormaligen Kults der Fakten setzt. Methodisch entspricht dieser Wissenschaft ein Erkenntnisstil, der die »Höflichkeit des wissenschaftlichen Geistes« nicht länger respektiert. Die moderne Wissenschaft ist ausgesprochen unhöflich – und das nicht nur im Hinblick auf die institutionalisierte *curiositas*, die sie ist, sondern vor allem in der Bereitschaft, mit der sie sich selbst laufend den Boden unter den eigenen Füßen wegzieht. Die wissenschaftliche Methode ist ein »Strategem an der Grenze des Wissens«,[77]

[74] Caillois: *Die Spiele und die Menschen*, S. 35.
[75] Bachelard: *Epistemologie*, S. 78.
[76] Ebd., S. 77.
[77] Ebd., S. 146.

sie sucht das Risiko und nicht die Gewissheit. Das wissenschaftliche Denken ist ein »engagiertes Denken« insofern, als es »unaufhörlich seine eigene Konstitution aufs Spiel setzt«, ja »mehr noch«: »Es scheint, daß der wissenschaftliche Geist, durch ein bedeutendes Paradox, in der seltsamen Hoffnung lebt, daß die Methode selbst ein totales Scheitern erfahren wird. Denn ein Scheitern, das bedeutet ein neues Faktum, eine neue Idee.«[78]

Man akzeptiert ohne Weiteres, dass die kleinen und kleinsten Objekte durch die moderne Physik einen neuen ontologischen Status zugewiesen bekommen, der sie der Substanzmetaphysik entzieht. Dass diese Dinge ihre Festigkeit einbüßen und gewissermaßen ›außer sich existieren‹: Dieser wissenschaftliche ›Erkenntnisfortschritt‹ ist das Ergebnis systematischer und apparativ gestützter Zurichtungen des Seienden, die ihr Pendant in den spielerischen Prüfungen haben, denen sich das Subjekt unterzieht, nicht um bestimmte Kompetenzen zu erwerben und einen kontinuierlichen Lernfortschritt zu gewährleisten, sondern um sich im Gegenteil der Erfahrung des Paradoxen oder ›Unmöglichen‹ auszusetzen. In einer Rede wendet sich Bachelard mit folgenden Worten an die Teilnehmer*innen eines wissenschaftsphilosophischen Kongresses: »Ich weiß nicht mehr den Namen des Forschers – er ist vielleicht unter Ihnen –, der gesagt hat, er wende sich freiwillig von einer Methode ab, die sich mit zu großer Regelmäßigkeit als fruchtbar erweist. [...] Die Klarheit ist mitunter eine Verführung, die ihre Opfer im Rang von Professoren hat.«[79] Foucault hat die Gegenüberstellung von Phänomenologie und Epistemologie, wie sie für Bachelard charakteristisch ist, an einer Stelle wiederholt, wo er für sein Denken einen Begriff der Erfahrung reklamiert, der in dem Versuch besteht, »an einen bestimmten Punkt des Lebens zu gelangen, der dem Nicht-Lebbaren so nahe wie mög-

[78] Ebd., S. 146f.
[79] Ebd., S. 147.

lich kommt. Gefordert wird das Äußerste an Intensität und zugleich an Unmöglichkeit«[80] – eine Erfahrung, die der Phänomenologie und den Humanwissenschaften diametral entgegenläuft, da diese die Erfahrung auf Gegebenheiten beschränkt, die in der berühmten ›natürlichen Einstellung‹ zugänglich werden und deren Funktion es ist, das Subjekt der Wahrnehmung in sich zu befestigen. »Überall dieses Phänomen, daß der Mensch ins Innere seines eigenen Wissens eingeht«, um sich gleichzeitig als Subjekt »mit einem festen und determinierten Status zu konstituieren« und zwar auch dann, wenn dieses Wissen, wie es sich in den Humanwissenschaften organisiert, die Gesamtheit von »Grenzerfahrungen« zu seinem Gegenstand hat.[81] Foucault widmet sich den Humanwissenschaften deshalb so hartnäckig, weil ihre Besonderheit darin besteht, dass sie das Subjekt einerseits vor diesen Grenzerfahrungen bewahren wollen, indem sie letztere in den Raum der Anormalität verschieben, obwohl sie das Subjekt – in ihren experimentellen Anordnungen und Testverfahren – andererseits systematisch der Dynamik von Selbststeigerungen und Selbstüberschreitungen aussetzen. »Ich habe mich vor allem bemüht zu verstehen, wie der Mensch bestimmte Grenzerfahrungen in Erkenntnisobjekte verwandelt hat [um sie so gleichzeitig zu entschärfen]: den Wahnsinn, den Tod, das Verbrechen.«[82] Die Krankheit und die Sexualität wären noch hinzuzufügen.

Spiel ohne Grenzen: Korruption

Neben den diskursiven Operationen widmet sich Foucault vor allem den Praktiken der Einschließung und Zwangsterritoria-

[80] Foucault, Michel: *Der Mensch ist ein Erfahrungstier. Gespräch mit Ducio Trombadori (1980)*, übers. v. Horst Brühmann, Frankfurt a.M. 1996, S. 26f.
[81] Ebd., S. 52f.
[82] Ebd., S. 53.

lisierung der Individuen, wie sie für die modernen Disziplinen charakteristisch sind. Foucault hat sein Interesse an Räumen stets damit begründet, dass sie die Schnittstelle zwischen Wissen und Macht sind, dass sich an ihrer Gestaltung der Übergang des Wissens in eine Machttechnik besonders gut beobachten lässt. Während es im aktiven Empirismus, den Bachelard zum Gegenstand seiner Epistemologie macht, darum geht, einen neuen Materialismus zu erfinden, der die Materie ihrer geometrischen Eigenschaften beraubt und sie ›elektrisch‹ werden lässt, steht im Mittelpunkt der Wissensgeschichte Foucaults der umgekehrte Vorgang, nämlich der groß angelegte Versuch der modernen, ›zellenförmig‹ operierenden Macht, den Subjekten die Bewegung nur in dem Maße zu gestatten, dass sie jederzeit wieder aufgefunden werden können bzw. an den ihnen zugewiesenen ›Platz‹ zurückkehren: »Jedem Individuum seinen Platz und auf jeden Platz ein Individuum. Gruppenverteilungen sollen vermieden, kollektive Einnistungen sollen zerstreut, massive und unübersichtliche Vielheiten sollen zersetzt werden.«[83] Die Zellenförmigkeit und die damit einhergehende ›Serialität‹ des modernen Disziplinarraums gilt, das sei nur am Rande angemerkt, unverändert auch im Zeitalter der informatorisch gestützten Kontrollgesellschaft, wie es sich etwa an der Erstellung von Bewegungsprofilen ablesen lässt, die die zeitgenössische Mobilfunktechnik ermöglicht. Aus der Sicht der analytischen Disziplinarmacht und ihrer parzellierenden und dressierenden Subjektivierungstechnik erweisen sich alle sozialen Verbindungen, die nicht der »Schaffung eines nutzbaren Raumes« dienen,[84] als ›gefährlich‹, wobei der disziplinäre Gefahrensinn genau von jenen beiden Spielformen angezogen wird, die Caillois der ›ungeregelten Welt‹ von Täuschung und Rausch zuweist. *Agôn* und *alea*, der geregelte

[83] Foucault, Michel: *Überwachen und Strafen. Die Geburt des Gefängnisses*, Frankfurt a.M. 1981, übers. v. Walter Seitter, S. 183.
[84] Ebd., S. 184.

Wettkampf und die Hingabe an die (berechen- und manipulierbare) Chance, konstituieren die zivilisatorische und hegende Seite des Spiels; in der Verstellung und im Rausch, *mimicry* und *ilinx*, entstehen nun aber genau jene Phänomene, deren Unterbindung die grundlegenden Techniken der Disziplinarmacht anstreben, da sie die jederzeitige Identifizierbarkeit des Subjekts und die Zurechenbarkeit seiner Handlungen gefährden: Bewusstseinsverdopplung auf Seiten dessen, der sich verstellt, Verwirrung und Panik bzw. Bewusstseinsverdunklung auf Seiten dessen, der vom Rausch ergriffen wird. Die Verbindung von Maske und Rausch »ruft derartige Exzesse hervor, führt zu solchen Paroxysmen, daß die reale Welt vorübergehend in dem halluzinierten Bewußtsein des Besessenen vollkommen ausgelöscht ist«.[85] Die gefährlichen Spiele – Rausch und Verstellung – sind daher kulturell nur unter der Bedingung zulässig, dass sie einem abgegrenzten Raum zugewiesen werden (Jahrmärkte, Theaterbühnen, Kinosäle), weil sie andernfalls die gesellschaftliche Ordnung insgesamt in Mitleidenschaft ziehen. *Alea* und *agôn* dagegen sind durchaus alltagstauglich und von segensreicher Wirkung auf die Entwicklung einer Zivilisation. Dem Wettbewerb und der Verfolgung von Chancen müssen wir uns täglich stellen – nicht nur im Spiel. Der von Caillois so genannte ›Trieb‹, ein anderer zu sein als man ist oder gänzlich in den Zustand einer ekstatischen Bewusstlosigkeit überzutreten, ist mit den Funktionserfordernissen sozialen Lebens nicht vereinbar und verlangt eben deshalb nach Techniken der zeitlichen wie räumlichen Ausgliederung.

Schaut man auf die Tabelle II, in der Caillois die vier Spieltypen danach unterscheidet, welche randständigen Formen, welche institutionellen Formen und welche »Korruptionen« sie ausbilden,[86] fällt allerdings auf, dass die größten Gefahren

[85] Caillois: *Die Spiele und die Menschen*, S. 85.
[86] Ebd., S. 65.

Tabelle II

	Kulturelle Formen am Rande des sozialen Mechanismus	Institutionelle Formen, die dem sozialen Leben integriert sind	Korruptionen
agôn (Wettkampf)	Sportarten	Wirtschaftliche Konkurrenz Examina Wettbewerbe	Gewalttätigkeit Machtwille List
alea (Chance)	Lotterien Kasinos Pferderennen Wetten	Börsen- spekulation	Aberglaube Astrologie usw.
mimicry (Verkleidung, Verstellung)	Karneval Theater Kino Starkult	Uniform Etikette Zeremonie Repräsentations- berufe	Entfremdung Verdopplung der Persönlichkeit
ilinx (Rausch)	Alpinismus Skisprung Trapezkunst Rekordrausch	Berufe, deren Ausübung die Beherrschung des Rausches voraus- setzt	Alkoholismus Drogen

Abb. 1
Abbildung aus Roger Caillois' *Die Spiele und die Menschen* (1958).

für die heutigen Gesellschaften nicht von den eingehegten Verstellungs- und Rauschspielen ausgehen, sondern interessanterweise von jenen Spielen, deren Prinzipien sich zugleich als soziale Organisationsformen durchsetzen und nicht erst heute ein spezifisch anomisches Potential entfalten: die von Caillois sogenannte »wirtschaftliche Konkurrenz« sowie die Auswirkungen des Konkurrenzdispositivs auf die gesamte kulturelle Reproduktionssphäre (*agôn*) und die »Börsenspekulation« (*alea*) als Implementierung des Risikodispositivs im Kontext der

Finanzwirtschaft.[87] Halten wir fest: Aus der Sicht des Theoretikers ist das Spiel grundsätzlich dazu angehalten, sich als eine »abgetrennte Betätigung« neben den institutionellen Formen zu etablieren und seinen Status als »fiktive« Realität sorgfältig zu wahren;[88] integrieren darf es sich in das soziale Leben nur, wenn es mit dessen Reproduktionserfordernissen vereinbar ist – und zwar entweder dadurch, dass es sich direkt in die Institutionen einbringt und deren Wirksamkeit verstärkt oder dass es seinerseits vom sozialen Mechanismus ergriffen wird, der die Spiele in ökonomisch profitable Geschäftsbereiche verwandelt.

Alle Formen, in denen sich das Spiel nicht damit bescheidet, ›bei sich selbst‹ zu bleiben oder eine soziale Nützlichkeit zu entfalten, alle Formen, in denen es vielmehr die soziale Ordnung ebenso wie die Subjekte in Mitleidenschaft zieht (Gewalt, Aberglaube, Entfremdung, Drogen), werden als ›Korruptionen‹ exkludiert. Caillois' Spieltheorie beruht mit anderen Worten auf dem Versuch einer umfassenden Klassifizierung und Topologisierung der Spiele, die zugleich eine implizite Hierarchisierung aufweist. Die Korruptionen des Spiels lassen sich vor diesem Hintergrund als ihre »von jeder Abgrenzung und Konvention befreite Ausweitung« definieren,[89] die im Falle der Rauschspiele die drastischsten Formen annehmen kann, nämlich die einer »freiwillige[n] Selbstvergiftung«.[90] Eine tiefe Asymmetrie ist der Ordnung der Spielformen bei Caillois eingeschrieben, eine Asymmetrie, die eben mit der Besonderheit zusammenhängt, dass gewisse Spiele die Grundregel der Spieltheorie verletzen, die dem Spiel eine bestimmte »Domäne« zuweist, »eine reservierte, geschlossene oder geschützte Welt: ein[en] reine[n] Raum«.[91] »Die Verbindung von *mimicry* und

[87] Ebd.
[88] Ebd., S. 16.
[89] Ebd., S. 63.
[90] Ebd., S. 62.
[91] Ebd., S. 13.

ilinx öffnet einer nicht wieder gutzumachenden totalen Entfesselung Tür und Tor, die in ihren reinsten Formen als das Gegenteil des Spiels erscheint, als eine unaussprechliche Metamorphose der Lebensbedingungen«, die sich über seine »formalen und juridischen Bedingungen« souverän hinwegsetzt.[92] Was Bachelard von der Tendenz des Teilchens zur Selbstvernichtung bemerkt, entspricht auf der psychischen und sozialen Ebene der Wirkung jener Spiele (Glücksspiel, Rausch), die die Selbstkontinuierung suspendieren: »Die Sucht nach der Trance und der innersten Panik löscht im Menschen das Unterscheidungsvermögen und den Willen aus. Sie macht ihn zum Gefangenen zweideutiger und exaltierter Ekstasen, in denen er sich für einen Gott hält, die ihn entbinden, menschlich zu sein, und die ihn vernichten.«[93]

Lautréamont, die Phänomenologie der Aggression und das energetische *cogito*

Das Teilchen der Mikrophysik ist unter diesem Gesichtspunkt zugleich das zentrale Emblem einer Epistemologie, die sich als eine »Dialektik von epistemologischen Hindernissen und epistemologischen Akten« begreift.[94] Die totale Erschütterung der realistischen Prinzipien hat nicht nur eine topologische, sondern auch eine temporale Konsequenz, die die Zeitlichkeit betrifft, in der die Geschichte der Wissenschaften zu erzählen ist. Diese Geschichte ist nicht in Form eines kontinuierlichen Berichts über die Kette fortschreitender wissenschaftlicher Entdeckungen zu schreiben, sondern verlangt eine Darstellung, die zu den »Zonen der wirksamen Diskontinuität« vor-

[92] Ebd., S. 85f.
[93] Ebd., S. 88.
[94] Bachelard: *Epistemologie*, S. 220.

dringt.[95] Die Epistemologie interessiert sich vor diesem Hintergrund für das, was ich die Aggressivität des wissenschaftlichen Entdeckungsprozesses nennen würde, der die Verwurzelung des Denkens im Sein erschüttert. Was Bachelard am modernen wissenschaftlichen Denken fasziniert und wofür seine Epistemologie nach Ausdrucksformen sucht, findet seinen unübertroffenen literarischen Ausdruck im Werk Lautréamonts, dem er 1939 eine Studie widmet, die die infamen Gesänge des Maldoror als eine »véritable phénoménologie de l'aggression« definieren.[96] Die »wesentliche Spannung«,[97] die den epistemologischen Akt kennzeichnet – die Freilegung jener Zone im wissenschaftlichen Wissen, in der ein Gedanke einen anderen überwältigt, unterjocht oder ausschaltet –, hat ihr Pendant in der »geistigen Spannung«,[98] zu der Lautréamont im ersten Satz der *Chants de Maldoror* die wenigen Leser, die sich dazu in der Lage fühlen, auffordert, die radikale Umkehrung der moralischen Perspektiven nachzuvollziehen, die die Gesänge vornehmen. Die zentralen Konzepte der Epistemologie, die auf eine »neue Ästhetik szientifischer Gedanken«[99] abzielen, reproduzieren die poetischen Gesten, die den Erfolg einer Handlung an ihre Geschwindigkeit und ihr Überraschungsmoment knüpfen. Bachelard, der die Epistemologie auf einen »energetischen Materialismus« gründet, den er auch einen »Existentialismus der Energie« nennt,[100] bezeichnet Lautréamont als »einen der größten Verzehrer der Zeit (un des plus grands mangeurs de temps)«.[101] Die Epistemologie teilt diesen Angriff auf die Zeit einer Wissenschaftsgeschichte, die ihren Gegentand in ein

[95] Ebd., S. 209.
[96] Bachelard, Gaston: *Lautréamont. Nouvelle édition augmenté*, Paris 1995, S. 9.
[97] Bachelard: *Epistemologie*, S. 23.
[98] Lautréamont: *Die Gesänge des Maldoror*, übers. v. Ré Soupault, Reinbek 2010, S. 9.
[99] Bachelard: *Epistemologie*, S. 219.
[100] Ebd., S. 114: »Die Energie ist der Träger von allem; es gibt nichts mehr *hinter* der Energie. Einst sagte man: Die Materie *hat* Energie; man heftete Energie an die Materie, wie man ein Pferd vor einen Wagen spannt.«
[101] Bachelard: *Lautréamont*, S. 8.

»Museum der untätig gewordenen Gedanken« verwandelt.[102] Sie ordnet das wissenschaftliche Denken einer »temps de l'aggression« zu, die eine »temps très special« ist:

> Sie ist immer gradlinig, immer gelenkt; keine Welle krümmt sie, kein Hindernis (obstacle) lässt sie zögern. [...] Das aggressive Sein wartet nicht, dass man ihm Zeit einräumt; es nimmt sie sich, es schafft sie. In den Gesängen des Maldoror ist nichts passiv, nichts wird empfangen, auf nichts wird gewartet, nichts wird nachvollzogen.[103]

»Avec Lautréamont on est dans le discontinu des actes, dans la joie explosive des instants de décision«,[104] mit dieser Formel hat Bachelard zugleich die Erkenntnisakte der Wissenschaften charakterisiert, die »explodieren« und die »notwendigerweise die traditionelle Epistemologie zum ›Explodieren‹ bringen«.[105] Dem Angriff auf die ›geruhsame‹ Zeit der allmählichen Entwicklungen stellt Bachelard einen spezifisch energetischen Komplex zur Seite, der der Literatur Lautréamonts, im Ganzen wie im Detail, ihre »Geschwindigkeit« (*rapidité*) und ihren »Taumel« (*vertige*) verleihe. Geschwindigkeit, Beschleunigung, abrupte Abstürze, frenetische Rotationen sind die Bewegungsformen, die Caillois den Rauschspielen zuweist. Die äußersten Geschwindigkeiten, die die Rauschspiele vermitteln, haben bei Lautréamont ihr Pendant in einer »poésie de l'excitation, de l'impulsion musculaire«, die nichts mit einer »poésie visuelle des formes et des couleurs« zu tun hat.[106] Die Poesie Lautréamonts nennt Bachelard daher auch eine »poésie acitve«,[107] eine aktivierende oder anreizende Poesie, die sich nicht im Modus

[102] Bachelard: *Epistemologie*, S. 218.
[103] Bachelard: *Lautréamont*, S. 23 (Übers. d. Verf.).
[104] Ebd., S. 23.
[105] Bachelard: *Epistemologie*, S. 207.
[106] Bachelard: *Lautréamont*, S. 14.
[107] Ebd., S. 15.

der Metapher, sondern der Metamorphose realisiert. Die vitale Beschleunigung (*accélération vitale*),[108] auf die die sprachlichen Gesten Lautréamonts abzielen, bewegen sich auf einen Punkt jenseits jeder Darstellung und Darstellbarkeit zu. Das Leben, das seine Poesie einfangen will, äußert sich nicht in bestimmten Formen, es wird vielmehr an dem Exzess eines ›Leben-Wollens‹ greifbar, »qui déforme les êtres et qui détermine les métamorphoses«.[109] Die Tiere, die die Gesänge bevölkern und an deren Verhalten sich diese Metamorphosen zeigen,[110] symbolisieren nicht die Gewalt. Die Grausamkeit, die sie manifestieren, ist nicht emblematischer Art,[111] es gibt nicht grausame und weniger grausame Tiere; sie ist vielmehr über ein ganzes Bestiarium verstreut. Statt an bestimmte Formen gebunden zu sein, wie sie die Fabel entwickelt, äußert sie sich in unterschiedlichen Funktionen einer »aggression inventive«.[112] Dem Animalismus dieser Poesie stellt Bachelard einem poetischen »végétalisme« gegenüber, »symbole de vie tranquille et confiante«, dem in der Epistemologie eine klassische Wissenschaftsgeschichte entspricht, die die epistemischen Ereignisse in der »Kontinuität der Zeit« verkettet und wiederbelebt:[113]

> Le temps végétal, le temps continu, courbé comme une palme, ne lui a pas offert ses inflexions. Cette absence de végétalisme rend plus évidente la polarisation de la vie par la vitesse et la vigueur animales.[114]

[108] Ebd., S. 17.
[109] Ebd., S. 12.
[110] 185 verschiedene Tiere zählt Bachelard in den *Gesängen*. Vgl. ebd., S. 26.
[111] Ebd., S. 29: »L'image du tigre, avec sa cruauté classique, bloquerait plutôt le complexe.«
[112] Ebd.
[113] Bachelard: *Epistemologie*, S. 207.
[114] Bachelard: *Lautréamont*, S. 13.

Die unglaubliche »densité animale«[115] gewisser Seiten des Maldoror, wie überhaupt die von Bachelard hervorgehobene Bedeutung des Animalischen und seiner Gewaltsamkeit für die Literatur Lautréamonts, belegen ihre Zugehörigkeit zur Sphäre des Rausches, die sich ja gegenüber der Unterscheidung von Mensch und Tier, wie Caillois zeigt, als indifferent erweist. Dass das Schwindelgefühl, das den Rausch auszeichnet, häufig zusammen mit dem »normalerweise unterdrückten Hang zur Unordnung und Zerstörung« auftritt und »primitive und brutale Formen der Selbstbehauptung zum Ausdruck« bringt,[116] findet ein Echo in den Aktionen des Tiers, bei dem sich, wie in den *Gesängen des Maldoror*, der Wille zum Leben als Wille zum Angriff äußert: »Il s'étale dans son hostilité franche, dans son hostilité essentielle.«[117] Die Gewalt, die diese Poesie kultiviert, ist nicht länger menschlich, da nicht in irgendeiner Idee, einem Rachegefühl oder einem Hass begründet. Wäre sie es – wie es für die menschliche Gewalt typisch ist, die wir zwar nicht akzeptieren, aber immerhin verstehen –, verlöre diese Gewalt ihre »ivresse immédiate, indiscutée«, also das, was Bachelard ihren »Schrei« (*cri*) nennt.[118] Für die Beispiele rauschhafter Gewaltentfesselung, die Caillois anführt, sind das Unmotivierte und das Abrupte gleichermaßen charakteristisch. Dass Caillois ausgerechnet ein scheinbar harmloses Beispiel wählt, in dem diese Gewalt sich in der Sphäre des Vegetabilischen austobt, bekräftigt ihren animalischen Status: »Bei den Erwachsenen gibt es nichts Bezeichnenderes auf diesem Gebiete als die seltsame Erregung, die sie empfinden, wenn sie mit einem Stöckchen die hochgewachsenen Blumen einer Wiese abmähen [...].«[119]

[115] Ebd., S. 12.
[116] Caillois: *Die Spiele und die Menschen*, S. 33.
[117] Ebd., S. 10.
[118] Ebd., S. 15.
[119] Ebd., S. 33f.

Bachelard, dem Epistemologen, geht es um die Beschreibung jener Momente im Prozess der wissenschaftlichen Entdeckung, die als Momente einer erhöhten ›Aggressivität‹ lesbar werden, insofern es hier häufig nur wenige Zeilen sind, durch die »binnen einiger Wochen« ein »ganzer Sektor der Wissenschaft von der Materie« umgeworfen wird.[120] Epistemologische Hindernisse sind dementsprechend keine von außen kommenden Widerstände, die sich dem Wissenschaftler in den Weg stellen, sondern entstehen aus der Konkurrenz zweier Zeitlichkeiten, von denen die eine die irruptive Zeit der wissenschaftlichen Entdeckung ist, die ›mit einem Schlag‹ eine bis dahin gutfundierte Überzeugung entwertet, während die andere die Gesamtheit der »Langsamkeiten und Trübungen« umfasst, die dem Prozess der wissenschaftlichen Entdeckung als »opaker Raum«[121] inhärent und nur durch wiederholte Akte der Richtigstellung, nicht aber ein für alle Mal, auszuschalten sind. Die Zeit der Epistemologie ist daher wie die Zeit der Poesie Lautréamonts »une accumulation d'instants décisifs, sans grand souci de la durée d'exécution«.[122] Für die Rauschspiele wiederum ist das Begehren nach einem »spezifischen Schock« oder einer »momentanen Panik« typisch, sie ereignen sich auf irruptive Weise, sind »kurz, rhythmisch gegliedert, berechnet, diskontinuierlich wie einander ablösende Phasen«.[123] Die ihnen entsprechende Korruption besteht darin, den Rausch zu ›humanisieren‹ und ihn »im täglichen Leben heimisch zu machen«.[124] Die chemischen Betäubungen und Räusche funktionieren auf der Basis einer ganz anderen Temporalität als

[120] Bachelard: *Epistemologie*, S. 208.
[121] Vgl. dazu Rheinberger, Hans-Jörg: »›Die Wissenschaft des Konkreten‹«, in: ders.: *Iterationen*, Berlin 2005, S. 101–128, S. 117f.
[122] Bachelard: *Lautréamont*, S. 17.
[123] Caillois: *Die Spiele und die Menschen*, S. 60.
[124] Ebd.

derjenigen, die den performativen Rauschspielen eigen ist: »Langsam und fortwährend verändern sie den Organismus.«[125]

»Poète des muscles et du cri«,[126] nennt Bachelard Lautréamont, und verweist damit einmal mehr in den Bereich der Gesten, der Handlungen sowie der asignifikanten, ›bedeutungslosen‹ Artikulationen der reinen Sensationen, die in der Wissenschaft ebenso wie im Spiel oder in der Literatur herstellbar sind. Im poetischen Universum Lautréamonts ist die Energie eine Ästhetik,[127] denn alles in seiner Literatur zielt auf die Metamorphose: »La fonction principale de la poésie, c'est de nous transformer.«[128] Es ist daher nur konsequent, wenn Bachelard und Caillois neben den »gewaltsamen, hektischen und konvulsivischen Gestikulationen«[129] im Schrei den genuinen Artikulationsmodus der rauschhaften »Umwandlung« (Caillois) bzw. der Metamorphose (Bachelard) erkennen. Und so wie Caillois die moderne Entfaltung der bescheiden beginnenden Rauschspiele an die Existenz von gewaltigen, elektrisch betriebenen Maschinen bindet, vergleicht Bachelard die Poesie Lautréamonts mit einem »beschleunigten Kino« (*un cinéma accéléré*),[130] bei dem die für das Verständnis eines Films bzw. seiner Diegese unabdingbaren vermittelnden Bilder weggelassen worden sind. Bachelard geht sogar so weit, den poetischen Schrei Lautréamonts als eine Transformation des cartesianischen *cogito* zu beschreiben, genauer gesagt: das epistemische *cogito* selbst als den Ort des Durchbruchs jener Energie zu markieren – »comme un cogito sonore et énergétique: je crie donc je suis une énergie«[131] –, deren Gestaltlosigkeit den klassischen Materiebegriff, den der Cartesianismus philosophisch garantiert, ruiniert.

125 Ebd., S. 60f.
126 Bachelard: *Lautréamont*, S. 103.
127 Ebd., S. 115: »Dans cet univers, l'énergie est une esthétique.«
128 Ebd., S. 105.
129 Caillois: *Die Spiele und die Menschen*, S. 35.
130 Bachelard: *Lautréamont*, S. 23.
131 Ebd., S. 112.

DREHKRANKHEIT. ROTOR, RAUSCH UND CAILLOIS' POSITIVIERUNG DER DIAGONALEN WISSENSCHAFT

Knut Ebeling

Nach einer ebenso rasanten wie berühmten Kamerafahrt durch Paris und einige seiner Vergnügungsorte zeigt Truffauts 400 COUPS (1959) plötzlich, wie der Knabe Antoine Doinel in einen großen Zylinder steigt, der sich auch gleich in Bewegung setzt.[1] Gemeinsam mit einem jungen Mann und einer Mademoiselle wird Doinel (alias Jean-Pierre Léaud) an die Wand gedrückt. Bald verliert er den Boden unter den Füßen und krabbelt insektoid wie eine Fliege kopfüber an der Wand entlang. Unter kreischenden Schreien der Erregung zeigt die Kamera jedoch nicht nur den sich drehenden Zylinder; sie kehrt die Bewegung um und filmt aus dem Rund heraus die Besucher*innen auf der Bühne: Aus der Zylinderperspektive dreht sich nicht der Rotor, sondern die Welt um ihn herum. Nicht die Schwindelnden sehen – sondern die Welt aus der Perspektive des Schwindels sehen: Das ist vielleicht eine kurze Formel, auf die man nicht nur den Surrealismus, sondern auch das Projekt von Roger Caillois bringen könnte. Mit Hilfe von Rotoren und Glücksspielen gelang es ihm, die *sciences humaines* entsprechend seiner Methode der »diagonalen Wissenschaf-

[1] Der vorliegende Text nimmt Überlegungen aus zwei älteren Beiträgen zu Caillois auf und entwickelt sie in Richtung einer ›diagonalen Wissenschaft‹ weiter: Ebeling, Knut: »ilinx. Zur Physik der Sensation in der surrealistischen Spieltheorie«, in: *ilinx – Berliner Beiträge zur Kulturwissenschaft* 1: *Wirbel, Ströme, Turbulenzen* (2009), S. 141–178; ders.: »Nachwort«, in: ders. (Hg.): *Johan Huizinga. Das Spielelement der Kultur. Spieltheorien nach Huizinga von Georges Bataille, Roger Caillois und Eric Voegelin*, Berlin 2014, S. 112–152.

ten« derart durchgängig zu dezentrieren und zu positivieren, dass von Begriffen des Menschen nicht viel mehr übrig blieb als Schwindel und Rausch.

Die Spiele und die Menschen

Ein Jahr vor Truffauts Spielfilmdebut (das zugleich auch der Beginn des 20 Jahre dauernden Antoine-Doinel-Zyklus sein wird) erschien 1958 ebenfalls in Paris eine Spieltheorie, die der Schwindelmaschine einen prominenten Platz einräumte; das Buch mit dem Titel *Les jeux et les hommes: le masque et le vertige* zog als Belege nicht nur Kinder- und Gesellschaftsspiele heran – sondern auch das technische Spiel der rotierenden Maschine mit ihren Schwindelsuchenden. Sein Autor, Roger Caillois, wartet gleich zu Beginn mit einer – berühmt gewordenen – »Einteilung der Spiele« auf, in der die wilde Drehbewegung als erstes Beispiel einer besonders prekären Variante des Spiels, nämlich der Spiele des Rausches, figuriert: »[M]an *spielt*, um durch eine rapide Rotations- oder Fallbewegung in sich selbst einen organischen Zustand der Verwirrung und des Außersichseins hervorzurufen (*ilinx*).«[2]

In derselben Bewegung, in der sich der Mensch im Schwindelzylinder herumwirbeln lässt, spielt der Rotor auch mit dem Menschen.[3]

Zeitgleich mit Truffauts Film, 1959, erscheint der Rotor auch in Caillois' Aufsatz »Diagonale Wissenschaften«,[4] allerdings

[2] Caillois, Roger: *Die Spiele und die Menschen. Maske und Rausch*, übers. v. Sigrid von Massenbach, Frankfurt a.M., Berlin, Wien 1982, S. 19. Zu Caillois »Einteilung der Spiele« in die vier Hauptrubriken *agôn* (Wettkampf), *alea* (Chance), *mimicry* (Verkleidung) und *ilinx* (Rausch), vgl. ebd., S. 18–46.

[3] Zur Rolle des Rotors bei Caillois vgl. Ebeling: »ilinx. Zur Physik der Sensation in der surrealistischen Spieltheorie«, in: *ilinx – Berliner Beiträge zur Kulturwissenschaft.*

[4] Der Aufsatz wurde unter dem Titel »Sciences diagonales« erstveröffentlicht in der *Nouvelle Revue Française* 76 (April 1959) und wiederabgedruckt in: Caillois, Roger:

nicht mehr so prominent: Etwa in der Mitte des Textes, in einer Passage, in der es um die Beschreibung des Verhältnisses zwischen Mensch und Maschine geht, kritisiert Caillois die »visuelle Wissenschaft der Analogien, von der Leonardo träumte, wenn er eine Haarlocke wie einen Fluß und ein Gebirge wie einen Faltenwurf zeichnete«. Auf diese Weise hätte Leonardo »ein neues Organmodell« konzipiert, »so wie ein Techniker eine Maschine erfinden würde.« Dabei liege Leonardos Fehler in den Analogien – darin, dass er die Haarlocke *wie* einen Fluss gezeichnet hätte und nicht: *als* Fluss. Die von Caillois proklamierte Korrelation zwischen organischer und mechanischer Welt, die er bei den Insekten antraf, berief sich auf die Tatsache, dass »Werkzeug und Organ dazu bestimmt sind, die gleichen Arbeiten zu verrichten«. Weil er dieses Verhältnis als Analogie und nicht als Korrelation gedacht habe, habe das »ganze Genie Leonardos [...] es nicht vermocht, auch nur eine einzige Maschine zu erfinden, die funktioniert hätte: seine Flugzeuge erinnern zu sehr an Vögel und seine U-Boote haben beinahe Kiemen.« Und jetzt kommt der Rotor: »Er dachte nicht daran, den Flügel, ein Organ, durch den Rotor, ein Gerät, zu ersetzen.«[5]

Genau diese Ersetzung eines Organs durch eine Maschine nimmt die Schwindelmaschine namens Rotor ein paar Jahrhunderte später vor. Zur Belustigung ihrer Besucher*innen imitiert die Jahrmarktsattraktion kein Organ, sondern versetzt das Organische maschinell in einen neuen Zustand: Hier spielt der Mensch nicht mit der Technik, sondern die Technik mit dem Menschen – und *Les jeux et les hommes* ist die erste Spieltheorie, die diese maschinisierten Spiele mitsamt ihren maschinisierten Menschen begreift. Schwindel und Rausch werden nicht als Konstante eines anthropologisch begründeten Spiel-

*Méduse & Cie*, Paris 1960; dt.: *Méduse & Cie*, in: ders: *Méduse & Cie*, übers. v. Peter Geble, Berlin 2007, S. 45–139 (»Diagonale Wissenschaften«: S. 47–52).

[5] Caillois: »Diagonale Wissenschaften«, in: *Méduse & Cie*, S. 51.

begriffs eingeführt; vielmehr interessiert sich Caillois für reale Schleudermaschinen wie den »Original-Rotor«, die jede subjektzentrierte Spieltheorie das Schwindeln lehren.

Seinen ersten Auftritt hat der Rotor in Caillois' Spieltheorie im Hinblick auf die von ihm ausgelöste »rapide Rotations- oder Fallbewegung«; sie rufe »einen organischen Zustand der Verwirrung und des Außersichseins« hervor.[6] Später im Buch wird die Maschine selbst namhaft gemacht: Der Autor zeigt sich fasziniert vom »Umfang« und der »Komplexität der Geräte [...], die die Trunkenheit in regelmäßigen Abständen von drei bis sechs Minuten vermitteln. Da folgen sich Wägelchen auf Rundbahnen derart, daß das Fahrzeug, ehe es sich umwendet, im freien Sturz zu fallen scheint [...]. An anderer Stelle werden die Beteiligten in einer Art von Käfigen eingeschlossen, die sie mit dem Kopf nach unten in einer gewissen Höhe über der Menge im Gleichgewicht halten. Bei einer dritten Art von Maschinerie katapultiert die plötzliche Entspannung großer Spiralfedern Gondeln an das äußerste Ende einer Bahn [...]. Alles ist darauf berechnet, organische Sensationen, Schrecken und physiologische Panik hervorzurufen: Geschwindigkeit, Sturz, Erschütterungen, beschleunigte Drehung verbunden mit alternierendem Auf- und Abstieg. Eine letzte Erfindung, der Rotator, macht von der Zentrifugalkraft Gebrauch. In diesem Zylinder bleiben die Leute ›wie die Fliegen festgeklebt‹, wie die Reklame dieses Etablissements verkündet.«[7]

Physik der Sensation

Mit dem »Rotator« geht Caillois von einer Ästhetik zu einer Physik der Sensation über, die jedoch irgendwann mit dersel-

[6] Caillois: *Die Spiele und die Menschen*, S. 19.
[7] Ebd., S. 152.

ben Sicherheit an ein Problem stößt, mit dem »Wägelchen auf Rundbahnen« an andere stoßen: Wer sich solchen Sensationen hingibt und aus vollem Hals schreit, betreibt in den wenigsten Fällen noch Theorie. Insofern hatte die Geistesgeschichte womöglich gute Gründe, dieses närrische Treiben aus ihren Selbstbegründungen herauszuhalten – und Caillois vice versa das methodische Problem am Hals, aus welcher Sprecherperspektive er seine »diagonale Wissenschaft« eigentlich betreiben wollte? Gewiss könnte man das Werk der Schleudermaschinen als buchstäbliche Durchführung jener Dezentrierung von Subjekten bezeichnen, die man dem späteren Poststrukturalismus so gern nachsagte: als Positivierung einer Theorie-Maschine.

Diese Dynamik einer Positivierung reklamiert Caillois auch mit seiner Theorie der diagonalen Wissenschaften für sich: Dort entwirft er die Figur eines Forschers, der »die disparaten Verfahren einer geheimen Ökonomie entdecken« könne. Er produziere ein »polyvalentes Wissen«, das »die Entzifferung dessen erst erlaubt, was ich soeben die transversalen Vorgehensweisen der Natur genannt habe«.[8] Und diese »transversalen Vorgehensweisen der Natur« will Caillois in der Natur wie im Menschen erforschen – diese Vorgehensweisen seien überhaupt nur transversal, weil sie sowohl im Tierreich als auch bei den Menschen anzutreffen seien: »Der Mensch ist ein Tier wie alle anderen, seine Biologie ist die gleiche, er ist allen Gesetzen des Universums unterworfen, denen der Schwerkraft, der Chemie, der Symmetrie und tausend anderen. Warum also wird dem Versuch, die Eigenschaften seiner Natur anderswo wiederzufinden, bzw. umgekehrt die in der Tierwelt regierenden Gesetze bei ihm wiederzufinden, a priori unterstellt, er sei notwendigerweise Manie, Illusion oder Einbildung? Alles spricht doch für Kontinuität.«[9]

[8] Caillois: »Diagonale Wissenschaften«, in: *Méduse & Cie*, S. 51f.
[9] Caillois, Roger: »Kurze Bemerkung über den Anthropomorphismus«, in: ders.: *Méduse & Cie*, S. 52f., S. 53.

Die berauschenden Spiele

Ein überraschendes Beispiel für diese »Kontinuität« zwischen Mensch und Tier findet sich genau neben Caillois' Mimikry-Theorie, und zwar in der unmittelbar zuvor publizierten Spieltheorie: die berauschenden Spiele. Auch in seiner Spieltheorie behandelt Caillois den Rausch als ein »Vergnügen«, das »kein Privileg der Menschen« sei.[10] So führt er auch eine ganze Reihe possierlicher Beispiele von Rausch und Trunkenheit aus dem Tierreich an – eine Passage, die aufgrund ihres vergnüglichen Charakters in Gänze zitiert sei:

> Man muß hier auch die *Drehkrankheit* bestimmter Säugetiere, insbesondere der Schafe erwähnen. Selbst wenn es sich hier um eine pathologische Bekundung handelt, ist sie doch zu bedeutsam, als daß man sie schweigend übergehen könnte. Es mangelt überdies auch nicht an anderen Beispielen, deren spielerischer Charakter außer Frage steht. Die Hunde drehen sich, um nach ihrem Schwanz zu schnappen, so lange um sich selbst, bis sie hinfallen. Ein andermal werden sie von einem Lauffieber ergriffen, das sie im Zustand völliger Erschöpfung zurückläßt. Die Antilopen, die Gazellen und die Wildpferde werden häufig von einer Panik ergriffen, die mit keiner Gefahr, nicht einmal mit dem geringsten Anzeichen einer solchen, in Beziehung steht, die vielmehr die Wirkung einer übermächtigen Ansteckung und des unmittelbaren Wohlgefallens, ihr nachzugeben, ist. Die Wasserratten vergnügen sich damit, sich um sich selbst zu drehen, als seien sie von der Strömung des Flusses erfaßt. Noch bemerkenswerter ist der Fall der Gemsen. Karl Groos zufolge steigen sie auf Schneehänge; und dort lassen sie sich mit einem Anlauf einzeln den langen Steilhang hinunter-

[10] Caillois: *Die Spiele und die Menschen*, S. 34.

> gleiten, während die anderen zuschauen. Der Gibbon sucht sich einen biegsamen Ast und beugt diesen durch sein Gewicht so weit herunter, bis er sich entspannt und ihn in die Luft schleudert. Er fängt sich wieder, so gut es geht, und beginnt sein nutzloses, nur durch eine geheime Verführung erklärbares Unterfangen von vorne. Besonders aber sind die Vögel Amateure dieser Rauschspiele. Sie lassen sich aus großer Höhe wie ein Stein fallen und öffnen ihre Flügel erst wenige Meter über dem Boden, so daß sie den Eindruck erwecken, als wollten sie sich zu Tode stürzen. Dann steigen sie von neuem in die Höhe und lassen sich wieder fallen. In der Brunstzeit benutzen sie diesen kühnen Flug, um das Weibchen zu verführen. Der von Audubon beschriebene amerikanische Nachtfalke ist ein virtuoser Künstler dieser eindrucksvollen Akrobatik.[11]

Der Verstoß gegen das erste Gebot der neuzeitlichen Philosophie, nur den Menschen und nicht das Tier als theoriewürdig zu erachten, wird also mit surrealistischem Eifer zelebriert. Dabei illustriert die Passage zunächst die schwindelerregendste Konzeption im Werk von Caillois: die des *ilinx*. Sie übernimmt in *Die Spiele und die Menschen* die Rolle, auf die bereits der Untertitel *Maske und Rausch* hinweist: nämlich das Element des Schwindels und Rausches, kurz: des körperlichen und physischen Erlebens in die Spieltheorie einzuführen. Diese Operation ist alles andere als selbstverständlich, wie ein Blick auf die Geschichte der kulturwissenschaftlichen Spieltheorie zeigt: Deren Begründer Johan Huizinga hatte in seinem *Homo Ludens* von 1938 alle rauschhaften Spiele – die gemeinsam haben, dass sie irgendwie *schocken* – sträflich vernachlässigt.[12] Darum erin-

[11] Ebd., S. 34f.

[12] Huizinga, Johan: *Homo Ludens. Vom Ursprung der Kultur im Spiel* (1938), Reinbek b.H. 1956. Ein Überblick über die Spieltheorie findet sich bei Szabo, Sacha-Roger: *Rausch und Rummel. Attraktionen auf Jahrmärkten und in Vergnügungsparks. Eine soziologische*

nert der Huizinga-Kritiker Caillois daran, dass *ilinx* ein Wort sei, »das im Griechischen Wasserstrudel bedeutet, und von dem sich der Ausdruck vertige (*ilingos*) etymologisch ableiten läßt.«[13]

Caillois arbeitet jedoch an einer surrealistischen Fassung des Begriffs, dem seine griechische Ausgewogenheit mit einem Schlag genommen wird. Darauf weist er in seiner Definition des Begriffs gleich von Anfang an hin: »*Ilinx*. – Eine letzte Kategorie faßt jene Spiele zusammen, die auf dem Begehren nach Rausch beruhen und deren Reiz darin besteht, für einen Augenblick die Stabilität der Wahrnehmung zu stören und dem klaren Bewußtsein eine Art wollüstiger Panik einzuflößen. Es geht hier stets darum, sich in einen tranceartigen Betäubungszustand zu versetzen, der mit kühner Überlegenheit die Wirklichkeit verleugnet.«[14] Rausch und Begehren, Destabilisierung, Wollust und Trance, Betäubung und Wirklichkeitsverlust: Was Caillois im griechischen Begriff *ilinx* unterbringt, ist in seiner Ambivalenz – zwischen Verführung und Gefahr – nichts anderes als das Programm des Surrealismus.

Die Welt der Glücksspiele

Eine weitere Spielsphäre nach den berauschenden Spielen, die Huizinga in seinem Kultur begründenden Eifer übersehen hatte, war die Welt der Glücksspiele. Auch die Glücksspiele verstoßen, wie die Ski fahrenden Gämse, gegen das Vernunft- und Rationalitätsgebot der modernen Wissenschaft. Nur mit »imaginativer Kühnheit« sind sie überhaupt als Objekt jener diagonalen Wissenschaften zu entdecken, von denen Caillois

Kulturgeschichte, Bielefeld, Freiburg i.Br. 2006, S. 22ff., S. 53ff. sowie bei Scheuerl, Hans (Hg.): *Theorien des Spiels*, Weinheim, Basel 1974.

[13] Caillois: *Die Spiele und die Menschen*, S. 34.

[14] Ebd., S. 32.

spricht: »Vermutlich wird es aber nur eine kleine Zahl von Forschern sein, die – fasziniert von der Untersuchung von Erscheinungen, die die traditionellen Grenzen der verschiedenen Wissenschaften übergreifen – jene vernachlässigten Korrelationen aufzuspüren vermag, die das Netz der bereits gefundenen Beziehungen vervollständigen.«[15] Um den »*diagonalen Wissenschaften* eine Chance zu geben«, so Caillois, müsse man nach den Rauschspielen also auch über die Glücksspiele nachdenken. Denn diese beiden Spielkategorien fügt Caillois Huizinga hinzu: die Kategorien *alea* (Glücksspiel) und *ilinx* (Rausch und Schwindel). Die anderen beiden der vier berühmten Spielkategorien, *agôn* (Wettkampf) und *mimicry* (Schauspiel), hatten bereits bei Huizinga eine Rolle gespielt.

Diese Lücke des Glücksspiels bei Huizinga wird besonders deutlich, wenn er die Dichtung als Spiel definiert – wobei er sich aber nur auf Valéry bezieht und nicht, was für das Spiel viel naheliegender gewesen wäre, auf Mallarmé und seinen *Coup de dés* von 1897. Dieser Ausschluss des *Würfelwurfs* war kein Zufall. Ebenso systematisch, wie Huizinga Schwindel und Rausch überging, ignorierte er in Caillois' Augen auch das Glücksspiel. So schließe die Definition Huizingas »ganz einfach die Wetten und die Glücksspiele aus, unter anderem die Spielhöllen, die Kasinos, Rennplätze und Lotterien«.[16] Unabhängig davon, ob diese Einschätzung Caillois' auf Huizinga zutrifft, beschreibt sie den Kern seines eigenen Interesses: mit den sozial verfemten Spielhöllen, Kasinos, Rennplätzen und Lotterien eine verborgene Ökonomie zu beschreiben, die im Schatten der offiziellen Geschäfte funktioniert – und die er in seinem Aufsatz »Diagonale Wissenschaften« ein Jahr später als »disparate Verfahren einer geheimen Ökonomie« bezeichnen wird, die der Forscher entdecken solle.[17]

[15] Caillois: »Diagonale Wissenschaften«, in: *Méduse & Cie*, S. 52.
[16] Caillois: *Die Spiele und die Menschen*, S. 11.
[17] Caillois: »Diagonale Wissenschaften«, in: *Méduse & Cie*, S. 51.

Die geheime Ökonomie der Spiele

Kurz: Ein paar Jahrzehnte nach Georges Batailles Projekt einer »allgemeinen Ökonomie«[18] führt sein Freund Caillois dieses Projekt nicht philosophisch, sondern empirisch durch. In seinem Spiele-Buch sucht Caillois solche Anti-Ökonomien am Rande der Legalität auf, »wo das Spiel König ist« – inklusive der »Verwüstungen [...], die durch die Spielleidenschaft hervorgerufen werden.«[19] In seinen ausufernden, mehr als 30 Seiten umfassenden Ergänzungen beschreibt er das Glücksspiel jedoch nicht nur als Anti-Ökonomie parallel zum Kinderspiel.[20] Caillois' soziologische Beschreibung der Glücksspiele ist derart ambitioniert, dass man auch hier das positive Wasserzeichen der diagonalen Wissenschaften erkennt. Seine Aufmerksamkeit wird durch folgendes Phänomen gefesselt: In den Glücksspielen verausgaben Kulturen ihre vorhandenen Energiemengen und blockieren damit andere Lebensbereiche. Da das Geld im Glücksspiel zu schnell zirkuliert, wird das verfügbare Kapital immobilisiert. Aus diesem Grund verbreite sich das Glücksspiel besonders bei den »müßigen Völkern«, deren Arbeit erstens die vorhandene Energie nicht absorbiere und denen das Klima zweitens erlaube, »ewige Kinder« zu bleiben.[21] Doch wenigstens lernten diese spielenden Kinder, mit Zahlen umzugehen – die Mathematisierung der spielenden Bevölkerung sei neben den mathematischen Spieltheorien ein Spin-off der Glücksspielsucht.[22]

[18] Vgl. Bataille, Georges: »Der Begriff der Verausgabung« (1933), in: ders.: *Das theoretische Werk*, Bd. 1: *Die Aufhebung der Ökonomie*, hg. v. Gerd Bergfleth, übers. v. Traugott König u. Heinz Abosch, München 1975.

[19] Caillois: *Die Spiele und die Menschen*, S. 182, S. 169.

[20] Vgl. die Kapitel »I. Bedeutung der Glücksspiele« und »II. Von der Pädagogik zur Mathematik« im Abschnitt »Ergänzungen«, ebd., S. 163–202.

[21] Ebd., S. 166f.

[22] Ebd., S. 165, S. 174.

Diese Sonderkreisläufe des dem Markt entzogenen Geldes bedeuten für Caillois eine besondere Form der Verausgabung, der er sich ausführlich widmet. Für die beschriebenen Volkswirtschaften sind sie weitaus schädigender als Börsencrashs oder Finanzkrisen.[23] Zwar hatte auch Huizinga gesehen, dass es eine gewisse Leidenschaft des Gewinnens gibt, die mitunter völlig vom Spieler Besitz ergreifen kann. Doch in den subversiven Glücksspielgesellschaften, die nichts feiern als das Spiel, kehrt sich das Verhältnis zwischen Gesellschaft und Glücksspiel um: Die *chance* wird nicht mehr marginalisiert, die Gesellschaft wird untergründig durchs Glücksspiel konstituiert. Konstituiert wird hier nicht wie bei Huizinga ein stiftendes, anhebendes und bildendes Moment der Kultur; sondern sein ganzes Gegenteil, die mit der Immobilisierung einhergehende Unmöglichkeit, jemals von diesem selbstzerstörerischen Moment fortzukommen.

Jede Kultur spielt die Spiele, die sie braucht; weswegen jede Kultur umgekehrt zutiefst von ihren Spielen charakterisiert wird: Die hoffnungslos dem Spiel hingegebene moderne Glücksspielgesellschaft Caillois' erscheint als mafiöse Gegengesellschaft zur modernen Wettbewerbsgesellschaft, da sie eine andere, kontingente Welt behauptet: Die Welt des Glücksspiels betrachtet die Vernunft als Witz und das Leben als Lotterie. Gegen die Vorstellung einer logisch fortschreitenden Entwicklung hält Caillois deren Unterwanderung durch die Mikroökonomien der Chance und des Rausches. Die Welt entwickle sich nicht vernünftig, sondern nach den Gesetzen der Spiele – weswegen man sich, wie Jeanne Moreau in *La baie des anges*, der wunderbaren Hommage ans Glücksspiel von Jacques Demy aus dem Jahr 1963, auch ganz dem Spiel hingeben kann.

[23] Ebd., S. 179.

Die Spiele des Herrn

Doch das aleatorische Prinzip bedeutet ein Skandalon für die Vernunft, die sich als vermeintliche Gesetzgeberin nun selbst dem Gesetz des Zufalls unterwerfen muss. Die bereits von Théodule Ribot in Anschlag gebrachte »Faszination, ohne Mühe in einem Augenblick eine große Summe zu erwerben«,[24] »verhöhnt« das moderne Prinzip der Arbeit, wie Caillois nicht ohne Genuss schreibt.[25] Weil nur Arbeit Fortschritt bedeuten kann, müssen Zufall und Chance – wie die Spiele des hegelschen Herrn, als die man die Spieltheorien Caillois' und Batailles beschreiben kann – folgerichtig aus dem Leben der Gesellschaft verbannt werden.[26]

Bei Caillois werden Chance und Glücksspiel zum Einsatz gegen die Herrschaft der Vernunft, zum »von Natur aus gegebene[n] Widerstand gegen die vollkommene Gerechtigkeit der erstrebenswerten menschlichen Institutionen«.[27] Kurz: Weil das Glücksspiel eine »eklatante Form der Ungerechtigkeit«[28] bedeutet – und diese Ungerechtigkeit aber die einzige Form ist, in der die Kontingenz des Spiels in der Moderne sich behaupten kann –, ist sie wert, gefeiert zu werden. Gegen den Determinismus der teleologischen Vernunft hält Caillois den Fatalismus des Spiels: Wenn das Universum eine Lotterie ist und diese Lotterie, wie in der Beschreibung von Borges, das Aussehen von Babel besitzt, dann bleibt die Gerechtigkeit eine Fiktion – und das Spiel der wahrhaftigste Ausdruck dieser Ungerechtigkeit. Bezeichnend ist dieser Ausdruck vor allem für jene »im Übergang begriffenen Gesellschaften«, die »plötzlich der Herrschaft der Verstellung und der Trance entrissen wer-

[24] Théodule Ribot zit.n. ebd., S. 165.
[25] Ebd.
[26] Vgl. ebd., S. 181; Bürger, Peter: *Das Denken des Herrn. Bataille zwischen Hegel und dem Surrealismus*, Frankfurt a.M. 1992.
[27] Caillois: *Die Spiele und die Menschen*, S. 180.
[28] Ebd.

den« und deren Ausweg darin besteht, »[s]ich der Schicksalsentscheidung zu unterstellen.«[29]

Das ist Caillois' und Batailles heroische Herrenmoral: Weil Glücksspiel und Zufall gegen die Vernunft und ihr Gerechtigkeitspostulat verstoßen, werden sie in der Moderne zum verfemten und skandalösen Element. In rationalisierten Gesellschaften ist die Chance nur als Luxus oder Supplement zu haben – nicht aber als Grundlage der Kultur.[30] Aus dieser Dialektik des *Homo Ludens* ergibt sich ein prekäres Verhältnis zwischen Glücksspiel und Staat: Einerseits wird die Chance »verworfen, erniedrigt, verdammt« – andererseits erhält sie aber Bürgerrecht, weil sie den Staat finanziert.[31] Dieses komplizenhafte Verhältnis zwischen Staat und Lotterie beobachtet Caillois beispielsweise in der UdSSR der 1950er Jahre, wo einerseits die Institution der Erbschaft als Chance abgeschafft wurde, der sozialistische Staat aber andererseits ein lukratives Glücksspiel unterhielt.[32]

Das Spiel landet also stets auf der Verliererseite des Fortschritts, wie Huizinga, Caillois und Bataille übereinstimmend feststellen. Dabei versuchten die Gründer des Collège de Sociologie, diese Dynamik gegen die – unter anderem auch von den Mitgliedern des zeitgleich operierenden Instituts für Sozialforschung heraufbeschworene – *Dialektik der Aufklärung* zu wenden: Bei Bataille ersetzte der »Wille zur Chance« Nietzsches »Willen zur Macht«; bei Caillois löste das Glücksspiel die Geschichte als *agôn* ab: Nach der Geschichte gibt es nur noch (Glücks-)Spiel. In dieser posthistorischen Sicht verläuft die Geschichte stets vom Wettkampf zum Zufall, vom *agôn* zur *alea*.[33]

[29] Ebd., S. 166.
[30] Ebd., S. 182.
[31] Ebd., S. 180.
[32] Ebd., S. 183.
[33] Ebd., S. 166, S. 179.

Doch Caillois, der Huizingas »bittere[m] Kapitel über den Verfall des Spielerischen in der heutigen Zeit«[34] nicht folgen will, verkehrt dessen Kulturpessimismus ins Gegenteil: Es regiere nicht *erst* das archaische Spiel und *dann* sein Verfall im Ernst der Moderne; auch die rationale Moderne werde von zutiefst närrischen Spielelementen unterwandert. Selbst der Ernst der technokratischen Gesellschaften beruhe auf einer gewissen Komplizenschaft mit dem albernen Unernst des Spiels. Doch werden diese Effekte auf Volkswirtschaften von Caillois eben nicht unter ›schädigenden‹ oder ›nützlichen‹ Aspekten einer beschränkten Ökonomie aufgelistet, sondern im Sinne einer allgemeinen Ökonomie des Glücksspiels im Sinne Batailles.

Die mathematische Spieltheorie

Diese allgemeine Ökonomie des Glücksspiels soll jedoch – das haben Batailles »allgemeine Ökonomie« und Caillois' »diagonale Wissenschaften« gemeinsam – nicht als abgetrennte Disziplin, sondern als Fluidum zwischen Theorie und Empirie, Philosophie und Maschine, Natur und Geist betrieben werden. Ein gutes Beispiel dafür ist Caillois' Rekurs auf die mathematische Spieltheorie in seinen Ergänzungen zu *Die Spiele und die Menschen*.[35] Die Bevölkerung von Glücksspielgesellschaften werde durchs Glücksspiel nicht nur mathematisiert; diese Mathematisierung unterhalte zugleich Beziehungen zur Wahrscheinlichkeitstheorie und Kybernetik. Bei der mathematischen Spieltheorie – Caillois erwähnt weniger John von Neumanns *Theorie der Gesellschaftsspiele* von 1928 mit ihrer »Minimax Theorie« als vielmehr die darauf aufbauende *Theory of*

[34] Caillois, Roger: »Das Spiel und das Heilige«, in: Ebeling: *Johan Huizinga. Das Spielelement der Kultur*, S. 59–74, S. 72.
[35] Vgl. Caillois: *Die Spiele und die Menschen*, S. 163–202.

Games and Economic Behaviour, die von Neumann 1944 mit Oskar Morgenstern verfasste – handelt es sich bekanntlich um eine Analyse von strategischen Gesellschaftsspielen, die anschließend auf ökonomische oder kriegerische Zusammenhänge angewendet wurde.

Zwar ging für Huizingas metaphorischen Begriff des Spiels auch der Krieg unter bestimmten Vorzeichen noch als eine Form des Spiels durch; doch im Vergleich dazu erscheint das positive und computerisierbare Wissen der mathematischen Spieltheorie als ein völlig anderer Ansatz – und es ist durchaus beeindruckend, wie Caillois, für den die Abtrennung und Autonomisierung der Wissensbereiche stets ein Skandal war, die beiden Traditionen diagonal aufeinander bezieht. Einerseits attackiert er das rein positive Wissen, wenn er bemängelt, dass Huizinga die Rauschspiele den Medizinern überlasse, während das Glücksspiel nur von Mathematikern untersucht werde.[36] Deren Analysen und Ergebnisse werden von Caillois zwar aufmerksam rezipiert, doch grenzt er sich am Ende auch von deren Theorien strategischer Spiele ab, »in welchen die Spieler *Gegner* sind mit der Verpflichtung, sich zu *verteidigen*«.[37] Entsprechend qualifiziert Caillois die in den Kriegsjahren erschienene und im Kalten Krieg florierende mathematische Spieltheorie als »Modell für Fragen, die sich gemeinhin auf ökonomischem, kommerziellem, politischem oder militärischem Gebiet stellen« – auch wenn sie mit dem »kontinuierlichen und unendlichen Universum der Wirklichkeit« nichts zu tun haben.[38]

Diesem »Universum der Wirklichkeit« gilt die ganze Hingabe der diagonalen Wissenschaft, ob sie nun Kultur oder Natur, Mensch oder Mathematik, Tierschwindel oder Schwindelmaschine untersucht. Ihr Thema sind weniger mathematische Kalküle als die Kontingenz eines Realen, das überall ange-

36 Ebd., S. 196.
37 Ebd., S. 197.
38 Ebd., S. 197f.

troffen wird. So widmet sich Caillois ausführlich der zutiefst menschlichen Kontingenz, die ein Pistolenduell, also eine klassisch kriegerische Auseinandersetzung, gegen jedes mathematische Kalkül entscheiden kann: »Einer der Gegner kann kurzsichtig oder astigmatisch sein. Er kann zerstreut oder neurasthenisch sein, eine Wespe kann ihn stechen, eine Wurzel stolpern lassen. Schließlich kann er noch Sehnsucht nach dem Tode tragen.«[39] Kurz: Weil das Vermögen der rationalen Analyse »nie mehr als eine Art Skelett des Problems« erschließt,[40] wird sie von Caillois abgelehnt: »Diese Untersuchungen neuer Art sind sicherlich unerlässlich, aber die eine wie die andere lenken die Aufmerksamkeit von dem wahren Wesen des Spiels ab. [...] die Entwicklung der Wahrscheinlichkeitsrechnung [ersetzt] in keiner Weise eine Soziologie der Lotterien, der Kasinos und der Pferderennen.«[41] Die Kontingenz des »wirklichen Lebens« weiche wie die diagonale Wissenschaft von den wissenschaftlichen Konstruktionen ab. Zwar betritt der Mensch eine Schwindelmaschine wie den Rotor, der sich des Knaben Antoine Doinel in Truffauts 400 COUPS auch sofort bemächtigt. Doch was der aus der Perspektive des Kreisels sieht, zeigt weniger die Wissenschaft als eine umgekehrte Kameraeinstellung, die nicht den Rotor mit dem Menschen zeigt, sondern die sich um ihn drehende, trunkene Welt aus der Perspektive des Schwindels.

39 Ebd., S. 199.
40 Ebd.
41 Ebd., S. 196.

RAHMUNG UND RAUSCH. ZUR VERSUCHUNG DURCH DEN (DIGITALEN) SPIELRAUM

Mark Butler

Roger Caillois' 1958 erschienenes Buch *Les jeux et les hommes: le masque et le vertige* ist ein bis in die Gegenwart aktuell gebliebener Meilenstein der kulturwissenschaftlichen Spieltheorie. Hier definiert er das Spiel formal als eine aus Vergnügen *frei gewählte*, raumzeitlich *strikt abgetrennte*, im Ausgang *ungewisse*, im Ergebnis vollkommen *unproduktive*, durch Konventionen *geregelte* und *fiktive* Betätigung mit eigener Wirklichkeitsanmutung.[1] Diese Bestimmung des Spiels schließt an die Definition Johan Huizingas an, der zwanzig Jahre zuvor das Spiel als *freie*, die Teilnehmenden *fesselnde*, *uneigentliche*, raumzeitlich *begrenzte*, vom gewöhnlichen Leben *herausgehobene*, *interesse-* und *nutzlose*, *geregelte* und *gemeinschaftsbildende* Handlung fasste.[2] Caillois übernimmt die meisten formalen Merkmale seines Vorgängers, verändert sie aber geringfügig: Er lässt die gemeinschaftsbildende Potenz des Spiels außer Acht, lässt die Interesse- und Nutzlosigkeit des Spiels in dem Charakteristikum der

[1] Caillois, Roger: *Die Spiele und die Menschen: Maske und Rausch* (1958), Frankfurt a.M., Berlin, Wien 1982, S. 16. Hinsichtlich der Geregeltheit des Spiels und seines fiktiven Charakters ist Caillois ambivalent. So behauptet er an anderer Stelle ein Ausschlussverhältnis zwischen diesen beiden Merkmalen und postuliert, dass die Spiele der *mimicry* nicht so sehr durch strikte Regeln von der übrigen Wirklichkeit getrennt seien, sondern durch ein »Gefühl des *als ob*«, und präzisiert: »Die Spiele sind also nicht geregelt und fiktiv. Sie sind entweder geregelt oder fiktiv.« Ebd., S. 15. Aber ein paar Seiten später zählt er, wie in seiner formalen Definition des Spiels, die Fiktion wieder zu den formalen Charakteristika eines jeden Spiels: »Die Voraussetzung für jedes Spiel ist die zeitweilige Annahme wenn nicht einer Illusion (obwohl dieses Wort nichts anderes besagt, als Eintritt ins Spiel: *in-lusio*), so doch zumindest eines geschlossenen, konventionellen und in gewisser Hinsicht fiktiven Universums.« Ebd., S. 27.

[2] Huizinga, Johan: *Homo Ludens. Vom Ursprung der Kultur im Spiel* (1938), Reinbek b.H. 1987, S. 22.

Unproduktivität zusammenfallen, verquickt die Freiheit des Spiels mit dem Vermögen, den Spieler[3] zu fesseln, ihn »toll zu machen«,[4] das Huizinga als sein ureigenstes Merkmal herausgestellt hatte, und vermengt die Herausgehobenheit des Spiels mit seiner raumzeitlichen Eingerahmtheit, die nun eine zentrale Stellung bekommt. Dies wird daran deutlich, dass Caillois nicht müde wird zu betonen, dass das Spiel eine »abgetrennte und sorgfältig von dem übrigen Dasein isolierte Beschäftigung« ist.[5] Während er sowohl von der zeitlichen als auch von der räumlichen Rahmung des Spiels schreibt, fokussiert er seine Aufmerksamkeit auf letztere. Der Spielraum – egal ob Spielbrett, Ring, Bühne, Arena oder Stadion – ist ihm zufolge von einer »idealen Grenze« umgeben, die alles Äußerliche zur Bedeutungslosigkeit herabstuft und deren Übertritt streng geahndet wird: »In jedem Falle ist [...] die Domäne des Spiels eine reservierte, geschlossene oder geschützte Welt: ein reiner Raum.«[6] In diesem idealen Raum herrscht eine außergewöhnliche Ordnung, die im Kontrast zu den chaotischen Verhältnissen des Alltags steht.

Nach dieser formalen Bestimmung fragt Caillois nach den inhaltlichen Ausprägungen des Spiels und schlägt eine Systematik vor, deren Kategorien auf »wesentlichen und nichtzurückführbaren Antrieben« basieren.[7] Dabei berücksichtigt er Spiele von Kindern und von Erwachsenen – eine Unterscheidung, die erst mit der Neuzeit aufgekommen ist[8] – wie auch

[3] Hier und im Folgenden wird in Bezug auf Kategorien des Spiels aus Gründen leichterer Lesbarkeit auf eine geschlechterneutrale Schreibweise verzichtet. Begriffe, die nur in einem Genus genannt werden, gelten jeweils für alle Geschlechter.

[4] Huizinga: *Homo Ludens*, S. 11.

[5] Caillois: *Die Spiele und die Menschen*, S. 13.

[6] Ebd.

[7] Ebd., S. 21.

[8] Mit der ›Entdeckung der Kindheit‹ im Laufe der Neuzeit wurde das Spielen zunehmend nach Reifestufen differenziert und spätestens seit dem 18. Jahrhundert als Aktivität des Kindes angesehen, die von der Rekreation des Erwachsenen streng unterschieden wurde. Zuvor war weder zwischen Spielen noch zwischen Arbeiten von

vergleichbare Verhaltensweisen von Tieren. Die erste seiner vier Hauptrubriken, die er *agôn* nennt, umfasst die Wettkampfspiele, die Huizinga hauptsächlich vor Augen hatte. »Die Triebfeder des [Wettkampf-]Spiels ist für jeden Konkurrenten der Wunsch, sein hervorragendes Können auf einem Gebiet anerkannt zu sehen.«[9] Wesentlich für Caillois' Bestimmung dieser Kategorie von Spiel ist die »künstliche Gleichheit der Chancen«, die notwendig ist, um zu gewährleisten, dass sich die Teilnehmenden im Hinblick auf eine spezifische Fertigkeit »unter idealen Bedingungen miteinander messen können« und ein eindeutiger Sieger bestimmt werden kann, was nur »innerhalb festgelegter Grenzen« möglich ist.[10] Obwohl Caillois einräumt, dass »diese absolute Gleichheit« – trotz aller Bemühungen, das Spielfeld ›einzuebnen‹ – »nicht vollständig realisierbar« scheint, hält er an dieser idealen Bestimmung des *agôn* fest.[11] Eine Vorstufe des *agôn* sieht er in den Kampfspielen der Tierwelt – vom Herumtollen junger Tiere bis zu den Rivalitäts-Duellen der älteren –, bei denen es »zwar keine Regeln, doch immer eine unüberschreitbare und spontan respektierte Grenze gibt«.[12] Auch hier betont er die Wichtigkeit der räumlichen Rahmung: »*Niemals kommt es zu einer Verfolgung oder zu einem Kampf außerhalb des für das Turnier vorgesehenen Platzes.*«[13]

Die zweite Hauptkategorie, *alea*, umfasst die Glücks- bzw. Zufallsspiele und stellt analog zum *agôn* eine künstliche Gleichheit zwischen den Spielern her, die es im sonstigen Leben nicht gibt. Beide spannen einen imaginären und vollkommen durchsichtigen Spielraum auf, in dem alle Teilnehmenden die gleiche Aussicht auf Sieg bzw. Gewinn haben und

Kindern und Erwachsenen unterschieden worden. Vgl. Ariès, Philippe: *Geschichte der Kindheit*, München 2007, S. 92ff.

9 Caillois: *Die Spiele und die Menschen*, S. 22.

10 Ebd., S. 21.

11 Ebd., S. 22.

12 Ebd., S. 23.

13 Ebd.

der im Kontrast zu den Wirrnissen und Ungerechtigkeiten des Alltags steht. Aber bei *alea* kommt es im Gegensatz zum *agôn* nicht auf das Können des Spielers im Wettstreit mit anderen an, sondern allein auf die Gunst des Schicksals. Während *agôn* von der Anstrengung des Einzelnen bestimmt wird, zeichnet sich *alea* durch »Verzicht auf den Willen und passive Hingabe an das Schicksal« aus.[14] Der Reiz besteht bei dieser Spielkategorie in der »Willkür des Zufalls«.[15] Die einzige aktive Handlung des Spielers besteht darin, einen Einsatz zu wagen – alles andere liegt nicht in seiner Hand. Da Tiere weder über die Vorstellung der abstrakten Macht des Zufalls bzw. Schicksals verfügen, noch zur berechnenden Überlegung, Voraussicht oder Spekulation fähig sind, ist *alea* Caillois zufolge die einzige Form des Spiels, die ausschließlich von Menschen betrieben wird.[16]

Caillois assoziiert *agôn* und *alea* mit Praktiken, mit denen man der Welt entkommen kann, »indem man *sie* zu einer anderen umgestaltet«.[17] Dieselbe Wirkung kann ihm zufolge auch erzielt werden, »wenn man *sich* selbst zu einem anderen macht«, was durch die nächsten beiden Spielrubriken, *mimicry* und *ilinx*, gewährleistet wird.[18] *Mimicry* umfasst die Spiele der Maskerade, Imitation und Simulation, in denen es darum geht, dass der Spieler »selber zu einer illusionären Figur« wird.[19] Diese Spielrubrik beheimatet »jede Vergnügung, der man sich maskiert oder verkleidet hingibt und die gerade darum Vergnügen ist, weil der Spieler sich maskiert oder verkleidet«.[20] Neben Maskerade, Nachahmung und Rollenspiel zählt Caillois das Mitfiebern bei wettkämpferischen Darbietungen, die

[14] Ebd., S. 25.
[15] Ebd., S. 15.
[16] Vgl. ebd., S. 26f.
[17] Ebd., S. 27.
[18] Ebd. Der Untertitel von Caillois' Buch – *Le masque et le vertige* – hebt diese Rubriken hervor.
[19] Ebd., S. 28.
[20] Ebd., S. 30.

»Interpretation dramatischer Werke« und die Identifikation mit dem Protagonisten bei der Medienrezeption ebenfalls zur *mimicry*.[21] Allen diesen Spielen ist gemeinsam, »daß das Subjekt spielt, es glaube oder möchte andere glauben machen, daß es etwas anderes als es selbst sei«.[22] Hinsichtlich der Transformation des Selbst bei dieser Spielart ist Caillois ambivalent. Einerseits spricht er davon, dass der Spieler sich dabei »vergißt« und »verstellt«, sich vorübergehend seiner »Persönlichkeit« entledigt, »um dafür eine andere vorzutäuschen«.[23] Andererseits behauptet er, dass durch die Verschleierung der sozialen Stellung in der Maskierung »das Eigentliche der Persönlichkeit« freigesetzt wird.[24] In jedem Fall ist dabei wesentlich – nicht nur für die *mimicry*, sondern für das Spiel überhaupt –, dass der Spielende weiß, dass er spielt. Es geht nicht darum, voll und ganz in der Rolle aufzugehen, genauso wie es nicht darauf ankommt, sich vollkommen im Spiel zu verlieren.

In ihrem »Hang zur Imitation«, als einer »fast unwiderstehlichen und ganz physischen Ansteckung«, findet Caillois eine Vorstufe der *mimicry* bei den Wirbeltieren und denkt dabei zum Beispiel an die Nachahmung beim Gähnen oder bei bestimmten Bewegungen.[25] Dieselbe physische Ansteckung ist ihm zufolge auch am Werk, wenn ein Kind beim Spielen einen Welpen imitiert oder ein Erwachsener beim Mitfiebern auf der Rennbahn ein Pferd kinästhetisch nachahmt. Eine Vorstufe der menschlichen *mimicry* sieht er auch im agonalen Balzverhalten von Vögeln. Diese Beobachtung kann um die zeremoniellen Bewerbungsriten und die dazugehörigen Darbietungen in der sonstigen Tierwelt erweitert werden. Evolutionäre Untersuchungen zu diesen spektakulären Zurschaustellungen

[21] Ebd.
[22] Ebd., S. 28.
[23] Ebd.
[24] Ebd., S. 30.
[25] Ebd., S. 29.

der Tiere sehen darin ein wesentliches Element der sexuellen Selektion, die, wie es in der darwinistischen Evolutionstheorie heißt, die Reproduktion durch die Partnerwahl regelt. Diese Entscheidung, die meistens von weiblichen Tieren getroffen wird, erfolgt nach ästhetischen Kriterien, zu denen Körperornamente sowie Werbepraktiken zählen – etwa ein gigantisches Geweih, prachtvolle Schwanzfedern, markante olfaktorische Signale, vokales Raffinement, tänzerische Geschicklichkeit oder die Gestaltung der Brutstätte. Diese Merkmale haben im Hinblick auf die Überlebenschancen zumeist keinen Wert und können diese sogar mindern, weswegen sie in einem Spannungsverhältnis zur natürlichen Selektion stehen, die über das Überleben eines Individuums entscheidet.[26]

Caillois findet alle Züge des Spiels in der *mimicry* wieder, außer die »fortgesetzte Unterwerfung unter gebieterische und genaue Regeln«.[27] Bei der *mimicry* übernimmt die Haltung des Als-ob die Funktion der zwingenden Regeln bei *agôn* und *alea*: Sie trägt zur »Verschleierung der Realität« bzw. zur »Erfindung einer zweiten Realität« bei.[28] Durch das dazugehörige »Bewußtsein der absoluten Irrealität des angenommenen Verhaltens« erfolgt »die Abtrennung vom gewöhnlichen Leben«.[29] Während sich *agôn* und *alea* in einem erfundenen regelgeleiteten Raum ereignen, ist *mimicry* »eine unaufhörliche Erfindung«.[30] Damit sie funktioniert, müssen Darsteller und Zuschauer ihren Unglauben in der Schwebe halten und sich auf die Illusion einlassen, sich ›in das Spiel begeben‹ – *in lusio*.

[26] Vgl. hierzu Menninghaus, Winfried: *Das Versprechen der Schönheit*, Frankfurt a.M. 2007, S. 66ff. Zu Spiel und sexueller Selektion, vgl. Fagen, Robert: »Play, Five Evolutionary Gates, and Paths to Art«, in: McMahon, Felicia Faye/Lytle, Donald E./Sutton-Smith, Brian (Hg.): *Play. An Interdisciplinary Synthesis*, Maryland 2005, S. 9–41, S. 13ff.

[27] Caillois: *Die Spiele und die Menschen*, S. 31.

[28] Ebd.

[29] Ebd., S. 15.

[30] Ebd., S. 31.

Mit der Spielrubrik der *mimicry* schließt Caillois selbstkritisch an seine früheren Überlegungen zur Mimese und zur legendären Psychasthenie an, die er rückblickend als »recht phantastisch« betrachtet.[31] So verweist er zwar explizit auf seine frühere Arbeit und den »Mimetismus der Insekten«,[32] betont aber zugleich, dass er darin »keine Trübung der Wahrnehmung des Raumes« mehr sehe und auch nicht die »Tendenz, ins Leblose zurückzukehren«.[33] Vielmehr betrachtet er den tierischen Mimetismus nun als eine Vorstufe der menschlichen »Verwandlungsspiele«.[34] Auf die Frage nach dem Verhältnis des Mimetismus zum Raum, die – so die hier verfolgte These – keineswegs aus Caillois' spätem Denken verschwunden ist, wird noch zurückzukommen sein. An dieser Stelle gilt es zunächst festzuhalten, dass er die »absolute, organische und feststehende Modifikation« bei Insekten – stellvertretend für dieses Phänomen in der gesamten Tierwelt – als ein Äquivalent sieht »zu dem Hang des Menschen, sich zu verstellen, zu verkleiden, eine Maske zu tragen, *eine Persönlichkeit darzustellen*«.[35]

[31] Ebd., S. 29, Anm. 3. Vgl. Caillois, Roger: »Mimese und legendäre Psychasthenie«, in: ders.: *Méduse & Cie*, übers. v. Peter Geble, Berlin 2007, S. 25–43. Entgegen seiner früheren Distanznahme von der phantasievollen Ausschweifung vergleicht Caillois allerdings in einer charakteristischen diagonalen Denkgeste die vielfältigen Stile der Malerei mit der Verschiedenheit der Schmetterlingsflügel und den menschlichen Klassenkampf mit den Kastensystemen von Ameisen und Termiten.

[32] Caillois: *Die Spiele und die Menschen*, S. 28. Zur Problematik der Übersetzung von Caillois' Begrifflichkeit hinsichtlich dieses semantischen Feldes vgl. Geble, Peter: »Der Mimese-Komplex«, in: *ilinx – Berliner Beiträge zur Kulturwissenschaft* 2: *Mimesen* (2011), S. 185–194. Ich halte mich an Gebles Vorschlag und benutze neben »*mimicry*«, um die Spielkategorie zu bezeichnen, »Mimikry«, um biologische Phänomene der Verwandlung zu bezeichnen, bei denen Organismen »in ihrem Äußeren das Erscheinungsbild eines artfremden Organismus vortäuschen und dabei als optisch abgrenzbare Gestalt kenntlich bleiben«; »Mimese«, um Phänomene des Verschwindens anzusprechen, bei denen Organismen »ihr Äußeres ununterscheidbar in ihre Umgebung einpassen und dabei die optischen Grenzen ihrer Gestalthaftigkeit auflösen«; und »Mimetismus« als Oberbegriff für Mimikry und Mimese. Vgl. ebd., S. 188.

[33] Caillois: *Die Spiele und die Menschen*, S. 29, Anm. 3.

[34] Ebd.

[35] Ebd., S. 28.

Caillois' letzte Rubrik, *ilinx*, umfasst die Rauschspiele, also solche Spiele, deren Attraktion die Destabilisierung bzw. Transformation des Bewusstseins bildet und die durch »reine Hingerissenheit« charakterisiert sind.[36] Der Rausch kann dabei physikalischen, chemischen und moralischen Ursprungs sein. Der physikalische Rausch wird durch verschiedene Bewegungsformen hervorgerufen: Drehen, Tanzen, Schweben, Gleiten, Fallen und Beschleunigen.[37] Jahrmarktsattraktionen, wie sie mit der Industrialisierung aufkamen, nehmen für Caillois eine besondere Rolle unter den von ihm gegebenen Beispielen ein, da erst mit ihnen diese Spielkategorie als solche hervorgetreten sei, wobei sich auch im Tierreich Vorstufen der Rauschspiele fänden. Während der physikalische Rausch durch diverse Bewegungsmodalitäten erzeugt wird, entsteht der moralische Rausch durch transgressive und destruktive Handlungen, die mit einer »plötzliche[n] [...] Besessenheit« und »seltsame[n] Erregung« einhergehen.[38] Der chemische Rausch wiederum wird durch den Konsum von Rauschmitteln herbeigeführt. Zu dieser Modalität der Rauschgenese hat Caillois ein äußerst ambivalentes Verhältnis. Wenngleich er die »Trunkenheit« zum *ilinx* zählt, charakterisiert er sie doch zugleich als eine »Korruption« bzw. »Perversion« dieser Spielkategorie.[39] Beim Rauschmittelkonsum, so Caillois, »vollzieht sich der Rausch weder außerhalb der Wirklichkeit noch abgetrennt von ihr; er ist vielmehr in sie eingebaut und entwickelt sich in ihr«.[40]

[36] Ebd., S. 41.
[37] Ebd., S. 35. Vgl. auch Ladewig, Rebekka: »Apparaturen des Schwindels. Zum psychiatrischen, populären und wissenschaftlichen Einsatz von Drehvorrichtungen im frühen 19. Jahrhundert«, in: *ilinx – Berliner Beiträge zur Kulturwissenschaft* 1: *Wirbel, Ströme, Turbulenzen* (2009), S. 261–284. Und weiter Ebeling, Knut: »ilinx. Zur Physik der Sensation in der surrealistischen Spieltheorie«, ebd., S. 141–174.
[38] Caillois: *Die Spiele und die Menschen*, S. 33.
[39] Vgl. ebd., S. 52ff.
[40] Ebd., S. 60.

Caillois' Vorbehalte gegenüber dem Rauschmittelkonsum liegen darin begründet, dass dieser sich in seinen Augen raumzeitlich nicht einrahmen lässt. Caillois zufolge kommt es zu einer dem zivilisatorischen Fortschritt abträglichen Verirrung, wenn das Spiel nicht in einem hierzu vorgesehenen räumlichen und zeitlichen Rahmen stattfindet. Dann entfalte der jeweilige Antrieb des Spiels – Wettkampf, Zufall, Maskerade oder eben Rausch – eine »absolute Herrschaft«, wobei *ilinx* aufgrund seiner Intensität und Transgressivität das größte Gefahrenpotential berge.[41] Während Caillois eine Rahmung des *ilinx* auf dem Gelände des Jahrmarkts ausmacht und die Karussell-Attraktionen dementsprechend als unproblematische Spielart betrachtet, sieht er im Rauschmittelkonsum das höchste Risiko, da sich die Wirkung des chemisch erzeugten Rausches, anders als die des physikalisch oder moralisch herbeigeführten Rausches, nicht eingrenzen lasse. Die Gefahr liege in der Gewöhnung des Rauschmittelkonsumenten an die Intensitäten des Rausches, die mit der Zeit unweigerlich in die Sucht münde – eine Versklavung des Konsumenten, die der Sphäre des Spiels entgegengesetzt sei: »Das, was bisher Vergnügen war, wird zur fixen Idee; das freie Spiel wird zum Zwang, die Zerstreuung wird Leidenschaft, Besessenheit und Quelle von Ängsten.«[42]

Caillois' Charakterisierung des chemischen Rausches als vollkommen regel- und grenzenlos wird von Studien widerlegt, die seine soziokulturelle Spezifik beleuchten.[43] Das komplexe Wirkungsgefüge des Rauschmittelkonsums bringt eine hohe kulturelle sowie individuelle Varianz mit sich – nicht nur hin-

[41] Ebd., S. 53.

[42] Ebd. Vgl. auch ebd., S. 60ff.

[43] Vgl. z.B. Jungaberle, Henrik: »Rituale und Integrationskompetenz beim Gebrauch Psychoaktiver Substanzen«, in: ders./Verres, Rolf/DuBois, Fletcher: *Rituale erneuern. Ritualdynamik und Grenzerfahrung aus interdisziplinärer Perspektive*, Gießen 2006; Jungaberle, Henrik/DuBois, Fletcher: »Risk and Ritual – Two Frames for Drug Use«, in: Jungaberle, Henrik/Weinhold, Jan (Hg.): *Rituale in Bewegung. Rahmungs- und Reflexivitätsprozesse in Kulturen der Gegenwart*, Berlin 2006, S. 193–226.

sichtlich Konsummuster und Suchtanfälligkeit, sondern auch bezüglich der Rauscherfahrung selbst. Diese ist nicht nur von den neurochemischen Prozessen abhängig, die von dem jeweiligen Rauschmittel ausgelöst werden, sondern mindestens genauso stark von individuellen Erfahrungen, internalisierten Diskursen und den hieraus resultierenden Erwartungen. Ebenfalls zu kritisieren ist Caillois' Charakterisierung des *ilinx* als sich zwischen »Ekstase«, »Panik« und betäubender »Hypnose des Bewusstseins« bewegend.[44] So zeigen die Zeugnisse von Drogenkonsumenten, dass der Rausch sich nicht auf »einen tranceartigen Betäubungszustand« reduzieren lässt, »der mit kühner Überlegenheit die Wirklichkeit verleugnet«.[45] Genauso wie der Konsum von Rauschmitteln nicht unweigerlich die Sucht nach sich zieht, ist Rausch nicht mit Besinnungslosigkeit gleichzusetzen. Vielmehr gibt es zwischen leichter Beschwipstheit, exzessiver Ekstase und betäubter Benommenheit mannigfache Schattierungen des *ilinx*. Im Kontrast zu Caillois' reduktionistischer Definition müssen die phänomenale Vielfältigkeit des chemischen Rausches sowie der Umstand betont werden, dass Rauschmittel zu einer lustvollen Transformation der Wahrnehmung, der Phantasie, des Denkens, der Zeit und des Raumes führen können. Kurz: Sie verwandeln die Wirklichkeit, indem sie das Subjekt transformieren.[46]

Rausch und Rahmung

Caillois' Systematik der Spiele beinhaltet zwei letzte fundamentale Antriebe, *paidia* und *ludus*, die allerdings quer zu allen

[44] Caillois: *Die Spiele und die Menschen*, S. 32.
[45] Ebd.
[46] Vgl. Butler, Mark: »Im Auge des Zyklons. Vom chemischen Rausch und dem psychotropen Spiel mit sich«, in: *ilinx – Berliner Beiträge zur Kulturwissenschaft* 1: *Wirbel, Ströme, Turbulenzen* (2009), S. 243–260.

vier bisher skizzierten liegen. Während sich *agôn*, *alea*, *mimicry* und *ilinx* quasi auf einer horizontalen Achse befinden, bilden *paidia* und *ludus* zwei entgegengesetzte Pole, die ein Spektrum der jeweiligen Spielrubriken auf einer vertikalen Achse aufspannen. Der erste Pol, *paidia*, bezeichnet »die spontanen Manifestationen des Spieltriebes« und umfasst »jeden glücklichen Überschwang [...], der eine unmittelbare und ungeordnete Tätigkeit, eine ursprüngliche, losgelöste und oft exzessive Freude bezeichnet, deren unvorhergesehenes und ungeregeltes Wesen der entscheidende, wenn nicht der einzige Grund des Spieles ist«.[47] Diese Manifestation des Spieltriebs ist primär und liegt allen anderen Ausprägungen zugrunde. Die intensive, ungebändigte Lust der *paidia* bildet den unverzichtbaren »Motor« des Spiels und ist selbst im Herzen seiner formalsten Aktivitäten am Werk.[48]

Caillois sieht *paidia* charakterisiert durch ein »Prinzip des Vergnügens, der freien Improvisation und der unbekümmerten Lebensfreude«, das »eine gewisse unkontrollierte Phantasie« zum Ausdruck bringt.[49] Spielaktivitäten, die sich an diesem Pol befinden, zeichnen sich – egal ob sie zum *agôn*, zur *alea*, zur *mimicry* oder zum *ilinx* tendieren – durch Spontaneität, Vitalität, Ausgelassenheit, Launenhaftigkeit, Überschwänglichkeit, Eulenspiegelei, Transgressivität, Tumult und Anarchie aus. Obschon *paidia* Caillois zufolge quer zu seinen vier Spielrubriken liegt und sie alle animiert, muss angemerkt werden, dass sich in seinen Ausführungen eine auffällige Nähe zum *ilinx* zeigt. In seiner Beschreibung der *paidia* als ein fundamentales »Bedürfnis nach Bewegung« klingt der Wunsch nach physikalischem Rausch an.[50] Und in der Ausprägung der *paidia* als »Trieb, alles zu berühren, zu ergreifen, zu schmecken, zu berie-

[47] Caillois: *Die Spiele und die Menschen*, S. 37.
[48] Ebd., S. 36.
[49] Ebd., S. 20.
[50] Ebd., S. 37.

chen«, wird eine Wahrnehmungslust angesprochen, die für den chemischen Rausch charakteristisch ist.[51] Nicht zuletzt gibt es einen Widerhall des moralischen Rausches in der Beschreibung der *paidia* als Zerstörungstrieb und Wunsch nach Lärm, Chaos und Transgression. Somit erweist sich der Rausch in Caillois' Denken als ebenso primäre Qualität des Spiels, wie er es für Huizinga ist – entsprechend seiner Kennzeichnung der Tollheit als fundamentale Erfahrung des Spielenden.

Der letzte Spieltrieb nach Caillois und der entgegengesetzte Pol zur *paidia* ist *ludus*, der »Hang zur Meisterung künstlicher Schwierigkeiten«.[52] Das Vergnügen, das *ludus* bereitet, besteht in der Überwindung artifizieller Hindernisse. Dieses Spielprinzip »diszipliniert und bereichert« die *paidia*,[53] »absorbiert« und bändigt sie, strebt danach, ihre regellose Transgressivität »willkürlichen, gebieterischen und absichtlich hemmenden Konventionen zu unterwerfen, sie immer mehr in die Enge zu treiben, indem man fortwährend schwierigere Hindernisse einbaut, um so den Weg zu dem ersehnten Resultat möglichst unbequem zu gestalten«.[54] Psychoanalytisch gesprochen: *Ludus* generiert Genuss daraus, Befriedigungsaufschub herbeizuführen und die *paidia* zu sublimieren.

Ludus manifestiert sich in den Regeln, die eine Spielaktivität rahmen, formalisieren und institutionalisieren. In Übereinstimmung mit Freud sind Regel und Rahmung Caillois zufolge entscheidend für die »kulturelle Fruchtbarkeit« des Spiels.[55] Die Kodifizierung des Spiels in Regeln fordert beim Spieler Fertigkeiten in der Kalkulation und der Kombinatorik.[56] »Man

[51] Ebd., S. 37f.
[52] Ebd., S. 36.
[53] Ebd., S. 39.
[54] Ebd., S. 20.
[55] Ebd., S. 41. Vgl. auch ebd., S. 36. Und vgl. Freud, Sigmund: »Das Unbehagen in der Kultur«, in: ders.: *Gesammelte Werke*, Bd. 14, hg. v. Anna Freud u.a., Frankfurt a.M. 1999, S. 419–506.
[56] Vgl. Caillois: *Die Spiele und die Menschen*, S. 41.

stellt immer eine Ausgangssituation her, die sich unendlich oft wiederholen kann, aber auf deren Basis sich stets neue Kombinationen zu entwickeln vermögen.«[57] Durch die Regeln gerät der Spieler in »einen Wettkampf mit sich selbst, und sie ermöglichen ihm, einen etappenweisen Fortschritt festzustellen, dessen er sich all denen gegenüber, die seinen Geschmack teilen, mit einem gewissen Wohlgefallen rühmt«.[58]

Während *paidia* eine große Nähe zum *ilinx* aufweist, ist *ludus* mit *agôn* verwandt, auch wenn der Spieler hier nicht mit einem Gegenüber, sondern mit Hindernissen und seinen eigenen Fertigkeiten kämpft. Beide, *ludus* und *agôn*, fordern Übung vom Spieler und »enden normalerweise in der Erwerbung einer auf ein bestimmtes Ziel gerichteten Geschicklichkeit, der Erringung einer besonderen Meisterschaft, der Handhabung dieses oder jenes Apparates oder in der Fähigkeit, eine befriedigende Antwort auf streng abgegrenzte Probleme zu finden«.[59]

So wird aus der ungezügelten Spontaneität der *paidia* eine spielerische Technik des Selbst, eine lustvolle Praxis der Selbststilisierung und -steigerung.[60] Dabei ist es bemerkenswert, dass Caillois – obwohl er die kulturelle Produktivität des Spiels ebenso anerkennt wie die Tatsache, dass Spieler durch das Spielen Fähigkeiten erwerben – mit Emphase an der Nutzlosigkeit und Unproduktivität des Spiels festhält. Diese Verkennung der produktiven Potenz des Spiels kann auf Caillois' Problematisierung der verführerischen Kraft des berauschenden Spielraums zurückgeführt werden, von der er – jegliche Form der Grenzüberschreitung mit Argwohn betrachtend – die Notwendigkeit einer geregelten Rahmung ableitet.

[57] Ebd., S. 40.
[58] Ebd.
[59] Ebd., S. 39.
[60] Vgl. Butler, Mark: »Das Spiel mit sich. Populäre Techniken des Selbst«, in: Kimminich, Eva u.a. (Hg.): *Express yourself! Europas kulturelle Kreativität zwischen Markt und Underground*, Bielefeld 2007, S. 75–101.

Die Verlockung des Spielraums

Die Notwendigkeit zur strikten Rahmung des Spielraums leitet sich bei Caillois von der gefährlichen Verführungskraft ab, die er dem Raum als solchem zuspricht. Um diesen Zusammenhang zu erhellen, ist es hilfreich, seinen Artikel »Mimese und legendäre Psychasthenie« von 1935 heranzuziehen. Die zentrale Frage in diesem frühen Text ist diejenige nach der Unterscheidung »zwischen dem Realen und dem Imaginären, zwischen Wachen und Traum, zwischen Unwissenheit und Erkenntnis, usw.«.[61] Die wichtigste aller Unterscheidungen ist Caillois zufolge diejenige zwischen einem Organismus und seiner Umgebung, deren *»wechselseitige Organisation«* bzw. *»reziproke Topographie«* für ihn zugleich »verstörend und entscheidend ist«.[62] Diese Problematik behandelt er ausgehend von der »morphologische[n] Mimese« der Insekten, worunter er eine Art dreidimensionaler Photographie bzw. »*Teleplastik*« versteht, die nicht nur Farbigkeit, sondern auch Form, Volumen und Tiefe reproduziert. Dabei betont er, dass der Mimetismus der Insekten keine Adaptionsleistung darstellt, die im Überlebenskampf der natürlichen Selektion dienlich wäre. Vielmehr stellt der Mimetismus für ihn eine anti-utilitaristische Verschwendung von Ressourcen dar, einen nutzlosen und gar »gefährlichen Luxus«, wie er auch bei der sexuellen Selektion zu beobachten ist. So analysiert Caillois die Mimesen der Insekten als eine »regelrechte *Versuchung durch den Raum*«, die einen »*Trieb zur Selbstaufgabe*« und Hingabe (instinct d'abandon) – oder anders gesagt: eine Neigung zum Rausch – wachruft. Die Mimese zeichnet sich demnach durch das Streben nach »*Angleichung an die Umgebung*« aus. Sie wird durch eine »Störung der räumlichen Wahrnehmung« hervorgerufen, die sich

[61] Caillois: »Mimese und legendäre Psychasthenie«, in: *Méduse & Cie*, S. 27.
[62] Vgl. hier und im Folgenden ebd., S. 32ff.

im Visuellen ereignet. Die *»Herausforderung durch den Raum«* verwischt dabei die grundlegende Unterscheidung zwischen einem Organismus und seiner Umwelt, was in einem Spannungsverhältnis zum Selbsterhaltungstrieb steht.

Unter Rückgriff auf die geometrische Figur des Dieders – eines Polyeders, das aus zwei Ebenen gebildet wird – definiert Caillois den Raum als ein doppeltes Gebilde, bestehend aus einem *»Dieder der Handlung«* und einem *»Dieder der Vorstellung«*. Das Dieder der Handlung bildet sich aus der *wahrgenommenen* horizontalen Ebene des Grundes und der vertikalen Ebene des sich bewegenden Organismus, um den es zentriert bleibt. Das Dieder der Vorstellung bildet sich aus der *repräsentierten* horizontalen Ebene des Grundes und der vertikalen Ebene des in der Ferne erscheinenden Objekts. Die Verlockung des Raums geht von letzterem aus, da der Organismus hier nicht mehr den privilegierten Mittelpunkt des Koordinatensystems verkörpert, »sondern ein[en] Punkt unter vielen«. Caillois erläutert seine Denkfigur anhand der dezentrierenden Wirkung der modernen Wissenschaften. Demnach bedingt die exponentielle Vervielfältigung der Vorstellungsräume eine Situation, in der das »Gefühl von Persönlichkeit als einem Gefühl des Organismus, sich von seiner Umgebung abzuheben, die Verbindung zwischen dem Bewußtsein und einem bestimmten Punkt im Raum, [...] ernsthaft Schaden nehmen« muss.

Diese Störung der Beziehung zwischen Persönlichkeit und Raum nennt Caillois, unter Rückgriff auf die Psychopathologie der Schizophrenie, *»legendäre Psychasthenie«*. In diesem Zusammenhang rekurriert er – ohne näher darauf einzugehen – auf »persönliche Erfahrungen«, von denen auch in der Fachliteratur berichtet wird: Bei den entsprechenden Erlebnissen weiß man, wo man ist, ohne sich an dem Ort zu fühlen. In diesem Zustand scheint der Raum »als ein alles verschlingender Wille«. Er »verfolgt«, »umzingelt« und »verschlingt« dann denjenigen, der seiner Verlockung erliegt, und nimmt letztendlich dessen Platz ein. Daraufhin trennen sich Körper und Geist und dem Subjekt widerfährt eine außerkörperliche bzw. außerräumliche Erfahrung. Caillois lokalisiert den Sog der Mimese im »*dunklen Raum*«, den dem Psychiater Eugène Minkowski zufolge Schizophrene bewohnen – in einem Raum der Undurchsichtigkeit, der Träume und Halluzinationen, von dem das Subjekt sich durchdrungen fühlt und der im Gegensatz zum ›hellen‹ Raum der Geometrie und der Objektivität steht.

Die Einverleibung durch den Raum, die für den frühen Caillois mit dem morphologischen Mimetismus von Tieren verwandt ist, geht den Ausführungen in »Mimese und legendäre Psychasthenie« zufolge mit einer »*Depersonalisation*« und einem Verlust an Vitalität einher. Hinsichtlich dieses letzten Punktes kritisiert der späte Caillois, wie bereits erwähnt, sein früheres Denken. In der spielerischen *mimicry* zeigt sich, dass die Verwandlung nicht nur in Richtung eines weniger spannungsreichen Zustands erfolgen kann. Die Verlockung durch den Raum kann auch zu einem intensiveren Zustand führen.

Mit seinem Konzept des Mimetismus lanciert Caillois ganz unter der Hand eine Demontage des cartesianischen *cogito ergo sum* – eine Demontage, die Jacques Lacan im Konzept des Spiegelstadiums sowie in der Unterscheidung von Auge und Blick aufgreift.[63] Während das Auge, so Lacan, nur von einem Punkt im Raum aus sieht, strahlt der Blick, der die Identität des Subjekts fixiert, indem er Bilder auf den Schirm projiziert und als Instanz des imaginären »Ich« (*moi*) installiert, von allen Seiten als Präsenz des räumlichen Anderen. Erst in zweiter Instanz

[63] Vgl. Lacan, Jacques: »Das Spiegelstadium als Bildner der Ichfunktion – wie sie uns in der psychoanalytischen Erfahrung erscheint«, in: ders.: *Schriften I*, Weinheim, Berlin 1991, S. 61–70. »Man kann das Spiegelstadium als eine Identifikation verstehen im vollen Sinne, den die Psychoanalyse diesem Terminus gibt: als eine beim Subjekt durch die Aufnahme eines Bildes ausgelöste Verwandlung.« Ebd., S. 64. Vgl. hierzu auch Geble: »Der Mimese-Komplex«, in: *ilinx* 2, S. 190ff. Zur Unterscheidung zwischen Auge und Blick vgl. Lacan, Jacques: *Die vier Grundbegriffe der Psychoanalyse. Das Seminar, Buch XI* (1964), Textherstellung v. Jacques-Alain Miller, übers. v. Norbert Haas, Weinheim, Berlin 1996, S. 79ff. und S. 104ff.

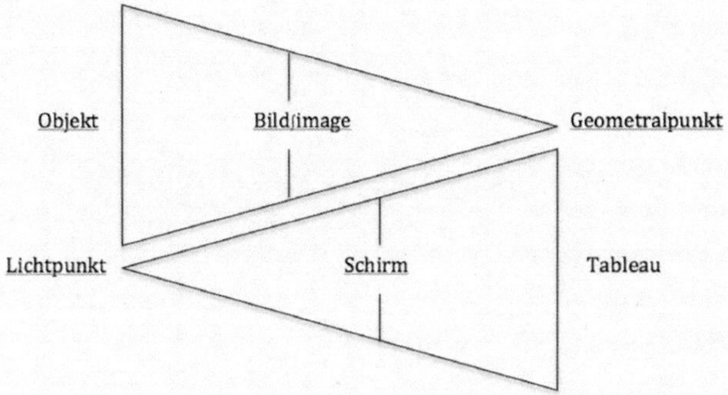

Abb. 1
Das Verhältnis von Auge und Blick nach Lacan – Schema I und II.

kann das Subjekt als Operator des Blicks verstanden werden, indem es sich sieht als Gesehenes, auch wenn keine tatsächlichen Augen darauf gerichtet werden. Vorher muss das Subjekt den Blick in sich aufgenommen haben, wodurch es dessen Status als grundlegende äußere Instanz verkennt.

Lacan hält dieses Verhältnis von Auge und Blick in drei Schemata fest, die an Caillois' doppelte Definition des Raums erinnern. Im ersten Schema wird das Modell der Zentralperspektive gezeigt, das eine Souveränität des Sehenden impliziert, dessen Auge mit dem Blick gleichgesetzt wird. Das subjektive Auge befindet sich am Geometralpunkt und hält das Objekt auf einer Ebene fest, die zwischen beiden liegt. Das zweite Schema kehrt die erste Aufstellung um und erfasst so die Tiefendimension der visuellen Repräsentation. Hier wird das Subjekt vom Lichtpunkt des Objekts, der nur durch einen zwischen beiden befindlichen Schirm gesehen werden kann, angestrahlt. Im dritten Schema überlagern sich das erste und das zweite Schema. Das Subjekt hat als Objekt des Blickes zunächst keine andere Wahl, als die auf den Bild-Schirm projizierte Form

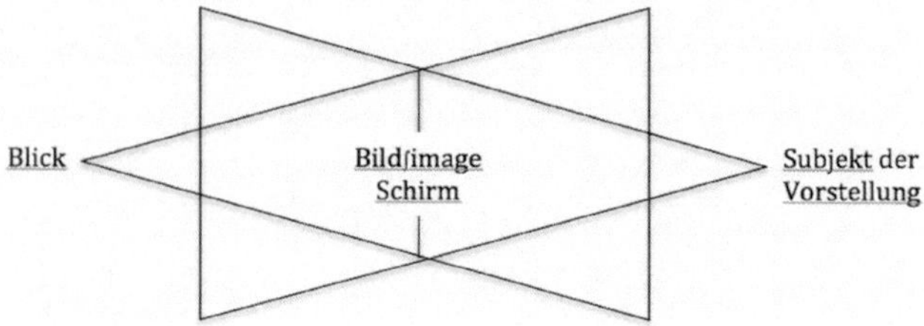

Abb. 2
Das Verhältnis von Auge und Blick nach Lacan – Schema III.

anzunehmen – dies entspricht der imaginären Kartierung des tierischen Mimetismus. Das Subjekt wird auf der Ebene des Bild-Schirms »*photo-graphiert*«.[64] Dem Subjekt, das fähig ist, die Spaltung zwischen seiner Erscheinung und seinem Sein wahrzunehmen, wird allerdings eine zweite Art des Mimetismus eröffnet: Es kann mit dem Schirm als Maske spielen. »Nur das Subjekt – das menschliche Subjekt, das Subjekt des Begehrens, welches das Wesen des Menschen ausmacht – unterliegt, im Gegensatz zum Tiere, nicht ganz diesem imaginären Befangensein. Es zeichnet sich aus. Wie das? In dem Maße, wie es die Funktion des Schirms herauslöst und mit ihr spielt. Tatsächlich vermag der Mensch mit der Maske zu spielen [...].«[65]

Der digitale Spielraum

Caillois' Werk ist exemplarisch für den modernen Versuch, das Spiel zu privatisieren, es einzuhegen und zu begreifen.[66] Wie

[64] Lacan: *Die vier Grundbegriffe der Psychoanalyse*, S. 113.
[65] Ebd., S. 114.
[66] Mit dem Übergang zur Moderne wurde die Aufmerksamkeit zunehmend von sozialen Spielformen auf individuelle Erfahrungen verlagert, die sich in einem klar ein-

zu Beginn skizziert, ist die begrenzende raumzeitliche Rahmung für ihn ein konstituierendes und ein notwendiges Merkmal des Spiels. Einerseits entsteht seine verführerische Wirkung erst durch das Abstecken eines besonderen Raums, der nach einem Spieler verlangt, der sie animiert: Die Verführungskraft des Spiels geht demnach von der berauschenden Wirkung aus, die diese Einrahmung eines ideal-imaginären Raums erzeugt – wie oben anhand der Spiele des *agôn*, der *alea* und der *mimicry* rekonstruiert wurde. Andererseits ist, wie bereits erwähnt, diese rahmende Grenze Caillois zufolge notwendig, um die Entfesselung der pathogenen Potenz der Spielleidenschaft zu vermeiden.

Der Spielraum ist allerdings nicht immer so klar umrandet, wie Caillois es gerne hätte. Man denke nur an den Vorläufer des Jahrmarkts: den umherziehenden Karneval, bei dem der heilige Narrenkönig über ein Reich der transgressiven Transformativität waltet.[67] Das von Caillois postulierte Verhältnis von *paidia* und *ludus* als bipolare Grunddynamik des Spiels ist in seiner Theorie des vormodernen heiligen Festes präfiguriert.[68] Demnach wird das Fest – ein Spielraum par excellence –

gegrenzten Spielraum ereignen. Mit dieser Fokussierung auf das individuelle, zunehmend auch solitäre Spiel ging nicht zuletzt eine wachsende Disziplinierung des Spielens bzw. des Spielers einher, die im 19. Jahrhundert ihren Höhepunkt erreichte. Das Spiel wurde funktionalisiert und hatte der Erziehung zu dienen. Parallel zu dieser Disziplinierung des Spiels wurde es zugleich als nichtig, weil folgenlos charakterisiert – eine Vorstellung aus der streng zwischen Spiel und Arbeit differenzierenden, protestantisch-puritanischen Ethik. Das Spiel des bürgerlichen Kindes wurde letzten Endes als unseriöse und unproduktive Tätigkeit angesehen, nicht einmal dem Freizeitverhalten des Erwachsenen ebenbürtig, und erhielt seinen Wert erst durch den instrumentalisierenden Zugriff der Pädagogik. Vgl. Sutton-Smith, Brian: *The Ambiguity of Play*, Cambridge 2001.

[67] Vgl. Bachtin, Michail: *Literatur und Karneval. Zur Romantheorie und Lachkultur*, Frankfurt a.M. 1985. Zur karnevalesken Logik von Computerspielen vgl. Butler, Mark: »On Reality and Simulation in an Extra-Moral Sense. The Playful Logic of Life and Death in Liberty City«, in: Günzel, Stephan/Liebe, Michael/Mersch, Dieter (Hg.): *Logic and Structure of the Computer Game*, Potsdam 2010, S. 212–236.

[68] Vgl. Caillois, Roger: *Der Mensch und das Heilige*, durch drei Anhänge über den Sexus, das Spiel und den Krieg in ihren Beziehungen zum Heiligen erweiterte Ausgabe, übersetzt von Brigitte Weidmann, mit einem Nachwort von Peter Geble, München, Wien

von der »Atmosphäre des Ausnahmezustands« beherrscht.[69] Hier übernimmt das Chaotische die Macht und wirbelt die Ordnung der Dinge durcheinander: Alltägliche Regeln, Zwänge und Pflichten werden suspendiert, Normen auf den Kopf gestellt, Freizügigkeit ermutigt, Tabus gebrochen und das Bizarre, Skandalöse, Absurde, Groteske, Exzessive, Transformative, Tragische, Erhabene und Lächerliche zur Schau gestellt. Hier ist die Welt in einem gestaltbaren Fluss des Werdens, schöpferisch und unerschöpflich.[70] Während das Sakrale laut Caillois im Alltag fast immer in Form von Verboten auftritt, erscheint es im Fest in seiner Positivität als Fülle, Überfluss und Überschreitung – ein Gedanke, der Caillois mit seinem frühen Weggefährten Georges Bataille verbindet.[71] Und eben dieses bipolare Paar von Tabu und Transgression kehrt beim späten Caillois als *ludus* und *paidia* wieder, wobei seine Betonung der notwendigen Eingrenzung des überbordenden Spielraums eine markante Differenz zu Bataille darstellt.

Die Frage nach der notwendigen Rahmung des Spielraums taucht in den zeitgenössischen *Games Studies* angesichts der deterritorialisierenden Tendenzen des digitalen Spiels immer wieder auf – meistens angelehnt an den Topos des »magic circle«, der von Huizinga entlehnt wird.[72] Computerspiele stellen

1988, S. 125–166. Vgl. auch Durkheim, Émile: *Die elementaren Formen des religiösen Lebens*, Frankfurt a.M. 1994, S. 512ff. Zum Verhältnis von Spiel und Fest vgl. auch Adamowsky, Natascha: *Spielfiguren in Virtuellen Welten*, Frankfurt a.M., New York 2000, S. 82ff.

[69] Caillois: *Der Mensch und das Heilige*, S. 130.

[70] Vgl. ebd., S. 130ff. Natascha Adamowsky charakterisiert alle Spielräume als Zonen des Dazwischen und der Transformation. Vgl. Adamowsky: *Spielfiguren in Virtuellen Welten*, S. 26ff.

[71] Vgl. Bataille, Georges: *Der heilige Eros*, Darmstadt, Neuwied 1986.

[72] Es muss angemerkt werden, dass der Zauberkreis bei Huizinga nur Teil einer Aufzählung ist, um die räumliche Rahmung des Spiels darzustellen. Im Diskurs der *Games Studies* hat dieser Topos aber ein regelrechtes Eigenleben entwickelt. Vgl. Huizinga: *Homo Ludens*, S. 18f: »Wie der Form nach kein Unterschied zwischen einem Spiel und einer geweihten Handlung besteht, d.h. wie die heilige Handlung sich in denselben Formen wie ein Spiel bewegt, so ist auch der geweihte Platz formell nicht von einem Spielplatz zu unterscheiden. Die Arena, der Spieltisch, der Zauberkreis, der Tempel, die Bühne, die Filmleinwand, der Gerichtshof, sie sind allesamt der Form

die raumzeitliche Rahmung des Spiels in mehrfacher Hinsicht zusehends in Frage – man denke nur an die potentielle Endlosigkeit von *Massively Multiplayer Online Roleplaying Games* wie WORLD OF WARCRAFT, an die Ubiquität von Spielgelegenheiten infolge der Diffusion von Smartphones und *Casual Games* wie ANGRY BIRDS, an die Überlagerung von Realität und Virtualität infolge der zunehmenden Durchsetzung der *Augmented Reality*, wie sie etwa in Form von GOOGLE GLASS erforscht wird, oder an die Übertragung von Computerspielmechanismen auf bislang nicht als Spiel betrachtete Tätigkeiten im Diskurs der *Gamification*. Die expansive Entgrenzung des Spielraums im digitalen Medium, die seit den siebziger Jahren fast alle Lebensbereiche der postindustriellen Gesellschaft erfasst hat, ist nicht zu übersehen.

Wesentlich für den populären Durchbruch und die Diffusion des digitalen Mediums war die Vision eines digitalen Informationsraums, den der Nutzer betreten konnte. Zwei Meilensteine bei der Implementierung dieser Vision waren Douglas Engelbarts *Augment*-System und SPACEWAR!, das erste digitale Actionspiel, das von der ersten Generation von Computer-Hackern am MIT entwickelt wurde. Engelbart bemühte sich in den sechziger Jahren, alle digitalen Informationen in eine interaktive Bildsprache zu übersetzen, und bereitete damit die Geburt des modernen WIMP-Interface (*Windows-Icon-Menu-Pointer*) sowie der virtuellen Realität bzw. des Cyberspace vor. Er ließ dabei das Phantasma des Informationsraums Wirklichkeit werden, das seit der Antike im Abendland kursiert.[73] Wesentliche Innovationen, die Engelbart implementierte und 1968 einer staunenden Öffentlichkeit in San Francisco präsentierte, umfassten: das *Bit-Mapping*, die *direkte Manipulation* und

und der Funktion nach Spielplätze, d.h. geweihter Boden, umzäuntes, geheiligtes Gebiet, in dem besondere Regeln gelten.«

[73] Vgl. Johnson, Steven: *Interface Culture. Wie neue Technologien Kreativität und Kommunikation verändern*, Stuttgart 1999, S. 30f.

die *Maus*. Durch das Bit-Mapping – die Visualisierung digitaler Muster, bei der ein Bit im Computer-Gedächtnis einem Pixel auf dem Computer-Monitor entspricht – hatten Daten erstmals einen bestimmten Platz im realen wie auch im virtuellen Raum. Sie existierten als Elektronen in den jeweiligen Transistoren des Mikroprozessors und zugleich als visuelle Repräsentationen auf dem Bildschirm. Die direkte Manipulation – die visuell-manuelle Interaktion mit den visualisierten Daten in Echtzeit – war notwendig für die Illusion des Informationsraums. Nicht zuletzt hat Engelbart auch die Maus eingeführt, eine Verlängerung des Benutzers in den Datenraum. Ihr Zeiger war einer der ersten Avatare – ein virtueller Doppelgänger des Nutzers, der es erlaubte, in den Informationsraum einzudringen und die visualisierten Datengebilde in Echtzeit zu manipulieren. In der Folge wich die jahrhundertealte, auch von Engelbart übernommene westliche Tradition, Technologien als Prothesen des menschlichen Körpers zu phantasieren, der Vorstellung vom Computer als Medium bzw. als Informationsraum, in den es einzutauchen und den es zu erforschen gilt – eine kulturelle Errungenschaft, die der Interface-Theoretiker Steven Johnson als ähnlich bedeutsam bewertet wie die Entdeckung der Zentralperspektive in der Renaissance.[74]

Parallel zu Engelbarts Installation des Informationsraums kündigte sich die gewaltige *spielerische* Potenz des Computers an. Die Affinität zwischen Computer und Spiel war von Anfang an vorhanden – beide ermöglichen das Aufeinandertreffen von Freiheit und Determiniertheit, variablem Input und prozessiertem Code bzw. *paidia* und *ludus* und bieten damit eine Erfahrung an, die zwischen Kontingenz und Notwendigkeit oszilliert.[75] Aber das spielerische Potential des Digitalrechners

[74] Ebd., S. 34.

[75] In den frühen Jahren der Informatik waren Spiele exemplarische Applikationen, die wichtige Lösungen für Programmierprobleme anboten. So betont Claus Pias die zentrale Rolle von Spielen in der Entwicklung des Computers: »Dass sich Babbage,

begann sich erst ab 1962 wirklich zu entfalten, nachdem die Hackergruppe um Steve Russell es mit der Implementierung von SPACEWAR! geweckt hatte.[76] Das Spiel simulierte das Duell zweier Raumschiffe, die von entgegengesetzten Enden des Bildschirms starteten, vor einem zufällig generierten Sternenfeld. Die Handlung erfolgte in Echtzeit, mit manuellem Input und visuellem Output. Die Bewegung der Schiffe imitierte die Gesetze des physikalischen Raums – Beschleunigung verlangte Zeit sowie wertvollen Treibstoff, und wenn ein Schiff Schwung erlangte, galt das Gesetz der Trägheit. In der ersten Version des Spiels hatte jeder Spieler nur vier binäre Schalter zur Steuerung des Raumschiffs, mit denen er beschleunigen, nach links und nach rechts drehen sowie Torpedos abfeuern konnte. Die visuell-manuelle Interaktion des Spiels faszinierte alle, die es spielten. Die ursprüngliche Version des Spiels wurde kontinuierlich in nächtlichen Hack-Sitzungen modifiziert – unter anderem durch das Hinzufügen einer Sonne mit eigenem Gravitationsfeld in der Mitte des Spielfelds, durch eine genaue Simulation des nächtlichen Himmels, die alle 60 Minuten einen 24-Stunden-Zyklus durchlief, durch eine Hyperraum-Funktion, die das Schiff des Spielers an eine zufällige Position des Bildschirms teleportieren ließ, und durch die Möglichkeit, das eigene Raumschiff unsichtbar werden zu lassen.[77]

SPACEWAR! bot die Erfahrung einer virtuellen Realität, noch bevor Engelbart seine Vision des Informationsraums vorgestellt hatte, und vermittelte bereits ein Gefühl dafür, wie es sein würde, in die Welt jenseits der Bildschirmoberfläche einzutau-

Zuse, Shannon, Turing oder Wiener mit Schachspielen beschäftigt haben, ist weder biographischer Zufall noch nachträgliche ›Benutzung‹ oder ›Missbrauch‹ des Computers zu Spielzwecken, sondern ein ›Denkbild‹ (Benjamin) des Computers selbst.« Pias, Claus: *Computer – Spiel – Welten*, München 2002, S. 198.

[76] Vgl. Levy, Steven: *Hackers. Heroes of the Computer Revolution*, London, New York, Victoria 1994, S. 50ff.

[77] Vgl. ebd., S. 20ff., sowie Kent, Steve L.: *The Ultimate History of Video Games. From Pong to Pokemon – The Story Behind the Craze That Touched Our Lives and Changed the World*, Roseville 2001, S. 17ff.

chen. Im Gegensatz zu vorherigen Hacks wollte Russell, dass sein Programm den Nutzer mit einbezöge. »[H]e wanted SPACEWAR! to absorb the user in an *experiential* simulation.«[78] Zu diesem Zweck erschuf er den ersten Avatar, einen leuchtenden Punkt auf dem Bildschirm, den der Nutzer steuern konnte und der mit der Zeit zu einem Raumschiff-Piktogramm weiterentwickelt wurde. Dieser erstmals angebotene digitale Doppelgänger ließ sich durch die vier Schalter direkt manipulieren. Das Programm war äußerst populär und prägte die digitale Kultur zur Zeit der Ablösung des Großrechners durch den PC. So inspirierte SPACEWAR! Pioniere dieser Wendezeit, wie beispielsweise Alan Kay, der bei seiner Weiterentwicklung von Engelbarts Ideen im Xerox Palo Alto Research Center konzeptuell auf die spielerisch-multisensorische Echtzeit-Interaktion aufbaute, die das Spiel anbot.[79]

Ein Computerspiel verführt durch den in ihm angebotenen Raum, zu dem in der Regel ein Avatar bzw. eine virtuelle Verkörperung gehört, mit welcher der Spieler in den Spielraum eintaucht. In einem zeitgenössischen Spiel wie MAX PAYNE 3 schlüpft der Spieler zum Beispiel in die virtuelle Haut der Titelfigur und erkundet ein simuliertes São Paolo. Der Spielraum, der auf explorativer Feldforschung in Brasilien beruht, ist so konstruiert, dass der Spieler in die Rolle eines alkohol- und tablettensüchtigen Ex-Cops schlüpft, der als Leibwächter für reiche Stadtbewohner arbeitet. Ein Computerspiel wie MAX PAYNE 3 vermischt alle Spielkategorien Caillois' und widerlegt damit dessen Klassifikation, die bestimmte Kombinationen von Spielqualitäten ausschließt, auch wenn sich seine Systematik als heuristisches Werkzeug bewährt. Der Spieler taucht in den

[78] Rehak, Bob: »Playing at Being: Psychoanalysis and the Avatar«, in: Wolf, Mark J. P./ Perron, Bernard (Hg.): *The Video Game Theory Reader*, New York 2003, S. 103–128, S. 109.
[79] Vgl. Brand, Stewart: »Spacewar. Fanatic Life and Symbolic Death among the Computer Bums« (Online-Reprint), in: *Rolling Stone* (7.12.1972), http://www.wheels.org/spacewar/stone/rolling_stone.html (aufgerufen: 3.7.2023).

Abb. 3
Das simulierte São Paolo aus MAX PAYNE 3.

virtuellen Raum ein und schlüpft in ein nachahmendes Verhältnis zu seinem Avatar (*mimicry*), gerät durch die audiovisuell-haptischen Muster in einen rauschhaften Spielfluss (*ilinx*), misst sich mit anderen Spielern über die *Leaderboards* des *Rockstar Games Social Club* (*agôn*) und lässt sich beim Versuch, durch spontan-transgressive Taten (*paidia*) kunstvoll gestaltete Hindernisse zu überwinden (*ludus*), auf den simulierten Zufall des Programms ein (*alea*).[80]

Um mit dem frühen Caillois zu sprechen: Das Computerspielen ist eine mimetistische Technik. Während des Spielens induzieren die visuellen, auditiven und haptischen Muster des Spiels eine Bewusstseinsveränderung und der Spieler phantasiert sich in die simulierte Wirklichkeit. In einem Prozess der Immersion taucht er in das Spiel ein, verlagert seine psychologische Präsenz in den virtuellen Raum auf der anderen Seite des Bildschirms und macht eine außerkörperliche und außer-

[80] Vgl. Butler, Mark: *Would You Like to Play a Game? Die Kultur des Computerspielens*, Berlin 2007, S. 133ff. Vgl. auch Wenz, Karin: »Transfer. Computerspiele als hybride Formen«, in: Ästhetik & Kommunikation e.V. (Hg.): *Computerspiele* 115 (2001), S. 85–90.

Abb. 4
Steuerungsschema von MAX PAYNE 3.

räumliche Erfahrung. Dabei findet in dem Maße, in dem er in seine simulierte Rolle schlüpft und zum Teil des digitalen Spielraums wird, eine graduelle Depersonalisation statt. Diese Rolle ist in die jeweilige virtuelle Verkörperung, die der Spieler annehmen muss, um überhaupt spielen zu können, hineinprogrammiert und bestimmt seine Handlungs- und Wahrnehmungsmöglichkeiten in der Spielwelt.[81] Das Eintauchen in ein Computerspiel setzt einen Lernprozess voraus, der mit jedem neuen Programm wiederholt werden muss. Spieler müssen die Möglichkeiten der je aktuellen virtuellen Verkörperung einüben – so kann der Spieler auf der PLAYSTATION 3 seinen Avatar im Fall von MAX PAYNE 3 unter anderem mit dem linken Analog-Stick bewegen, ihn mit der X-Taste je nach Kontext und Bedienungsart springen, sprinten, klettern oder abrollen lassen, ihn mit der Quadrat-Taste in Deckung bringen, ihn mit der R2-Taste schießen und mit der oberen Pfeil-Taste Schmerzmittel konsumieren lassen oder etwa die Zeit, für eine kurze Phase (*Bullet Time*), mit der R3-Taste verlangsamen.

Eine Voraussetzung der Interaktivität ist, dass der Nutzer sich dem Blick des Computers aussetzt. Dies geschieht entweder buchstäblich – wie im Fall von Sonys EYETOY und dem X-Box KINECT – oder im übertragenen Sinn entsprechend den üblicheren Steuerungsmodalitäten wie Tastatur und Maus, Joystick oder Gamepad. In jedem Fall muss der Spieler über ein Interface kommunizieren und codekonform handeln, um vom Computer registriert zu werden. Damit wird der Nutzer vom Blick des digitalen Raums figuriert, der dessen interaktive Form auf den Schirm projiziert. Der Spieler muss die vom Programm angebotenen Möglichkeiten und Steuerungslogiken internalisieren, um erfolgreich am Spiel teilzunehmen. So muss man zum Beispiel als Max Payne nicht nur Versteck-, Ausweich- und Schießmanöver erlernen, sondern auch ein Rhythmusgefühl für die Zeitachsenmanipulation entwickeln, um eine gut choreographierte Orgie der Gewalt zu vollführen und Erfolg im Spiel zu haben. Bob Rehak greift auf Lacans Theorie des Spiegelstadiums zurück, um das Verhältnis des Spielers zu seinem Avatar zu analysieren. Dabei betont er, dass dieses

[81] Vgl. Butler: *Would You Like to Play a Game?*, S. 102ff. Vgl. auch ders.: »On Reality and Simulation in an Extra-Moral Sense«, in: *Logic and Structure of the Computer Game*, S. 219ff.

Abb. 5
Choreographiertes Feuergefecht aus MAX PAYNE 3.

Konzept für das digitale Medium, als interaktive Technologie des Imaginären, neu formuliert werden muss. »If the avatar is a reflection, its correspondence to embodied reality consists of a mapping not of *appearance* but of *control*.«[82] Oder, auf Caillois aufbauend gesprochen: Der Mimetismus des Spielers erfolgt nicht nur entlang der visuellen Achse, sondern auch entlang der haptischen.

Ein Spieler, der die Steuerung eines Spiels gemeistert hat, erweitert sein Körperschema um die digitale Inkarnation, so dass er sie telekinetisch kontrollieren kann. In den intensivsten Spielphasen wird die Selbstreflexivität aufgelöst, während Denken und Handeln im Zustand des Flow miteinander verschmelzen.[83] Diese Erfahrung geht mit einer affektiven Kopplung zwischen dem Spieler und seinem simulierten Selbst einher. Das Interface verschwindet mit seiner Nutzung und verbindet den empfindenden Körper vor dem Bildschirm mit dem

[82] Rehak: »Playing at Being«, in: *The Video Game Theory Reader*, S. 107.
[83] Vgl. Csikszentmihalyi, Mihalyi: *Das Flow-Erlebnis. Jenseits von Angst und Langeweile: Im Tun aufgehen*, Stuttgart 1993.

Datenkörper im virtuellen Raum. Das Computerspielen ist nicht nur telekinetisch, sondern auch telepathisch in dem Sinne, dass der Spieler mit seiner digitalen Inkarnation verbunden ist und ›aus der Ferne fühlt‹. Die affektive Logik des Computerspielens bzw. des Spielens überhaupt umfasst eine grundlegende Dimension von Unsicherheit und Angst. Das ist die Quelle seines Nervenkitzels – die Angstlust, die der Spieler als gesteigerte Vitalität erfährt. In den intensivsten Phasen des Spiels kann eine existenzielle Bedrohung in der virtuellen Welt physische Reaktionen evozieren, etwa wenn der unbewaffnete Max Payne in den labyrinthischen Gängen der Favelas von einem korrupten Polizeikommando überrascht wird.

Während das Spielerische im Fall von Computerspielen auf der Hand liegt, ist es auch als grundlegendes Charakteristikum unserer Beziehung zum Informationsraum im Allgemeinen zu betrachten. Dem digitalen Medium wohnt ein enormes, im Laufe seiner Entwicklung immer deutlicher wahrnehmbares ludisches Potential inne.[84] Dabei ist die Trennung zwischen einem Spielraum und seinen Regeln auf der Ebene des Programmcodes obsolet geworden. Vom virtuellen Raum geht eine ganz eigene Verführungskraft aus.[85] Jeder Computernutzer kennt den Sog des digitalen Mediums und die Selbst-, Zeit- und Umgebungsvergessenheit während der Immersion im Datenraum. Letzterer ist als programmierbares Medium von Grund auf prometheisch, dazu fähig, seine Gestalt fortwährend zu verändern. Repräsentierte Räume vervielfältigen sich in ihm exponentiell, wovon ein berauschender Sog ausgeht, der sich nicht endgültig einrahmen lässt.

[84] Vgl. Butler: »On Reality and Simulation«, in: *Logic and Structure of the Computer Game*, S. 213f.

[85] Caillois' Konzept der legendären Psychasthenie ist auch für andere digitale Phänomene erhellend, etwa für soziale Netzwerke. Vgl. hierzu Merrin, William: »Myspace and Legendary Psychasthenia«, in: *Media Studies 2.0* (2007), http://mediastudies2pointo.blogspot.de/2007/09/myspace-and-legendary-psychasthenia.html (aufgerufen: 3.7.2023).

DIE SPRACHE DER STEINE

Abb. 1
Thomas Hirschhorn: *Crystal of Resistance*, Schema, 2011.

CRYSTAL OF RESISTANCE

Thomas Hirschhorn

Crystal of Resistance ist der Titel meiner Arbeit für den Schweizer Pavillon an der Biennale von Venedig 2011. Mit *Crystal of Resistance* will ich drei Fragen an meine Arbeit stellen. Erstens: Kann meine Arbeit einen neuen Begriff der Kunst erschaffen? Zweitens: Kann meine Arbeit einen ›kritischen Körper‹ aufbauen? Drittens: Kann meine Arbeit ein ›nicht-exklusives Publikum‹ implizieren? Ich will diesen Fragen, diesen Zielen und diesen Ansprüchen an mich als Künstler – in und mit meiner Arbeit – eine Antwort geben.

Ich glaube, dass Kunst universell ist, ich glaube, dass Kunst etwas Autonomes ist, ich glaube, dass Kunst einen Dialog oder eine Konfrontation auslösen kann – von eins zu eins –, und ich glaube, dass Kunst jeden Menschen einschließen kann. Wenn ich schreibe ›ich glaube‹, so mache ich das, weil ich es nicht nur denke, weil ich nicht nur davon überzeugt bin, sondern ich schreibe ›ich glaube‹, weil es nicht darum geht, es zu wissen, weil es nicht darum geht, es nachzuweisen, und weil es nicht darum geht, es zu beweisen. In der Kunst geht es darum zu glauben.

Ich will mit *Crystal of Resistance* eine unwiderstehliche Arbeit machen. Gelingen kann das nur, wenn ich es schaffe, von mir ausgehend eine Arbeit zu machen. Aber nicht, indem ich mein Selbst – das immer auch allgemeingültig ist – mit ›dem Persönlichen‹ verwechsle. Ich kann das Universelle nicht mit dem ›Persönlichen‹ erreichen. Das ›Persönliche‹ interessiert mich nicht, weil es nicht widerständig an sich ist, weil es immer schon eine Erklärung – wenn nicht sogar eine Entschuldigung ist. Erst wenn meine Arbeit imstande ist, die Grenzen des ›Persönlichen‹, des Akademischen, des Imaginären, der Umstände, des Kontextes und der Beschaulichkeit zu überschreiten, kann sie Wirkung haben. Mit *Crystal of Resistance* will ich ein Fenster, eine Tür, eine Öffnung oder einfach ein Loch in die Realität schneiden. Das ist der Durchbruch, der alles mit sich reißt.

Kinder beim Rhone-Gletscher

Auslöser, um mit Kristallen zu arbeiten, war für mich ein Erlebnis vor etwa 15 Jahren. Damals sah ich auf einem Autoparkplatz an der Furkapass-Straße unterhalb des Rhone-Gletschers ein paar Kinder, die, auf Kartonstücken ausgebreitet, Kristalle – bestimmt selbstgefundene Kristalle – zum Kauf anboten. Das war ein einfaches, wundervolles und universelles Bild, es hat sich mir eingeprägt. So etwas hätten auch Kinder in China, in Russland, in Mexiko oder überall sonst auf der Welt machen können. Seit damals wollte ich einmal etwas mit Kristallen machen.

Kristall als Motiv

Ich will mit meiner Arbeit *Crystal of Resistance* eine Form geben, die die Bedingungen schafft, etwas Neues zu denken. Es soll eine Form sein, die ›Denken‹ ermöglicht. Hier sehe ich die Aufgabe der Kunst: eine Form zu geben, die die Bedingungen erschaffen kann, etwas noch nicht Dagewesenes, etwas Neues und etwas Unerwartetes zu denken. Ich will mit dieser Form eine Wahrheit schaffen, die den Fakten und den Gegebenheiten, den Meinungen und den Kommentaren widersteht. Es geht nicht um ›meine Wahrheit‹, es geht um die Wahrheit an sich. Um mit der Wahrheit in Berührung zu kommen, um mich mit der Wahrheit auseinanderzusetzen und mit ihr in Konflikt zu treten – Konflikt heißt in der Kunst: etwas zu erschaffen –, brauche ich ein Motiv. Bei *Crystal of Resistance* ist dieses Motiv der Kristall.

Der Kristall ist das Motiv der Form *Crystal of Resistance*, der Kristall ist ›nur‹ das Motiv der Form, der ganzen Form. Der Kristall ist nicht das Thema, nicht das Konzept und nicht die Idee von *Crystal of Resistance*. Das Motiv ist Behauptung, Setzung und Liebe. Als Motiv ist der Kristall die Dynamik, er verbindet und überstrahlt alles, er leuchtet über seine Bedeutung, seine eigene Zeit, seinen eigenen Grund hinaus. Das Motiv ›Kristall‹ hilft mir, nur eine Facette oder Facetten zu beleuchten, denn nur so kann man mit der Wahrheit in Berührung kommen. Der Kristall ist das Motiv, für das ich mich aus Liebe zu seiner Schönheit, Strenge, Strahlkraft und Offenheit entschieden habe. Ich muss selbst offen sein für seine Grazie und seine Universalität. Ich werde mit dem Motiv ›Kristall‹ meine Form festigen und fixieren.

Widerstand

Kunst widersteht politischen, kulturellen, ästhetischen Gewohnheiten. Kunst widersteht der Moral und der Aktualität. Kunst ist – weil sie Kunst ist – Widerstand. Kunst ist aber nicht Widerstand gegen etwas, Kunst ist Widerstand an sich. Kunst ist widerständig, weil sie allem schon Dagewesenen und Bekannten widersteht. Als Behauptung, Bewegung, Glaube, Intensität ist Kunst ›positiv‹. Sie widersteht der Tradition, der Moral und der Tatsachenwelt. Kunst widersteht jeder Argumentation, jeder Erklärung und jeder Diskussion.

Ich habe keine Angst vor Widerstand, Konflikt, Widerspruch oder Komplexität. Widerstand ist immer verbunden mit Reibung, Konfrontation, Zerstörung, aber auch mit Kreativität.

Widerstand ist Konflikt zwischen Kreativität und Zerstörung. In *Crystal of Resistance* will ich diesen Konflikt konfrontieren. Ich selbst bin der ›Konflikt‹ und ich will, dass meine Arbeit in der Konfliktzone steht, dass sie sich im Konflikt aufrichtet und dass sie darin widerständig ist.

Vierteiliges Form- und Kraftfeld: LIEBE, PHILOSOPHIE, POLITIK, ÄSTHETIK

Ich habe – von Anfang an – entschieden, meine Arbeit in das viergeteilte Form- und Kraftfeld von LIEBE, PHILOSOPHIE, POLITIK, ÄSTHETIK zu stellen. Ich habe beschlossen, dass meine Arbeit dabei nicht alle vier Teile des Form- und Kraftfeldes gleichmäßig abdecken muss, aber immer muss jeder Teil darin, also LIEBE, PHILOSOPHIE, POLITIK, ÄSTHETIK, berührt werden. LIEBE, PHILOSOPHIE, POLITIK, ÄSTHETIK sind die Teile des Feldes, in denen sich meine Arbeit behauptet und in denen sie sich bewegt.

Ich habe – von Anfang an – entschieden, dass die beiden ›Licht-Teile‹ LIEBE und PHILOSOPHIE zu meinem Form- und Kraftfeld gehören, gleichzeitig wie die beiden ›Schatten-Teile‹ POLITIK und ÄSTHETIK. Meine Entscheidung ist eine Entscheidung für die ›Licht-Teile‹ und für die ›Schatten-Teile‹ zugleich. So wie ich in einer Welt lebe, die ich als ›eine‹, als eine ungeteilte, einzige Welt verstehe, als eine Welt mit dem Negativen und mit dem Positiven, aber auch mit dem ›Nicht-nur-Positiven‹ und mit dem ›Nicht-nur-Negativen‹. Deshalb ›Licht‹ und ›Schatten‹. So stelle ich meine Arbeit in das Form- und Kraftfeld von LIEBE, PHILOSOPHIE, POLITIK, ÄSTHETIK.

LIEBE

In der Arbeit *Crystal of Resistance* ist der Kristall der Teil LIEBE meines Form- und Kraftfeldes. Der Kristall steht für das Universelle, das Endgültige, und er steht für das Absolute. Der Kristall steht für Schönheit an sich. Ich denke tatsächlich auch an jemanden dabei. Ich denke an ein Kind, ich denke an ein Mädchen, das ›seinen Kristall‹ – vielleicht seinen ersten – selbst findet oder geschenkt bekommt, und ich denke daran, dass dieser dann – für dieses Mädchen – der schönste Kristall ist, und ich denke daran, dass er für sie immer der ›schönste‹ bleibt! Deshalb ist für mich jeder Kristall der ›schönste‹. Das ist der Teil LIEBE meines Form- und Kraftfeldes. Obwohl ich weiß, dass es Qualitätsunterschiede gibt, und obwohl ich weiß, dass man diese Qualitätsunterschiede erklären kann. Mich interessiert ›Schönheit‹ – ich bin nicht auf die ›Qualität‹ des Kristalls aus. ›Qualität‹ hat mich nie interessiert. Für mich ist das kein leeres Wort, denn als Künstler habe ich – seit Jahren – eine ›Schlagrichtung‹ oder eine ›Richtlinie‹ für meine Arbeit bestimmt, die heißt: »Qualität = Nein! Energie = Ja!«. Es ist klar, dass Schönheit nicht subjektiv ist – Schönheit ist absolut und universell.

PHILOSOPHIE

Der Teil PHILOSOPHIE in *Crystal of Resistance* steht für die Überzeugung, dass Kunst Widerstand ist. Andere Begriffe für Widerstand sind: Kopflosigkeit, Hoffnung, Wille, Wahnsinn, Mut, Risiko, Kampf. Diese Begriffe sind der Teil PHILOSOPHIE meines Form- und Kraftfeldes – und dem will ich eine Form geben. Eine Form, die nur ich geben kann und die nur ich so sehe und die nur ich verstehe, eine Form, die nur ich kenne, und eine Form, die nur ich verteidigen kann. *Crystal of Resistance* will eine Form sein, die Widerstand an sich ist.

Das Wichtigste in der Kunst ist die Formfrage. Das zu erkennen ist PHILOSOPHIE. In *Crystal of Resistance* – wie immer – ist die Frage der Form das Zentrale. Die Form ist das Wesen und die Setzung dieser Arbeit. *Crystal of Resistance* ist Form an sich, ist Wahrheit an sich. *Crystal of Resistance* ist das Wirkliche. *Crystal of Resistance* wird das Neue sein – etwas, was einen eigenen Körper geschaffen hat.

Ich frage mich: Wie kann ich eine Form geben, die historischen Fakten widersteht? Wie kann ich eine Form geben, die über das Hier und Jetzt hinausgeht? Wie kann ich eine transhistorische Arbeit machen, in meiner Zeit, in meiner Geschichte, im Jetzt? Mein Problem – als Künstler – ist: Wie kann ich eine Position beziehen und dieser Position eine Form geben? Und wie kann diese Form – über die Gewohnheiten hinaus – eine Wahrheit schaffen? Wie kann ich eine universelle Wahrheit schaffen?

POLITIK

In *Crystal of Resistance* stellt der Teil POLITIK die Fragen: Wie agieren? Wie arbeiten? Mit welchen und unter welchen Konditionen arbeiten? Ich will in Notwendigkeit, in Dringlichkeit und in Panik arbeiten. Was verstanden werden muss ist: Panik ist die Lösung! Das ist als das POLITISCHE zu verstehen. Denn Kunst berührt über eine Lösung hinaus, Kunst ermöglicht, das Problem zu konfrontieren, Kunst ist das Problem und Kunst kann dem Problem eine Form geben. Kunst braucht keine Lösung zu finden, denn das Problem muss ausgehalten werden. Und das ist nur möglich in Panik. Dem Problem wird – mittels Panik – eine Form gegeben. Es ist die Panik, die dem Problem seine Form gibt, und diese Form ist Kunst. Deshalb ist Panik eine Notwendigkeit in der Kunst.

Ich will überhastet und kopflos arbeiten. Ich will mit dem Prekären und im Prekären arbeiten.

So muss man den Teil POLITIK meines Form- und Kraftfeldes verstehen. Das POLITISCHE ist, dass es sich beim Prekären nicht um ein Konzept, sondern um eine Bedingung handelt. Eine Bedingung, die gewählt oder die aufgezwungen ist, eine Bedingung, die es – frenetisch und bewusst – anzunehmen gilt.

Das Prekäre muss bejaht werden und dem Lager des Prekären gilt es beizutreten, weil in dieser Bejahung die Änderung, das Neue und das Revolutionäre liegt – das ist das POLITISCHE. Das Prekäre ist eine Dynamik, ein Weg, eine Möglichkeit oder eine Bedingung, die dem Menschen geboten wird. In der Bejahung dieses Prekären, dieses Nicht-Gesicherten, dieses

Nicht-Garantierten, dieses Nicht-Stabilisierten und dieses Nicht-Etablierten kann die Zukunft liegen. Die Zukunft darum, weil das Prekäre immer kreativ ist, weil das Prekäre immer erfinderisch ist, weil das Prekäre immer in Bewegung ist, weil das Prekäre immer zu neuen Formen führt, weil das Prekäre immer eine neue Geographie bildet, weil das Prekäre immer von einem neuen Austausch zwischen den Menschen ausgeht und weil das Prekäre immer neue Werte schöpft.

Und könnte es nicht sein, dass, statt sich vor dem Prekären zu schützen, statt das Prekäre nicht wahrhaben zu wollen und statt sich vom Prekären abwenden zu wollen, das Gegenteil – seine Bejahung – das Universelle wäre? Könnte es nicht sein, dass im Prekären – das heute von so vielen Menschen geteilt wird – die Gerechtigkeit, das Verbindende und das Gleichheitliche liegt? Und liegt es nicht da, das POLITISCHE?

ÄSTHETIK

Der Teil ÄSTHETIK des Form- und Kraftfeldes stellt die Fragen: Wie sieht die Arbeit aus? Welchen visuellen Aspekt hat die Arbeit? Welche Materialien und welche Farben kommen vor? Ich will davon ausgehen, dass meine Arbeit *Crystal of Resistance* die ÄSTHETIK eines unzerstörbaren irdischen Domizils der Götter haben wird – wie es die mexikanische Riesen-Kristallgrotte der Naica-Mine sein könnte. Ich will davon ausgehen, dass ich einen Ort schaffen kann, der so fremd ist, so eigenwillig und so eigenständig – von mir selbst aus –, dass er dadurch universell wird. Ich will eine dichte, geladene, leuchtende Arbeit machen. Es wird viele Elemente zu sehen geben, es wird ›zu viel‹ geben. Es muss ›zu viel‹ sein, nicht weil es wichtig ist, alles zu sehen oder viel Zeit zu verbringen, sondern ›zu viel‹, damit die Dinge nicht lügen. Nur eine Facette kann berührt werden, denn die Wahrheit kann nur aus Facetten gebildet werden, aus Facetten, deren Maßstab – zusätzlich – gebrochen ist.

Der Teil ÄSTHETIK des Form- und Kraftfeldes ermöglicht es mir, eine frontale Arbeit zu machen. Eine Arbeit, die das ›Zurücktreten‹ nicht ermöglicht. Ich will mit dem Entscheid für meine ÄSTHETIK keinen Überblick schaffen. Ich will keine Distanz und keinen Abstand vortäuschen. Das ist, was ÄSTHETIK schafft, das ist, was ÄSTHETIK kann. Das ist, was ich – in aller Blindheit und Beschleunigung – nach vorne katapultieren und hoch halten will. Mit ÄSTHETIK will ich insistieren, will ich eine Arbeit machen, die an die ÄSTHETIK einer Filmdekoration eines ›Science-Fiction‹-B-Films erinnert, eine Arbeit, die sich an die ÄSTHETIK eines selbstgemachten Bergkristall-Museums anlehnt, eine Arbeit mit der ÄSTHETIK eines ›Crystal-Meth‹-Labors und eine Arbeit, die der ÄSTHETIK einer billig verzierten Provinz-Diskothek gleicht.

Schweizer Pavillon

Ich will, dass die Arbeit *Crystal of Resistance* als etwas Autonomes erfahren werden kann. Dazu muss sie in einem Gefäß oder einer Hülle sein, die klarmacht: Da wurde etwas – zeitlich begrenzt und prekär – entfaltet. Ich denke an etwas Feines und etwas Dünnes, an eine Haut, an eine Schale oder an eine Geode. Mir geht es nicht darum, den zur Verfügung stehenden Ausstellungsraum zu verändern. Nie geht es mir darum, ›gegen‹ oder ›für‹ die bestehende Architektur des Schweizer Pavillons zu arbeiten. Ich arbeite mit dem bestehenden Raum. Nie geht es mir darum, einen Ausstellungsraum zu ›verneinen‹. Immer geht es nur um die sich im Raum behauptende Arbeit. Es geht darum, den zur Verfügung stehenden Ausstellungsraum als Gefäß für meine Arbeit zu benutzen. Ich muss die Bedingungen zum Verständnis schaffen, dass der Raum eine Schale ist, die meine Arbeit aufnimmt.

Crystal of Resistance ist eine Arbeit, die auch an einem anderen Ort, in einer anderen Stadt, in einem anderen Land oder auf einem anderen Kontinent gezeigt werden kann. Ich will, dass meine Arbeit – geistig und körperlich – transportierbar ist. Ich glaube an ›Universalität‹ und an ›Autonomie‹ der Kunst – nie geht es mir um den Kontext. Die Hülle oder das Gefäß, das ich machen werde, ist die Behauptung der Autonomie meiner Arbeit. Denn es ist die Autonomie, die dem Kunstwerk seine Schönheit verleiht, und es ist die Autonomie, die das Kunstwerk zu etwas Absolutem macht.

Referenz-Bücher

Meine Referenz-Bücher sind die Bücher und Texte, die ich während der Arbeit an *Crystal of Resistance* gelesen habe. Es sind meine Referenzen. Es ist eine Referenz-Bücherliste. Diese Bücher sind nicht Inspiration und nicht Erklärung für *Crystal of Resistance* und es gibt keine Hierarchie unter ihnen. Alle Bücher und Texte sind für mich gleich wichtig.

Diese Bücher zu lesen, war eine Freude. Es geht nicht darum, dass durch ihre Lektüre meine Arbeit verstanden werden kann, denn diese Bücher habe ich aus Glück und Grazie gelesen, um nicht zu sagen: durch Zufall. Diese Bücher und Texte haben mich beim Arbeiten begleitet. Diese Bücher habe ich gekauft, sie wurden mir geschenkt oder an mich herangetragen von Personen, die wussten, dass ich *Crystal of Resistance* machen werde – sie sind meine Begleiter.

Diese Bücher oder Texte sind: Fernando Pessoa: *Message*; Édouard Glissant: *Poétique de la relation* und *Le Discours antillais*; Celia M. Britton: *Édouard Glissant and Postcolonial Theory*; Michel Foucault: *Leçons sur la volonté de savoir*; James Graham Ballard: *The Crystal World*; George Sand: *Laura. Voyage dans le cristal*; Elias Canetti: *Masse et puissance*; Gaston Bachelard: *Le droit de rêver*; Marcus Steinweg: *Aporien der Liebe*; Manuel Joseph: *La Restitution* und *La Sécurité des personnes et des biens*;

Giorgio Agamben: *Profanations*, *Moyens sans fins* und *La Puissance de la pensée*; Louis Ucciani: *Distance irréparable*; Alain Badiou: *La relation énigmatique entre philosophie et politique*, *Rhapsodie pour le théâtre*, und *De l'idéologie* (mit François Balmès); Comité invisible: *L'Insurrection qui vient*; Tiqqun: *Théorie du Bloom*; Adalbert Stifter: *Bunte Steine* und *Bergkristall*; Stendhal: *De l'amour*; Stéphane Crussol: *Les Pouvoirs magiques des crânes de cristal*; Philip Permutt: *Ces Pierres qui guérissent: Guide pratique de Lithothérapie*; Éditions La Boétie: *Le Livre des minéraux* und *Le Guide familier des roches et minéraux*; Gründ: *Encyclopédie des minéraux*; Nature et Vie: *Les minéraux, une géométrie en couleurs*; *Les Minéraux, où les trouver, comment les collectionner*; Rüdiger Borchardt/Siegfried Turowski: *Kristallmodelle*; Clémence Lefèvre: *Guide d'utilisation des lampes en cristal de sel*; Judy Hall: *Nouveaux cristaux et pierres thérapeutiques*.

Abb. 2 und 3
Thomas Hirschhorn: *Crystal of Resistance*, Ausstellungsansichten, Schweizer Pavillon, Biennale von Venedig, 2011. Fotos: Anna Kowalska.

IS ABSENT
Roth

Abb. 4
Thomas Hirschhorn: *Crystal of Resistance*, Ausstellungsansicht, Schweizer Pavillon, Biennale von Venedig, 2011. Foto: Romain Lopez.

THE
QUAL
ERIS
S IN ME, BECAUSE I AM ME
OM WHOM THE OTHER IS A
LISSANT)

Abb. 5
Thomas Hirschhorn: *Crystal of Resistance*, Ausstellungsansicht, Schweizer Pavillon, Biennale von Venedig, 2011. Foto: Romain Lopez.

Abb. 6
Thomas Hirschhorn: *Crystal of Resistance*, Ausstellungsansicht, Schweizer Pavillon, Biennale von Venedig, 2011. Foto: Romain Lopez.

IM ZEICHEN DER STEINE. ROGER CAILLOIS' DIALOG MIT DER MINERALISCHEN WELT

Elmar Schenkel

Ich klopfe an die Tür des Steins.
›Ich bin's, mach auf.‹
›Ich hab' keine Tür‹, sagt der Stein.[1]

Wisława Szymborska

Der Stein ist die eigentliche Herausforderung des Menschengeschlechts. Gab es im Paradies überhaupt Steine? Max Klinger zeigt in einer Grafik, wie Adam Eva aus dem Paradies herausträgt in eine steinige Landschaft hinein. Auch das vom Engel bewachte Tor des Paradieses im Bildhintergrund besteht aus riesigen Steinblöcken. Steine sind sehr wirklich, aber deshalb auch oft unwirtlich. Sie scheinen das Gegenteil von Phantasiegebilden, von räumlich sich entwickelnden organischen Gedanken darzustellen. Sie sind hart und können sehr schwer sein und haben so manche Hochkultur herausgefordert, vielleicht aber auch erst hervorgebracht. Der Blick auf die Steine war lange mit der Herrschaft über sie verbunden, denn je mächtiger der Block, desto mächtiger der Fürst, der ihn bestellte. Je größer der Steinhaufen, desto wichtiger das Grab des Darunterliegenden. Steine schützen und sind für Burgen wie Bürger von großer Bedeutung. All dies sind funktionale Zuschreibungen. Sie haben vor allem mit dem Gewicht der Steine zu tun und so auch mit der Wichtigkeit des Gebauten

1 Szymborska, Wisława: »Gespräch mit dem Stein«, in: ders.: *Sto wierszy – Sto pociech. Hundert Gedichte – Hundert Freuden*, ausgewählt u. übers. v. Karl Dedecius, Krakau 1997, S. 248–251, S. 251.

und der Auftraggeber. Die Steine von Stonehenge sollen, nach einer alten Sage, durch den Zauberer Merlin selbst von Irland nach England gebracht worden sein. Nur höchste Kräfte können dort walten, wo solch schwere Steine zu stehen kommen. Gebäude sind im Übrigen auch nicht viel anders als durchlöcherte und befensterte Steine. Von daher ist der Wolkenkratzerkult der Gegenwart einfach eine Fortsetzung steinzeitlichen Denkens mit den neuesten technischen Mitteln. Die Megalithkultur ist noch lange nicht am Ende. Schon der Turm von Babel konnte als Verlängerung der Steinzeitgiganten durch menschliches Zutun gesehen werden. Die Steine sind und bleiben, wenn sie von Menschen aufgetürmt werden, eine Herausforderung an Gott.

Wir reden bislang nur von der äußeren Seite der Steine – davon, welchen Eindruck ihre Masse machen kann auf Menschen und andere Wesen. Das Innere der Steine ist damit noch nicht besprochen.

Erst in Zeiten größerer Muße nämlich haben sich Menschen diesem Inneren, der Ästhetik, Herkunft und Schönheit der Steine zugewandt. Auch dies scheint ein weltweites Phänomen zu sein, das von Japan und China bis hin nach Europa zu beobachten ist. Die kristalline Schönheit der Steine, ob als geschliffene Edelsteine in Ketten und Ringen, auf Schwertknäufen oder in Tabernakeln und Weinpokalen, bringt die Wunder des Universums, ja der Sterne in die nächste Welt der Menschen. Das, was so weit weg ist, wird hier plötzlich begreifbar. Zahllose Legenden über Mondsteine, verwunschene Diamanten oder Rubine zirkulieren in der Welt, und auch den Stein der Weisen könnte man hinzunehmen, den noch niemand gesehen hat und den niemand je sehen wird. Er stellt die Utopie unter den Steinen dar, das nie erreichbare Ideal, das, wenn es jemals erreicht werden sollte, eine Katastrophe heraufbeschwören wird. Solche schönen Steine verbildlichen Macht, und wie wir wissen, kann Macht sehr schnell korrumpieren.

Eine ästhetische und philosophische Betrachtung der Mineralien versucht genau diese Attraktion nicht zu vermeiden, sondern sie vielmehr durch absichtslose Meditation zu entkräften. Es geht hier um die Begegnung mit der mineralischen Binnenwelt, um die Rätselhaftigkeit der Materie, um die geologischen Ursprünge unseres eigenen Daseins. Die ersten, die sich – nach der Erfindung des Mikroskops – in die Abgründe der Steine versenkten, waren geologisch gebildete Romantiker wie Novalis und natürlich der alle Welten der Materie bereisende Goethe. In seiner Folge müssen wir den naturwissenschaftlich gebildeten, aber auch romantisierenden Adalbert Stifter nennen, der nicht ohne Grund einen Erzählzyklus *Bunte Steine* benannt hat. Stifter entdeckte das »Sanfte Gesetz«, das noch lange ideologisch-politischer Besänftigung dienen sollte. Dabei geht es um die Erkenntnis eines großen Zusammenhangs: »Die Kraft, welche die Milch im Töpfchen der armen Frau empor schwellen und übergehen macht, ist es auch, die die Lava in dem feuerspeienden Berge empor treibt.«[2] Nicht anders hatte schon Goethe die Korrespondenz zwischen Subjekt und Objekt in seinen Studien zum Granit herausgestellt.[3] Novalis, als romantisch inspirierter Geologe und Mystiker, entdeckte in den Naturphänomenen gar Anzeichen einer Schrift. Die unbewussten Wege der Menschen, so schreibt er in »Die Lehrlinge zu Sais«, erzeugen ein Netzwerk, das den Figuren und Signaturen der Natur selbst entspricht,

> jener großen Chiffernschrift [...], die man überall, auf Flügeln, Eierschalen, in Wolken, im Schnee, in Kristallen und

[2] Stifter, Adalbert: *Gesammelte Werke in vierzehn Bänden*, Bd. 4: *Bunte Steine: ein Festgeschenk* (1853), hg. v. Konrad Steffen, Basel, Stuttgart 1963, S. 8.

[3] Goethe, Johann Wolfgang von: »Über den Granit« (1784), in: ders.: *Gesamtausgabe der Werke und Schriften in zweiundzwanzig Bänden*, Bd. 20: *Schriften zur Geologie und Mineralogie – Schriften zur Meteorologie*, Stuttgart 1960, S. 321–326; ders.: »Der Granit als Unterlage aller geologischen Bildung« (1785), ebd., S. 326f. Vgl. auch Riedel, Gerd-Rainer/ Klauß, Jochen/Feiler, Horst: *Granit. Goethes Urgestein*, Uckerland, Milow 2012.

> in Steinbildungen, auf gefrierenden Wassern, im Innern und Äußern der Gebirge, der Pflanzen, der Tiere, der Menschen, in den Lichtern des Himmels, auf berührten und gestrichenen Scheiben von Pech und Glas, in den Feilspänen um den Magnet her, und sonderbaren Konjunkturen des Zufalls, erblickt.[4]

Der Romantiker sehnt sich nach einer Urschrift, die, ähnlich der Sprache des Paradieses, einen Schlüssel zum Geheimnis der Schöpfung und des menschlichen Bewusstseins darstellt, wie die blaue Blume, die aber nur für einen kurzen Moment aufscheint, bevor wieder alle »Ahndungen« verschwimmen.[5] Immerhin, denkbar bleibt eine solche Ursprache, wie alle Utopie. Shakespeare findet sie schon mit seinem Herzog im Wald von Arden:

> And this our life, exempt from public haunt, / Finds tongues in trees, books in the running brooks, / Sermons in stones, and good in everything.[6]

Eine ursprüngliche Einvernehmlichkeit zwischen Mensch und Natur, alles wird gut. Ähnliches sollten die Romantiker auch in Wolken hineinprojizieren. Turner und Constable waren in ihren Wolkenstudien auf der Suche nach Entsprechungen zwischen Gefühlen und Himmelserscheinungen. Malen, soll Constable einmal gesagt haben, sei für ihn nur ein anderes Wort für Fühlen.[7] Nicht anders verhielt es sich mit dem Blick durch das Mikroskop auf die Wolken der mineralischen Welt. Die Naturfreunde und Naturforscher*innen, die Muschel- und Fos-

[4] Novalis: *Die Lehrlinge zu Sais*, in: ders.: *Werke und Briefe*, hg. v. Alfred Kelletat, München 1962, S. 103–140, S. 105.
[5] Novalis: *Heinrich von Ofterdingen*, ebd., S. 141–319, S. 155.
[6] Shakespeare, William: *As You Like It*, Zweiter Aufzug, Erste Szene, Z. 563f.
[7] Reichert, Klaus: *Wolkendienst. Figuren des Flüchtigen*, Frankfurt a.M. 2017, S. 42.

siliensammler des 19. Jahrhunderts waren beseelt von der Übereinstimmung, dem versteckten Sinn, dem Horizont einer umfassenden göttlichen Sprache.

Das sollte sich mit den Erfahrungen des 20. Jahrhunderts ändern. Spätestens die Gesetze der Quantenphysik deuteten auf etwas Inkommensurables, einen tiefen Abgrund zwischen menschlichem Verstehen und Natur, wie er sich auch in den unendlichen Nachkommastellen der Zahl Pi ausdrückt. Alle diese Stellen folgen einer irrationalen, zumindest bislang nicht erkennbaren Logik. Vielleicht würfelt Gott nicht, wohl aber die Natur, und dann bleiben wir mit unserem bescheidenen Gehirn außen vor. Wir leben von nun an deutlich in einer Dissonanz mit der Schöpfung. Der Mensch ist in der Natur die Ausnahme von der Regel.

Roger Caillois' Bücher über Steine und Mineralien umreißen nicht nur seine eigenen Einblicke in diese Welt, sie geben in nuce auch die Geschichte der Beziehungen zwischen Menschen und Steinen wieder. Er war ein weitgereister Mensch nicht nur in geographischer, sondern auch in literarischer Hinsicht, einer der ersten großen globalen Geister seines Jahrhunderts. Weder war ihm die chinesische Philosophie fremd noch die russische, polnische oder argentinische Literatur oder die deutsche Romantik. In seiner Jugend las er bis zur Übersättigung alles, was ihm in die Hände fiel: Okkultismus, Mystik, Geschichte, Naturwissenschaften, von Lao Tse bis Paracelsus, von Mickiewicz bis zur *Bhagavad Gita*.[8] In dieser Weitgespanntheit, die all seine Werke prägt, war er ein Vorläufer heutiger Essayisten wie Roberto Calasso oder Eliot Weinberger. Obwohl er seine frühen Jahre sehr naturnah verbrachte und sich durch

[8] Caillois, Roger: *Der Fluss Alpheios*, übers. u. m. Anm. v. Rainer G. Schmidt, hg. u. m. einem Nachw. v. Anne von der Heiden u. Sarah Kolb, Berlin 2016, S. 40–42.

seine Großmutter ein umfangreiches Wissen über Tiere und Pflanzen aneignete, blieben die Steine ihm zunächst fremd:

> Die Mineralien, die heute eine so große Rolle in meinem Leben spielen, kannte ich so gut wie überhaupt nicht. Das rührt daher, dass sie in einer Schwemmlandebene in geringer Zahl vorkommen. Hätte ich im selben Alter in der Auvergne oder in den Alpen gelebt, wäre es gewiss anders gewesen.[9]

Latent ist also das Thema vorhanden, es muss nur noch geweckt werden. In seiner geistigen Autobiographie *Der Fluss Alpheios* kommt Caillois immer wieder auf die Welt der Steine zurück, sie erweist sich als geheimes Zentrum, besser: als Alpha und Omega. Denn selbst die Lebensbewegung, die er mit dem Fluss assoziiert, der der Legende nach aus dem Peloponnes durch das Mittelmeer bis nach Syrakus in Sizilien fließt, um dort wieder Fluss zu werden, ist von Fels und Stein eingerahmt. Erst Fluss, dann Meer, dann wieder Fluss – das ist die Klammer, mit der er sein Leben gerahmt sieht. Diese Klammer ist sozusagen eine mineralische Formation, aus der das Wasser heraustritt und in die es wieder eingeht. Die Steine stellen die stille Grenze dar zu allem, was das Meer des Wissens und der Sprache an unendlichen Geräuschen und Wellen hervorzubringen vermag. Sie sind die opake Grenze, sie stehen ein für das Stumme an der Schöpfung, das vom Wasser der Sprache immer wieder zum Reden gebracht werden soll. Vergeblich, so lautet die Botschaft Caillois', um hier gleich das Ende vorwegzunehmen. Wir können uns diesen Spoiler leisten, denn seine Beziehung zu den Steinen ist nicht Teil eines Kriminalromans, an dem das Interesse erlischt, sobald der Fall gelöst ist. Eher haben wir es hier mit Sisyphos zu tun oder mit einem Orpheus, der sich doch umgeschaut hat, und dem deswegen keine Vereinigung

9 Ebd., S. 14.

mit Eurydike mehr möglich ist. Versöhnung, Einigung, Lösung von Spannungen – all das mag man in die Beziehung von Mensch und Stein hineinprojizieren, aber man kommt kein Stück weiter. Caillois' Studienfach ist die Vergeblichkeit dieser Beziehung, und doch lernt man nirgend sonst so viel über das Leben, das sich hier spiegelt, auch in seinen Formen des Scheiterns. Naturwissenschaftlicher Blick und lyrisch-romantische Einsprengung prägen Wahrnehmung und Sprache bei Caillois. Doch zugleich ist auch die Aufhebung von Sprache und Objektivität Thema seiner Diskurse und Meditationen.

Will man es genau datieren, so entdeckte er nach eigener Erinnerung die Steine, als er 1942 in Belo Horizonte/Brasilien ein Prisma in die Hand nahm.[10] Es handelte sich um ein aussortiertes Kristallstück, das bei der Produktion von Quarz für britische Radaranlagen abgefallen war, genauer gesagt um ein Stück Phantomquarz. Schaut man in so einen Quarz hinein, sieht man, wie er sich im Innern immer weiter selbst spiegelt und dabei alles kleiner wird. Ein Taschenspielertrick der Natur! Es hätte auch jene Kakaodose von Blokker sein können, auf der einen eine Holländerin anlächelt, die eine Dose vorzeigt, auf der wiederum eine lächelnde Holländerin eine Dose vorzeigt, ... Das Motiv der endlosen Wiederholung, das Matrioschka-Prinzip, die *mise-en-abyme* vereint die Welt der »Zauberobjekte« mit der Welt der Steine. Auch diese *objets féeriques* sind ja stumme Antworten auf eine allzu beredte und geschwätzige Welt, die eigene Innenwelt eingeschlossen.[11] Gleichzeitig ist die unendliche Spiegelung Kennzeichen einer Prosa, die Caillois durch Übersetzung und Zuspruch gefördert hat, nämlich derjenigen von Jorge Luis Borges. Man erinnert sich an die unendlich sich wiederholenden Piranesischen Galerien in »Die Bibliothek von Babel« oder die sich verdoppelnden Objekte in

[10] Ebd., S. 106f.
[11] Ebd., S. 17, 70.

»Tlön, Uqbar, Orbis Tertius«, von denen eine verschollene Enzyklopädie spricht.[12] Caillois liebte die Struktur des Geheimnisses, die ein Labyrinth ist.

Man hat die Zuwendung zu den Steinen, überhaupt die Entdeckung ihrer geistigen Potenzen bei Caillois auch als Abwendung von der Welt der Flora gesehen. Sein Freund und Kollege Pierre Gascar stellte einmal fest, es sei kein Zufall, dass Caillois inmitten der tropischen Welt Amazoniens Zuflucht bei den Steinen fand. Es scheint tatsächlich eine Art Flucht gewesen zu sein aus dem Reich der Verwirrungen, das das Wuchern der Pflanzen mit dem ausufernden Denken verbindet.[13] Gascar spricht auch von einer »puritanischen Konzeption des Irrationalen«,[14] das heißt: Es geht um die Zähmung von imaginären Vorgängen, denen sich Caillois unentwegt ausgesetzt sah. Das mineralische Reich ist vorzeitlich, vorgeschichtlich, außergeschichtlich und erzeugt im Denken eine lang gesuchte Ruhe, gerade bei jemandem, der so vielseitig Linien durch alle Bereiche des Wissens zu ziehen pflegte. In *Der Fluss Alpheios* schreibt Caillois über die Unruhe des Denkens:

> Es ist ihr [der Gedanken] Gewimmel, das mich beunruhigt. Ich sehe kein Mittel, seinem Andauern Einhalt zu gebieten. Indem ich den Rausch, das Durcheinander des Denkens *cogitation* nenne, gedenke ich, die Gefahr eines Wucherns zu kennzeichnen, die wachsende Bedrohung durch Erstickung, vergleichbar mit dem Unkraut in einem aufgegebenen Garten […].[15]

[12] Borges, Jorge Luis: »Die Bibliothek von Babel« und »Tlön, Uqbar, Orbis Tertius«, übers. v. Karl August Horst, in: ders.: *Fiktionen. Gesammelte Werke. Erzählungen I*, München 1981, S. 45–54 und S. 93–112.

[13] Gascar, Pierre: »Le bonheur des pierres«, in: Lambert, Jean-Clarence (Hg.): *Les Cahiers de Chronos. Roger Caillois. Témoignages, études et analyses, précédés de 39 textes rares ou inédits de Roger Caillois*, Paris 1991, S. 246–260, S. 247f.

[14] Ebd., S. 248.

[15] Caillois: *Der Fluss Alpheios*, S. 131.

Man kann noch weiter gehen und sagen, dass das Pflanzliche für ihn eine weibliche Kraft darstellte, die er nicht zu zähmen vermochte. Sie bedrohte ihn vielmehr. In Brasilien wird ihm dies bewusst:

> Ich erinnere mich an meine ersten Eindrücke angesichts des gewaltigen und gleichsam unbezwingbaren Vorrats weiblicher Kräfte, die zugleich passiv, tückisch und gierig sind. Eine langsame und lautlose Entfesselung, die mich ängstigte.[16]

Hier geht es um Urängste, die nicht nur männlicher Provenienz sein müssen. Ich denke, in den Steinen suchte er nicht nur nach einem Ausgleich durch das asketische Element, die Stille und das Nicht-Weiter-Wachsen, sondern er sah in den Steinen auch eine Balance zwischen zwei widerstrebenden Kräften, eine Art Yin-Yang-Schwingung, in der die beiden Kräfte zwar pendeln können, in der aber keine auf Dauer die Oberhand gewinnt. Er konnte sie aushalten, weil sie unendliche Variationen durchliefen, ohne ihn in einen Strudel des Wachsens hineinzureißen.

In mehreren Büchern widmet sich Caillois den Steinen: *Pierres* (1966), *L'Écriture des Pierres* (1971), *Minéraux* (1970) und *Pierres réfléchies* (1975).[17] In immer neuen Umkreisungen des Selbst und seines Gegenübers unternimmt er Reisen in ihr Inneres und Äußeres, ergründet ihre Tiefe, ihre Fragezeichen und Stummheiten, ihre Stille und ihre Abgründe. So wie die Antarktis uns mit dem Weltall vertraut macht, so bringen uns die Steine in eine Verbindung mit der geologischen Erscheinung dieses

[16] Ebd., S. 90.

[17] Caillois, Roger: *Pierres*, Paris 1966 (dt.: *Steine*, übers. v. Gerd Henninger, München 1983); ders.: *L'Écriture des pierres*, Paris 1970 (dt.: *Die Schrift der Steine*, in: ders.: *Die Schrift der Steine. Durchdachte Steine*, übers. u. m. einem Nachw. v. Rainer G. Schmidt, Graz [2]2006, S. 123–184); ders.: »Minéraux«, in: ders.: *Cases d'un échiquier*, Paris 1970, S. 95–117 (dt.: »Mineralien«, in: *Die Schrift der Steine*, S. 145–167); ders.: *Pierres réfléchies*, Paris 1975 (dt.: *Durchdachte Steine*, in: *Die Schrift der Steine*, S. 5–121).

Weltalls. Die Entdeckung der mineralischen Welt fällt zusammen mit einer Ernüchterung durch Sprache, Literatur und Bücher, die unendlich aus dem menschlichen Geist hervorzuquellen scheinen und pausenlos auf die Gesellschaftlichkeit verweisen, die sich wie ein Schleier über den Kosmos legt. Die Steine sind Caillois »Antipoden des Menschen und des Denkens«: »Steine, unübertreffliche Archive, die ihr keinen Text tragt und die ihr nichts zu lesen gebt…«[18] Erschöpft von den vielen Büchern, die er selbst schrieb, und mehr noch von jenen der anderen, ermüdet von Denkarbeit und kulturellen Objekten, geht er auf die Steine zu oder sie kommen auf ihn zu. Und doch kann er vom Lesenwollen nicht lassen. Kaum dass er einen Achat oder Kristall, melancholisch wie Hamlet Yoricks Schädel, in die Hand nimmt, beginnt er nach alten Mustern zu assoziieren, zu träumen, sich zu korrigieren, zu explizieren und zu multiplizieren, beginnt, wie Hamlet, der Kamele in Wolken sieht, in den mineralischen Formen Geschichte, Emotionen, Psyche und Philosophie zu sehen: aber so, dass er das Andere in sich erkennt und sich selbst im Anderen. All das deutet auf eine ursprüngliche Verbundenheit.

Dieser Blick wäre ohne die frühen Jahre im Surrealismus wohl nicht möglich gewesen, denn schon hier kam es darauf an, Verbindungen zwischen Gegenständen ganz unterschiedlicher Ordnung herzustellen und sich dabei extrem metaphorisch zu betätigen. Caillois sagte sich zwar von den esoterischen Auswüchsen der Bewegung los, suchte hernach aber umso mehr in der Materie Zusammenklänge und Synästhesien, für die keine metaphysischen Konstruktionen nötig sind. Er selbst hat sich als Materialisten bezeichnet, nennen wir ihn einen poetischen Materialisten. Das Imaginäre, das ihn so anzog, ist der Schöpfung immanent und deren Schöpfer bleibt eine metaphorische Figur. Der Kosmos erscheint ihm als ein

[18] Caillois: *Der Fluss Alpheios*, S. 60.

erstaunliches, überraschendes, überwältigendes Spiel, vielleicht das gigantische Täuschungsmanöver eines unfassbaren Wesens, vergleichbar den Techniken der Insekten und Kreaturen, die er unter anderem in *Méduse et Cie* untersuchte.[19] Ein Spiel – er sagte gar: »Ich bin und bleibe ein Kind.«[20]

Die kindliche Offenheit, unterstützt durch eine immense naturwissenschaftliche, historische und literarische Bildung, erlaubt ihm einen weit ausgespannten Blick in dieses Reich der Steine, das zu einer Art Gegenwelt wird. Dies gilt auch im kulturellen Sinne. Auch wenn er die Steine in einem möglichst nackten, ungeschliffenen und unkultivierten Zustand sucht – es gibt Ausnahmen bei der Betrachtung von Inschriften, Menhiren oder Zaubersteinen –, so werden doch auch die Natursteine zu Trägern von Kommunikationen. Insbesondere China verhilft ihm zu einem fast magischen Umgang mit den Steinen. Die Steinverehrung der alten Chinesen, die dem Animismus frönten, führt zu den phantastischsten und malerischsten Passagen seiner Steinmeditationen.

In der chinesischen Tradition sind Steine oft lebendig. Sie können Kinder gebären, fliegen (aber nur an heißen Tagen) oder Mädchen in Knaben verwandeln. Es gibt Steine, die Höhlen und Grotten, ja mikrokosmische Gebirge sind, in denen sich die Unsterblichen verbergen. Taoistische Zauberer pflegen in ihnen zu lustwandeln, da sie die Kunst der Selbstverkleinerung beherrschen. Bei den Chinesen werden die Steine zu Mikrokosmen, sie spiegeln die gesamte kosmische Ordnung wider. Mi Fu besaß ein Gebirgs-Tintenfass, in dem er einen ganzen Mikrokosmos sah. In einem Gedicht schrieb er darüber: »Nach Süden zu sollte der Pilz der Unsterblichkeit wachsen, nach Nor-

[19] Caillois, Roger: *Méduse et Cie*, Paris 1960; dt.: *Méduse & Cie*, in: ders: *Méduse & Cie*, mit »Die Gottesanbeterin« und »Mimese und legendäre Psychasthenie«, übers. v. Peter Geble, Berlin 2007, S. 45–139.

[20] Caillois: *Der Fluss Alpheios*, S. 99.

den zu errät man die verborgene Anwesenheit der Schlange.«[21] Caillois fragt sich, ob Mi Fu vielleicht von seinem durchlöcherten Stein hypnotisiert und mittels durchgeleitetem Rauch in einen Rausch versetzt wurde. Das eben will der Franzose nur durch Kontemplation erreichen,[22] Rausch durch Hinsehen, Schauen, *theōria* im ursprünglichen Sinn.

Von diesem Mi Fu, der Gouverneur der Provinz Wu-Wei war, wird auch berichtet, er habe sich eines Tages sein zeremonielles Gewand angezogen und sich vor einem Felsen verneigt, den er »Älterer Bruder« nannte.[23] Caillois steht den Steinen mit einer ähnlichen Ehrfurcht gegenüber, wenn er sie wohl auch nicht derart theatralisch feiert – anders als sein Zeitgenosse, der britische Autor John Cowper Powys, der sich allmorgendlich vor Bäumen und Steinen verneigte.

Reiche mineralische Inspiration fließt Caillois auch aus der Antike zu. In Kleinasien gibt es den Alten zufolge einen fleischfressenden Stein, es gibt Marmorarten, die wachsen, und es gibt Steine, die mit den Göttern verbunden sind; Steine, die andere Steine anlocken und wie Horden junger Männer als Schwärme herumziehen. Ein Stein am Nil lässt das Bellen von Hunden verstummen, ein anderer sieht aus wie ein Menschengesicht, ein dritter wechselt viermal am Tag seine Farbe. Wer einen bestimmten Stein findet, wird zum König ernannt. Im Fluss Eurotas gibt es einen helmartigen Stein, der ans Ufer springt, sobald er den Schall einer Trompete hört. Caillois liebt die Aufzählung, ähnlich wie der befreundete Borges es ihm gezeigt hat mit seiner pseudochinesischen Klassifikation der Tiere.[24] Die Aufzählung, sicherlich auch ein Relikt des Surre-

[21] Mi Fu zit.n. Caillois: *Steine*, S. 73.

[22] Ebd., S. 75.

[23] Ebd., S. 89.

[24] In »El idioma analítico de John Wilkins« zitiert Borges eine angebliche chinesische Enzyklopädie, die die Tiere folgendermaßen klassifiziert: »a) die dem Kaiser gehören, b) einbalsamierte Tiere, c) gezähmte, d) Milchschweine, e) Sirenen, f) Fabeltiere, g) herrenlose Hunde, h) in diese Gruppierung gehörige, i) die sich wie Tolle gebärden,

alismus, bringt durch ihr Nebeneinanderrücken von ansonsten fernen Gegenständen Spannungen hervor, die sich der Absurdität, dem Humor und den Grillen des Zufalls verdanken. Nicht zu vergessen: Listen können auch Parodien sein auf Renommiergehabe, auf die Aufzählungen eines Schöpfers dessen, was er, sie oder es alles geleistet hat. Im Kontext von Chinoiserie jedoch dürften Listen das Fremde betonen, das sich diese Kultur nebeneinander zu setzen erlaubt und das für uns doch in ganz unterschiedliche Schubladen gehört. Dieser befremdlichen Exotik befleißigte sich schon zu Beginn des 20. Jahrhunderts ein Victor Segalen in seinem Buch *Stelen*, in dem er sich mit den Relikten des alten China in Form von beschrifteten Steinen beschäftigt.[25] Valérie Bucheli hat gewisse Echos dieser Texte bei Caillois nachgewiesen, auch wenn ein großer Unterschied bestehe: Denn wo Segalen Schriften der Menschen in Steinen entziffert oder beträumt, da zielt Caillois auf die von Menschenhand unberührte Mineralität.[26]

China ist nur ein gutes Beispiel, denn tatsächlich nimmt Caillois seine Steine aus allen Höhen und Tiefen der Welt zu sich. Seine Reisen in den Fernen Osten oder nach Südamerika, nach Afrika oder Indien scheinen dabei immer mehr zu Steinreisen geworden zu sein. Künftige Forscher*innen werden in den Linien seiner Flüge, Fahrten und Gänge ähnliche Muster und Marmorierungen entdecken, wie er sie in den mitgebrachten Stücken vorfand.

j) unzählbare, k) die mit einem ganz feinen Pinsel aus Kamelhaar gezeichnet sind, l) und so weiter, m) die den Wasserkrug zerbrochen haben, n) die von weitem wie Fliegen aussehen.« Borges, Jorge Luis: »Die analytische Sprache von John Wilkins«, in: ders.: *Essays 1952–1979*, übers. v. Karl August Horst, München 1981, S. 109–113, S. 112. Bekanntlich spielt dieser Text eine große Rolle in Michel Foucaults *Les mots et les choses*. Ein weiterer Freund von Aufzählungen war Umberto Eco. Er lieferte gleich noch eine Kulturgeschichte dazu: Eco, Umberto: *Die unendliche Liste*, übers. v. Barbara Kleiner, München 2009.

25 Segalen, Victor: *Stèles*, Peking 1912, Peking, Paris ²1914; dt.: *Stelen*, hg. u. übers. v. Rainer G. Schmidt, Graz 2000.

26 Bucheli, Valérie: »Une rivalité lapidaire: Roger Caillois et l'empreinte de Segalen«, in: *Littérature* 157 (Februar 2010), S. 33–49, S. 33.

Caillois' Steinprojekt ist Teil einer umfassenden Meditation über die Werke des Menschen im Universum der Natur, letztlich aber eine Suche nach einer menschenfreien, vormenschlich-nachmenschlichen Welt. Der Überfluss der bedeutenden Zeichen, mit dem ihn die Sprache, die Geschichte, die großen Fähigkeiten und Depressionen der Menschen belieferten, ihre Bücher, Zeitschriften, Kunstwerke, all dies empfand er zusehends als Druck des Signifikanten. Erst die Steinwelt zeigte Auswege aus dem Universum der Bedeutungen, eine Art Zen in der Kunst des Steinbeschauens. Wie in anderen Formen des Zen – Ikebana, Bogenschießen, Kendo oder Teezeremonie – kommt es auf die Entdeckung des Absichtslosen an, die Entledigung von dem Geflüster und Geschwätz der Affen in der Klangschale des Ichs. Die ruhige Betrachtung der Steine stillt den Lärm und entwertet die Absichten. Allerdings sehen wir, dass auch Caillois fortwährend sich des assoziativen Geschwätzes entledigen muss. Auf einer Jaspisscheibe aus Oregon zum Beispiel entdeckt er die »*Sonnenanbeterin*«,[27] eine Priesterin auf Zehenspitzen, die ihre Arme nach oben ausbreitet,

> der Hals durch rituelle Halseisen verformt, gedehnt, das Gesicht durch die Wirkung der Trance verdreht oder durch das Gewicht einer gewaltigen, unversehrten Haartracht nach hinten gezogen, Haare, deren Flechten schon von Kindheit an geglättet, eingefettet, der Bildung eines sakramentalen Bauwerks unterworfen worden waren, deren Knoten aber vielleicht für die Liebe gelöst wurden.[28]

Hier wagt er sich in eine Welt, die möglicherweise von Edward Bulwer-Lytton in *Die letzten Tage von Pompeji* oder Sir Rider Haggard in *She* erträumt worden war: eine Welt der historisch

[27] Vgl. das Kapitel »Die Anbeterin« in: Caillois: *Durchdachte Steine*, in: *Die Schrift der Steine*, S. 78–86, bes. S. 78–83.
[28] Ebd., S. 79.

schwergewichtigen Assoziationsfallen. Noch weiter geht Caillois, denn er entdeckt die Züge von Maya-Fürsten in dem Mädchen. Handelt es sich um eine Fälschung? Man muss nur die Scheibe ein wenig drehen, erkennt er bald, dann verwandeln sich alle merkwürdigen Unwahrscheinlichkeiten in andere Gebilde. Der Haarknoten wird zum Felsvorsprung, der Hals zur Wurzel, die ein mächtiger Vogel aus dem Felsen zerren will. Solche Drehungen führen in grundsätzliche Fragen über die menschliche Wahrnehmung und Musterbildung. Menschen, so Caillois, schließen Lücken, um das Erstaunen zu verringern. Sie finden Bekanntes in Unbekanntem, um nicht von der Fülle des Ungeordneten erschlagen zu werden. Sie schaffen fortwährend Inseln der Ordnung innerhalb von Entropie. Mythologie ist eine Verbindung von Erinnerungen mit Wünschen.[29] Florentiner Marmorsteine zeigen häufig Ruinen von Städten, Achate zaubern Vögel herbei. Aggregate aus Quarz und Orthoklas spuken mit Reihen von Alphabeten, die keiner lesen kann, als ob sie eine fremde Sprache nachlallten.[30] Aber warum das alles? Es scheint, dass die geologischen Prozesse, die zu den Steinen führen, Grundmuster der Natur überhaupt durchbuchstabieren. Formen, die dabei entstehen müssen, können gar nicht anders, als auf vorhandene geometrische Möglichkeiten zurückzugreifen, die eben Vögel, Ruinen, Monster und Buchstaben hervorbringen: »Da es unzählige Vor-bilder [sic] gibt, wird das Zufallsbild folglich notwendigerweise eines von ihnen auswählen.«[31] Deshalb aber werden wir so schnell dieser Analogien müde, wie Caillois schreibt. Das Museum der Phantastik ist begrenzt und Ähnlichkeiten entstehen nicht durch Imitation, sondern durch ständige Wiederholung.[32]

[29] Ebd., S. 81.
[30] Ebd., S. 82f.
[31] Ebd., S. 83.
[32] Ebd., S. 86.

Die Erkenntnis der Kontingenz ist das eine, das andere ist, diese zu beschreiben und diese Beschreibungen wiederum zu lesen. Caillois macht das Schreiben immer wieder zum eigentlichen Thema seiner Meditationen. Denn das Paradox bleibt bestehen: Die Suche nach dem Sinn ist Teil des Schreibens, das Aufgeben oder Verwerfen von Sinn ist jedoch zugleich in dieser Suche angelegt. Bei diesem Krimi wissen wir nach wenigen Seiten, wie er ausgehen wird, Stein um Stein: Der Detektiv sucht nach einem Sinn dessen, was dieses Bild hervorgebracht hat, aber er weiß, er wird ihn nicht finden. Warum also die kontinuierliche Arbeit am Stein? Sisyphos, der den Felsbrocken nicht den Berg hinaufrollt, um ihn dann wieder hinabzustoßen, sondern der hier alle Anstrengung auf Sinn und Assoziation verwendet, um diese dann ins Tal der Leere zu treten. Die Verbindungen zur abstrakten Kunst der Moderne sind verlockend und sagen etwas über die Poetik des Zufalls aus, die auch die Avantgardisten feierten. Es scheint sich bei Caillois' Steinmeditationen um ein therapeutisches, gar spirituelles Verfahren zu handeln: die Einübung in das Nichts, in die Anonymität des Universums, in den Tod des Selbst im Ganzen – eine Entdeckung der Abwesenheit (des Menschen), die auch Ewigkeit heißen kann.

Das Schreiben kommt bei den Steinen zu einer letzten Grenze, die Caillois als Reisender in unwegsamen Gebieten lebenslang zu konfrontieren suchte. Es wird unklar, was sinnvoller ist: die Schrift der Menschen, ihre Kunstgebilde oder die Schrift der Steine. Soviel jedoch kann er sagen: Er zieht die Zeichnungen der Steine, ihre Gestaltungen, den Arbeiten der Maler und Bildhauer vor, denn die Steine sind »unfehlbare Künstler«, sie offenbaren nicht so sehr die Schönheit, »sondern die dauerhaften Normen und die Idee der Schönheit selber«.[33] Es ist seine Antwort auf das Dilemma des Lord Chandos, der

[33] Caillois: *Steine*, S. 92.

nach Hofmannsthal einen Brief an den Lordkanzler Bacon schrieb, eine »negative Offenbarung«, wie Caillois in *Der Fluss Alpheios* schreibt, Ausdruck einer »materialistische[n] Mystik«,[34] die keine persönlichen Gottheiten kennt, vielleicht verwandt der Musilschen »taghellen Mystik«. Caillois' Schreiben wird daher eher zu einem kreisenden Akt als einer linearen Erfassung der vor ihm liegenden Phänomene. Er beginnt die Konturen und Flussströmungen des Gesteins in sich aufzunehmen, eine gewollte Versteinerung sozusagen, und verabschiedet sich zusehends von der menschlichen Welt der Träume und Assoziationen. Kreativität scheint ein Relikt geworden zu sein, vielleicht einer romantischen Aufwallung der Menschheit, die nicht verloren gehen möchte. Die Steine dagegen lehren Bescheidenheit, Zurücknahme des Selbst, Unterwerfung der deutenden Schriftzeichen unter physikalische und geologische Prozesse.

Ein merkwürdiger Sog entsteht, wenn man Caillois liest. Man kann ihn nur langsam in sich aufnehmen. Jedes Zuviel ist schlechte Politik, schlechter Metabolismus des Lesens. Je nach eigener Stimmung können Passagen sehr deprimierend und pessimistisch wirken, dieselben aber unter anderen Vorzeichen ironisch und belebend sein. Ich habe einmal nach dem Lesen von einem seiner längeren Steinetexte zum nächsten Buch gegriffen, es war ein Essay von George Orwell (»Inside the Whale«), also wahrlich am anderen Ende des Spektrums gelegen. Die Pause zwischen beiden Texten war nicht groß genug gewesen und so erschienen die Gedanken eines sozialistischen Intellektuellen über die Literatur der 1920er und 1930er Jahre in Europa wie eine merkwürdige Fortschreibung der Stein-Meditationen. Politische und kulturelle Strömungen nahmen mineralische Farben und Akzente an, sie flossen träge oder passioniert, standen unter den Einflüssen von Temperaturen und

[34] Caillois: *Der Fluss Alpheios*, S. 152, 155.

warfen Muster in die Welt, die sich damit auseinanderzusetzen hatte. Ein gefährlicher Vorgang: Wenn die Flucht in das Ahistorische sich auf die Historie selbst legt wie der Dämmer einer anderen Zeitordnung. Kaum dass wir die Maßstäbe vertauschen, entstehen abgründige Gedanken, die politisch nicht mehr verhandelbar sind. Orwell hat selbst einmal Nietzsches *Jenseits von Gut und Böse* zitiert: »Wer mit Ungeheuern kämpft, mag zusehn, dass er nicht dabei zum Ungeheuer wird. Und wenn du lange in einen Abgrund blickst, blickt der Abgrund auch in dich hinein.«[35] Daher meine ich, dass die Meditationen über Steine, wie die über Pflanzen, Oldtimer, Zinnfiguren oder Kreuzworträtsel, allesamt als Einschlüsse zu behandeln sind. Freuen wir uns über die Überraschungen und Einsichten in das Kosmische. Wie alle Überraschungen sollten sie aber nicht zu lange währen, denn es gibt noch genug zu tun auf dieser Erde. Überraschungen sind dazu da, um immer aufs Neue getätigt, nicht um fortdauernd erzeugt zu werden. Caillois' Bücher können neben aller Melancholie solche Freuden bereiten, sie sind Reisen in das Land des Zufalls, das wir immer wieder vergessen müssen, um überhaupt sozial sein zu können. Aus der Welt der Steine müssen wir immer wieder zurückkehren, und zwar, anders als Orpheus oder Lots Frau, ohne uns umzusehen. Nur unter dieser Bedingung erzählen sie ihre und das ist unsere Geschichte.

[35] Nietzsche, Friedrich: *Sämtliche Werke: kritische Studienausgabe in 15 Bänden*, Bd. 5: *Jenseits von Gut und Böse*, München 1980, S. 98.

HEILIGE BRÜCKEN. ÜBER DIE SAKRALE EXISTENZWEISE TECHNISCHER OBJEKTE

Wolfgang Pircher

1950, im Todesjahr von Marcel Mauss, verfasst Roger Caillois eine Erinnerung an seinen Lehrer, die mit »Der große Brückenbauer« übertitelt ist.[1] Erinnert wird darin eine kurze und hastige Unterhaltung zwischen beiden, die Caillois damit einleitet, dass er eine Arbeit über das religiöse Vokabular der Römer plane. Mauss scheint von der Idee angetan, warnt aber gleichzeitig vor den Fallgruben, die schon bei der Etymologie des Wortes *religio* beginnen. Auch wenn *relegere* keineswegs ›binden‹ bedeute,[2] werde es gleichwohl für selbstverständlich gehalten, dass diese Bedeutung das wahre Wesen der Religion ausspreche. Was kann verbunden werden? Himmel und Erde, Natur und Übernatürliches, Menschen und Götter und einfach Menschen untereinander, die ein gemeinsamer Glaube eint. In Wahrheit aber, so Mauss, habe Festus (oder ein anderer Lexikograph, hier lässt die Erinnerung Caillois im Stich) gesagt: »*Religiones tramenta erant*«, Religionen seien »Strohknoten«, die dazu dienten, die Pfeiler von Brücken zu verbinden.[3] Der

[1] Vgl. für das Folgende Caillois, Roger: »Le Grand pontonnier«, in: ders.: *Cases d'un échiquier*, Paris 1970, S. 23–27; engl.: »The Great Bridgemaker«, in: Frank, Claudine (Hg.): *The Edge of Surrealism. A Roger Caillois Reader*, Durham, London 2003, S. 338–342.

[2] Die Standardübersetzung ist ›überdenken‹, ›wieder lesen‹. Für *religio* u.a. ›gewissenhafte Berücksichtigung‹.

[3] Caillois: »The Great Bridgemaker«, in: *The Edge of Surrealism,* S. 339. Zur Etymologie von *religare* schreibt Guy Ménard: »It [*religio*] evokes those straw knots that used to tie together, in the roman antiquity, the pillars of bridges. The chief of the priests, viewed as the exclusive one having the power to transgress (to unite two dies of a river separated by the gods – from where the title ›pontifex‹) was responsible for the execution of these knots.« Ménard, Guy: »The Straw Knot and the Equestrian Statue From a Religiologic Point of View, Considerations on an Obscure Object« (1994), zit.n. http://www.unites.uqam.ca/religiologiques/no9/resua.pdf, S. 4 (aufgerufen: 3.7.2023).

Beweis sei, dass in Rom die höchsten Priester »Brückenbauer« (*pontifex*) genannt worden seien, ein Titel, den der Papst übernommen habe.[4] Auf Caillois' Verwunderung darüber, dass eine bescheidene Zimmermannskonstruktion eine derartig außerordentliche Bestimmung haben sollte, antwortet Mauss mit dem kurzen Satz: »Der *ordo rerum*«.[5] Caillois weiß, was die »Ordnung der Dinge« für Mauss bedeutet, nämlich die Anordnung der Elemente der Welt (und auch der Institutionen), wie sie von den Göttern ausgedacht und eingerichtet wurde.[6] Mauss zufolge gehört es zur Natur der Religion, diese Anordnung gegen alle Angriffe zu verteidigen: Wird ein Verbot missachtet, sind Katastrophen wie Überflutungen oder Epidemien die göttliche Strafe,[7] bis ein Priester die vorschriftsmäßige Ordnung wiederherstellt. So glaubte man zum Beispiel, dass die Götter die Flüsse zur Trennung der Menschen erschaffen hätten. Sie zu überbrücken, stellte deshalb ein Sakrileg dar. Dafür musste man die Götter in der richtigen Weise versöhnen, wozu nicht weniger notwendig war als das Wissen der anerkanntesten Exorzisten.[8] Die Aufrichtung des (symbolischen) Hindernisses, das ist die Idee von Göttern oder Dämonen, die die Menschen in ihre Grenzen weisen wollten, entstand somit zu einem Zeitpunkt, als die Menschheit begann, die Natur zu verändern und sie gleichzeitig als mit einem Willen begabt zu denken. Seitdem wird

[4] An dieser Übersetzung gibt es etymologische Zweifel. So vermerkt *Der Neue Pauly. Enzyklopädie der Antike*, Bd. 10, Stuttgart 2001, S. 135: »Laut der akzeptierten modernen Etym. (pont = ›Weg‹, vgl. Sanskrit pánthāh ›Pfad‹) bedeutet p. ›Wegebereiter‹ [...].«

[5] Caillois: »The Great Bridgemaker«, in: *The Edge of Surrealism*, S. 339.

[6] 1939, im Vorwort zu *Der Mensch und das Heilige*, bezeichnet Caillois es als Verdienst von Mauss, dass »in diesem Buch dem Begriff des *ordo rerum* ein so erheblicher Raum zukommt«. Caillois, Roger: *Der Mensch und das Heilige. Durch drei Anhänge über den Sexus, das Spiel und den Krieg in ihren Beziehungen zum Heiligen erweitere Ausgabe*, übers. v. Brigitte Weidmann, mit einem Nachw. v. Peter Geble, München 1988, S. 14. Im Text wird der *ordo rerum* in enge Nähe zu Verbot und Übertretung gebracht.

[7] Caillois nimmt als Beispiel »Xerxes, der eine Schiffsbrücke über den Hellespont schlägt und die Wellen auspeitschen läßt« und damit die Niederlage seines Heeres heraufbeschwört und es in die Katastrophe führt. Caillois: *Der Mensch und das Heilige*, S. 27.

[8] Caillois: »The Great Bridgemaker«, in: *The Edge of Surrealism*, S. 341.

jedes technische Artefakt in seiner Existenz und Dauerhaftigkeit von einer Kraft bedroht, die zugleich mit ihm auf den Plan tritt. Zu jeder Zeit und an jedem Ort ist die Geschichte der Menschheit daher auch verbunden mit jener der Brücken, die sie baute. Gegen die Angst vor dem Abgrund hat sich eine Art konkurrierender Wagemut entwickelt, der sich in der Konstruktion von Brücken ausdrückt. Caillois führt unter anderem die Brücke von Avignon (Pont Saint-Bénézet) an, die nahe am Palast des obersten Brückenbauers die Rhone überspannte und wegen Hochwassers einstürzte. Die Fabel will, dass die Brücke kollabierte, weil ein unbesonnener Kerl mit seiner Schwester über die Brücke tanzte, und eben diesem Narrativ folgt auch Caillois. Das Wasser, bis zur Konstruktion von Hängebrücken der Hauptfeind der Brücken, wird mit mystischer Kraft aufgeladen oder durch eine moralisierende Erzählung ersetzt. Das gibt der Brücke, als einem der ältesten technischen Artefakte überhaupt, eine spirituelle Dimension und Sakralität eigener Art.

Das Heilige im außerreligiösen Sinn, nämlich als »Sakralsoziologie« zu denken, war Programm des 1937 von Caillois, Georges Bataille und Michel Leiris gegründeten Collège de Sociologie.[9] Dergleichen war im Paris dieser Jahre nicht ohne Vorbilder. Namentlich hatten Émile Durkheim und sein Neffe Marcel Mauss einen alternativen Zugang zum Phänomen der Religion eröffnet, indem sie auf ethnologische Befunde Bezug nahmen. Diese Ausweitung des Beobachtungsraumes auf nicht-europäische Ethnien hatte einerseits den Vorteil, die Theologie von vornherein zu umgehen, andererseits konnte das Phänomen gleichsam an der Quelle studiert werden, zumindest glaubte man das.

[9] Vgl. zum Begriff der Sakralsoziologie: Bataille, Georges: »Die Sakralsoziologie und die Beziehung zwischen ›Gesellschaft‹, ›Organismus‹ und ›Wesen‹«, in: Hollier, Denis (Hg.): *Das Collège de Sociologie 1937–1939*, übers. v. Horst Brühmann, editorisch bearbeitet u. mit einem Nachw. v. Irene Albers u. Stephan Moebius, Berlin 2012, S. 43–62.

Die Mitglieder des Collège de Sociologie gingen diesbezüglich einen Schritt weiter (oder zurück), indem sie das Heilige in der sie umgebenden modernen Gesellschaft zum Thema machten. »Die Sakralsoziologie lässt sich als Untersuchung nicht nur der religiösen Institutionen, sondern der Gesamtheit der kommuniellen Bewegung der Gesellschaft auffassen. So betrachtet sie unter anderem die Macht und die Armee als Gegenstände, die in ihren Bereich fallen, sowie überhaupt sämtliche menschlichen Aktivitäten – Wissenschaften, Künste und Techniken –, insofern sie einen vergemeinschaftenden Wert im aktiven Sinne des Wortes haben, das heißt, insofern sie *einheitsstiftend* sind.«[10] Das ist – soweit ich sehe – die einzige Erwähnung von Techniken bzw. Technik im Rahmen der Vorträge am Collège. Es mag den Zeitumständen geschuldet sein, dass die Technik keinen Platz in der Sakralsoziologie gefunden hat, was aber nicht heißen kann, dass ihr kein Platz gebühren würde. Um dies zu demonstrieren, kann man das von Caillois kurz aufgegriffene Beispiel der Brücken heranziehen, denn wie Claudine Frank vermerkt, stellt die Brücke im Rahmen der diagonalen Wissenschaften Caillois' nicht nur das Fundament der Religion dar, sie kann darüber hinaus auch als Symbol interdisziplinärer Studien angesehen werden.[11]

Brücken also

Der von G. A. Frank Knight verfasste Eintrag »Bridge« in der *Encyclopaedia of Religion and Ethics* umfasst stolze neun Seiten, was überdurchschnittlich viel ist.[12] Kein anderes technisches Objekt erhält nur annähernd diese Aufmerksamkeit. Das macht

[10] Ebd., S. 43. Vgl. auch die sehr umfassende Studie von Moebius, Stephan: *Die Zauberlehrlinge. Soziologiegeschichte des Collège de Sociologie (1937–1939)*, Konstanz 2006.
[11] Frank: *The Edge of Surrealism*, S. 338.
[12] Knight, G. A. Frank: »Bridge«, in: Hastings, James (Hg.): *Encyclopaedia of Religion and Ethics*, Bd. 2, Edinburgh 1909, S. 848–857.

die Brücke zum sakralen Gegenstand schlechthin. Sie ist das Medium einer verbotenen Kommunikation. Alles hängt, so Knight, an der Scheu des primitiven Menschen, Flüsse zu überqueren. Flüsse werden demnach als Grenzen angesehen, von den Göttern eingerichtet, um den verschiedenen Rassen und Völkern Räume zuzuweisen und deren störende Vermischung zu hintertreiben. Jeder Fluss kennt eine Schutzgottheit und hat deshalb »semi-sakralen Charakter«.[13] Aber jede Grenze fordert zu ihrer Überschreitung auf,[14] auch wenn das ein Sakrileg darstellt, das seinerseits ein Kompensationsopfer verlangt. Sobald dieses Opfer erbracht und der Flussgott besänftigt ist, wird die Brücke in einem gewissen Sinn selbst heilig. Darin spricht sich sehr deutlich die von Caillois bemerkte Ambiguität des Sakralen aus.[15] Das Sakrileg wird durch das Opfer zu einer Quelle des Heils. Die Brücke, zunächst Monument der Überschreitung göttlicher Gebote, wird zum heiligen Ort, bezieht also Kraft, das heißt Stabilität aus dem Opfer.[16] Dabei bleibt das Opfer selbst nicht nur weitgehend anonym, es wird auch nicht geheiligt. Das

13 Knight: »Bridge«, in: *Encyclopaedia of Religion and Ethics,* S. 848.

14 Jede Brücke ist ja buchstäblich ein Mittel der Überschreitung, man geht über den Flussgott hinweg, negiert ihn und sein Gebot. Angeblich hat Mauss in einer Vorlesung geäußert: »Verbote sind dazu bestimmt, überschritten zu werden.« Marcel Mauss zit.n. Marroquin, Carlos: *Verbot und Überschreitung bei Mauss und Bataille*, http://www.iablis.de/iablis_t/2012/marroquin12.html (aufgerufen: 3.7.2023).

15 Er handelt dies unter den Termen Reinheit/Unreinheit ab. »Umgekehrt verleiht Unreinheit mystische Kraft oder macht sie, was aufs selbe hinausläuft, sichtbar, stellt sie an dem Wesen, das sich den Gefahren des Sakrilegs siegreich ausgesetzt hat, unter Beweis.« Caillois: *Der Mensch und das Heilige*, S. 57.

16 Nicht nur ist der Artikel »Sacrifice« in oben erwähnter Enzyklopädie einer der umfangreichsten, sondern einmal mehr erweist sich das Opfer hier als fundamentaler Bestandteil des Sakralen. Im Fall der Brücke (aber vielleicht nicht nur hier) stellt es einen Drehpunkt dar, in welchem sich die vertikale Kommunikation (mit dem Flussgott) und die horizontale der Menschen untereinander kreuzen. Vgl. dazu die Bemerkung von Marcel Mauss: »Es gibt jedoch Fälle, bei denen die Ausstrahlung der Heiligung durch das Opfer sich nicht direkt auf den Opfernden selbst auswirkt, sondern auf bestimmte Dinge, die mehr oder weniger unmittelbar mit seiner Person zusammenhängen.« Mauss, Marcel/Hubert, Henri: »Essay über die Natur und die Funktion des Opfers« (1899), in: Moebius, Stephan/Nungesser, Frithjof/Papilloud Christian (Hg.): *Marcel Mauss. Schriften zur Religionssoziologie*, übers. v. Eva Moldenhauer, Frankfurt a.M. 2012, S. 97–216, S. 106.

Opfer ist sozusagen der Heiligungssignifikant, es gewinnt seine Bedeutung allein daraus, dass es die Wertigkeiten umkehrt.

Brücken waren seit der Zeit von Mykene wichtige Bestandteile heiliger Wege. Die meisten Straßen führten zu Heiligtümern.[17] Im antiken Griechenland waren die Tempel Mittelpunkte des Verkehrs. »Ihretwegen werden die Sümpfe gedämmt, Bergjoche überwunden, Gewässer überbrückt. Dem Apollo zu Ehren liess Nikias eine Meeresbrücke bauen über den 4 Stadien breiten Sund zwischen Delos und Rhenaia [...]. Ebenso gehören hierher die doppelten Kephissosbrücken des heiligen Weges zwischen Athen und Eleusis. Dem Gotte und seinen frommen Verehrern sollten überall die Wege gebahnt und geebnet werden [...]. [Als] die pythische Theorie (Gesandtschaft) von Athen auf dem von Theseus gebahnten Wege auszog, wandelten nach alten Satzungen vor dem Zuge Männer mit Aexten und Beilen zur lebendigen Erinnerung an die alten Werkmeister, welche einst zuerst dem Gotte Apollo die Stege bereitet hatten, die Hephaistossöhne; sie wurden ὁδοποιοί, Wegemacher genannt und gehörten zu den ›heiligen Werkmeistern‹. Gerade aber zur Wegebereitung und Bahnmachung gehören nun auch die Ueberbrückungen von Gewässern aller Art, deren Ueberwindung oft erst an die heilige Stätte und zur Verehrung des Gottes gelangen ließ.«[18]

Der Olymp der nunmehr herrschenden Götter war dem Verbindenden gewidmet, der Überschreitung enger Grenzen, der größeren territorialen und spirituellen Einheit. Aus den »ältesten Tempelstraßen entwickelte sich die Technik des Straßenbaues, die in Griechenland eine eigenartige Ausbildung erfuhr. Um dem Hauptverkehrsgegenstand, dem hochgebauten,

[17] Jurecka, Charlotte: *Brücken: Historische Entwicklung, Faszination der Technik*, Wien, München 1979, S. 28.

[18] Becker, Jakob: »Die religiöse Bedeutung des Brückenbaues im Mittelalter, mit besonderer Beziehung auf die Frankfurter Mainbrücke«, in: *Archiv für Frankfurts Geschichte und Kunst* NF 4 (1869), S. 1–20, S. 8f.

geschmückten und beladenen Festwagen, jegliche Störung bei dem Transporte fernzuhalten, schrieben die Griechen den Wagenrädern eine genaue Bahn vor. [...] Das Einschneiden der Gleisfurchen war somit die Hauptaufgabe des griechischen Wegebaues [...].«[19] Die auf diesen Straßen wandelnden Pilger standen nicht nur unter dem Schutz der Götter, sondern auch unter jenem der Volksverträge.[20]

Die berühmteste Brücke des alten Rom, der *Pons sublicius*, wahrscheinlich um 621 v. Chr. gebaut und bis zum letzten Bolzen ganz aus Holz gefertigt,[21] war an den Iden des Mai jährlich Schauplatz einer Prozession zu den heiligen Anlagen auf der Tiberinsel. Auf ihrem Weg über die Brücke warfen die an der Prozession teilnehmenden Priester (*pontifices*), Prätoren und vestalischen Jungfrauen Puppen oder Effigien aus Rohrkolben in den Fluss, die an Händen und Füßen gefesselte Körper von alten Männern darstellten. Diese Sitte hat verschiedene Erklärungen

[19] Merckel, Curt: *Die Ingenieurtechnik im Alterthum* (1899), Hildesheim 1969, S. 217f. Charlotte Jurecka verweist auf die Plattenbrücke im Artemis-Heiligtum von Brauron: »Sie hatte eine fast quadratische Form, mit 9,2 m Länge und 9,06 m Breite, und der Plattenbelag wies noch gleisartige Wagenspuren auf. Diese Brücke soll aus der zweiten Hälfte des 5. Jahrhunderts v. Chr. stammen [...].« Jurecka: *Brücken: Historische Entwicklung, Faszination der Technik*, S. 29.

[20] Merckel: *Die Ingenieurtechnik im Alterthum*, S. 219.

[21] »Berühmt wurde der Pons Sublicius erstmals, als Horatius Cocles die Brücke heldenhaft gegen den Etruskerkönig Porsenna verteidigte und sie solange hielt, bis alle seine Leute hinübergelangt waren und das Bauwerk dann von ihnen abgebrochen wurde. Nach dem Rückzug Porsennas wurde der Pons Sublicius neu aufgebaut, und zwar, wie ausdrücklich angeführt wird, ohne Verwendung von Nägeln, was eine große Meisterschaft im Holzbau bezeugt. Die Verbindungen waren so eingerichtet, daß man die Brücke rasch in einzelne Teile zerlegen und diese Teile auch sofort wieder zusammenfügen konnte – wobei es sich naturgemäß nur um den Oberbau gehandelt haben kann.« Jurecka: *Brücken: Historische Entwicklung, Faszination der Technik*, S. 65. Hier nun fänden die Strohknoten ihren Platz.
Die Verteidigung der Brücke durch Cocles wird ausführlich beschrieben bei Livius: *Die Anfänge Roms. Römische Geschichte, Buch I–V*, München 1991, S. 129f. (= II, 10). Davor zählt Livius die zahlreichen Vergünstigungen auf, die der Senat dem niederen Volk gewährte, damit dieses nicht die erneute Königsherrschaft unterstütze. Vgl. auch Dumézil, Georges: *Mitra-Varuna. An Essay on Two Indo-European Representations of Sovereignty*, New York 1988, S. 144: »Cocles is the one-eyed hero, the famous Horatius, who, when Lars Porsenna is about to take the city by assault, single-handedly holds the enemy in check by his strangely wild behavior, and thus wins the first phase of the war.«

erfahren: Während die einen sie als Echo der Sitte auffassten, alte, zum Kriegsdienst untaugliche Männer in den Tiber zu stürzen, wurde sie von den anderen als Erinnerung an die Menschenopfer betrachtet, die dem Tiber in früheren Zeiten gebracht worden waren. Wie so oft wurden die einstmaligen Blutopfer auch hier schließlich durch Ersatzstoffe verdrängt, die als Abbilder geformt, eben *in effigie*, dargebracht wurden.

In römischer Zeit erfuhr der Straßen- und Brückenbau eine höchst kunstvolle Entwicklung, war aber an der Entfaltung des Imperiums ausgerichtet, das naturgemäß nicht von Pilgern aufrechterhalten wurde, sondern von militärischen Institutionen.[22] Die römischen Kaiser führten nunmehr den Titel *Pontifex maximus*, erst Gratian entsagte im Jahre 382 dieser Würde. Eine der berühmtesten römischen Steinbrücken ist die Trajansbrücke von Alcántara, die über den spanischen Tajo führt und 105 oder 106 n. Chr. erbaut wurde. »Der Baumeister war Cajus Julius Lacer. Die stolze Inschrift: *Pontem perpetui mansurum in saecula* – ich habe eine Brücke gebaut, die alle Zeiten überdauern soll – bezieht sich auf Trajan, der u.a. auf der Tafel den Titel Pontifex Maximus trägt.«[23]

Jeder Brückenbauer träumt davon, dass seine Brücke alle Zeiten überdauern möge. In früheren Zeiten dachte man allerdings, dies durch magische Mittel zu erreichen. Eine Reihe von Legenden berichtet über Kinderopfer, mit deren Blut mancherorts die Bausteine bespritzt wurden (London Bridge), während andernorts die Kinder selbst in die Fundamente eingemauert wurden (Halle). Als der Erbauer der Loh-Familien-Brücke in Shanghai Schwierigkeiten mit der Fundamentierung hatte, versprach er, 2000 Kinder zu opfern, falls der Flussgeist das

[22] Vgl. dazu Siegert, Bernhard: »Der Untergang des römischen Reiches«, in: Gumbrecht, Hans Ulrich/Pfeiffer, K. Ludwig (Hg.): *Paradoxien, Dissonanzen, Zusammenbrüche: Situationen offener Epistemologie*, Frankfurt a.M. 1991, S. 495–514. Zur imperial-bürokratischen Institution des *Cursus publicus* vgl. ebd., S. 499ff.

[23] Jurecka: *Brücken: Historische Entwicklung, Faszination der Technik*, S. 71.

Legen der Steine erlauben würde. Der Flussgeist verschmähte das direkte Opfer, kündigte aber eine Pockenepidemie an.[24] 1872 glaubten die Hindus in Kalkutta angeblich, dass die Hooghly-Brücke nur deshalb hatte erbaut werden können, weil das Verlangen des Flussgeistes, dass jeder Pfeiler auf einer Lage von Kinderköpfen aufruhe, erfüllt worden war. 1890 berichtete die *Pall Mall Gazette*, dass unvorsichtige Reisende in China geköpft wurden, weil das Ministerium für öffentliche Arbeiten £10 für jeden Kopf bezahlt hätte, um die Köpfe in die Fundamente der Brückenpfeiler neu zu bauender Brücken einzubetten. Ein griechisches Volkslied über die Brücke von Adana in Kappadokien (Türkei) erzählt, dass die Brückenkonstruktion erst stabil wurde, als der Bauingenieur seine Frau dazu brachte, in die Ausgrabung für einen der Pfeiler zu springen. Mühelos ließe sich die Reihe ähnlicher Legenden verlängern.

Im europäischen Mittelalter taucht eine neue Figur auf, die die vormaligen Flussgötter und Dämonen in einer Figur vereint: der Teufel. Er übernimmt von nun an »die Vormundschaft über alle Flüsse«.[25] Auch er ist von einer nicht weiter erklärten Abneigung gegen Brücken erfüllt, die er nur im Tausch gegen ihm verfallene Seelen duldet, wobei er zu diesem Lohn gelegentlich sogar selbst beim Brückenbau mithilft, um schließlich mit billigen Tricks um seinen Lohn gebracht zu werden.

Wie etwa die Legende der Donaubrücke von Ratisbona will, begannen die um ihr Bauwerk besorgten Brückenbauer, Verträge mit dem Teufel abzuschließen. Die Rede ist hier von der steinernen Brücke von Regensburg, die als das größte Ingenieurbauwerk des Hochmittelalters gilt. Mit ihrem Bau (1135–1146) entstand eine der frühesten für einen Profanbau eingerichteten Bauhütten. Der Legende nach ging der Baumeister der Brücke mit dem Dombaumeister eine Wette ein, wer sein Bauwerk

[24] Knight: »Bridge«, in: *Encyclopaedia of Religion and Ethics*, S. 850.
[25] Ebd., S. 851.

zuerst fertigstellen könne. Wenig überraschend setzte der Dombaumeister auf die Hilfe Gottes. Nachdem der Dombau wesentlich schnellere Fortschritte machte, schloss der Brückenbaumeister einen Pakt mit dem Teufel. Unter der Bedingung, die ersten drei Seelen zu bekommen, die über die fertige Brücke gehen würden, sollte der Teufel ihm hilfreich zur Seite stehen. Als geschickter Ingenieur stellte der Teufel die Brücke nun tatsächlich in kurzer Zeit fertig. Als Gewinner der Wette ›hielt‹ der Brückenbaumeister sein Versprechen gegenüber dem Teufel auf die übliche schelmenhafte Weise: Er ließ bei der Eröffnung einen Hahn, eine Henne und einen Hund über die Brücke jagen, was den Teufel natürlich in Wut versetzte, ihn darüber hinaus aber ohnmächtig zurückließ. Man würde die sakrale Pointe dieser Erzählung verpassen, wenn man sie damit abtäte, dass die Brücke – als 1237 mit dem Bau des Doms begonnen wurde – in Wirklichkeit längst fertiggestellt war.[26] Damit hätte der Teufel einen Vorsprung von 127 Jahren erarbeitet (die rund 600jährige Bauzeit des Doms gar nicht mitgerechnet), was selbst für den Herrscher der Unterwelt ziemlich viel wäre.

Die fest verankerte Vorstellung, dass die Errichtung einer Brücke vorgängige Transaktionen mit übernatürlichen Mächten verlangt, wird durch Legenden über Brücken im Jenseits ergänzt, die den Todesfluss, den Fluss der Unterwelt überqueren. Die Geister der Oberwelt sind in den unteren Regionen durch den Teufel ersetzt. Er kassiert all jene, denen es nicht gelingt, eine bestimmte enge Brücke zu überqueren. Im islamischen Glauben führt diese Brücke (*al-Ṣirāt*) über die Mitte der Hölle und ist dünner als ein Haar und schärfer als ein Schwert. Zu ihren Seiten ist sie mit dornigem Gesträuch besetzt. Während die Guten mit wunderbarer Leichtigkeit ins Paradies passieren, stürzen die Bösen in die Hölle. Die Idee einer solchen Brücke geht auf indische Legenden zurück, wo sie Brücke der Scheidung (Cinvat-

[26] Ebd.

Brücke) heißt. Ähnliche Legenden sind in vielen religiösen, unter anderem auch in christlichen Mythen zu finden.[27]

Bei einer derartigen spirituellen Sättigung verwundert es nicht, dass die Brücken in den Bannkreis der Kirche gerieten, galt der Bau und Unterhalt einer Brücke doch als gottgefälliges Werk, das den Sieg des einen Gottes über das ganze Gewimmel heidnischer Gottheiten anzeigen sollte. Neben den bautechnischen Problemen waren es die hohen Kosten,[28] welche die kirchlichen Organe auf den Plan riefen. »Da das Amt eines Brückenbauers demnach ein so wichtiges und bedeutendes war, so blieb es lange ein geistliches Vorrecht, und Päbste [sic], Bischöfe, Priester und Mönche sind daher seit den ältesten Zeiten der christlichen Kirche entweder vorzugsweise die ersten Gründer und Bauherren von Brücken oder aber selbst sachverständige Künstler und leitende Architekten bei dem Entwurfe der Pläne und bei der Ausführung des Baues derselben gewesen.«[29] Die Kosten für Bau und Unterhalt wurden durch fromme Spenden, Stiftungen, Schenkungen und Opfergaben, testamentarische Verfügungen, erteilte Privilegien und Ablässe gedeckt.[30] »Die Brücke war wie die Straße und der Strom Regal, königliches Hoheitsrecht [...]. Wie auch andere Regalien, so ging auch das

[27] Ebd., S. 852.

[28] Das betont Maschke, Erich: »Die Brücke im Mittelalter«, in: *Historische Zeitschrift* 224/2 (1977), S. 265–292, S. 277f.: »Die hohen Kosten werden oft in den Urkunden betont. Nicht die technische Schwierigkeit des Brückenbaus, sondern seine Finanzierung stellte die entscheidende Problematik dar.«

[29] Becker: »Die religiöse Bedeutung des Brückenbaus im Mittelalter«, in: *Archiv für Frankfurts Geschichte und Kunst*, S. 11. Legenden sind ihrer Natur nach an wundersamen Begebenheiten interessiert, so auch beim Brückenbau. Vom Erbauer der Brücke von Avignon, dem Sohn eines Schäfers namens Benezet, erzählt man, ihn habe eine himmlische Stimme zum Bau der Brücke berufen, worauf er dann vor der ganzen Bürgerschaft und den Notabeln einen riesigen Stein, der kaum von 30 Menschen zu bewegen gewesen sei, herbeigeschleppt und als Brückenpfeiler eingeschlagen habe. Benezet gilt als Stifter der sog. ›Brückenbrüder‹, eines Brückenbau-Ordens, der vor allem in Frankreich tätig wurde. Siehe dazu den Artikel »Brückenbrüder« in: Ersch, Johann Samuel/Gruber, Johann Gottfried (Hg.): *Allgemeine Encyclopädie der Wissenschaften und Künste*, Bd. 13, Leipzig 1824, S. 169–170.

[30] Becker: »Die religiöse Bedeutung des Brückenbaus im Mittelalter«, in: *Archiv für Frankfurts Geschichte und Kunst*, S. 2.

Hoheitsrecht über die Brücke seit der späteren Stauferzeit an die Fürsten über, die sich des Brückenbaus in ihren Städten annahmen. Die geistlichen Fürsten waren hierbei sehr häufig beteiligt, so dass das Verhältnis von Kirche und Brücke [...] auch von dieser rechtlich-politischen Entwicklung mitbestimmt war.«[31]

Konnten die Brücken in technischer Hinsicht als Individuen betrachtet werden,[32] so sorgte die Modalität ihrer Finanzierung dafür, dass sie zu Rechtspersonen wurden, die Vermögen besaßen. Ihnen wurden immobile und mobile Vermögensteile übertragen, »aus denen Einkünfte flossen. Die Brücke besaß ein Eigenvermögen, aus dessen Erträgen die Kosten bezahlt wurden. Überschüsse wurden wiederum Rendite bringend angelegt.«[33] Damit rückte die Brücke genetisch und topographisch in unmittelbare Nähe zum mittelalterlichen Spital, das ja ebenfalls eine selbständige Rechtsperson darstellte.[34] Die Doppeldeutigkeit als profaner und sakraler Bau machte sie gleichzeitig zum Richtplatz. Eine charakteristische auf der Brücke vollzogene Bestrafung war etwa die ›Säckung‹, bei der Elternmörder, der Bigamie Überführte und Wucherer in einen Sack gesteckt und von der Brücke geworfen wurden. Eine außergewöhnliche Bestrafung an einem außergewöhnlichen Ort. Bei Carl Christian Schramm lässt sich darüber Ausführliches erfahren: »Wie denn auf der Elb-Brücke zu Dreßden, vor deren letztern Renovation, ein besonderer hölzerner Balken, woselbst die Maleficanten, welchen der Sack zuerkannt gewesen, hinabgeworfen worden, eingeschraubet sich befunden. Es rühret aber diese Strafe des Säckens, oder pœna culei und fuffocationis, noch aus dem Heydenthum her [...]. Und findet man schon in denen ältesten Geschichten, daß im Vater- Mutter-

[31] Maschke: »Die Brücke im Mittelalter«, in: *Historische Zeitschrift*, S. 268f.
[32] Gemäß der Terminologie von Simondon, Gilbert: *Die Existenzweise technischer Objekte*, übers. v. Michael Cuntz, Zürich 2012.
[33] Maschke: »Die Brücke im Mittelalter«, in: *Historische Zeitschrift*, S. 280f.
[34] Ebd., S. 287.

und Kinder-Mord, auch crimine venenino dergleichen Strafe dictiret worden. Es war auch schon zu Rom nichts unbekanntes, daß die Missethäter von dem ponte sublicio herab und in die Tyber geworfen wurden. Doch bemühete man sich, ehe noch das Herabwerfen zu geschehen pflegte, den Delinquenten die Strafe auf alle Weise zu verbittern, und die Quaal des Todes zu verlängern: Gestalt man ihn nicht allein mit blutigen Ruthen peitschete, sondern auch sodann nebst verschiedenen einander wiedrigen Thieren, als anfangs einer Schlange, dann eines Affens, und zuletzt eines Haushahns zugleich in den Sack steckte, und ins Wasser warf.«[35] Diesen Tieren, zu denen noch andere kamen, wurde dabei jeweils eine besondere Bedeutung zugeordnet. So bezeichnet etwa der Hahn »des Menschen Frevel und durstigen Hochmuth« und der Affe »eines Menschen Gleichniß, oder todtes Ebenbild ohne Werke«.[36]

Fügung, Zufall, Unfall

Ohne einzustürzen kann keine einmal
errichtete Brücke aufhören, Brücke zu sein.[37]

Franz Kafka

Eine imposante Wikipedia »List of bridge failures«, die ursprünglich als »List of bridge disasters« geführt wurde und

35 Schramm, Carl Christian: *Historischer Schauplatz, in welchem Merkwürdigsten Brücken aus allen vier Theilen der Welt, Insonderheit aber Die in den vollkommensten Stand versetzte Dreßdner Elb-Brücke, In saubern Prospecten, Münzen und andern Kupferstichen, vorgestellet und beschrieben werden*, Leipzig 1735, S. 97f. (Anmerkungen im Text wurden entfernt).

36 Ebd., S. 98. Schramm verzeichnet auch gewissermaßen ironische Vorkommnisse, wie z.B. das auf S. 117 angeführte: »An. 1505 stürzte der freche Canonicus, von St. Afra, welcher ein grosser Verächter des weiblichen Geschlechts gewesen, und dem Vorgeben nach bey der Taufe eines Mägdleins immer gesagt haben soll: Getauft und ersauft, von der Brücke [zu Meissen] herab in den Elbstrohm und ersoff.«

37 Kafka, Franz: *Die Brücke*, in: ders.: *Beschreibung eines Kampfes. Novellen, Skizzen, Aphorismen aus dem Nachlaß, Gesammelte Werke*, Bd. 5, Frankfurt a.M. 1976, S. 84.

kontinuierlich ergänzt wird, verzeichnet unter anderem die unfallbedingten Todesopfer.[38] Nicht immer handelt es sich bei den betreffenden Unfällen um Einstürze, aber diese sind naturgemäß am spektakulärsten. Ich möchte nur zwei Beispiele von Brückeneinstürzen hervorheben, die auch in die Literatur eingegangen sind: den Einsturz der Brücke von San Luis Rey, den Thornton Wilder zum Anlass genommen hat, Erwägungen über das Schicksal der fünf dabei zu Tode gekommenen Menschen anzustellen, sowie den Einsturz der Eisenbahnbrücke über den Firth of Tay, ein Ereignis, dem Theodor Fontane eine Ballade gewidmet hat und das 76 Menschen das Leben kostete.[39]

Die Brücke von San Luis Rey war ein von den Inkas aus Weidenzweigen geflochtener Steg, der nur Fußgängern erlaubte, die Schlucht, die er überspannte, zu überqueren. »Die Brücke schien zu den Dingen zu gehören, die ewig bestehn [...]«,[40] und doch riss sie am 20. Juli 1714. Wilder betitelte den ersten Teil seines Buches mit »Vielleicht ein Zufall«. Er erzählt darin von einem italienischen Franziskaner, Bruder Juniper, der zufällig Zeuge des Brückeneinsturzes und der damit verbundenen Ereignisse wird und daraus die jähe Hoffnung bezieht, den Plan Gottes und den Sinn des Lebens zu entschlüsseln. »Entweder leben wir durch Zufall und sterben durch Zufall, oder wir leben nach einem Plan und sterben nach einem Plan.«[41] Es ist klar, dass der Franziskaner nicht an den Zufall glaubt. Er sieht im Brückeneinsturz vielmehr einen reinen Akt Gottes, der damit seine Absichten offenbart.[42] Die Schicksale der fünf

[38] Vgl. https://en.wikipedia.org/wiki/List_of_bridge_failures (aufgerufen: 3.7.2023).

[39] Vgl. Wilder, Thornton: *Die Brücke von San Luis Rey*, Frankfurt a.M. 1980; Fontane, Theodor: »Die Brück' am Tay (28. December 1879)«, in: *Die Gegenwart. Wochenschrift für Literatur, Kunst und öffentliches Leben* XVII/2 (10. Januar 1880), S. 20f. (Erstdruck), in: ders.: *Sämtliche Werke*, Bd. 20, München 1995, S. 165–167.

[40] Wilder: *Die Brücke von San Luis Rey*, S. 9.

[41] Ebd., S. 11.

[42] Im amerikanischen Original lautet die Stelle: »a sheer Act of God« (Wilder, Thornton: *The Bridge of San Luis Rey*, New York 2003, S. 7). Das kann einen zufälligen oder durchsichtigen Akt Gottes bedeuten. Da es seltsam wäre, Gott dem Zufall zu unter-

Opfer, die zum Zeitpunkt ihres Absturzes zusammenlaufen, müssen das Geheimnis enthalten, das zu entschlüsseln Bruder Juniper dürstet. Sein Laboratoriumsbericht wird allerdings als häretisches Werk betrachtet und öffentlich verbrannt. Wilders Nachschrift endet mit dem Aufruf einer metaphorischen Brücke: »Da ist ein Land der Lebenden und ein Land der Toten, und die Brücke zwischen ihnen ist die Liebe – das einzige Bleibende, der einzige Sinn.«[43]

Der Bericht über den Einsturz der Tay-Brücke, einer eingleisigen Eisenbahnverbindung zwischen Edinburgh und Dundee, am 28. Dezember 1879 hatte deutlich profanere Folgen. Die Untersuchungskommission stellte ihren Bericht in sechs Monaten fertig und machte den Entwurf und die Materialien des Bauwerks für den Kollaps verantwortlich. Im historischen Rückblick kann man von einem ›Museum der Managementfehler‹ sprechen: »The causes – railroad building mania, competitive companies and cities, design compromised by costs and politics, all tragically compounded by careless quality controls – are as contemporary as historic.«[44] Alle im Bericht aufgezählten Elemente lassen sich unter dem Stichwort der verächtlichen Behandlung der Materie zusammenfassen: Um Löcher im Gusseisen zu verdecken, benutzte man sogenannte

werfen, bleibt nur die Interpretation, dass es ein Akt ist, der den Willen Gottes durchsichtig macht.

43 Wilder: *Die Brücke von San Luis Rey*, S. 141. In seinem Vorwort zur amerikanischen Ausgabe von 2003 stellt Russell Banks eine Verbindung zu den Ereignissen vom 11. September 2001 her. »Our relation to those terrible events is not unlike Brother Juniper's relation to the collapse of the bridge. On that day in September and over the months that followed, we all, thanks to the miracle of modern video technology, became witnesses to an event that defies our moral understanding and tempts us to try puzzling out the mind of God, hoping thereby to justify the ways of God to man. This was Brother Juniper's obsession and his heresy. For many of us, it has become ours, too. And it was not merely appropriate, it was a necessary admonition, that, at the memorial service in New York for British victims of the attack on the World Trade Center, British Prime Minister Tony Blair chose to read the closing sentences of *The Bridge of San Luis Rey* [...].« Banks, Russel: »Foreword«, in: Wilder: *The Bridge of San Luis Rey*, S. XI–XVII, S. XVI.

44 Pinsdorf, Marion K.: »Engineering Dreams Into Disaster: History of the Tay Bridge«, in: *Business and Economic History* 26/2 (1997), S. 491–504, S. 491.

Beaumont's Eggs, die aus Bienenwachs, Geigenharz und feinen Eisenschnitzeln zusammengeschmolzen, schwarz gefärbt und in die Löcher gestopft wurden. Die abschließende Übermalung sollte den Eindruck gegossenen Eisens wecken, täuschte aber naturgemäß nur über die respektable Schwächung der Konstruktion hinweg. Diese »magischen Eier«[45] hätten geradezu Werkzeuge der drei Hexen sein können, die Fontane von Shakespeares *Macbeth* borgt, um sie die Worte »Tand, Tand ist das Gebilde von Menschenhand« sprechen zu lassen.[46] Man wusste natürlich um das Problem der Lufteinschlüsse beim Gießen von Eisen für die Träger der Fachwerkkonstruktion, aber das wirtschaftliche Kalkül und die miserable Kontrolle führten dazu, dass es ignoriert wurde. Die Ökonomie liebt die Materie nicht, zumindest nicht in der Weise, wie es der Techniker tut. »Der echte Techniker liebt die Materie, auf die er einwirkt; er ist auf ihrer Seite; er ist eingeweiht, aber er respektiert das, worin er eingeweiht wurde; er formt, nachdem er sie gebändigt hat, ein Paar mit dieser Materie und liefert sie nur unter großen Vorbehalten dem Profanen aus, denn er hat den Sinn für das Heilige.«[47]

Der Bau von Brücken ist häufig ein heikles und gefährliches Unternehmen, das jene Opfer fordert, die man gegenwärtig nicht mehr willentlich bringt, sondern als ›Unfall‹ dem Zufall überlässt. Auch beim Bau der Tay-Brücke gab es eine Reihe von Unfällen, die aber durch ihren Einsturz in den Schatten gestellt wurden. Nunmehr werden die Opfer auch nachträglich gebracht. Der Unfall ist das Schicksal der technischen Zivilisation. Katastrophen lehrten, den möglichen Unfall schon in der Konstruktion zu berücksichtigen, soweit das eben mit den Mitteln der Zeit möglich ist. In der Erzählung von Max Eyth klagt

45 Ebd., S. 501.
46 Fontane: »Die Brück' am Tay«, in: *Die Gegenwart*, S. 21.
47 Simondon: *Die Existenzweise technischer Objekte*, S. 85.

ein mit der Konstruktion der Tay-Brücke befasster Ingenieur,[48] dass er nicht wisse, wie er den seitlichen Winddruck auf die Fachwerkskonstruktion berücksichtigen solle.[49] »Das haben wir Ingenieure vor andern Menschen voraus: unsre Geister kommen nicht aus der Welt, die war, sondern aus der, die sein wird. Sie quälen uns deshalb nicht weniger.«[50] Der Ingenieur ist als Konstrukteur mit Dingen befasst, die es noch nicht gibt, die sich erst als funktionstüchtig beweisen müssen. Ein großer Teil der Konstruktionsarbeit ist von Erfahrungen abgedeckt, aber es bleibt ein mehr oder weniger großer Bereich der Unsi-

[48] Dieser Ingenieur trägt bei Eyth den Namen Stoß und wurde im Polytechnikum Karlsruhe bei Ferdinand Redtenbacher ausgebildet. Er arbeitet im Büro seines Schwiegervaters Sir William Bruce (Sir Thomas Bouch), von dem er sagt: »Rechnen ist nicht seine Liebhaberei, und schließlich lassen sich die großen Projekte, mit denen er überhäuft wird, nicht ganz mit dem Gefühl zwischen Daumen und Zeigefinger abmachen. Jedenfalls freute er sich, wenn ich in zwei Tagen dasselbe herausrechnete, was er in zwei Minuten herausgefühlt hatte. Oft genug war ich starr vor Erstaunen, wenn ich beobachtete, wie sehr Brücken bei ihm Gefühlssache sind, namentlich Gitterbrücken. Es ist nicht Erfahrung. Man hat keine Erfahrung von Dingen, die noch nie gemacht wurden. Es ist auch nicht Instinkt. Unsere Vorfahren wussten zu wenig von Häng- und Sprengwerken, um dieses Wissen zu vererben. Es ist ein Drittes, Unergründliches, Unerklärliches, und Bruce hatte ein Stück davon in irgendeinem Winkel seines Gehirns mit auf die Welt gebracht. Nur brauchte er eine ruhige Stunde, um sich die Dinge halb im Traum zurechtzulegen, und diese fehlte ihm mehr und mehr. Er war erdrückt von Aufträgen.« Eyth, Max: *Die Brücke über die Ennobucht (Berufstragik)*, Stuttgart 1973, S. 44f. Eyth erzählt hier die oft wiederholte Mythologie des unerklärlich kreativen Ingenieurs, dem kühne neue Konstruktionen wie überirdische Erscheinungen zufliegen. Dagegen setzt er die Nüchternheit des mathematisch-wissenschaftlich ausgebildeten Ingenieurs, der allerdings ebenfalls zu kühnen Entwürfen neigt. Stoß bekam von Bruce den Auftrag, eine niedliche Brücke über einen Schiefersteinbruch ganz nach seinem Geschmack konstruieren zu dürfen. »Nichts Überirdisches: 103 Fuß Spannweite. Ein kombiniertes Häng- und Sprengwerk, leicht wie ein Spinngewebe über einem höllischen Abgrund. Es zittert ein wenig, aber trägt, was es zu tragen hat.« Ebd., S. 45. Häng- und Sprengwerke finden sich vorzugsweise in Holzkonstruktionen. Was hier anklingt, ist die ästhetische Neigung der Brückenbauer des 19. Jahrhunderts, Brücken jene Massivität zu nehmen, wie sie die steinernen Bogenbrücken an sich hatten, und stattdessen gleichsam Linien über den Abgrund zu ziehen. Im Wortsinn sind Brücken überirdische Konstruktionen, sie haben unter sich zunächst Luft, dann Wasser und erst dann Grund, mit dem sie aber auf verschiedene Weise verbunden bleiben müssen.

[49] Ebd., S. 53: »Drückt ein guter Sturmwind mit zwanzig, oder mit vierzig, oder mit fünfzig Pfund auf den Quadratfuß, der ihm im Weg steht? Du kannst all das in Büchern finden und wählen. Fragst du die Herren Gelehrten aufs Gewissen, so hat es einer vom andern abgeschrieben.«

[50] Ebd., S. 47.

cherheit, des Risikos. Dem wird oft durch mehrfache Sicherheitsmaßnahmen begegnet, ein Lift etwa ist auf mehrfach höhere Belastung ausgelegt, als seine Zulassung bestimmt. Sicherheit ist nicht zuletzt eine Frage der Ökonomie, denn sie muss buchstäblich erkauft werden. Da es aber prinzipiell nicht möglich scheint, alle Eventualitäten konstruktiv vorwegzunehmen, muss das Unerwartete erwartet werden. Mit anderen Worten, es herrschen zumeist keine einfachen Kausalitäten. Aristoteles hat für solche Fälle *tyche* und *automaton*, Fügung und leeren Zufall, in Anschlag gebracht. Es handelt sich dabei um Prozesse, »die gegen Gesetz und Regel verlaufen«[51] und deren Ergebnisse Zufallsprodukte sind, die zweckmäßig sein können, oder auch nicht. »Als Zweckmäßiges nun hat sowohl jedes Werk planender Überlegung wie auch jedes Erzeugnis der Natur zu gelten.«[52] Ein technisches Objekt ist zweifellos ein Werk planender Überlegung. Wenn es seine Zweckmäßigkeit »bloß auf Grund zusätzlicher Umstände« erlangt, »liegt das vor, was wir ein Werk bloßer Fügung nennen«.[53] Fügung und leerer Zufall unterscheiden sich dadurch, dass in dem einen Fall menschliches Handeln vorausgesetzt ist, im anderen Fall nicht. Bei der Fügung ist immer ein angestrebter Zweck im Spiel, der beim blinden Zufall (*automaton*) fehlt. Es gibt nun Fälle, in denen beides zusammentrifft, etwa ein durch Hochwasser verursachter Brückeneinsturz. Man wird es nicht dabei bewenden lassen zu sagen, dass einfach ein blinder Zufall vorliege, sondern die Schwäche des Bauwerks dafür verantwortlich machen. Im planerischen Handeln wurde somit etwas ausgespart, das nun den Unfall (mit)verursachte. Er ist das Unzweckmäßige, das über die Zweckmäßigkeit der Konstruktion hinausgeht, aber gleichzeitig in ihr enthalten ist. Der Unfall ist der unab-

[51] Aristoteles: *Physikvorlesung*, übers. v. Hans Wagner, Darmstadt 1983, S. 44 (196b5). Für den Hinweis auf Aristoteles bin ich Marianne Kubaczek zu Dank verpflichtet.
[52] Ebd., S. 45 (196b20–22).
[53] Ebd. (196b24).

weisbare Begleiter der technischen Funktionserfüllung. Nicht alle Unfälle sind durch technische Fehler bedingt, auch unsachgemäße Bedienung spielt, wie im Fall der Verkehrsunfälle, eine wichtige Rolle. Da wie dort aber werden wir auf die Suche nach einem Verursacher gehen. In systemischer Weise befasst sich das *forensic engineering* mit dem Unfall.[54] Hier ist der Unfall, in ärgerlicher Nachträglichkeit, Ausgangspunkt für die Entwicklung bestimmter Prüftechniken (wie Simulationen in Windkanälen) und Aufzeichnungsgeräte (wie dem Flugschreiber) und für Materialprüfungen hinsichtlich Ermüdung und Belastbarkeit, die allesamt verborgene Kausalitäten aufspüren sollen.

Wir kommen aber nicht umhin zu konstatieren, dass der Technik buchstäblich Opfer gebracht werden. Niemand könnte es durchsetzen, aufgrund der Unerträglichkeit von so und so vielen Verkehrstoten den Autoverkehr überhaupt zu verbieten. Man kann aber schlecht die Opfer vorher auswählen (nicht nur weil man sie noch nicht kennt), denn das würde der alten Praxis folgen, die das Kalkül des Risikos durch (Opfer-)Planung zu ersetzen suchte. Uns würde es empören, käme jemand auf die Idee, einige wenige ausgewählte Personen zu opfern, um viele andere zu retten (nicht nur weil wir wissen, dass das Opfer vergeblich wäre). Was die Technik selbst als Ersatz anbietet, sind vielfältige Sicherheitstechniken.

[54] Siehe dazu Lewis, Peter R./Reynolds, Ken: »Forensic engineering: a reappraisal of the Tay Bridge disaster«, in: *Interdisciplinary Science Reviews* 27/4 (2002), S. 1–12. Sie kommen in ihrer Untersuchung des Einsturzes auf ein Problem, das typisch für die Probleme neuerer Brücken wurde, insbesondere bei Hängebrücken (was die Tay-Brücke nicht war), nämlich das Problem der Schwingungen, die durch Luftströmungen verursacht werden. Der Feind der Brücken ist nunmehr die Luft, nicht mehr das Wasser. »Our reappraisal confirms the conclusions of the original inquiry, but it also extends them by suggesting that lateral oscillations were induced in the high girders section of the bridge by trains passing over a slight misalignment in the track. The amplitude of these oscillations grew with time, because joints holding the bridge together were defective, and this in turn resulted in fatigue cracks being induced in the cast iron lugs, which reached criticality on the night of the disaster.« Ebd., S. 1.

Das Sakrale der Technik hat sich also verschoben, es taucht als Fügung wieder auf, der allerdings keine spirituelle Instanz mehr unterschoben wird.[55] Und doch wird alle Technik prinzipiell als Überschreitung der herkömmlichen Ordnung der Dinge aufgefasst. Das kann nun zu der sakralsoziologischen Vermutung führen, dass die Opfer eben für diese Überschreitung gebracht werden. »Die organisierte Überschreitung bildet mit dem Verbot ein Ganzes, und dieses Ganze bestimmt das soziale Leben.«[56] Im buchstäblichen Sinne ist die Überschreitung Zweck der Brücken, sie sind nur dafür geschaffen.

[55] Im Fall des Einsturzes der Tay-Brücke glaubte allerdings die Mehrheit der Schotten angeblich noch an ein göttliches Urteil. Vgl. Pinsdorf: »Engineering Dreams Into Disaster: History of the Tay Bridge«, in: *Business and Economic History*, S. 501.

[56] Bataille, Georges: *Die Erotik*, übers. u. m. einem Essay v. Gerd Bergfleth, München 1994, S. 65.

DAS LABYRINTH DER TATSACHEN: GEORGES BATAILLE, ROGER CAILLOIS, JAN POTOCKI

Georg Tscholl

> Sie begriffen, dass ein Buch ein Labyrinth und eine Wüste war.[1]
>
> Roberto Bolaño

> Insupportablement, je rêvais d'un labyrinthe net et exigu [...].[2]
>
> Jorge Luis Borges

I.

Es war eine Totenmesse mit Priestern, aber ohne einen Gott. 2009 erhielt Roberto Bolaño den *Prix Roger Caillois*. Roger Caillois hatte sich für die lateinamerikanische Literatur in Frankreich und Europa stark gemacht, sie mit seinen Übersetzungen eingeführt. Bolaño, geboren 1953 in Chile, kam, zynisch gesagt, von selbst nach Europa, und in Europa, wo er 2003 starb, zu Weltruhm. Sagt man.[3] Und auch, oder so ähnlich: Wo zwei

[1] Bolaño, Roberto: *Die Nöte des wahren Polizisten*, übers. v. Christian Hansen, München 2013, S. 118.

[2] Borges, Jorge Luis: »L'Immortel«, in: ders.: *Labyrinthes*, übers. v. Roger Caillois, Paris 1953, S. 25.

[3] Stellvertretend dafür, ›was man sagt‹, oder einfach nur als eine unorthodoxe Variante dessen, was als objektiv oder gesichert gilt, vgl. die entsprechenden Klappentexte zu Caillois' Werken *Steine* (übers. v. Gerd Henniger, München 1983), *Der Krake. Versuch über die Logik des Imaginativen* (übers. v. Brigitte Weidmann, München 1986), *Der Mensch und das Heilige. Durch drei Anhänge über den Sexus, das Spiel und den Krieg in ihren Beziehungen zum Heiligen erweiterte Ausgabe* (übers. v. Brigitte Weidmann, München, Wien 1988) und *Die Schrift der Steine* (übers. v. Rainer G. Schmidt, Graz 2006)

sich nichts mehr zu sagen haben, sich nichts mehr zu sagen haben konnten, da freue sich ein Dritter. Die Diagonale, ein Drittes, verbindet zwei nicht nebeneinanderliegende Ecken. Mithin das Unvermutete, das Abwegige. Über dem Abgrund, »der sie trennt«, behauptet die Diagonale »eine tiefe Verwandtschaft«, wie sie Caillois in *Méduse et Cie* (1960) zwischen der »Intelligenz des Menschen« und den »niedrigen Organismen« aufstellte. Es war ihm, dem diagonalen Wissenschaftler, um eine »Geometrie des Lebens« zu tun.[4] Ihren Boten mochte Caillois in der von ihm 1958 zusammengesuchten *Handschrift von Saragossa* (*Manuscrit trouvé à Saragosse*, 1803–1815) abgefangen haben.[5] Dieser Bote, der Sohn eines Mathematikers, berichtete von seinem Vater, er habe an der Entwicklung einer Theorie gearbeitet, nach der man »auf alles mathematische Formeln« anwenden und einmal »menschliche Taten und Leidenschaften mit Hilfe geometrischer Figuren ausdrücken« könnte (22. Tag).[6] Was wie ein Freibrief daherkommt, war, bei Jan Potocki ebenso wie bei Roger Caillois, als Einladung zum Denken gedacht. Die Schlüsse, die sie zogen, sollten nicht auf der Hand liegen. Manche waren – schon daher – fantastisch, weil Wissenschaft und Literatur ein Abenteuer sind, auf das man sich gut vorzubereiten hat. Er sei, schrieb Caillois im »Nouveau plaidoyer pour les sciences diagonales« von 1965, wiederabgedruckt in den *Cases d'un échiquier* (1970), ein Abenteurer, »d'une ambition de toute manière aventureuse«, und sich darin auch treu geblieben, »je restais

sowie zu Roberto Bolaños *Exil im Niemandsland. Fragmente einer Autobiographie* (hg. u. übers. v. Heinrich von Berenberg, Berlin 2008).

[4] Caillois, Roger: *Méduse & Cie*, in: ders.: *Méduse & Cie*, übers. v. Peter Geble, Berlin 2007, S. 45–139, S. 66.

[5] Potocki, Jan [Jean]: *Manuscrit trouvé à Saragosse* (1803–1815), hg. v. Roger Caillois, Paris 1958; dt.: *Die Handschrift von Saragossa*, übers. v. Louise Eisler-Fischer u. Maryla Reifenberg, Frankfurt a.M. 1975. Zur Entstehungsgeschichte des Romans, der in 66 Tage gegliedert ist, vgl. Caillois, Roger: »Schicksal eines Mannes und eines Buches. Graf Jan Potocki und ›Die Handschrift von Saragossa‹« (1958), ebd., S. 839–870.

[6] Potocki: *Die Handschrift von Saragossa*, S. 327.

fidèle à mes premières recherches«.[7] Die ersten Kapitel des *Kraken* (*La Pieuvre*, 1973), eines von Caillois' letzten Büchern, erinnern denn unter der Hand auch an den Borges-Schüler Bolaño, als wären sie der Katalog von Detektiven, allesamt auf der Jagd nach der Biographie eines Ungeheuers.[8] Der, für den sie in abgelegenen Gebieten ermitteln, ist Inhaber einer Agentur, die zur Aufklärung des Falles die Chronologie der Geschichte umdreht. Sie wird umgedreht und umgestülpt. Alles im Krimi ist, schreibt Caillois in *Puissances du roman* (1941), wie bei einem rückwärts projizierten Film. Der Krimi wechselt das Medium oder er pervertiert den linear erzählten Roman, indem er sich über die Pläne seiner Architektur beugt. »On ne raconte pas une histoire, mais le travail qui la reconstruit.«[9] Die leichtgläubigen Naturforscher Caillois', seine lyrischen Historiker und theologisch meditierenden Dichter registrieren des Kraken »ungewöhnliche Anatomie«.[10] So ungefährlich Kraken sind, sie schauen nicht so aus. »Das Abstoßende, Furchterregende des Kraken hängt somit ausschließlich und unmittelbar mit seiner Erscheinung zusammen.« Seine Gestalt allein, schreibt Caillois, rege »die Einbildungskraft entscheidend an«.[11] Er fragt, wie es zu bestimmten, und zwar allgemeinen, Ansichten kommen konnte, die von den wissenschaftlichen Beobachtungen nicht gestützt würden. Indem Caillois die Spintisierer gegen den unbefangenen, systematischen Beobachter ausspielt, argumentiert er mit den Vorurteilen eines Unterschieds, den er zu relativieren trachtet.[12] Die

[7] Caillois, Roger: »Nouveau plaidoyer pour les sciences diagonales«, in: ders.: *Cases d'un échiquier*, Paris 1970, S. 53–59, S. 53, Anm. 1.

[8] Vgl. den von Caillois ausführlich zitierten Naturforscher Henry Lee, den James »Boswell des Kraken« (Caillois: *Der Krake*, S. 66).

[9] Caillois, Roger: *Puissances du roman*, in: ders.: *Approches de l'imaginaire*, Paris 1974, S. 147–243, S. 179.

[10] Caillois: *Der Krake*, S. 10, S. 48.

[11] Ebd., S. 112f.

[12] Ebd., S. 92, S. 126, S. 128. – Zum »grundlegenden Problem« der Unterscheidung, vgl. auch Caillois, Roger: »Mimese und legendäre Psychasthenie« (1935), in: ders.: *Méduse & Cie*, S. 25–43, S. 27.

Einbildungskraft – l'imagination: Dieses für Caillois so wichtige Instrument, gleichsam der Hammer, mit dem er philosophiert,[13] ist selbst, wie es verschiedentlich vom Kraken gesagt wurde, auf der Lauer. Die Einbildungskraft wartet darauf, abgerufen zu werden. Sie beobachtet die Beobachter, die Programme der Systematik schaut sie sich ab. Leicht verfängt sie sich im Unbefangenen, dem vermeintlich Unabdingbaren, ein winziger Anhaltspunkt genügt; sie ist mit wenig zufrieden, um viel daraus zu machen.[14] Um ja nicht querzuschießen, darauf getrimmt, bemäntelt die Einbildungskraft ihre Logik, wobei sie, wie Caillois sagt, selber »einer ausdauernden, universalen, zuverlässigen Kohärenz verpflichtet bleibt«.[15] Wenn Caillois der Logik des Imaginären doch auf die Schliche kommt, dann um den Preis einer Lockerung wissenschaftlicher Annahmen. Die Einbildungskraft begleitet eine wissenschaftliche Praxis, die er selbst voraussetzt und strapaziert. Caillois spricht von möglichen Ansteckungen, erwähnt »heimliche Vorlieben«, »hartnäckige Neigungen«.[16] Die Arbeit des Mythos vermag es, die Tatsachen als Erzählungen zu entlarven. Denn: Einbildungskraft entdeckt, sie erfindet nicht.[17] Über den wissenschaftstheoretischen Ladentisch geht die Biologie somit nicht als Literatur, die

[13] Während Caillois es mit dem »Hammer der Vorfahren« hatte, angesichts einer möglichen Zeichnung, auf die er stieß, als er über »die polierte Oberfläche eines mexikanischen Achats« fuhr (Caillois, Roger: »Mineralien« (1970), in: ders.: *Die Schrift der Steine*, S. 145–167, S. 166), waren es Nietzsches »Ohren noch hinter den Ohren«, die im Vorwort zu *Götzen-Dämmerung* Gestalt annahmen; sein Hammer sollte die »ewigen Götzen« denn auch wie eine »Stimmgabel« rühren (Nietzsche, Friedrich: *Götzen-Dämmerung oder Wie man mit dem Hammer philosophirt*, in: ders.: *Sämtliche Werke. Kritische Studienausgabe in 15 Bänden*, Bd. 6, hg. v. Giorgio Colli u. Mazzino Montinari, München, Berlin, New York 1988, S. 55–161, S. 58).

[14] Vgl. Caillois: *Der Krake*, S. 117f.

[15] Ebd., S. 129.

[16] Ebd., S. 137f. Aber »selbstverständlich kann es nicht darum gehen, zu den oberflächlichen und qualitativen Analogien zurückzukehren, von denen sich die Wissenschaften freimachen mußten, um ein System methodisch gewonnener, überprüfbarer und verbesserungsfähiger Erkenntnisse zu begründen«. Caillois: *Méduse & Cie*, in: *Méduse & Cie*, S. 50.

[17] Vgl. Caillois: *Der Krake*, S. 141.

Wissenschaft somit nicht als Kunst. Alles andere hätte bedeutet, »als Maler, als Dichter, nicht aber als Wissenschaftler zu handeln; denn für letzteren besteht die eigentliche Aufgabe gerade darin, die Korrespondenzen zu bestimmen, die für den Laien verborgen, unsichtbar und unvorstellbar sind«.[18] Die eigene steile Vorlage hatte Caillois damit verpasst, es erwischte sie dafür Paul Feyerabend; er zog die Schlüsse, die zu ziehen Caillois zögerte: Die subjektiven Künstler, die objektiven Wissenschaftler – ob arglose Laien oder ausgebuffte Profis – sind für Feyerabend bloß »Karikaturen« ihrer selbst, »weder die Künste«, schreibt er, »noch die Wissenschaften kennen stabile Randbedingungen, die die Tätigkeit ihrer Adepten ein für allemal einschränken und mit einer Autorität versehen, die hinausgeht über die Autorität bloßer Meinungen«.[19] Feyerabends Künste und Wissenschaften sind also recht eigentlich außer Rand und Band, *anything goes* (*Wider den Methodenzwang*, 1976). Immerhin ist Caillois' Wissenschaft vor der Einbildungskraft nicht sicher, und es muss, je nachdem, von einer beidseitigen Gefährdung, einer gegenseitigen Inspiration ausgegangen werden. Caillois schreibt: »Stoffe und Träume schlagen Wege ein, die nicht die gleichen sind, sich aber entsprechen.«[20] Sie sind, wie er in *Méduse & Cie* von den unterschiedlichen Oberflächen der Gemälde und der Schmetterlingsflügel sagt, »obwohl unvergleichlich, einander homolog«.[21] Und, weiter mit dem *Kraken*: »In diesem Sinne gibt es [...] Kontinuität zwischen Materie und Einbildungskraft. Ich möchte sogar vermuten, daß eine solche Innervation das einheitliche Feld durchdringt und in entferntesten Punkten, die sich so unähnlich sind, daß sie in allem und jedem gegensätzlich erscheinen, Annäherungswege schafft, Normen setzt, die zwar nicht identisch, zumindest aber

18 Caillois: *Méduse & Cie*, in: *Méduse & Cie*, S. 51.
19 Feyerabend, Paul: *Wissenschaft als Kunst*, Frankfurt a.M. 1984, S. 10f.
20 Caillois: *Der Krake*, S. 140.
21 Caillois: *Méduse & Cie*, in: *Méduse & Cie*, S. 61.

kohärent und solidarisch, die homogen sind.«[22] Gemäß der Taktik, dem Takt Jacques Derridas, Unterschiede, wie ihm umgekehrt vorgeworfen wurde, nicht zu verwischen, sondern sie gegen- und miteinander zu verschieben,[23] geht auch Caillois vor. Nicht ganz so sorgfältig, scheint mir – dafür schon früh; schon als 21-Jähriger rüttelt er an den Dingen. In »Die Gottesanbeterin« (»La Mante religieuse«, 1934) extrahiert er aus seinen Verfahren, den damals noch namenlosen diagonalen Betrachtungen, eine ›lyrische Objektivität‹. Zunächst: Alles sind Tatsachen, namentlich auch das, was sich an ihnen entzündet. Die Auslöser überraschender Gleichsetzungen, festgestellter Ähnlichkeiten oder anhaltender Gefühlskonflikte bewerben sich für die Stelle des Möglichen, und das heißt nicht einmal dafür, geglaubt zu werden.[24] Denn das »Wunder« bestehe lediglich »in einem Zusammentreffen, wobei sich alles dazu verschwor, es unvorstellbar zu machen; und an erster Stelle der Widerstand der Mächte und Methoden«.[25] Nicht weil das Imaginäre spekulativ wäre, kritisiert es die Tatsachen, verwandelt es Gegenstände oder unsere Ansichten von ihnen; aber weil es mit einer eigenen Logik, der *logique de l'imaginaire*, an die Sachen herangeht, einer Logik zudem, die es mit der gewohnten bzw. der gewöhnlichen aufnehmen kann. Sie sind vom selben Holz, wiewohl sie sich einer unterschiedlichen Technik, einer unterschiedlichen Herange-

[22] Caillois: *Der Krake*, S. 140. Sowohl Peter Geble wie Brigitte Weidmann sind nahe am Text: ›des cheminements homogènes‹ übersetzt sie mit ›homogenen Annäherungswegen‹ und er ›les deux séries homologues‹ mit ›einander homologen Arten‹. Vgl. Caillois, Roger: *La Pieuvre. Essai sur la logique de l'imaginaire*, in: ders.: *Œuvres*, hg. v. Dominique Rabourdin, Paris 2008, S. 949–1033, S. 1032; dt.: *Der Krake*, S. 140; ders.: *Méduse et Cie*, in: ders.: *Œuvres*, S. 479–558, S. 492; dt.: *Méduse & Cie*, in: *Méduse & Cie*, S. 61.

[23] Vgl. das Interview »Gibt es eine philosophische Sprache?« (1988), geführt v. Jacques Message, Joël Roman u. Étienne Tassin, in: Derrida, Jacques: *Auslassungspunkte. Gespräche*, übers. v. Karin Schreiner u. Dirk Weissmann, Wien 1998, S. 229–240.

[24] Vgl. Caillois, Roger: »Die Gottesanbeterin« (1934), in: ders.: *Méduse & Cie*, S. 7–23. Oder, noch gut 30 Jahre später, 1966, Caillois: *Steine*, S. 31: »Trotzdem kann ich mich nicht der Überzeugung erwehren [...], daß es weit umfassendere Gesetzmäßigkeiten gibt, die gleichzeitig das Unbelebte wie das Belebte regieren.«

[25] Caillois: »Mineralien«, in: *Die Schrift der Steine*, S. 162.

hensweise bedienen; insoweit als diese Logik sich »auf viele, ganz genaue Untersuchungen stützen und zu solchen anregen würde«,[26] macht sie der herkömmlichen auch die Resultate strittig. Ausgerechnet ihr gegenseitiger Ausschluss, die Tatsache, dass die beiden Logiken nicht nach denselben Mechanismen funktionieren, weist sie als – womöglich noch so entfernte – Verwandte aus.[27] Caillois' methodologische Grundsatzerklärung von 1960 brauchte auf ein Wunder nicht zu warten. Das Wunder war, mit Jan Potockis Roman, schon da. Als eines, wie Caillois 1958 fand, »das sich an der Stabilität der Welt mit deren eigenen Waffen vergreift und bald kein anstößiges Mirakel mehr ist, sondern die Drohung einer unmöglichen Gesetzmäßigkeit, mit der von jetzt an die äußerste Furcht vor immer wiederkehrenden Wirkungen, unbegreiflich und zugleich monoton, einhergeht. Was nicht geschehen kann«, schreibt er, »geschieht«.[28]

II.

Als die »letzte Avantgardegruppe der Vorkriegszeit« (Denis Hollier), das von Georges Bataille, Caillois und Michel Leiris gegründete Collège de Sociologie, die Türe ihres Hinterzimmers am 4. Juli 1939 schloss,[29] beendete deren Jüngster, Caillois, die

[26] Caillois: *Der Krake*, S. 142.
[27] Vgl. Caillois: *Méduse & Cie*, in: *Méduse & Cie*, S. 49f.
[28] Caillois: »Schicksal eines Mannes und eines Buches«, in: *Die Handschrift von Saragossa*, S. 866. Ein prominenter Verehrer des Buches und einer der ersten Leser von Caillois' Fassung war auch Georges Bataille. Es sei ein faszinierendes Buch: Man schlafe dort ein zwischen zwei Frauen und wache zwischen zwei Leichen auf. Es sei alles zusammen, alles auf einmal: höchste Lust, Schrecken, Skelette. Vgl. Batailles Brief an Patrick Waldberg v. 10. Juli 1958, in: Bataille, Georges: *Choix de lettres. 1917–1962*, hg. v. Michel Surya, Paris 1997, S. 487f., S. 488: »C'est un livre fascinant. […] On s'y endort entre deux femmes, on s'éveille entre deux cadavres, c'est tout entier volupté, horreur, squelettes.«
[29] Vgl. die kommentierte Textsammlung v. Hollier, Denis (Hg.): *Das Collège de Sociologie 1937–1939*, dt. editorisch bearb. u. m. einem Nachw. v. Irene Albers u. Stephan Moebius, Berlin 2012.

erste Fassung von *Der Mensch und das Heilige*. Im Vorwort zur dritten Ausgabe, 1963, betont Caillois, dass *L'Homme et le sacré* eines seiner ersten Bücher war. Mit dem Update von 1949, der zweiten Auflage, »bildet es vielleicht die Basis eines erheblichen Teils meines Werkes«.[30] Bataille hat in einem inoffiziellen, erst durch die spätere Gesamtausgabe (*Œuvres complètes*, 1970–1988) bekannt gewordenen Lebenslauf, vermutlich um 1958 verfasst, von dem von ihm übersetzten Leo Schestow (*L'Idée de bien chez Tolstoï et Nietzsche* (1900), 1925) gesagt, dass dessen querdenkerische – wörtlich: unerwartete – Philosophie seine Basis sei: »C'est à lui que je dois la base de connaissances philosophiques qui, sans avoir le caractère de ce qu'il est commun d'attendre sous ce nom, à la longue n'en sont pas moins devenues réelles [...]«. (Ihm, also Schestow, schulde er die Basis seiner eigenen philosophischen Kenntnisse, die, ohne den Charakter dessen zu haben, was man unter diesem Namen für gewöhnlich erwarte, für ihn, also Bataille, zusehends wichtiger geworden seien.)[31]

Vielleicht abgesehen von dem Hinweis, dass das, mit dem man nicht rechnet, nicht weniger wirklich werden könne, hat Bataille gegenüber Caillois einen schweren Stand; schon philologisch: Eine Übersetzung, die nicht einmal von ihm sein dürfte,[32] steht am Beginn von Batailles Karriere, ein eigenes

[30] Caillois, Roger: »Vorwort zur dritten Ausgabe« (1963), in: ders.: *Der Mensch und das Heilige*, S. 7–10, S. 7.

[31] Bataille, Georges: »Souvenirs sur Bergson et Chestov«, in: ders.: *Œuvres complètes*, Bd. 8, Paris 1976, S. 561–563, S. 563; teilweise übers. in Mattheus, Bernd: *Georges Bataille. Eine Thantographie*, Bd. 1, München 1984, S. 60f. In der Pariser Emigration lehrte Leo Schestow an der Sorbonne, wo er 1922 oder 1923 mit dem jungen Bataille bekannt wurde, der später sein Tolstoi-und-Nietzsche-Buch übersetzte: *L'Idée de bien chez Tolstoï et Nietzsche*, Paris 1925. Vgl. Surya, Michel: *Georges Bataille, la mort à l'œuvre*, Paris 1987, S. 67–74; ders.: »Die Willkür, après tout. Von der ›Philosophie‹ Leo Schestows zur ›Philosophie‹ Georges Batailles« (1995), in: Hetzel, Andreas/Wiechens, Peter (Hg.): *Georges Bataille. Vorreden zur Überschreitung*, Würzburg 1999, S. 15–28.

[32] Mit Surya (*Georges Bataille, la mort à l'œuvre*, S. 74) gehe ich davon aus, dass Bataille, nachdem er seine 1923 begonnenen Russisch-Studien bald wieder abbrach (vgl. Bataille, Georges: *Œuvres complètes*, Bd. 7, Paris 1976, S. 459), die geplante Übersetzung von Teresa Beresovski-Schestow vielleicht redaktionell unterstützte und den Titel, das leuchtet ein, bis zur Drucklegung begleitete.

COLLECTION DE PHILOSOPHIE INTELLECTUALISTE
SOUS LA DIRECTION DE M. JULES DE GAULTIER

LÉON CHESTOV

L'IDÉE DE BIEN
CHEZ TOLSTOI
ET NIETZSCHE

(PHILOSOPHIE ET PRÉDICATION)

TRADUIT DU RUSSE
PAR T. BERESOVSKI-CHESTOV ET G. BATAILLE

PARIS
EDITIONS DU SIÈCLE
121, BOULEVARD SAINT-MICHEL

S. P.

Abb. 1
Verloren, von Anfang an I: Bataille als Übersetzer (Éditions du siècle, 1925).

Buch am Anfang von der von Caillois. Nicht besser ergeht es der *Handschrift von Saragossa*. Sie ist, um möglichst zu bleiben, was sie einmal war, auf Interpretationen angewiesen. Gut möglich, dass sie sich angesichts einer tadellosen Konkurrenz dadurch einen Vorteil verschafft, dass sie ihr Manko, ein prinzipielles, wie ich glaube, nicht verhehlt. Das wäre die andere, die Kehrseite der Geschichte, die Caillois erzählt, wenn er den Fall Potocki wieder aufrollt, die schon gesicherten Ursprünge des Romans neu verhandelt (»Destin d'un homme et d'un livre«, 1958).[33] Vor seinem »auf schauerliche Art« begangenen Selbstmord[34] erscheinen aus Potockis Roman lediglich Auszüge. Vollständig erhalten ist der Text, nachdem das französischsprachige Originalmanuskript verloren ging, bis heute nur in der polnischen Fassung von 1847 und entsprechenden Neuauflagen und Rückübersetzungen. Aber gibt es sie je, die für sich stehenden Anfänge? Selbst Caillois bezichtigte sich bzw. sein trügerisches und unvollkommenes Unternehmen, wie er *Der Mensch und das Heilige* – seine »Basis« – noch im Vorwort von 1939 verstanden haben wollte, eines »doppelten Ursprungs«.[35] Peter Geble wies im Nachwort zu Brigitte Weidmanns Übersetzung schon auf die Stelle hin: Das »Bedürfnis« nach einem »aktiven Heiligen« einerseits, die »Neigung«, es »wissenschaftlich zu interpretieren«, andererseits, machten Caillois sich selber verdächtig.[36] Und das war gut so. Der schwierige Spagat sollte mehr als eine Turnübung sein. Denn diese Neigung und jenes Bedürfnis waren die Komponenten einer chemischen Lösung, die die *collégiens* ›Sakralsoziologie‹ nannten. Wobei es 1937, bei der Gründung des Collège, vor allem Bataille darum ging, zu analysieren, was Einheiten stif-

[33] Caillois: »Schicksal eines Mannes und eines Buches«, in: *Die Handschrift von Saragossa*.

[34] Ebd., S. 841.

[35] Caillois: *Der Mensch und das Heilige*, S. 12f.

[36] Caillois: »Vorwort zur dritten Ausgabe«, ebd., S. 7; Geble, Peter: »Nachwort«, ebd., S. 244–254, S. 245.

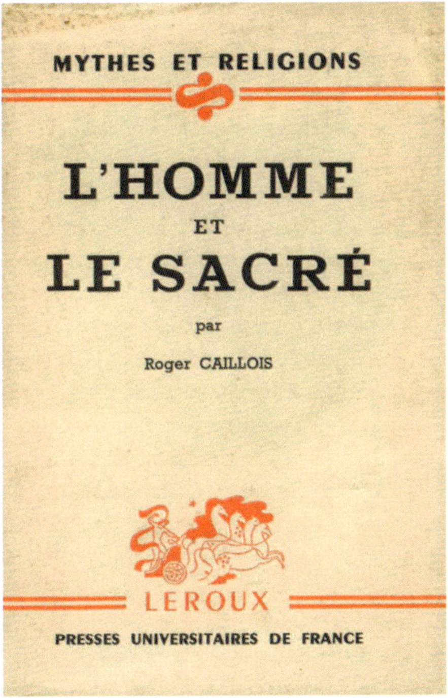

Abb. 2
Am »doppelten Ursprung«: Caillois' Basistext *L'Homme et le sacré* (Leroux, 1939).

tete; und, notabene, welche Rolle wir dabei spielen würden.[37] Im allerletzten Treffen, das das Collège, wie er sagte, sich selbst widmete, wird Bataille an seinem Anliegen, »alles in Frage zu stellen«, rigoros festhalten. *Alles in Frage zu stellen* hieß in erster

[37] Vgl. die gemeinsame Gründungsnotiz des Collège (in: Hollier: *Das Collège de Soziologie*, S. 28–30) und den – zur näheren Bestimmung eines Unbestimmbaren: der ›Sakralsoziologie‹ – Eröffnungsvortrag Batailles vom 20. November 1937 (»Die Sakralsoziologie und die Beziehungen zwischen ›Gesellschaft‹, ›Organismus‹ und ›Wesen‹«, ebd., S. 43–62).

Linie, sich selbst in Frage zu stellen, mit sich selbst – dadurch – uneins zu werden.[38] Es galt, sich selber aufzufallen und somit im Spiel, das man anzettelte, zu bleiben. Vermittelt allenfalls über Roland Barthes; die *Mythen des Alltags* (*Mythologies*, 1957) sind schon die poststrukturalistische Fortschreibung dessen, was jene selbsternannten Soziologen in der Nachfolge bzw. Umarbeitung von Durkheim & Cie vorhatten.[39] Tatsächlich bestand das Collège länger, als selbst die Klassenbesten es gedacht hätten. Wenn das Sakrale auch sakral verfolgt oder ebenso betrieben wurde, nämlich ohne von den eigenen Erfahrungen zu abstrahieren,[40] dann weil die *collègiens* die Sprache der Schrift sprachen, als eine Sprache, die ihnen im Weg stehen sollte. So, wie sie sich selbst nicht auszuweichen vorhatten, würden sie auch nicht an der Sprache vorbeireden. Über dieses »Hindernis«, wie Bataille im William-Blake-Kapitel von *Die Literatur und das Böse* (*La Littérature et le mal*, 1957) sagte, muss ich stolpern, weil ich mir – solange ich schreibe, solange ich spreche – schließlich nur selber im Weg sein kann.[41] Ich bin der Stein, über den ich – Schrift sprechend – stolpere. Caillois, nachmaliger Verfasser einer *Schrift der Steine* (*L'Écriture des pier-*

[38] Vgl. die Notizen zur Sitzung vom 4. Juli 1939, in: Hollier: *Das Collège de Sociologie*, S. 677–692, S. 680. Die Angst, Mensch zu sein, hänge damit zusammen, dass wir nur lose zusammenhängen. Wer an sich rüttelt, entdeckt, nach Bataille, »une dissociation de soi-même angoissante, une disharmonie, un désaccord définitifs«. Bataille, Georges: *L'Expérience intérieure*, in: *Œuvres complètes*, Bd. 5, Paris 1973, S. 7–189, S. 108.

[39] Zum Collège vgl. Hollier: *Das Collège de Sociologie*, S. 15, S. 318f.; zu Bataille vgl. Wiechens, Peter: »L'homme du mythe. Batailles Abweichung von Durkheim«, in: Hetzel/Wiechens: *Georges Bataille. Vorreden zur Überschreitung*, S. 223–242. Zu den v.a. implizit eingestandenen Wirkungen vgl. Moebius, Stephan/Reckwitz, Andreas: »Poststrukturalismus und Sozialwissenschaften. Eine Standortbestimmung«, in: dies. (Hg.): *Poststrukturalistische Sozialwissenschaften*, Frankfurt a.M. 2008, S. 7–23, S. 20f. Davon aus geht auch Bischof, Rita: *Tragisches Lachen. Die Geschichte von Acéphale*, Berlin 2010, S. 16f.

[40] Vgl. Batailles Brief an Michel Leiris vom 5. Juli 1939, in: Hollier: *Das Collège de Sociologie*, S. 700–702, 700f.: »Wenn es jedoch richtig ist, daß wir unsere persönliche Erfahrung in die Forschung, die wir verfolgt haben, einfließen lassen, so muß man auch die Konsequenz daraus ziehen. Die Erfahrung des Sakralen läßt nichts unberührt«; »elle ne peut rien laisser d'indifférent«, heißt es im Französischen (Bataille: *Choix de lettres*, S. 164).

[41] Bataille, Georges: *Die Literatur und das Böse*, hg. v. Gerd Bergfleth, übers. v. Cornelia Langendorf, München 1987, S. 87.

res, 1970), wird die Geschichte – und Bataille, gemeinsam mit Nietzsche, die »kleinen Ohren« – dazu gehabt haben, um sie, die Steine der Sprache, zu hören.[42] Von hier, einen Punkt machend, ziehe ich eine Diagonale ... zu dem anthropologischen Versuch und/oder Selbstversuch Heinrich von Kleists, den erwachsenen Körper im Spiegelstadium zu zeigen: mit Adam, dem ältesten Menschen, der »so beim Anbeginn der Dinge fiel« und auch gleich über sich selber Gericht saß; »denn jeder trägt / Den leid'gen Stein zum Anstoß in sich selbst«.[43] Zwar stellte Bataille die Chirurgie seiner Zeit unter den Verdacht, eben daran zu arbeiten, doch war es ihm, wie er sagte, vor allem darum zu tun, die etablierten Denkgewohnheiten anzugreifen, nämlich »daß es jedem von uns schwerfällt, sich selbst verdoppelt vorzustellen, so daß einer den anderen sieht, liebt oder flieht«.[44] Wenn das Fantastische dieser Vorstellung ein Ablaufdatum hat und wir uns unterdessen näher gerückt sind – Selbstjustiz, aber am eigenen Leib –, haben wir nur vorschnell die Instanz, die uns noch immer dazwischenfunken muss, vergessen. So sehen wir gerade das, was wir uns selbst zeigen; der gleiche Mensch zweimal, das sind wir abzüglich der Bedingungen, unter denen wir uns mit uns verabredeten, und sei's abzüglich der Luft, derer beide bedurften, um miteinander

[42] Caillois erzählt die – chinesische, vom Beginn des 17. Jahrhunderts stammende – Geschichte in *Steine*, S. 76: »Die Alten pflegten zu sagen: Merke auf das, was ein Mensch liebt, so wirst du ihn kennen! Dies trifft genau auf mich alten Sammler zu. Rein und schön, mit blühendem Gebein, ohne etwas Gemeines: der Körper des Steins; Wirkkraft, die eine ganze Generation übertrifft und dennoch reglos ist: darin besteht seine Natur; singt fleißig, ohne zu ermüden: dies ist seine Kultur; verlängert sein Glück über die Jahre hin und verfällt nicht: dies seine Langlebigkeit. So bin ich alter Mann der Stein, und der Stein ist der alte Mann, der ich bin.« – Die »kleinen Ohren« *gehören* Dionysos, und man muss sich gemäß Bataille bzw. Nietzsche verlaufen: »Sei klug, Ariadne! ... / Du hast kleine Ohren, du hast meine Ohren: / steck ein kluges Wort hinein! – / Muss man sich nicht erst hassen, wenn man sich lieben soll? ... / Ich bin dein Labyrinth ...« Nietzsche, Friedrich: »Klage der Ariadne« aus den nachgelassenen »Dionysos-Dithyramben«, in: ders.: *Sämtliche Werke*, Bd. 6, S. 401.

[43] Kleist, Heinrich von: *Sämtliche Werke*, Bd. 1/3: *Der zerbrochne Krug* (1808/1811), hg. v. Roland Reuß u. Peter Staengle, Basel, Frankfurt a.M. 1995, S. 9.

[44] Bataille zit.n. Hollier: *Das Collège de Sociologie*, S. 682.

ins Gespräch zu kommen. Es bleibt dabei: Sobald jeder nur für sich ist, tappen wir im Dunkeln. Tastet Caillois mit den Eigenschaften des Krieges jene des Festes ab, so zünden weder *Bedeutung* noch *Inhalt*. Es ist »die Funktion im Kollektivleben«, die das Licht anschaltet, in dem Caillois sich ausdrücklich »das Bild« anschaut, »das sie«, Kriege und Feste der Gemeinschaft, »der Seele des Individuums aufprägen«.[45] Dort werden Zusammenhänge und Wirkungen verglichen. Caillois arbeitet räumlich; bezogen auf den Raum, den wir besetzen, in dem wir uns bewegen, beschäftigt ihn gerade die »Stellung« der Dinge und weniger »die Art und Weise, in der sie sie einnehmen«,[46] und, ein häufiger Ausdruck bei ihm, ihre »Ordnung«, die »Ordnung der Dinge«.[47] Mit der es bekanntlich nicht weit her ist. Bataille hatte das schon in seinen *Documents*-Beiträgen (1929/1930) beanstandet: die eingenommenen Stellungen, das offensichtlich feststehende Verhältnis der Menschen und der Dinge untereinander, der ein für allemal ausgemachte Raum.[48] Caillois, in Batailles Nachfolge, stöberte die gestörte Ordnung der Dinge auf, »das typische Sakrileg«, die »kapitale Verunreinigung«.[49] Der »typische Störfaktor« organisiert seinen Text.[50] Er lädt das erschöpfte »kosmische Prinzip« wieder mit »sozialer Bedeutung« auf.[51] Vortrefflich durch seine »Theorie der Verbote« im dritten Teil von *Der Mensch und das Heilige*. Sie gibt »heutige Ansichten« als »fer-

[45] Caillois: *Der Mensch und das Heilige*, S. 219.

[46] Ebd., S. 220. Was Caillois unter ›Funktion‹ versteht, wird in *Méduse & Cie* (S. 124) präzisiert: »Ich suche nicht die formalen Analogien, sondern die funktionalen Korrespondenzen.«

[47] Caillois: *Der Mensch und das Heilige*, S. 30, S. 33, S. 92, S. 102, u.a.m.

[48] Vgl. meinen Beitrag »Versetzt, im Stich gelassen. Der große Zeh von Georges Bataille«, in: Hubmann, Philipp/Huss, Till Julian (Hg.): *Simultaneität. Modelle der Gleichzeitigkeit in den Wissenschaften und Künsten*, Bielefeld 2013, S. 255–269.

[49] Caillois: *Der Mensch und das Heilige*, S. 108.

[50] Ebd., S. 122; vgl. auch S. 111, S. 121. Vgl. in diesem Zusammenhang auch Heike Kämpfs etwas zu kursorisch geratenen Beitrag »Roger Caillois«, in: Busch, Kathrin/Därmann, Iris (Hg.): *Bildtheorien aus Frankreich. Ein Handbuch*, München 2011, S. 87–92, v.a. den Hinweis auf S. 88.

[51] Caillois: *Der Mensch und das Heilige*, S. 84, Anm.

nes Erbe« früherer oder frühester »Anschauungen« aus.[52] Caillois bilanziert; und er hat selber, wie er es von dem bewunderten Jan Potocki sagte, »ein überraschendes Gedächtnis«.[53] Das, was Potocki »vor Augen hat«, vergleiche er mit dem, was er gelesen habe: »Nimmt er fremdartige Gebräuche wahr, so vergleicht er sie sofort mit den Sitten, deren Beschreibung er bei irgendeinem griechischen oder lateinischen Autor gelesen hat.«[54] Ein Ethnologe dieses Schlages ist umtriebig, auf Reisen nicht weniger als zu Hause; er ist wie Potocki viel unterwegs und kennt sich wie Potocki mindestens so gut aus in den Bibliotheken. Caillois zeichnet Potockis Leben und Werk, »die keiner Norm gehorchen«, nach,[55] er gerät darüber ins Schwärmen. Der polnische *grand seigneur* des 18. Jahrhunderts, einer der Gebildetsten seiner Zeit,[56] ist ein aufgeschlossener, geradezu undisziplinierter Gelehrter, quasi ein Prototyp, von dem jede diagonale Wissenschaft mit ihrer Forderung nach »polyvalentem Wissen« nur träumen kann.[57]

III.

Der Dämonologe der *Handschrift von Saragossa* war Religionswissenschaftler, der Reiseschriftsteller Geo- und Ethnograph; nebeneinander, im gleichen Roman brachte Potocki die Notwendigkeit von Organspenden (26. Tag) und die Erfindung von Vampiren (11. Tag) unter, er untersuchte die Sitten und Rituale der Galanterie (26. Tag), die Praktiken im Beichtstuhl (26. Tag),

[52] Ebd., S. 105. Vgl. zu diesem Verfahren und seinen Resultaten auch ebd., S. 127, S. 140, S. 158, S. 161, S. 173–181, und Caillois: *Méduse & Cie*, in: *Méduse & Cie*, S. 58.
[53] Caillois: »Schicksal eines Mannes und eines Buches«, in: *Die Handschrift von Saragossa*, S. 848.
[54] Ebd.
[55] Ebd., S. 842.
[56] So Bataille im Brief an Waldberg, in: *Choix de lettres*, S. 488: »L'auteur, un grand seigneur polonais du XVIIIe siècle, et des plus érudits [...]«.
[57] Caillois: *Méduse & Cie*, in: *Méduse & Cie*, S. 51f.

Erfolge und Verluste bei Spekulationen (39. Tag). Travestie und Versteckspiele gehören zu seinem Programm (35. und 66. Tag). Nichts bleibt, was es ist. Verschiedentlich in und aus der Mode Gekommenes belegt, dass alles fließt. Noch das, was man in Wissenschaft festfror und von dem man schon glaubte, alles zu wissen (9. und 50. Tag). Potockis divergierende Berufsbezeichnungen spitzen seine Interessen zu. Sie scheinen nicht aufeinander abgestimmt, sich oftmals zu widersprechen. Der Roman ist nicht die Ausnahme, er ist die anschauliche Regel; der unüberschaubare Raum, in den alles gestopft wird und in dem wir uns nicht mehr auskennen. »Ich weiß nicht einmal, wer spricht und wer zuhört«, sagt Velasquez, der Sohn des Mathematikers (28. Tag; ich finde, einer der denkwürdigsten).[58] Ein Zug diagonaler Wissenschaftler ist es offenbar, die eigenen Anstrengungen zu untergraben. Um am Ball bleiben zu können, ist ihnen auch dieses Mittel recht. »Zweifellos um sie besser zu ruinieren, habe ich die Erkenntnis weiter vorangetrieben als sonst jemand«, schreibt Bataille in *L'Expérience intérieure*.[59] Man darf annehmen, dass seine Gabe, zu erkennen, »stürmisch« war; denn so bezeichnete Bataille in seinem Collège-Vortrag vom 6. Juni 1939 den Potlatsch, als Tauschakt aggressiver, stürmischer Gaben.[60] Mir scheint, im von Georg Franck entworfenen Kampf um Aufmerksamkeit hätten sich die *collégiens* nichts geschenkt.[61] Mit seinem Bewusstsein für das eigene Unvermögen bewies Bataille eine gute Nase; er würde sie vorn haben. Ich vereinfache im Namen eines Schematismus, den Caillois einmal als »zwangsläufig« rechtfertigte.[62] Ich vereinfache: Nach Einstellung des Collège, noch während des Zweiten

[58] Potocki: *Die Handschrift von Saragossa*, S. 410.

[59] Bataille, Georges: *Die innere Erfahrung nebst Methode der Meditation und Postskriptum 1953 (Atheologische Summe I)*, hg. u. übers. v. Gerd Bergfleth, München 1999, S. 191.

[60] Bataille, Georges : »Das Opfer«, in: Hollier: *Das Collège de Sociologie*, S. 627–632, S. 630.

[61] Vgl. Franck, Georg: *Ökonomie der Aufmerksamkeit. Ein Entwurf*, München 1998.

[62] Caillois: *Der Mensch und das Heilige*, S. 78, Anm.

Weltkriegs, begann Bataille mit der Veröffentlichung seines, sagen wir es einmal so: philosophischen Hauptwerks. Die Bücher der nicht abgeschlossenen »Atheologischen Summe« sind großteils Journale, Zusammengewürfeltes; Wiederaufnahmen früherer Texte, redigierte Exzerpte, Autobiographisches.[63] Der Ton ist persönlich, intim. 1946 gründete er *Critique*, eine Literaturzeitschrift, die bis heute in den Éditions de Minuit erscheint. Bataille fuhr seinerzeit unverhohlen Trittbrett; seine Rezensionen rekapitulieren die eigenen Positionen oder erfinden sie neu. Ein ausführliches Zeugnis davon gibt Batailles Lektüre der zweiten Auflage von *Der Mensch und das Heilige*.[64] Auch Caillois wird, über Bande gespielt, seine diagonale Arbeit fortsetzen. Die Objektivität von 1934 war noch immer lyrisch ... Man sollte hier eine Klammer aufmachen, sie nicht mehr schließen müssen: Da es, mit Blanchot, »kein direktes Sprechen in der Literatur« gibt,[65] ist das Spiel über Bande, um Philosophie sein zu können, Literatur. Oder französisches Billard. Die Philosophie verspielt ihre Chancen – die bestanden, solange sie sich riskierte –, wenn sie authentisch zu werden glaubt; wenn sie darauf pocht, das zu sein, für das sie, ein Spiel, doch nur gehalten werden konnte; und wenn sie sich unter ihrem richtigen Namen lächerlich macht. 1958 zog Caillois eine Art autobiographisches Resümee; als hätte er, während er Potockis Papiere in eine Ordnung brachte, sich selber sortiert. Für Diagonalisten sind Biographien Kryptographien, zumal die eigene. »Der Autor [Potocki bzw. Caillois] hat viel gelesen. Er ist viel

[63] Vgl. die bibliographischen Hinweise in Bataille: *Die innere Erfahrung*, S. 285–287.

[64] Aus *Critique* 45 (Februar 1951): »Von diesem Gesichtspunkt aus, der hier der meine ist, nämlich der eines Rezensenten, ist dies nicht frei von Unzuträglichkeiten. Diese Position verpflichtet mich im Prinzip zur Zurückhaltung. [...] Aber ich bin soeben im Begriff, es zu verletzen.« Wiederabgedruckt in: Bataille, Georges: »Der Krieg und die Philosophie des Heiligen«, in: ders.: *Theorie der Religion*, übers. v. Andreas Knop, hg. v. Gerd Bergfleth, München 1997, S. 164–178, S. 166.

[65] Blanchot, Maurice: »Das Gesprochene geht einen langen Weg« (1969), in: ders.: *Das Unzerstörbare. Ein unendliches Gespräch über Sprache, Literatur und Existenz*, übers. v. Hans-Joachim Metzger u. Bernd Wilczek, München 1991, S. 146–154, S. 147.

gereist. Er ist ein scharfsinniger Beobachter. Sein Gedächtnis ist untrüglich und seine Phantasie verwegen. [...] Potocki [bzw. Caillois] war ein unternehmender, glühender, ungestümer Mensch, begierig nach Erfahrung und nach Wissen«. Da ist sie, die eine Hälfte des Testaments vom *doppelten Ursprung*: das Bedürfnis, die Begierde; und weiter: »Es kam der Augenblick, wo er [Potocki bzw. Caillois] den Wunsch hatte, eine fragmentarische, abseitige, indifferente Wissenschaft mit so vielen brüchigen und leeren Hypothesen durch ein großes Freskogemälde auszugleichen, das heftig bewegt und überströmend wäre wie das Leben selbst. Er wollte alles sagen: was er fühlte, was er dachte, was er wußte.«[66] Weder Potocki noch Caillois und schon gar nicht Bataille hielten es im Indifferenten lange aus, sie involvierten sich; der eigene Standpunkt konnte, erst recht wenn er relativiert werden sollte, nicht außen vor gelassen werden. Nachdem ›polyvalentes Wissen‹ mit Gleichgültigkeit nichts anfangen kann, waren die Linien, die sie zogen, Diagonalen. Das heißt auch, dass die Bewegung auf solchen ein Loslassen war, eine Entspannung, aber als Spannung und unter Berücksichtigung des Stand-, des Ausgangpunktes. Eine Diagonale ist nur eine, wenn sie weiß, woher sie kommt; und wenn sie sich die Geschichte, woher sie kommt, erzählen kann. Dergestalt hat Potocki den Beipackzettel nicht extra verfasst, das Register nicht gewechselt, wenn er seinen »bizarren Roman« (Vorwort) »ein wahres Labyrinth« (28. Tag) nennt,[67] ein Labyrinth, in dem die unmittelbaren Verbraucher, die Zuhörer und Erzähler der Haupthandlung, sich nicht mehr auskennen werden. So sagen sie es nicht, aber das Labyrinth ist ein Spiegelgarten.[68] Die Kamera dieser verschachtelten Geschichten, die

[66] Caillois: »Schicksal eines Mannes und eines Buches«, in: *Die Handschrift von Saragossa*, S. 869.
[67] Potocki: *Die Handschrift von Saragossa*, S. 9, S. 410.
[68] Vgl. den Abschnitt »Mögliche Gärten« (S. 17–21) in: Caillois, Roger: *Durchdachte Steine*, in: ders.: *Die Schrift der Steine*, S. 5–121.

»sich eine aus der anderen entspinnen würden« (35. Tag),[69] filmt sich beim Filmen selbst ... in einen Bildschirm, der sie unendlich vervielfältigt. Es fällt schwer, *sich selbst verdoppelt vorzustellen, so dass einer den anderen sieht, liebt oder flieht.* »Wäre es da nicht besser gewesen«, der Reihe nach zu erzählen, »nach Art der chronologischen Tafeln in getrennten Kolonnen« zu schreiben (28. Tag)?[70] Aber diese Personen, die einen Autor suchen, lässt Potocki 66 Tage lang auf seiner Bühne mit doppeltem Boden zappeln. Sein Trick ist es, das Gewöhnliche und eigentlich Stinknormale – denn es ist faul – mit sich zu konfrontieren. Er schreibt einen Roman, und er sagt, dass er einen Roman schreibt. Das poetologische Scharmützel ist Teil seiner Poesie. Schließlich geht das Buch selbst auf ein Diktat zurück, als Übersetzung aus dem Spanischen ins Französische.[71] Der Rahmen der Erzählungen gibt deren tautologische Konstruktion preis: Woraus sie gemacht sind, daraus gehen sie hervor. Caillois hält »diese unendlichen Wiederholungen« für »hartnäckige Gewissenbisse«, die angetreten sind, »die rationale Ordnung anzufechten«; eine Ordnung allerdings, »die so teuer erkauft war und die Potocki für eine entscheidende Errungenschaft gehalten hat.«[72] Die formale Spielerei war, gemäß Caillois, ein Spiel mit dem Feuer. Am 28. Tag der Erzählungen opfert Potocki, der Pyrotechniker, den Autor und den Roman auf dem Altar des Romans. In Wahrheit feiert er sich selbst; denn das Fest geht, als wäre nichts geschehen, weiter. Die aufgegebene Objektivität, das Verrücken der eigenen Stellung sind dessen »heimliche[r] Beweggrund, die Essenz« des Festes, das, was ihm – gleichfalls mit Caillois – »Sinn verleiht«: das Opfer.[73] Dasselbe, aus dem auch Bataille eine Theorie der

[69] Potocki: *Die Handschrift von Saragossa*, S. 521.

[70] Ebd., S. 410f.

[71] Ebd., S. 9f.

[72] Caillois: »Schicksal eines Mannes und eines Buches«, in: *Die Handschrift von Saragossa*, S. 870.

[73] Caillois: *Der Mensch und das Heilige*, S. 127, Anm.

Literatur ziehen wird.[74] Freilich vorbehaltlich des von Caillois beanspruchten Sinns. Dergleichen wird nicht verliehen. Bataille ließ an diesem Punkt, wenn ausgerechnet ich das sagen darf, kein gutes Haar an Caillois. »Ebenso, obgleich noch ungenierter, spricht ein Händler von einem *Opfer*, wenn er im Ausverkauf seine Ware verschleudert.«[75] Mit Nützlichkeiten – einem Um-zu – brauchte man Bataille nicht kommen. Und noch weniger damit, dass sie zu vermeiden gewesen wären.

IV.

Im Labyrinth der Tatsachen hatte Bataille sich längst verloren und den Text von 1936, »Le labyrinthe« – von dem er, sehr konsequent, angab, sich selber nicht mehr auszukennen: »diese wenigen Seiten scheinen mir heute undeutlich« –, in der Ausgabe von *L'Expérience intérieure* von 1954 dennoch stehen gelassen.[76] Der Ausgang, den Bataille nahm, war keiner. »Ich sehe nicht, wie man ohne die Gegebenheiten der Wissenschaft hätte zum dunklen Gefühl zurückfinden können, zum Instinkt des Menschen, der noch keinen ›gesunden Menschenverstand‹ hatte.«[77] Hinter die Dinge zu kommen oder ihre Fährte überhaupt aufzunehmen, das hieß nach wie vor, sich mit ihnen zu beschäftigen. Und zwar so wissenschaftlich wie möglich. Wenn

[74] Der Poesie, schreibt er im Proust-Kapitel von *L'Expérience intérieure*, fallen »die Wörter zum Opfer«, d.h. der nutzvolle Gebrauch, in dem sie stehen, fällt der Poesie zum Opfer. Bataille: *Die innere Erfahrung*, S. 189. Vgl. auch die Hinweise bei Albers, Irene: »Literatur und Kunst im Zeichen des Sakralen«, in: Hollier: *Das Collège de Sociologie*, S. 787–827, v.a. S. 807ff.

[75] Bataille: »Der Krieg und die Philosophie des Heiligen«, in: *Theorie der Religion*, S. 170. Vgl. dazu auch Batailles Collège-Vortrag vom 4. Juli 1939, den letzten, in: Hollier: *Das Collège de Sociologie*, S. 677–689, S. 686.

[76] Bataille, Georges: »Das Labyrinth (oder die Komposition der Wesen)«, in: ders.: *Die innere Erfahrung*, S. 115–132, S. 132; der später umgestaltete, kommentierte Erstdruck (»Le labyrinthe«, in: *Recherches philosophiques* 5 (Dezember 1936), S. 364–372) wurde publiziert in: ders.: *Œuvres complètes*, Bd. 1, Paris 1970, S. 433–441.

[77] Bataille: »Das Labyrinth«, in: *Die innere Erfahrung*, S. 120.

Bataille die Hölle der Erfahrung gesucht hätte, hätte er das Paradies der Erkenntnis mitgenommen. Er arbeitete, auf seine Weise und mit seinen Mitteln, an der Aufklärung der Aufklärung mit. Ich denke erstens nicht, dass sie abgeschlossen ist, und stelle mir zweitens vor, wie Max Horkheimer und Theodor W. Adorno Walter Benjamin in Paris besuchen. Sie begleiten ihn zur Eröffnung des Collège. »Die falsche Klarheit«, werden sie hinterher in der *Dialektik der Aufklärung* (1939–1944) schreiben, »ist nur ein anderer Ausdruck für den Mythos.«[78] Denn die Tatsachen waren, weiß Gott, schlimm genug, der gesunde Menschen-, der Hausmeisterverstand hatte es weit gebracht. Tatsachen, wenn sie nicht labil sein sollen (und das heißt gleitend, und das heißt noch unbestimmt, immer erst und immer wieder zu bestimmen, unhandlich dadurch, und das heißt nichts und niemandem einfach zuhanden), sind hart. Die etabliertesten stellen die hinterhältigsten Fallen, in denen zu sitzen irgendwann unvermeidlich wird. Sogar für einen Bataille. Er machte aus der Not eine Tugend und sich an deren Innenschau, er interessierte sich für die Architektur des Unvermeidlichen, »den labyrinthischen Aufbau des Seins«.[79] Wobei er sich als Teil des Problems verstand; das Labyrinth war ein Labyrinth, schon weil *er* eins war. Es zu beschreiben ließ ihn in der wachsenden Wüste Nietzsches zurück, von der Borges' Erzählung »Die beiden Könige und die beiden Labyrinthe« (»Los dos reyes y los dos laberintos«, 1949) ein starkes Echo oder, mit Caillois, ein »fernes Erbe« war. Denn das schlimmste Labyrinth war für Borges nicht »ein so verzwicktes und fein ausgesponnenes«, in das »die klügsten Männer nicht wagen sollten hineinzugehen« und wo die, »die hineingehen würden, sich verirren sollten«, das

[78] Horkheimer, Max/Adorno, Theodor W.: *Dialektik der Aufklärung. Philosophische Fragmente* (Fassung von 1969), Frankfurt a.M. 1988, S. 4. Das ist zumindest ein Bezug, den auch Habermas' Kritik streift. Habermas, Jürgen: *Der philosophische Diskurs der Moderne. Zwölf Vorlesungen* (1985), Frankfurt a.M. 1996, S. 255–258, S. 277. Entsprechend positiv besetzte Vergleiche referiert auch Bischof: *Tragisches Lachen*, S. 11, S. 27.

[79] Bataille: »Das Labyrinth«, in: *Die innere Erfahrung*, S. 119.

schlimmste Labyrinth war ein ›natürliches‹, jenes der Tatsachen, der Wüste, des entblößten Seins, »wo keine Treppen zu ersteigen, keine Türen aufzustoßen, auch keine ermüdenden Gänge zu durchwandern sind, und wo keine Mauern dir den Weg verlegen.«[80] Dieses – Borges' bestes – Labyrinth war wie eine Gleichung; man vergaß nur, dass sie aufging. Und Bataille zechte, aber ohne Wirt hätte er damit nicht rechnen, sich daran nicht erinnern können ... dass er vergessen wollte. Stattdessen knöpfte er sich die Boten, die die Botschaft machen, vor. Seine Stützen, oder Hilfsmittel, waren Krücken, an denen er nicht ging. »Jedermann denkt sich seine Existenz [...] mit Hilfe der Wörter. [...] Das Sein wird vermittelt durch die Wörter [...]. Es genügt, für kurze Zeit fährtenmäßig die wiederkehrenden Bahnen der Wörter zu verfolgen, um in einer Art Vision den labyrinthischen Aufbau des Seins zu gewahren.«[81] Auf jenen Bahnen aber müsste vorankommen stottern heißen. Das dürfte auch, um zuzugeben, dass wir uns verirrt haben, am präzisesten sein. Stotterer insistieren darauf: Sie halten den Lauf der Dinge, in dem sie sonst untergehen würden, an. Sie sind schöp-

[80] Borges, Jorge Luis: »Die zwei Könige und die zwei Labyrinthe«, in: ders.: *Gesammelte Werke. Der Erzählungen erster Teil: Universalgeschichte der Niedertracht – Fiktionen – Das Aleph*, übers. v. Karl August Horst, Wolfgang Luchting und Gisbert Haefs, hg. v. Gisbert Haefs u. Fritz Arnold, München 2000, S. 355–357, S. 355. Ich nehme an, dass sich die erste deutschsprachige Ausgabe, die sich bei den Erzählbänden *Ficciones* (1944) und *El Aleph* (1949) bediente und unter dem Titel *Labyrinthe. Erzählungen* (übers. v. Karl August Horst u.a., München 1962) erschien, auf Caillois' Übersetzung (*Labyrinthes*, Paris 1953) stützt, in der die Aleph-Erzählungen »L'Immortel« (»El Inmortal«), »Histoire du guerrier et de la captive« (»Historia del guerrero y la cautiva«), »L'Écriture du dieu« (»La Escritura del Dios«) und »La Quête d'Averroes« (»La Busca de Averroes«) enthalten sind. »Die beiden Könige« übersetzte Caillois nicht; das war, gesetzt der Buchtitel bedurfte noch einer Erklärung, auch gar nicht nötig: »Toutefois«, schreibt Caillois im »Avertissement du traducteur« über seine Auswahl, »ils me semblent participer d'une inspiration commune qui m'a paru justifier de les réunir et de leur donner le titre de ›Labyrinthes‹« (S. 9). Nietzsches wachsende Wüste ›steht‹ in den »Dionysos-Dithyramben«. Am Ende heißt es: »Vergiss nicht, Mensch, den Wollust ausgeloht: / du – bist der Stein, die Wüste, bist der Tod ...« Nietzsche: *Sämtliche Werke*, Bd. 6, S. 387. Die Stelle knüpft, ohne ihre Naht zu verhehlen, an Caillois' chinesische Geschichte aus *Steine* an.

[81] Bataille: »Das Labyrinth«, in: *Die innere Erfahrung*, S. 119.

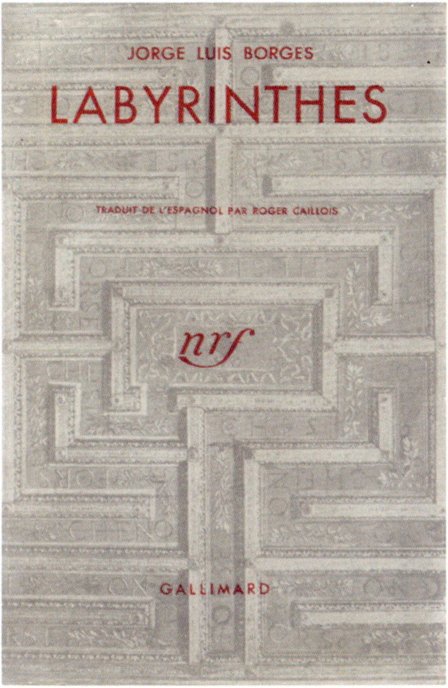

Abb. 3
Verloren, von Anfang an II: Caillois als Übersetzer (Gallimard, 1953).

ferisch, sie schöpfen und trotzen der eigenen Sprache Fremdes, das heißt Labyrinthisches, ab: Sie diagonalisieren die Wörter.[82] Unter den von Caillois so liebevoll betrachteten Steinen fehlt der Stolperstein; ein Imaginäres, um dessen handfeste – bataillesche – Logik es schade ist. »Dabei habe ich«, schreibt Caillois im *Kraken*, »bei jeder Gelegenheit die meiner Meinung nach

[82] Vgl. Deleuze, Gilles: »Stotterte er …«, in: ders.: *Kritik und Klinik* (1993), übers. v. Joseph Vogl, Frankfurt a.M. 2000, S. 145–154. Den Hinweis, dass Caillois selbst Stotterer war, verdanke ich Peter Geble.

entscheidenden Anstöße der Einbildungskraft hervorgehoben.« Sie lagen im Schiffsbauch der Expeditionen, welche auf »die Möglichkeit vergleichbarer Abläufe« aus waren, »die auch als Triebkräfte der Poesie fungieren«.[83] Kräfte, die, wenn es nach Caillois geht, noch immer Hindernisse aus dem Weg räumen sollen, statt sie, wie bei Bataille, zu betonen. »Treibende Kräfte« waren es denn auch, die Caillois dazu brachten, in Steinen »die Poesie an einem ihrer möglichen Ursprünge« zu ertappen.[84] Steine, »weder nützlich noch berühmt«, sind niemandem etwas schuldig, sie haben keine Vorbilder, sie ahmen nichts nach.[85] Steine sind, wie manche Kunst es sich vornahm, souverän. »Ihre verborgene Geometrie« spricht dafür, dass sie auch der 14. Regel von Caillois' *Art poétique* zuzurechnen sind.[86] Der Dichter dürfe nicht »am Wesentlichen vorbei« gehen, müsse auf es zuhalten, ein klar umrissenes Ziel haben, den Ablenkungen des Beiläufigen ausweichen, um nicht vom rechten Weg abzukommen. Mit anderen Worten: Der Dichter Sorte Caillois sollte Geometer sein, Vermesser von Land und Erde und von Wegen womöglich, auf denen er – jetzt mit Bataille – »vom Bekannten zum Unbekannten« vorstieß.[87] Denn so sah die unmögliche Bewegung der Poesie Batailles aus. Eine Poesie, die läuft (*die Bewegung ist*), ist ohne Dauer, nicht auf-, nicht anzuhalten. Poesie war ein Abenteuer, das bedeutete, sich ohne Wenn und Aber darauf einzulassen. Sie war das Abenteuer, auf das man sich noch so gut vorbereiten konnte, es musste alles anders kommen als geplant. Poesie musste laufen, sie war kinematisch, und es lief, wenig überraschend, für den Geometer nicht gut. Er war maßlos, maßlos überfordert. Poesie war unbekanntes Ter-

[83] Caillois: *Der Krake*, S. 10.
[84] Caillois: *Steine*, S. 109.
[85] Ebd., S. 5.
[86] Ebd. Vgl. hier und im Folgenden Caillois, Roger: *Ars Poetica* (1958), übers. v. Anneliese Botond, München 1968, S. 70.
[87] Bataille, Georges: »Abschweifung über die Poesie und Marcel Proust«, in: *Die innere Erfahrung*, S. 188–215, S. 208.

rain, nicht kartographierbar. Die Versuche sind zahllos, irrwitzig die hinterbliebenen Wegmarken, deren verzweifeltste die Bibliotheken sind. In dem einen oder anderen Bücherregal werden sie nebeneinanderstehen, domestiziert: *Die Erzählungen aus Tausendundeiner Nacht* und *Die Handschrift von Saragossa*. Bataille, der zügellose Bibliothekar und überzeugte Diagonalist, stellte erstere neben deren französische Übersetzung, wie er sagte, und das waren »die Bücher Marcel Prousts« (*À la recherche du temps perdu*, 1913–1927).[88] Solange sie unterwegs und auf der Suche nach der verlorenen Zeit sind, haben sie Aussicht, Poesie zu sein. Aber wo sie die Zeit stoppen wollen, zum Wesentlichen einer Summe vorgedrungen, verspielen sie ihren Einsatz. Mit dem sie von Anfang an zu hoch gepokert haben. Weil Poesie laufend ihre eigene Bewegung (»vom Bekannten zum Unbekannten«) gefährdet und droht, sie umzukehren, *vom Unbekannten* wieder *zum Bekannten*, riskiert sie schon als reine Poesie keine mehr zu sein. Erst Poesie, die ein Fest wäre, gäbe sich auf; sie führte sich ganz und gar unmöglich auf, womit sie würde, was sie ist, und feierte »bis zum Umfallen«.[89]

V.

Bataille malte sich die Poesie, die unmöglich war, so aus, wie Caillois das Feiern sah. Wenn es das Fest, wenn es Poesie gibt, »wenn die Poesie möglich ist«, dann haben auch ungewöhnliche Verknüpfungen, überraschende Bezüge, waghalsige Assoziationen eine Chance – diese »Relais und Kreuzwege«, wie Caillois sagte, »der Einbildungskraft«.[90] *Wenn die Poesie möglich*

[88] Ebd., S. 192.
[89] Caillois: *Der Mensch und das Heilige*, S. 128: »Man will den Rausch bis zur Erschöpfung, bis zum Umfallen. Das ist das eigentliche Wesen des Festes.«
[90] Caillois: *Der Krake*, S. 142: »Wenn ein Geheimnis aufwühlen, wenn Ungewöhnliches fesseln kann, wenn die Poesie möglich ist, dann vielleicht auf Grund der komplexen, verwirrenden Entsprechungen, in die die Einheit des Kosmos zerfallen ist. [...] Meine

ist, dann gibt es auch Wissenschaft. Und wenn der Geometer ein Dichter ist, dann weil er vermessen ist, maßlos auf schwankender Basis nun seiner Berechnungen. Diagonale sind so gut oder schlecht wie andere Wissenschaftler auch, solange sie nicht bereit sind, auf die Vorteile, die sie sich verdient haben, wieder zu verzichten und sich, »bis zum Umfallen«, zu verausgaben. Solange sie die Position, die sie einnehmen müssen, der Architektur des Unvermeidlichen entziehen, werden sie auch nie erfahren, was es heißt, einer Tatsache auf den Leim gegangen zu sein, und dort kleben und hängen zu bleiben, nicht mehr vorwärtszukommen und nicht mehr weiter zu wissen (und zu stottern). Tun sie es aber, und kommen sie nicht mehr vorwärts und wissen sie nicht mehr weiter (und fangen sie zu stottern an), kann es sein, dass sie sich aufgeben müssen; und das wäre dann handkehrum ihre Gelegenheit, sich im Labyrinth umzuschauen. »Andererseits muß ich feststellen«, enttäuschte Bataille die Bemühungen Caillois', »daß ich, während ich vom *Heiligen* spreche, mich immer noch auf der Seite des *Profanen* befinde«;[91] dem er, eigentlich seit seinem ersten Roman, der *Geschichte des Auges* (*L'histoire de l'œil*, 1928), gar nicht erst zu entkommen trachtete. Während Caillois die dunklen Machenschaften schon einmal inszenierte, es regelrecht auf sie absah: Es stünde, heißt es im »Winterwind«, Caillois' eisigem Manifest für ein aktivistisches Collège de Sociologie, »eine geistige Inventur« an. Das versprach, 1937, Durchzug. »Dieses Klima«, schreibt Caillois, »wird sehr hart sein und die Selektion wahrlich rasant«.[92] Sie – ein umso unheilsameres Gebräu, nach Benjamin ein »schlammige[r] breite[r] Strom aus hochgelegten

Arbeit über die Metamorphosen des Kraken sollte lediglich ein weiteres Beispiel für die Relais und Kreuzwege der Einbildungskraft sein.«

[91] Bataille: »Der Krieg und die Philosophie des Heiligen«, in: *Theorie der Religion*, S. 166.

[92] Caillois, Roger: »Der Winterwind«, in: Hollier: *Das Collège de Sociologie*, S. 290–309, S. 308.

Quellen gespeist«[93] – läuft darauf hinaus, die Spreu vom Weizen zu trennen. Es schien an der Zeit, dabei lag es längst in der Luft, wieder wesentlich zu werden, endlich Sinn machen zu können. Nichts würde die, die Bescheid wissen und stark genug sind, aufhalten. »Das Feld ist frei für die Tauglichsten: keine verstopften Wege, die sie auf ihrer Bahn behindern [...]«.[94] Unbefahrbar waren »die wiederkehrenden Bahnen der Wörter« geworden, auf deren Fährte Bataille sich noch 1936 machte, sie wurden zerschlagen und das Labyrinth aufgelassen. Winterwinde fanden ihren Weg: ungehindert, ungebremst; sie hatten die Verhältnisse geklärt. Die komplizierten Rücksichten, die diagonales Wissenschaften auszeichnen werden, mussten sich davon erst wieder erholen. Eine der Schwierigkeiten, um trotzdem windstill arbeiten zu können, betraf die Frage nach dem Ursprung, die Basis nämlich, den Punkt, von dem diagonale Wissenschaft ihren Ausgang nehmen muss. Caillois' Annahme »einer geheimen Ökonomie«, »deren Prinzip sich überall gleich bleibt«,[95] hat ihre Vorzüge; weil sie, noch als unentdeckte, erklärt (*es gibt eine Erklärung*), beruhigt sie – wenigstens bis zum nächsten Crash. Joseph Vogl hat unlängst seine Hand nach jener unsichtbaren Adam Smiths ausgestreckt, sie vom Himmel auf die Erde und, hätte er Bataille dafür bemüht, auch in den Schmutz »verriegelter Schlafzimmer« gezogen.[96] »Ich persönlich«, schreibt Bataille (es ging auch vornehmer), »glaube nicht an die Möglichkeit irgendeiner Erklärung einer komplexen

[93] Um genau zu sein: Walter Benjamin bezog sich in seiner Sammelrezension, veröffentlicht in der *Zeitschrift für Sozialforschung* 7/3 (1938), auf Caillois' ebenfalls 1938 abgedruckten Artikel »L'Aridité«. Vgl. Benjamin, Walter: *Gesammelte Schriften*, Bd. 3, hg. v. Hella Tiedemann-Bartels, Frankfurt a.M. 1991, S. 549f.; Hollier: *Das Collège de Sociologie*, S. 524f. Zu Caillois' »irritierende[r] Rhetorik der Auslese« vgl. auch Echterhölter, Anna: »Die Listen des Collège de Sociologie«, in: *ilinx – Berliner Beiträge zur Kulturwissenschaft* 1: *Wirbel, Ströme, Turbulenzen* (2009), S. 229–243, v.a. S. 234, S. 237f.

[94] Caillois: »Der Winterwind«, in: *Das Collège de Sociologie*, S. 308. Vgl. auch Bischof: *Tragisches Lachen*, S. 236–246.

[95] Caillois: *Méduse & Cie*, in: *Méduse & Cie*, S. 51.

[96] Bataille, Georges: »Der Zauberlehrling«, in: *Das Collège de Sociologie*, S. 269–287, S. 278. Vgl. Vogl, Joseph: *Das Gespenst des Kapitals*, Zürich 2011.

Realität mit Hilfe eines einfachen Prinzips«.[97] Sicher: Es ist schwer, nicht zu glauben bzw., was bei Bataille auf dasselbe hinausläuft, nicht zu schreiben; denn wenn ich schreibe, behaupte ich bloß ein Schweigen, das ich bin. Ich bin nichts als Schweigen, *schreibt* Bataille; »je ne suis que silence«.[98] Ich mache mich, wenn ich schreibe, lächerlich, und ich löse, was ich bin, auf. Nur so, andererseits, kann ich damit anfangen, mich zu erkennen zu geben, indem ich mich verunstalte, indem ich das, was ich bin, verletzte ... Indem ich schreibe.[99] Poesie, bei Bataille, musste eine sein, die sich verrät. Falls sie noch an sich glauben und an sich festhalten wollte. In seinem poetologischen Roman *Das Unmögliche* (*L'Impossible*, 1962), dessen erste Fassung noch, mindestens so bezeichnend, *La Haine de la poésie* (1947) – der Hass auf die Poesie – hieß, sagte Bataille, dass Poesie, »die sich nicht zum Un-Sinn der Poesie« aufschwinge, »nur Leerraum der Poesie« sei.[100] Eine solche Poesie wäre dann ohne eine Architektur und müsste ohne den Sinn des Labyrinths auskommen. Die Möglichkeit von Batailles Poesie war ihre Unmöglichkeit. Keine Form dafür gefunden zu haben, wie davon, nicht zu sprechen, zu sprechen sei. Bataille, in den Anmerkungen zum Vorwort für »Madame Edwarda« (1941/1956): »Auch ich spreche, aber beim Sprechen vergesse ich nicht, daß mir das Gesprochene nicht nur entgleiten wird, sondern mir ständig entgleitet [...]«.[101] Es ist kein Verlass auf das, was ich sage.

97 Bataille an Leiris, Brief vom 5. Juli 1939, in: *Das Collège de Sociologie*, S. 702.

98 Aus der zweiten Atheologischen Summe: Bataille, Georges: »Le coupable«, in: *Œuvres complètes*, Bd, 5, S. 277.

99 Vgl. Batailles Abrechnung mit dem Collège, den *collégiens*: »Ich schlage vor, es als Gesetz zu betrachten, daß die Menschen immer nur durch Risse oder Wunden miteinander verbunden sind«. Bataille in der Sitzung vom 4. Juli 1939, in: *Das Collège de Sociologie*, S. 685. Schließlich, so Caillois – auf der Kehrseite des batailleschen Vorschlags –, verkleide man »sich nicht nur, um sich zu verbergen. Ebensowohl verkleidet man sich, um gesehen zu werden [...]«. Caillois: *Méduse & Cie*, in: *Méduse & Cie*, S. 122f.

100 Bataille, Georges: *Das Unmögliche*, übers. v. Brigitte Weidmann, München 1987, S. 123.

101 Bataille, Georges: »Madame Edwarda«, in: ders.: *Das obszöne Werk*, übers. v. Marion Luckow, Reinbek b. Hamburg 2007, S. 55–78, S. 62.

Die Poesie, die es nicht gibt, verschärft meine Situation. Sie spricht nicht. Sie ist da, wo es sie gibt, unverständlich und unhaltbar, sie geht und »geht am Wesentlichen vorbei«. Derrida drehte weiter an dieser Schraube, als er in seinem Jerusalemer Vortrag *Comment ne pas parler* (1987) das »Schweigen noch eine Modalität des Sprechens« nannte.[102] Das Diskursive lässt nicht locker und keine Verstecke zu, und die Poesie spielt die Rolle (immer noch eine Rolle, *diskursiv*), aus der sie fällt. Es ist schwer, nicht zu glauben bzw. nicht zu schreiben bzw. nicht zu sprechen; und noch schwerer ist es, zu wissen, woran man andernfalls ist. Mit Émile Durkheim, der einen Punkt machte, der es sich oder einfach: der sich herausnahm, aus sich herausging (fortgesetztes bzw. anhaltendes Spiegelstadium), um auf sich selbst zu zeigen, der sich im Grunde selbst diagonal anzuschneiden wusste ... mit Durkheim empfiehlt es sich, sich umzuschauen: »Um zu wissen, woraus diese Begriffe bestehen, die wir selbst nicht gebildet haben, kann es also nicht genügen, unser Bewußtsein zu befragen; wir müssen uns«, schreibt er, »außerhalb unser umsehen«.[103] Das heißt jede Einsicht wird einmal eine Ansicht gewesen sein. Ich musste mir, demnach, Übersicht *verschaffen*, ich bekam sie nicht von allein und sowieso nicht umsonst. Ich musste mich – zuletzt berechnend noch das – opfern; das, was ich dachte zu sein, aufgeben. Und ich habe dafür bezahlt. »[U]nd indem ich mich auf einen Pfeiler des Galgens stützte, konnte ich die Gegend ringsum überblicken«, schrieb Potocki.[104] Es hätte auch von Bataille sein können.

[102] Derrida, Jacques: *Wie nicht sprechen. Verneinungen*, übers. v. Hans-Dieter Gondek, Wien 1989, S. 29.
[103] Denn Émile Durkheims Programm einer Soziologie, die sich als Erbe des religiösen Wissens versteht, nimmt vieles von dem, was Caillois' diagonale Wissenschaft vorhatte, vorweg. »[W]ir müssen uns außerhalb unser umsehen: wir müssen die Geschichte beobachten; eine ganze, komplizierte Wissenschaft muß errichtet werden, die nur langsam und unter der Mitarbeit aller voranschreiten kann«. Durkheim, Émile: *Die elementaren Formen des religiösen Lebens* (1912), übers. v. Ludwig Schmidts, Berlin 2007, S. 40.
[104] Potocki: *Die Handschrift von Saragossa*, S. 34.

WERKVERZEICHNIS

Das vorliegende Werkverzeichnis wurde von Sarah Kolb unter Mitwirkung von Peter Geble erstellt. Die versammelten Titel wurden chronologisch gelistet, Querverweise innerhalb des Werkverzeichnisses sind mit * ›enthalten in‹ oder mit ** ›enthält‹ gekennzeichnet. Angaben zum Inhalt einzelner Bände sowie zu Caillois' zahlreichen Kooperationen mit Zeitschriften sind dem Werkverzeichnis in der Werkausgabe zu entnehmen.

Werkausgabe

Roger Caillois: *Œuvres*, hg. u. vorgestellt v. Dominique Rabourdin, m. Beiträgen v. Marguerite Yourcenar u. Dominique Rabourdin, tabellarischer Biographie v. Odile Felgine u. Werkverzeichnis v. Stéphane Massonet u. Dominique Rabourdin, Paris: Gallimard 2008 (** 2, 6, 9, 22, 23, 25, 26, 31, 32, 33, 34, 35, 37, 45, 48, 49, 50).

Einzelausgaben

1. *Procès intellectuel de l'art (Exposé des motifs)*, Marseille: Les Cahiers du Sud 1935; m. neuer Vorbemerkung erw. Ausg. 1936 (* 40).
2. *La Mante religieuse. Recherche sur la nature et la signification du mythe*, Paris: La Maison des Amis du Livre 1937 (vgl. auch die gekürzte Fassung: »La Mante religieuse. De la biologie à la psychanalyse«, in: *Minotaure* 5 (1934), S. 23–26; * 3, Werkausgabe).
   Englisch: »The Praying Mantis. From Biology to Psychoanalysis« (1934), * Frank: *The Edge of Surrealism* (2003), S. 69–81.

Deutsch: »Die Gottesanbeterin« (1934), * 25: *Méduse & Cie* (2007), S. 7–23.

3. *Le Mythe et l'homme*, Paris: Gallimard 1938; m. einem Vorw. erw. Ausg. 1972 (** 2).
   Spanisch: *El mito y el hombre*, übers. v. Ricardo Baeza, Buenos Aires: SUR 1939; übers. v. Jorge Ferreiro, Mexiko: Fondo de Cultura Económica 1988.
   Italienisch: *Il mito e l'uomo*, übers. v. Alfredo Salsano, Turin: Bollati Boringhieri 1998.
   Deutsch: *Der Mythos und der Mensch*, übers. u. m. einem Nachw. v. Peter Geble, hg. u. m. editor. Anm. v. Anne von der Heiden u. Sarah Kolb, Berlin: August Verlag 2022.
4. *L'Homme et le sacré*, Paris: Leroux/Presses Universitaires des France 1939; durch ein Vorw. u. drei Anhänge über den Sexus, das Spiel u. den Krieg in ihren Beziehungen zum Heiligen erw. Ausg., Paris: Gallimard 1950; m. einem neuen Vorw. erw. Ausg. 1963.
   Spanisch: *El hombre y lo sagrado* (1939), übers. v. Juan José Domenchina, Mexiko: Fondo de Cultura Económica 1942.
   Englisch: *Man and the Sacred* (1950), übers. v. Meyer Barash, Glencoe, Ill.: Free Press 1959.
   Deutsch: *Der Mensch und das Heilige* (1950), übers. v. Brigitte Weidmann, m. einem Nachw. v. Peter Geble, München, Wien: Hanser Verlag 1988.
   Italienisch: *L'uomo e il sacro* (1950), übers. v. Ruggero Guarino, hg. v. Ugo M. Olivieri, m. einem Essay v. Georges Bataille, Turin: Bollati Boringhieri 2001.
5. *Le Roman policier*, Buenos Aires: Éditions des Lettres françaises 1941 (* 7).
   Englisch: *The Mystery Novel*, übers. v. A. W. Sadler u. Roberto Yahni, Bronxville, NY: The Laughing Buddha Press 1984.
   Deutsch: *Der Kriminalroman*, übers. v. Andreas Knop, in: Jochen Vogt (Hg.): *Der Kriminalroman. Poetik – Theorie – Geschichte*, München: Wilhelm Fink 1998, S. 157–180.

6. *Patagonie, précédé de La Pampa*, Buenos Aires: Éditions de l'Aigle 1942; Paris, Lyon: Confluences 1946 (* 12, Werkausgabe).
   Deutsch: *Patagonien* (ohne *La Pampa*), übers. v. Lilly von Sauter, in: *Wort und Tat* 3 (1946), S. 110–122; in: Roger Caillois: *Patagonien und weitere Streifzüge*, übers. u. m. Nachbemerkungen v. Rainer G. Schmidt, Graz, Wien: Droschl 2016 (** 6, 17, 41, 42, 50), S. 5–21.
   Englisch: *Patagonia* (ohne *La Pampa*), * Frank: *The Edge of Surrealism* (2003), S. 244–251.
7. *Puissances du roman*, Marseille: Éditions du Sagittaire 1942; Buenos Aires: Editions du Trident 1945 (** 5; * 40).
   Spanisch: *Sociología de la novela*, übers. o.N., Buenos Aires: SUR 1942.
   Italienisch: *La forza del romanzo*, übers. v. Alfonso Zaccaria, Palermo: Sellerio 1980.
8. *La Communion des forts. Études sociologiques*, Mexiko: Ediciones Quetzal 1943; gekürzte, weil zensurierte Ausg., Marseille: Éditions du Sagittaire 1944.
   Italienisch: *La comunione dei forti*, hg. v. Marco Brunazzi, übers. v. Anna Baldi u. Annamaria Laserra, Turin: Bollati Boringhieri 2007.
9. *Les Impostures de la poésie*, Buenos Aires: Éditions des Lettres françaises 1944; Paris: Gallimard 1945; m. einer Vorbemerkung erw. Ausg., Paris: Gallimard 1962 (* 52, Werkausgabe).
10. *Ensayo sobre el Spiritu de las Sectas*, Mexiko: El Colegio de México, Centro de Estudios Sociales 1945.
11. *Circonstancielles (1940–1945)*, Paris: Gallimard 1946.
12. *Le Rocher de Sisyphe*, Paris: Gallimard 1946 (** 6).
    Spanisch: *La Roca de Sisifo*, übers. v. Julio Molina y Vedia, José Bianco u. Raimundo Lida Buenos Aires: Editoral Sudamericana 1942.
    Italienisch: *La roccia di Sisifo*, hg. u. übers. v. Annamaria Laserra, Rom, Mailand: Lucarini 1990.

13. *Sur l'enjeu d'une guerre*, Paris: Éditions du Sagittaire 1946.
14. *Vocabulaire esthétique*, Paris: Éditions Fontaine 1946 (* 18 (1978)).
Italienisch: *Vocabolario estetico*, übers. v. Bruna Gavaldo u. Piero La Valle, m. einem Nachw. v. Marguerite Yourcenar, Mailand: Bompiani 1991.
15. *Fisiologia de Leviatan*, übers. v. Julián Calvo u. C. A. Jordana, Buenos Aires: Editoral Sudamericana 1946.
16. *Brouillon pour une confidence*, Paris: Éditions de Michel Romilly 1946; m. einer Originallithographie v. André Goezu u. einem Nachw. v. Héctor Bianciotti, Paris: Gallimard 1979.
17. *Espace américain*, Paris: Éditions Paul Morihien 1948; Montpellier: Fata Morgana 1983; erw. Ausg. *Espace américain. Randonnées*, m. Frontispiz v. Zao Wou-Ki, Saint-Clément-de-Rivière: Fata Morgana 2007 (** 41).
Italienisch: *Spazio americano*, m. einführenden Essays v. Vanni Blengino u. Annamaria Laserra, übers. v. Agnese Silvestri Giorgi, Troina: Città Aperta 1983.
Deutsch: *Amerikanischer Raum*, * 6: *Patagonien und weitere Streifzüge* (2016), S. 27–51.
18. *Babel. Orgueil, confusion et ruine de la littérature*, Paris: Gallimard 1948; erw. Ausg. *Babel, précédé de Vocabulaire esthétique*, Paris: Gallimard 1978 (** 14).
Italienisch: *Babele, preceduto da Vocabolario estetico* (1978), übers. v. Piero La Valle u. Bruna Gavaldo, m. einem Nachw. v. Marguerite Yourcenar, Genua, Casale Monferrato: Marietti 1983.
19. *Description du marxisme*, Paris: Gallimard 1950 (* 40).
Italienisch: *Descrizione del marxismo*, Rom: Associazione italiana per la libertà della cultura 1954; übers. v. Riccardo De Benedetti, Mailand: Medusa 2018.
20. *Quatre essais de sociologie contemporaine* (*La représentation de la mort. L'usage des richesses. Le pouvoir charismatique. Le vertige de la guerre*), Paris: Éditions Olivier Perrin 1951.

21. *Poétique de Saint-John Perse*, Paris: Gallimard 1954, korr. u. erw. Ausg. 1972.
Spanisch: *Poética de St.-John Perse*, übers. v. María Luisa Bastos u. Enrique Pezzoni, Buenos Aires: SUR 1954; Madrid: Editorial Dilema 2004.
22. *L'Incertitude qui vient des rêves*, Paris: Gallimard 1956 (* Werkausgabe).
Italienisch: *Il deserto del sogno, con una appendice »Dalla fiaba alla fantascienza«*, Mailand: Nuova Accademia 1964; *L'incertezza dei sogni*, übers. v. Vittoria De Fazo, m. einem Vorw. v. Guido Almansi, Mailand: Feltrinelli 1983; übers. v. Angelica Tizzo, Mailand: SE 2014.
23. *Art poétique (Art poétique. Commentaires. Préface aux poésies. L'énigme et l'image)*, Paris: Gallimard 1958 (* 46, 52, Werkausgabe).
Deutsch: *Ars Poetica*, übers. v. Anneliese Botond, München: Kösel Verlag 1968.
Italienisch: *Arte poetica*, übers. v. Adriano Marchetti, Rimini: Panozzo Editore 2008.
24. *Les jeux et les hommes: le masque et le vertige*, Paris: Gallimard 1958; korr. u. erw. Ausg. 1967.
Englisch: *Man, Play and Games*, übers. v. Meyer Barash, New York: The Free Press 1961; Urbana, Chicago: University of Illinois Press 2001.
Italienisch: *I giochi e gli uomini. La maschera e la vertigine*, übers. v. Laura Guarino, m. einer Einf. v. Giampaolo Dossena, Mailand: Bompiani 1981.
Deutsch: *Die Spiele und die Menschen. Maske und Rausch* (1958), übers. v. Sigrid von Massenbach, Frankfurt a.M., Berlin, Wien: Ullstein Verlag 1982; *Die Spiele und die Menschen. Maske und Rausch* (1967), übers. u. m. einem Nachw. v. Peter Geble, Berlin: Matthes & Seitz 2017.

Spanisch: *Los juegos y los hombres. La máscara y el vértigo*, übers. v. Jorge Ferreiro, Mexiko: Fondo de Cultura Económica 1986.

25. *Méduse et Cie*, Paris: Gallimard 1960 (* Werkausgabe).
Spanisch: *Medusa y Cía: Pintura, camuflaje, disfraz y fascinación en la naturaleza y el hombre*, übers. v. Manuel F. Delgado, Barcelona: Editoral Seix Barral 1962.
Englisch: *The Mask of Medusa*, übers. v. George Ordish, London: Victor Gollancz 1964; New York: Clarkson N. Potter 1964.
Italienisch: *L'occhio di Medusa. L'uomo, l'animale, la maschera*, übers. v. Giovanni Leghissa, Mailand: Raffaello Cortina 1998.
Deutsch: *Méduse & Cie*, in: Roger Caillois: *Méduse & Cie*, m. »Die Gottesanbeterin« u. »Mimese und legendäre Psychasthenie, übers. v. Peter Geble, Berlin: Brinkmann & Bose 2007, S. 45–139.
26. *Ponce Pilate. Récit*, Paris: Gallimard 1961 (* Werkausgabe).
Deutsch: *Pontius Pilatus. Ein Bericht*, übers. v. Gerhard Vorkamp, München, Wien: Albert Langen/Georg Müller 1963; Berlin: Verlag Mathias Gatza 1993.
Spanisch: *Poncio Pilato*, übers. v. Miguel de Hernani, Buenos Aires: Editoral Sudamericana 1962; übers. v. Xesús González Gómez, Vilaboa: Edicións do Cumio, 1992; *Poncio Pilatos: el dilema del poder*, übers. v. Miguel de Hernani, Barcelona: Editora y Distribuidora Hispano Americana, S. A. 1994.
Italienisch: *Ponzio Pilato*, übers. v. Luciano De Maria, Turin: Einaudi 1963; Palermo: Sellerio 2017.
Englisch: *Pontius Pilate. A Novel*, übers. v. Charles Lam Markmann, New York: Macmillan Company 1963; m. einer Einf. v. Ivan Strenski, Charlottesville: University of Virginia Press 2006.
27. *Esthétique généralisée*, Paris: Gallimard 1962 (* 45).
28. *Bellone ou La pente de la guerre*, Brüssel: La Renaissance du Livre 1963; Paris: Nizet 1963; ill. v. André Masson, Montpel-

lier: Fata Morgana 1994; m. einem Vorw. v. Yves-Jean Harder, Paris: Flammarion 2012.
Italienisch: *La vertigine della guerra*, übers. v. Mauro Pennasilico, m. einer Einf. v. Sergio Cotta, Rom: EL 1990; übers. v. Mario Baccianini, m. einer Einf. v. Umberto Curi, Troina: Città aperta 2002; übers. v. Marco Tabacchini u. Silvia Uberti, hg. v. Elia Verzegnassi, Gussago: Casa di marrani 2014.

29. *Instincts et société. Essais de sociologie contemporaine*, Paris: Gonthier 1964.
Spanisch: *Instintos et sociedad*, Barcelona: Editoral Seix Barral 1969.
Italienisch: *Istinti e società*, übers. v. Daniele Gorret, Mailand: Guanda 1983.

30. *Au Cœur du fantastique*, Paris: Gallimard 1965 (* 45).
Italienisch: *Nel cuore del fantastico*, übers. v. Laura Guarino, m. einem Nachw. v. Guido Almansi, Mailand: Feltrinelli 1984; Mailand: Abscondita 2004.
Englisch (enthaltener Aufsatz): »Four Cases«, übers. v. Alexandre Barbosa de Souza, in: Iulia Nistor, Leslie Bauer (Hg.): *Interview at Praça Rosefielt*, Frankfurt a.M.: Bauer 2019, S. 13–23.

31. *Pierres*, Paris: Gallimard 1966; erw. Ausg. *Pierres suivi d'autres textes*, Paris: Gallimard 1971 (** Ausschnitte aus 34, 65; * 67, Werkausgabe).
Deutsch: *Steine*, übers. v. Gerd Henniger, München: Hanser Verlag 1983.
Italienisch: *Pietre*, m. *Tre lezioni delle tenebre*, übers. u. hg. v. Giuseppe Zuccarino, Genua: Graphos 1998 (** 50).
Spanisch: *Piedras y otros textos*, übers. v. Daniel Gutiérrez Martínez, m. einem Vorw. v. Émile M. Cioran, Madrid: Siruela 2016.
Englisch: *Stones & Other Texts*, übers. v. Valentine Umansky, Detroit, MI: DittoDitto 2018.

32. *Images, images... (De la féerie à la science-fiction. Prestiges et problèmes du rêve. L'agate de Pyrrhus)*, Paris: José Corti 1966 (* 33 (1975, 1987), Werkausgabe).
Spanisch: *Imágenes, imágenes. Ensayos sobre la función y los poderes de la imaginación*, übers. v. Dolores Sierra u. Néstor Sánchez, Buenos Aires: Editoral Sudamericana 1970.
Deutsch (Teil 1): »Das Bild des Phantastischen. Vom Märchen bis zur Science Fiction«, in: *Phaicon* 1, hg. u. übers. v. Rein A. Zondergeld, Frankfurt a.M.: Insel Verlag 1974, S. 44–83.
Italienisch (Teil 1): *Dalla fiaba alla fantascienza*, hg. u. übers. v. Paolo Repetti, Rom, Neapel: Theoria 1985.
Deutsch (Teil 3): »Der Achat des Pyrrhus«, übers. v. Rainer G. Schmidt, in: *Neue Rundschau* 4 (2003), S. 94–105 (gekürzt).
33. *Obliques*, m. Frontispiz v. Max Ernst, Montpellier: Fata Morgana 1967; erw. Ausg. *Obliques, précédé de Images, images...*, Paris: Stock 1975; Paris: Gallimard 1987 (** 32; * Werkausgabe).
34. *L'Écriture des pierres*, Genf: Éditions d'Art Albert Skira 1970; Genf: Skira/Flammarion 1981 (* 67, Werkausgabe).
Englisch: *The Writing of Stones*, übers. v. Barbara Bray, m. einer Einl. v. Marguerite Yourcenar, Charlottesville: University of Virginia Press 1985.
Italienisch: *La scrittura delle pietre*, übers. v. Carla Coletti, Genua: Marietti 1986; übers. v. Angelica Tizzo, Mailand: Abscondita 2013.
Deutsch: *Die Schrift der Steine*, in: Roger Caillois: *Die Schrift der Steine*, m. *Durchdachte Steine* u. *Mineralien*, übers. u. m. einem Nachw. v. Rainer G. Schmidt, Graz: Droschl 2004 (** 43), S. 123–184.
35. *Cases d'un échiquier*, Paris: Gallimard 1970 (* Werkausgabe).
Spanisch: *Intenciones*, übers. v. José Bianco, Buenos Aires: SUR 1980.
36. *Fenosa*, m. 22 Originallithographien v. Fenosa, Paris: Fernand Mourlot 1972.

37. *La Pieuvre. Essai sur la logique de l'imaginaire*, Paris: La Table Ronde 1973 (Text auf Grundlage der kürzeren Fassung »Logique de l'imaginaire: avatars de la pieuvre«, in: *Diogène. Revue internationale des sciences humaines* 69 (Jan.–März 1970); * Werkausgabe).
Englisch: *The Logic of Imagination (Avatars of the Octopus)* (1970), übers. v. Rosemary Kew, in: *Diogenes. An International Review of Philosophy and Humanistic Studies* 18/69 (1. März 1970), S. 74–98.
Italienisch: *La piovra* (1973), übers. v. Leonella Prato Caruso, Parma, Mailand: Franco Maria Ricci 1975.
Spanisch: *Mitología del pulpo. Ensayo sobre la lógica de lo imaginario* (1973), übers. v. Pierre de Place, Caracas: Monte Ávila Editores 1976.
Deutsch: *Der Krake. Versuch über die Logik des Imaginativen* (1973), übers. v. Brigitte Weidmann, München, Wien: Hanser Verlag 1986.
38. *La Dissymétrie*, Paris: Gallimard 1973 (* 45).
Deutsch: *Dissymmetrie*, übers. v. Peter Geble, m. einem Nachw. v. Wolfgang Schäffner, Berlin: Brinkmann & Bose 2015.
39. *Le Mimétisme animal*, Paris: Hachette 1973.
Italienisch: *Il mimetismo animale*, hg. u. übers. v. Vincenzo Fidomanzo, Rom: o.V. 2013; Mailand: Medusa 2017.
40. *Approches de l'imaginaire*, Paris: Gallimard 1974 (** 1, 7, 19).
Spanisch: *Acercamientos a lo imaginario*, übers. v. José Andrés Pérez Carballo, Mexiko: Fondo de Cultura Económica 1989.
41. *Randonnées* (*Le fleuve amour. Asie centrale. Amazonie. Le gel et l'ardeur*), m. Radierungen v. Zao Wou-Ki, Paris: Yves Rivière 1974; m. Frontispiz v. Zao Wou-Ki, Montpellier: Fata Morgana 1986; erw. Ausg. *Espace américain. Randonnées*, m. Frontispiz v. Zao Wou-Ki, Saint-Clément-de-Rivière: Fata Morgana 2007 (** 17).

Deutsch: *Streifzüge (Der Fluß Amur. Zentralasien. Amazonien. Frost und Hitze)*, * 6: *Patagonien und weitere Streifzüge* (2016), S. 51–78.

42. *Un Mannequin sur le trottoir*, ill. v. Pierre Alechinsky, Paris: Yves Rivière 1974 (* 55).
Deutsch: *Das Licht der Träume. Eine Schneiderpuppe auf dem Gehsteig*, * 6: *Patagonien und weitere Streifzüge* (2016), S. 79–92.
43. *Pierres réfléchies*, m. Radierungen v. Raoul Ubac, Paris: Éditions Maeght 1975; erw. Ausg. Paris: Gallimard 1975.
Deutsch: *Durchdachte Steine*, * 34: *Die Schrift der Steine* (2004), S. 5–121.
44. *Malversations*, m. Drucken v. Carréga, Brüssel: André de Rache 1975; m. Zeichnungen v. Jean-Gilles Badaire, Montpellier: Fata Morgana 1993.
Italienisch: *Malversazioni*, hg. u. übers. v. Roberta Coglitore, Rom: Meltemi 2003.
45. *Cohérences aventureuses*, Paris: Gallimard 1976 (** 27, 30, 38; * Werkausgabe).
46. *À la gloire de l'image, suivi de Art poétique*, m. 15 Farblithographien v. Zao Wou-Ki, Barcelona: Ediciones Poligrafa 1976 (** 23).
47. *Petit guide du XVe arrondissement à l'usage des fantômes*, Montpellier: Fata Morgana 1977; ill. v. Gérard Titus-Carmel, Saint-Clément-de-Rivière: Fata Morgana 1995 (* 56).
Englisch: *A Little Guide to the 15th Arrondissement for the Use of Phantoms*, übers. v. Ryan Ruby, Berlin: Readux 2015.
48. *Le Fleuve Alphée*, Paris: Gallimard 1978 (* Werkausgabe).
Italienisch: *Il fiume Alfeo*, übers. v. Maria Andronico, m. einem Interview v. Héctor Bianciotti, Palermo: Sellerio 1980.
Deutsch: *Der Fluss Alpheios*, übers. u. annotiert v. Rainer G. Schmidt, hg. u. m. einem Nachw. v. Anne von der Heiden u. Sarah Kolb, Berlin: Brinkmann & Bose 2016.
49. *Récurrences dérobées. Le champ des signes: aperçu sur l'unité et la continuité du monde physique, intellectuel et imaginaire, ou*

premiers éléments d'une poétique généralisée, ill. v. Maurice Estève, Paris: Éditions Hermann 1978; m. einem Vorw. v. Jean-Clarence Lambert 2008 (* Werkausgabe).
Italienisch: *Ricorrenze nascoste*, übers. v. Anna Zanetello, Palermo: Sellerio 1986.

50. *Trois leçons des Ténèbres* (D'après Saturne. Arc-en-ciel pour la Melencolia. La sécheresse), ill. v. Pierre Albuisson, Montpellier: Fata Morgana 1978 (* Werkausgabe).
Italienisch: *Tre lezioni delle tenebre*, * 31: *Pietre* (1998); hg. u. übers. v. Tomaso Cavallo, Lavagna: Zona 1999.
Deutsch: *Drei Lektionen für die Finstermette* (*Saturn gemäß. Regenbogen für die* Melencolia. *Die Dürre*), * 6: *Patagonien und weitere Streifzüge* (2016), S. 93–120.
51. *Rencontres*, Paris: Presses Universitaires de France 1978 (drei Aufsätze * 69).
52. *Approches de la poésie*, Paris: Gallimard 1978 (** 9, 23).
53. *La Nécessité d'esprit* (1933–1934), m. einem Vorw. v. P. M. [Roland Caillois], Paris: Gallimard 1981 (posthum).
Englisch: *The Necessity of the Mind*, übers. v. Michael Syrotinsky, m. einem Nachw. v. Denis Hollier, Venice, CA: Lapis Press 1990.
54. *Chroniques de Babel. Un grand esprit au jour le jour*, m. einem Vorw. v. Alena Vichrovà-Caillois, Paris: Gonthier 1981.
55. *La Lumière des songes* (*Le mannequin sur le trottoir. Le rêve de Solange*), ill. v. Pierre Alechinsky, Montpellier: Fata Morgana 1984 (** 42).
Deutsch (Teil 1): *Das Licht der Träume. Eine Schneiderpuppe auf dem Gehsteig*, * 6: *Patagonien und weitere Streifzüge* (2016), S. 79–92.
56. *Apprentissages de Paris*, Montpellier: Fata Morgana 1984; erw. Ausg. *Apprentissage de Paris*, m. Photographien v. Alena Vichrovà-Caillois u. einem Portrait v. André Rouveyre, Saint-Clément-de-Rivière: Fata Morgana 2004 (** 47).

57. *L'Aile froide* (1938), ill. v. Patrice Vermeille, Montpellier: Fata Morgana 1989.
58. *Les Démons de midi*, m. Frontispiz v. André Masson, Montpellier: Fata Morgana 1991 (Erstveröffentlichung in: *Revue de l'Histoire des Religions* 58/115 (1937), S. 142–173 u. 58/116 (1937), S. 54–83, S. 143–186).
Italienisch: *I demoni meridiani* (1937), übers. v. Alberto Pelissero, hg. v. Carlo Ossola, Turin: Bollati Boringhieri 1988.
59. *Images de l'univers*, ill. v. Jean Bazaine, Paris: Deyrolle 1991.
60. *Le Mythe de la licorne* (1976–1978), Montpellier: Fata Morgana 1991 (posthum).
Italienisch: *Il mito del licorno*, übers. v. Maria Elisabetta Craveri, m. einem Vorw. v. Francesco Zambon, Mailand: Medusa 2003.
61. *Naissance de Lucifer*, m. Artikeln aus *Acéphale*, *Europe*, *Mesures*, *Verve* u. *Les Volontaires* (1936–1939), ill. v. Bénédicte Caillot, Montpellier: Fata Morgana 1992.
Deutsch (enthaltener Aufsatz): »Die Geburt Luzifers« (1937), übers. v. Juliane Gräbener, in: Verena von der Heyden-Rynsch (Hg.): *Riten der Selbstauflösung*, München: Matthes & Seitz 1982, S. 27–33.
Italienisch: *Nascita di Lucifero*, hg., übers. u. m. einer Einf. v. Riccardo De Benedetti, Mailand: Medusa 2002.
62. *La Chute des corps, suivi de Le second épithalame*, ill. v. Jean-Louis Beaudonnet, m. einem Beitrag v. Stéphane Massonet, Saint-Clément-de-Rivière: Fata Morgana 1995.
63. *Sculptures intermédiaires*, m. Malereien v. Joël Leick, Saint-Clément-de-Rivière: Fata Morgana 2002.
64. *Images du labyrinthe*, hg. u. vorgestellt v. Stéphane Massonet, Paris: Gallimard 2007.
65. *Des Pierres de la Chine*, m. Malereien v. Julien Bouissou, Saint-Clément-de-Rivière: Fata Morgana 2008 (** einen Aussatz aus 31).

66. *Jorge Luis Borges*, m. Zeichnungen v. Antonio Segui, Saint-Clément-de-Rivière: Fata Morgana 2009.
67. *La Lecture des pierres* (*Pierres. L'Écriture des pierres. Agates paradoxales*), m. Beiträgen v. Massimilano Gioni (Vorw.), Henri-Jean Schubnel (Nachw.) u. Gian Carlo Parodi (Lexikon) u. zahlreichen Farbphotographien v. François Farges, Paris: Éditions Xavier Barral / Muséum National d'Histoire Naturelle 2015 (** 31, 34).
68. *Êtres de crépuscule*, Saint-Clément-de-Rivière: Fata Morgana 2016.
69. *Mauss, Valéry, Paulhan*, m. Tuschezeichnungen v. Pierre Alechinsky, Saint-Clément-de-Rivière: Fata Morgana 2016 (** drei Aufsätze aus 51).
70. *Aveu du nocturne*, ill. v. Nathalie Bourdreux, hg. u. vorgestellt v. Stéphane Massonet, Saint-Clément-de-Rivière: Fata Morgana 2018.
71. *Written in Stone. Minerals collected and described by Roger Caillois*, m. Beiträgen v. Marguerite Yourcenar, Carlo Ossola, Stefano Salis u. François Farges, New York: Franco Maria Ricci – ACC Art Books 2024.

Aufsätze in deutscher Übersetzung

»Spécification de la poésie«, in: *Le Surréalisme au service de la révolution* 5 (Mai 1933), S. 30f. (* 40).

Deutsch: »Zur näheren Bestimmung der Dichtkunst«, übers. v. Adelheid Westphal, in: Günter Metken (Hg.): *Als die Surrealisten noch recht hatten. Texte und Dokumente*, Stuttgart: Reclam 1976, S. 251–253.

»La Mante religieuse. De la biologie à la psychanalyse«, in: *Minotaure* 5 (1934), S. 23–26 (in einer erw. Fassung * 2, 3).

Englisch: »The Praying Mantis. From Biology to Psychoanalysis«, * Frank: *The Edge of Surrealism* (2003), S. 69–81.

Deutsch: »Die Gottesanbeterin«, * 25: Caillois: *Méduse & Cie* (2007), S. 7–23.
»L'Ordre et l'empire«, in: *Europe* 859–860 (Nov.–Dez. 1936), S. 72–81 (* 3).
Deutsch: »Die Ordnung und das Kaiserreich«, übers. v. Andreas Jandl, in: *Sinn und Form* 6 (2014), S. 821–828.
»Mimétisme et psychasthénie légendaire«, in: *Minotaure* 7 (1935), S. 5–10 (in einer erw. Fassung * 3).
Englisch: »Mimicry and Legendary Psychasthenia«, übers. v. John Shepley, in: *October* 31 (Winter 1984), S. 16–32; übers. v. Claudine Frank u. Camille Naish, * Frank: *The Edge of Surrealism* (2003), S. 91–103.
Deutsch: »Mimese und legendäre Psychasthenie«, * 25: *Méduse & Cie* (2007), S. 25–43.
»Naissance de Lucifer«, in: *Verve* 1 (Dez. 1937), S. 150–171 (* 61).
Deutsch: »Die Geburt Luzifers«, übers. v. Juliane Gräbener, in: Verena von der Heyden-Rynsch (Hg.): *Riten der Selbstauflösung*, München: Matthes & Seitz 1982, S. 27–33.
Italienisch: »Nascita di Lucifero«, in: Roger Caillois: *Nascita di Lucifero*, hg., übers. u. m. einer Einf. v. Riccardo De Benedetti, Mailand: Medusa 2002.
Englisch: »The Birth of Lucifer«, * Frank: *The Edge of Surrealism* (2003), S. 166–172.
»Le Vent d'hiver«, in: *La Nouvelle Revue Française* 298 (Juli 1938), S. 39–54; * Hollier: *Le Collège de Sociologie* (1979), S. 75–97.
Deutsch: »Der Winterwind«, * Hollier: *Das Collège de Sociologie* (2012), S. 290–309.
»Sociologia del verdugo«, in: *Sur* 56 (1939), S. 17–38.
Französisch: »Sociologie du bourreau«, * 8: *La Communion des forts* (1943), S. 17–67 (* 29).
Deutsch: »Soziologie des Henkers«, * Hollier: *Das Collège de Sociologie* (2012), S. 469–488.
»Sur l'art de Saint-John Perse«, in: *Hémisphères* 1 (1943), S. 8–14.

Deutsch: »Die Kunst des Dichters Saint-John Perse«, übers. v. Wolfgang Rüttenauer, in: Saint-John Perse: *Exil. Gedicht an eine Fremde. Regen. Schnee*, Berlin: Henssel 1949, S. 42–49.

»Le Catéchisme et l'Almanach«, in: *La Nouvelle Nouvelle Revue Française* 7 (Juli 1953), S. 31–41.

Deutsch: »Katechismus und Almanach. Über Saint-Exupéry«, übers. v. Gernot Krämer, in: *Sinn und Form* 3 (2010), S. 293–299.

»Lettre du Rédacteur en chef sur le rôle de *Diogène* et les conditions d'un humanisme rénové«, in: *Diogène. Revue internationale des sciences humaines* 4 (Okt.–Dez. 1953), S. 132–140.

Deutsch: »Brief des Herausgebers über die Rolle des ›Diogenes‹ und die Bedingungen eines neuen Humanismus«, übers. v. Werner Eicke, in: *Diogenes. Internationale Zeitschrift für die Wissenschaft vom Menschen* 1 (1953/54), S. 550–559.

»Structure et classification des jeux«, in: *Diogène. Revue internationale des sciences humaines* 12 (Okt.–Dez. 1955), S. 72–88.

Deutsch: »Über Wesen und Einteilung der Spiele«, übers. v. Werner Eicke, in: *Diogenes. Internationale Zeitschrift für die Wissenschaft vom Menschen* 3 (1956), S. 293–308.

»Avant-propos«, in: *Diogène. Revue internationale des sciences humaines* 13 (Jan.–März 1956), S. 1–6.

Deutsch: »Vorwort zum Arnold-Toynbee-Sonderheft«, übers. v. Werner Eicke, in: *Diogenes. Internationale Zeitschrift für die Wissenschaft vom Menschen* 4 (1957), S. 1–6.

»Natura pictrix. Notes sur la ›peinture‹ figurative et non figurative dans la nature et dans l'art«, in: *Cahiers du Musée de poche* 1 (März 1959), S. 33 (* 25).

Deutsch: »Natura pictrix. Anmerkungen zur figurativen und nicht-figurativen ›Malerei‹ in Natur und Kunst«, * 25: *Méduse & Cie* (2007), S. 72–80; * Emmanuel Alloa (Hg.): *Bildtheorien aus Frankreich. Eine Anthologie*, München: Wilhelm Fink 2011, S. 103–116; * S. 15–26 im vorliegenden Band.

»Sciences diagonales«, in: *Nouvelle Revue Française* 76 (Apr. 1959), S. 679–683 (* 25).

Deutsch: »Diagonale Wissenschaften«, * 25: *Méduse & Cie* (2007), S. 47–52.

»La Vie et l'œuvre de Saint-John Perse«, in: Saint-John Perse: *Œuvres poétiques*, Paris: Rombaldi 1965, S. 29–50.

Deutsch: »Leben und Werk von Saint-John Perse«, in: Saint-John Perse: *Seemarken*, übers. v. Hilda von Born-Pilsach, Zürich: Coron Verlag 1965, S. 23–41.

»La Cité et le poème«, in: *Les Lettres françaises* 1300 (17. Sept. 1969), S. 3–4; in: *Europe* 537–538 (Jan.–Febr. 1974), S. 57–61 (Auszug aus dem Vorw. zu Caillois' Übers. v. Pablo Neruda: *Hauteurs de Macchu-Picchu* (1961)).

Deutsch: »Die Stadt und das Gedicht«, übers. v. Christel Dobenecker, in: *Sinn und Form* 6 (1974), S. 1113–1117.

»Récit du délogé«, * 35: *Cases d'un échiquier* (1970), S. 308–331.

Deutsch: »Bericht des Entwohnten«, übers. v. Elisabeth Heyne, in: Kathrin Busch, Georg Dickmann, Maja Figge, Felix Laubscher (Hg.): *Das Ästhetisch-Spekulative. Spekulationen in den Künsten*. Bielefeld: Wilhelm Fink 2020, S. 41–59.

Herausgeberschaften

Inquisitions. Organe du groupe d'études pour la phénoménologie humaine 1, hg. v. Roger Caillois, Louis Aragon, Jules Monnerot u. Tristan Tzara (Juni 1936).

Les Lettres françaises. Cahiers trimestriels de littérature française, gegründet u. hg. v. Roger Caillois unter dem Schirm der Zeitschrift *SUR*, Buenos Aires, 1941–1947.

Comte de Lautréamont: *Œuvres complètes: Les Chants de Maldoror. Poésies. Lettres*, hg. u. m. einer Einf. v. Roger Caillois u. Frontispiz v. Salvador Dalí, Paris: José Corti 1946 (Vorwort * 51).

Montesquieu: *Œuvres complètes*, hg., vorgestellt u. annotiert v. Roger Caillois, 2 Bände, Paris: Gallimard 1949/1951.

Pierre Corneille: *Théâtre complet*, hg., vorgestellt u. annotiert v. Roger Caillois, Paris: Gallimard 1950.

Diogène. Revue internationale des sciences humaines, hg. v. Roger Caillois (bis 1978) unter dem Schirm des Internationalen Rats für Philosophie und Humanwissenschaften mit Unterstützung der UNESCO, Paris: Presses Universitaires de France, seit 1952.

Deutsch: *Diogenes. Internationale Zeitschrift für die Wissenschaft vom Menschen*, hg. v. Roger Caillois, Bd. 1–16, Köln: Kiepenheuer & Witsch, 1953–1957 (danach Erscheinen eingestellt).

Englisch: *Diogenes. An International Review of Philosophy and Humanistic Studies*, Chicago: University of Chicago Press, seit 1952.

Antoine de Saint-Exupéry: *Œuvres complètes*, hg. u. m. einem Vorw. v. Roger Caillois, Paris: Gallimard 1953 (Vorwort * 51).

Anthologie du fantastique. 60 récits de terreur, ausgewählte Texte, hg. u. vorgestellt v. Roger Caillois, 2 Bände, Paris: Le Club Français du Livre 1958; Paris: Gallimard 1966.

Spanisch: *Antología del cuento fantástico*, übers. v. Ricardo I. Zelarayán, Buenos Aires: Editoral Sudamericana 1967.

Trésor de la poésie universelle, hg. v. Roger Caillois u. Jean-Clarence Lambert, Paris: Gallimard 1958.

Jean Potocki: *Manuscrit trouvé à Saragosse*, hg., editiert, vorgestellt u. m. einem Vorw. v. Roger Caillois, Paris: Gallimard 1958 (Vorwort * 51).

Deutsch: *Die Handschrift von Saragossa*, übers. v. Louise Eisler-Fischer u. Maryla Reifenberg, m. einer Auswahl aus Goyas Caprichos, Frankfurt a.M.: Insel Verlag 1961.

Italienisch: *Manoscritto trovato a Saragozza*, übers. v. Anna Devoto, Mailand: Adelphi 1965; Mailand: Bompiani 1981.

Spanisch: *Manuscrito encontrado en Zaragoza*, übers. v. José Bianco, Buenos Aires: Minotauro 1967; übers. v. José Luis Cano, m. einem Vorw. v. Julio Caro Baroja, Madrid: Alianza Editorial 1971.

Puissances du rêve. Textes anciens et modernes, Paris: Le Club Français du Livre 1962.
Italienisch: *La forza del sogno: il sogno nella letteratura di tutti i tempi*, Parma: Guanda 1963.
Englisch: *The Dream Adventure. A Literary Anthology*, New York: Orion Press 1963.
The Dream and Human Societies, hg. v. Roger Caillois u. Gustave Edmund von Grunebaum, Berkeley, LA: University of California Press 1966.
Französisch: *Le rêve et les sociétés humaines*, hg. v. Roger Caillois u. Gustave Edmund von Grunebaum in Zusammenarbeit m. Roger Bastide, Paris: Gallimard 1967.
Jeux et sports, hg. m. einem Vorw. u. Beiträgen v. Roger Caillois, Paris: Gallimard 1967 (Encyclopédie de la Pléiade, Bd. 23).

Übersetzungen aus dem Spanischen

Gabriela Mistral: *Saudade*, übers. v. Roger Caillois, in: *Les Lettres françaises* 12 (Apr. 1943), S. 9–16; Paris: Gallimard 1946.
Gabriela Mistral: *Poèmes*, übers. u. m. einem Nachw. v. Roger Caillois, Paris: Gallimard 1946.
Pablo Neruda: *Hauteurs de Macchu-Picchu*, übers. u. annotiert v. Roger Caillois, in: *Confluences* 9 (Febr. 1946), S. 977–988; in: *La Licorne* 1 (Frühjahr 1947), S. 83–91; m. einem Vorw. v. Roger Caillois erw. Ausg., Paris: Pierre Seghers 1961, zweisprachige Ausg. 1973.
Antonio Porchia: *Voix*, übers. u. m. einer Einf. v. Roger Caillois, in: *La Licorne* 11 (Winter 1948), S. 129–143; Paris: Éditions GLM. 1949; ill. v. Javier Vilato, Montpellier: Fata Morgana 1992.
Jorge Luis Borges: *Histoire du guerrier et de la captive*, übers. v. Roger Caillois, in: *Les Cahiers de la Pléiade* 8 (Herbst 1949), S. 159–164.

Jorge Luis Borges: *Labyrinthes*, übers. v. Roger Caillois, Paris: Gallimard 1953.

Jorge Luis Borges: *Trois labyrinthes*, übers. u. m. einer Einf. v. Roger Caillois, in: *Preuves* 71 (Jan. 1957), S. 38–43.

Jorge Luis Borges: *Histoire de l'infamie. Histoire de l'éternité*, übers. v. Roger Caillois u. Laure Guille in Zusammenarbeit m. Julio Cortázar, Monaco: Éditions du Rocher 1958.

Josep Carner: *L'Ébouriffé*, übers. v. Roger Caillois u. Émilie Noulet, Paris: Gallimard 1963.

Jorge Luis Borges: *L'Auteur et autres textes*, übers. v. Roger Caillois, Paris: Gallimard 1965, zweisprachige Ausg. 1971.

Jorge Luis Borges: *L'Aleph*, übers. v. Roger Caillois u. René L. F. Durand, Paris: Gallimard 1967.

Octavio Paz: *Mise au net*, übers. v. Roger Caillois, Paris: Gallimard 1977.

Jorge Luis Borges: *Treize poèmes*, übers. v. Roger Caillois, ill. v. Pierre Alechinsky, zweisprachige Ausg., Montpellier: Fata Morgana 1978.

Luis Mizón: *Poème du Sud et autres poèmes*, übers. v. Roger Caillois u. Claude Couffon, m. einer Einführung v. Claude Couffon, zweisprachige Ausg., Paris: Gallimard 1982.

Lebenszeugnisse, Gespräche und Korrespondenzen

»Une Trouvaille de Roger Caillois«, Gespräch, in: *Le Figaro littérature* (22. März 1958), S. 11.

»Roger Caillois répond au questionnaire de Proust«, in: *Biblio* (Apr. 1963); * Lambert: *Les Cahiers de Chronos* (1991), S. 157–159.

»Non, la guerre n'est pas fatale, elle est facile«, Gespräch m. Hervé Falcou, in: *L'Express* (6. Febr. 1964), S. 28f.

»Rencontre avec Roger Caillois«, Gespräch, in: *Combat* (11. Febr. 1965), S. 6.

»À défaut de pierre philosophale, Roger Caillois a trouvé la pierre philosophique«, Gespräch, in: *Le Figaro littérature* (22. Sept. 1966), S. 2.

»L'étonnement du cristal – un entretien avec Roger Caillois«, in: *Le Nouvel Observateur* (19.–25. Okt. 1966), S. 36.

»À l'origine du monde j'ai trouvé les pierres«, Gespräch m. Edgar Tripet, in: *La Gazette littéraire* (11.–12. Apr. 1970), S. 37.

»Entretien avec Gilles Lapouge«, in: *La Quinzaine littéraire* 97, Paris (16.–30. Juni 1970), S. 6–8; * Lambert: *Les Cahiers de Chronos* (1991), S. 134–137.

Englisch: »Interview with Gilles Lapouge, June 1970«, * Frank: *The Edge of Surrealism* (2003), S. 142–146.

»Si le monde est infini je m'arrête de penser«, Gespräch im Rahmen eines Dossiers v. Jean-Pierre Martinet, in: *Matulu* (Apr. 1971), S. 6f.

Discours de réception de Roger Caillois à l'Académie française et réponse de René Huyghe, Paris: Gallimard 1972.

Spanisch: *Roger Caillois y la Cruz del Sur en la Academia Francesa*, Antrittsvorlesung v. Roger Caillois an der Académie Française, m. Festrede v. Wladimir d'Ormesson u. Erwiderung v. René Huyghe, hg., übers. u. m. einer Einf. v. Victoria Ocampo, Buenos Aires: SUR 1972.

»Témoignage«, Vortragsprotokoll im Rahmen des *Colloque Paul Eluard*, in: *Europe* 525 (Jan. 1973), S. 79–85; * Lambert: *Les Cahiers de Chronos* (1991), S. 128–133.

Discours de réception de Claude Lévi-Strauss à l'Académie française et réponse de Roger Caillois, Paris: Institut de France 1974.

»Entretien avec Jean-Louis Ézine«, in: *Les Nouvelles littéraires* (27. Apr. 1978), S. 5; * Lambert: *Les Cahiers de Chronos* (1991), S. 138–141.

»Les dernières énigmes de Roger Caillois. Entretien avec Hector Bianciotti et Jean-Paul Enthoven«, Gespräch v. 28. Nov. 1978, in: *Le Nouvel Observateur* (30. Dez. 1978), S. 58–62; * Lambert: *Les Cahiers de Chronos* (1991), S. 142–151.

Deutsch: »Die letzten Rätsel des Roger Caillois. Gespräche mit Hector Bianciotti und Jean-Paul Enthoven«, übers. v. Brigitte Weidmann, in: *Akzente* 3 (1983), S. 249–254; »Gespräch mit Roger Caillois«, übers. v. Gernot Krämer, in: *Sinn und Form* 3 (2010), S. 300–308.

Discours de réception de Marguerite Yourcenar à l'Académie française et réponse de Monsieur Jean d'Ormesson, Paris: Gallimard 1981. Yourcenars Rede ist unter dem Titel »L'homme qui aimait les pierres« wiederveröffentlicht in dies.: *En pèlerin et en étranger*, Paris: Gallimard 1989, S. 179–207 (* Werkausgabe).

Deutsch: »Der Mann, der die Steine liebte«, übers. v. Rolf u. Hedda Soellner, in: dies.: *Die Zeit, die große Bildnerin. Essays über Mythen, Geschichte und Literatur*, München, Wien: Hanser Verlag 1998, S. 226–250.

Hans Mayer: *Ein Deutscher auf Widerruf. Erinnerungen*, Bd. 1, Frankfurt a.M.: Suhrkamp 1982, S. 236–243.

Cioran: »Caillois«, in: ders.: *Exercices d'admiration. Essais et portraits*, Paris: Gallimard 1986, S. 133–140.

Deutsch: »Caillois«, in: ders.: *Widersprüchliche Konturen*, hg., übers. u. m. einem Nachw. v. Verena von der Heyden-Rynsch, Frankfurt a.M.: Suhrkamp 1986, S. 20–25.

Georges Bataille: *Lettres à Roger Caillois: 4 aout 1935 – 4 fevrier 1959*, vorgestellt u. annotiert v. Jean-Pierre Le Bouler, m. einem Vorw. v. Francis Marmande, Romillé: Folle Avoine 1987.

Henriette Nizan: *Libres mémoires*, Paris: Laffont 1989, S. 388–390, 404, 408, 413.

Marcel Schneider: *L'Éternité fragile. Mémoires intimes*, Bd. 1, Paris: Grasset 1989, S. 198–209.

Jeannine Worms: *Entretiens avec Roger Caillois*, Paris: Éditions de la Différence 1991.

Odile Felgine, Claude-Pierre Perez (Hg.): *Correspondance Jean Paulhan – Roger Caillois (1934–1967)*, vorgestellt v. Laurent Jenny, Paris: Gallimard 1991.

»Entretien entre Roger Caillois et Jorge Luis Borges«, in: *Fnac magazine* (Juli–Aug. 1982), S. 12f.; * Lambert: *Les Cahiers de Chronos* (1991), S. 152–156.

»Les jeunes gens de Reims«, gesammelte Kommentare, zusammengestellt v. Jean-José Marchand, in: *Europe* 782–783 (Juni–Juli 1994), S. 119–122.

Marcel Schneider: *Ce que j'aime*, Paris: Grasset 1995, S. 69–74.

Joëlle Gardes Tamine (Hg.): *Saint-John Perse. Correspondance avec Roger Caillois (1942–1975)*, vorgestellt u. annotiert v. Joëlle Gardes Tamine, Paris: Gallimard 1996.

Odile Felgine (Hg.): *Correspondance Roger Caillois – Victoria Ocampo (1939–1978)*, vorgestellt v. Odile Felgine u. Laura Ayerza de Castilho, Paris: Stock 1997.

Dominique Rabourdin: »Entendre Caillois«, in: *Europe* 859–860 (Nov.–Dez. 2000), S. 22–32.

Jacqueline de Romilly: *Roger Caillois hier encore*, ill. v. Axel Cassel, Saint-Clément-de-Rivière: Fata Morgana 2001.

Victoria Ocampo: *Mein Leben ist mein Werk. Eine Biographie in Selbstzeugnissen*, hg. u. übers. v. Renate Kroll, Berlin: Aufbau Verlag 2010, S. 287–300.

Trois lèttres de Claude Lévi-Strauss à Roger Caillois, * Felgine: *Claude Lévi-Strauss, Roger Caillois, Jorge Luis Borges, Victoria Ocampo, Jules Supervielle, Georges Bernanos, Antoine de Saint-Exupéry et L'Écriture en Exil* (2014), S. 109–116.

Caillois und die Frankfurter Schule

Theodor W. Adorno an Walter Benjamin, Brief v. 22. Sept. 1937, in: Theodor W. Adorno, Walter Benjamin: *Briefwechsel 1928–1940*, hg. v. Henri Lonitz, Frankfurt a.M.: Suhrkamp 1994, S. 276f.

Adorno, Theodor W.: »Roger Caillois, *La Mante religieuse. Recherche sur la nature et la signification du mythe*. Paris: La Maison des Amis des Livres 1937 (Rezension)«, in: *Zeitschrift für Sozialforschung* 7 (1938), S. 410f.; *Gesammelte Schriften*, Bd. 20/1, hg. v. Rolf Tiedemann, Frankfurt a.M.: Suhrkamp 1986, S. 229f.

Walter Benjamin: »Roger Caillois' ›L'Aridité‹ u.a. (Rezension)«, in: *Zeitschrift für Sozialforschung* 7 (1938), S. 463ff.; *Gesammelte Schriften*, Bd. 3, hg. v. Hella Tiedemann-Bartels, Frankfurt a.M.: Suhrkamp 1972, S. 549f.

Walter Benjamin an Max Horkheimer, Brief v. 28. Mai 1938, in: Walter Benjamin: *Gesammelte Briefe*, Bd. 6, hg. v. Christoph Gödde u. Henri Lonitz, Frankfurt a.M.: Suhrkamp 2000, S. 91ff.

Theodor W. Adorno an Walter Benjamin, Brief v. 2. Aug. 1938, in: Theodor W. Adorno, Walter Benjamin: *Briefwechsel 1928–1940*, hg. v. Henri Lonitz, Frankfurt a.M.: Suhrkamp 1994, S. 346.

Walter Benjamin an Max Horkheimer, Brief v. 24. Jan. 1939, in: Walter Benjamin: *Gesammelte Briefe*, Bd. 6, hg. v. Christoph Gödde u. Henri Lonitz, Frankfurt a,M.: Suhrkamp 2000, S. 197ff.

Max Horkheimer, Theodor W. Adorno: »Diskussionen über die Differenz zwischen Positivismus und materialistischer Dialektik« (1939), in: Max Horkheimer: *Gesammelte Schriften*, Bd. 12, hg. v. von Alfred Schmidt u. Gunzelin Schmid Noerr, Frankfurt a.M.: S. Fischer, S. 458ff.

Max Horkheimer an Walter Benjamin, Brief v. 23. Februar 1939, in: Max Horkheimer: *Gesammelte Schriften*, Bd. 16: *Briefwechsel 1937–1949*, Frankfurt a.M.: S. Fischer 1995, S. 564ff.

Walter Benjamin an Gretel Adorno, Brief v. 17. Jan. 1940, in: Walter Benjamin: *Gesammelte Briefe*, Bd. 6, hg. v. Christoph Gödde u. Henri Lonitz, Frankfurt a.M.: Suhrkamp 2000, S. 382ff.

Max Horkheimer, Theodor W. Adorno: *Die Dialektik der Aufklärung*, Amsterdam: Querido 1947, S. 127, 271.

Studien und Sammelwerke

Alain Bosquet: *Roger Caillois et son temps*, m. ausgewählten Texten, Illustrationen u. chronologischer Bibliographie, Paris: Pierre Seghers 1971.

Denis Hollier (Hg.): *Le Collège de Sociologie 1937–1939*, m. Texten v. Georges Bataille, Roger Caillois, Georges Duthuit, René M. Guastalla, Pierre Klossowski, Alexandre Kojève, Michel Leiris, Anatole Lewitzky, Hans Mayer, Jean Paulhan, Denis de Rougement, Jean Wahl u.a., Paris: Gallimard 1979.

Italienisch: *Il Collegio di Sociologia 1937–1939*, hg. u. übers. v. Marina Galletti, Lola Ieronimo u. Annamaria Laserra, Turin: Bollati Boringhieri 1994.

Deutsch: *Das Collège de Sociologie 1937–1939*, übers. v. Horst Brühmann, editorisch bearbeitet u. m. einem Nachw. v. Irene Albers u. Stephan Moebius, Berlin: Suhrkamp 2012.

Centre Georges Pompidou (Hg.): *Cahiers pour un temps 2: Roger Caillois*, Paris: Pandora Éditions 1981.

Dominique Autié: *Approches de Roger Caillois*, Toulouse: Éditions Privat 1983.

Annamaria Laserra: *Materia e immaginario. Il nesso analogico nell'opera di Roger Caillois*, Rom: Bulzoni 1990.

Jean-Clarence Lambert (Hg.): *Les Cahiers de Chronos. Roger Caillois. Témoignages, études et analyses, précédés de 39 textes rares ou inédits de Roger Caillois*, Paris: Éditions de la Différence 1991.

Gilbert Durand, Michel Maffesoli (Hg.): *Roger Caillois et les approches de l'imaginaire*, Paris: L'Harmattan 1992 (Cahiers de l'imaginaire 8).

Laurent Jenny (Hg.): *Roger Caillois, la pensée aventurée*, Paris: Belin 1992.

Bruno Tritsmans: *Livres de pierre. Segalen – Caillois – Le Clézio – Gracq*, Tübingen: Narr 1992.

Denis Hollier: *Les Dépossédés. Bataille, Caillois, Leiris, Malraux, Sartre*, Paris: Les Éditions de Minuit 1993.

Michel Panoff: *Les Frères ennemis: Roger Caillois et Claude Lévi-Strauss*, Paris: Payot 1993.

Odile Felgine: *Roger Caillois. Biographie*, Paris: Stock 1994.

Stéphane Massonet: *Les Labyrinthes de l'imaginaire dans l'œuvre de Roger Caillois*, Paris: L'Harmattan 1998.

Kathryn Saint Ours: *Le Fantastique chez Roger Caillois*, Birmingham, Alabama: Summa Publications 2001.

Jean-Patrice Courtois, Isabelle Krzywkowski (Hg.): *Diagonales sur Roger Caillois. Syntaxe du monde, paradoxe de la poésie*, Paris: Éditions L'improviste 2002.

Annamaria Laserra (Hg.): *Roger Caillois. Fragments, fractures, réfractions d'une œuvre*, Padua: Unipress 2002.

Carlos Marroquín: *Die Religionstheorie des Collège de Sociologie. Von den irrationalen Dimensionen der Moderne*, Berlin: Parerga Verlag 2005.

Stephan Moebius: *Die Zauberlehrlinge. Soziologiegeschichte des Collège de Sociologie (1937–1939)*, Konstanz: UVK Verlagsgesellschaft 2006.

Lionel Moutot: *Biographie de la revue Diogène. Les »sciences diagonales« selon Roger Caillois*, Paris: L'Harmattan 2006.

Claudine Frank (Hg.): *The Edge of Surrealism. A Roger Caillois Reader*, vorgestellt u. m. einer Einf. v. Claudine Frank, übers. v. Claudine Frank u. Camille Naish, Durham, London: Duke University Press 2003.

Lena Däuker: *Das Imaginäre im Werk Roger Caillois'. Manifestationen einer kosmologischen Poetik*, Magisterarbeit, Berlin 2008.

Knut Ebeling (Hg.): *Johan Huizinga. Das Spielelement der Kultur. Spieltheorien nach Huizinga von Georges Bataille, Roger Caillois und Eric Voegelin*, Berlin: Matthes & Seitz 2014.

Odile Felgine: *Claude Lévi-Strauss, Roger Caillois, Jorge Luis Borges, Victoria Ocampo, Jules Supervielle, Georges Bernanos, Antoine de Saint-Exupéry et L'Écriture en Exil, suivi de Trois lettres de Claude Lévi-Strauss à Roger Caillois*, Chennevières-sur-Marne: Dianoïa 2014.

Rosa Eidelpes: *Entgrenzung der Mimesis. Georges Bataille – Roger Caillois – Michel Leiris*, Berlin: Kulturverlag Kadmos 2018.

Anne von der Heiden, Sarah Kolb (Hg.): *Logik des Imaginären. Diagonale Wissenschaft nach Roger Caillois*, Bd. 1: *Versuchungen durch Natur, Kultur und Imagination*, Berlin: August Verlag 2018.

Elisabeth Heyne: *Wissenschaften vom Imaginären. Sammeln, Sehen, Lesen und Experimentieren bei Roger Caillois und Elias Canetti*, Berlin: De Gruyter 2020.

Anne von der Heiden, Sarah Kolb (Hg.): *Logik des Imaginären. Diagonale Wissenschaft nach Roger Caillois*, Bd. 2: *Spiel/Raum/Kunst/Theorie*, Berlin: August Verlag 2024.

Zeitschriften

Sur. Revista semestral 343: *Roger Caillois 1913–1978*, Buenos Aires (Juli–Dez. 1978).

Nouvelle Revue Française 320: *Hommage à Roger Caillois*, Paris (Sept. 1979).

Sud. Revue littéraire bimestrielle (hors série): *Roger Caillois ou la traversée des savoirs: études et poèmes*, Marseille (1981).

Poésie 88/22: *Roger Caillois. Le clair et l'obscur*, Paris (März–Apr. 1988).

La Sape. Revue d'expression poétique 27: *Hommage à Roger Caillois*, Corbeil-Essonnes (Jan.–Apr. 1991).

Europe. Revue littéraire mensuelle 859–860: *Roger Caillois*, Paris (Nov.–Dez. 2000).

Riga 23: *Roger Caillois*, hg. v. Ugo M. Olivieri, Mailand (2004).

Littérature 170: *Roger Caillois*, Paris: Larousse (Apr. – Juni 2013).

Littératures 68: *Quadrillages labyrinthiques: l'échiquier Caillois*, hg. v. Valeria Emi Sgueglia u. André-Alain Morello, OA: https://doi.org/10.4000/litteratures.75 (2013) (aufgerufen: 3.7.2023).

Verstreute Beiträge

Elmar Schenkel: »Natur in der ästhetischen Theorie: Theodor W. Adorno und Roger Caillois«, in: *Skarabaeus. Zwischen den Wissenschaften* 4/5: *Müssen wir spielen?* (1985), S. 19–29.

Marianne Ghirelli: »Diagonales Denken. Über Roger Caillois«, in: *Neue Zürcher Zeitung* (9. Jan. 1987), S. 38.

Jean Starobinski: »Der Mensch und seine Kräfte. Von La Rochefoucauld bis Roger Caillois«, in: *Neue Zürcher Zeitung* (17./18. August 1991), S. 58.

Hans-Ulrich Treichel: »Kristalline Erstarrung und halluzinatorisches Koma«, in: ders.: *Auslöschungsverfahren. Exemplarische Untersuchungen zur Literatur und Poetik der Moderne*, München: Wilhelm Fink 1995, S. 100–122; * Anne von der Heiden, Sarah Kolb: *Logik des Imaginären*, Bd. 1 (2018), S. 231–259.

Claudia Blümle: »Natura Pictrix. Zur Wiederentdeckung der Steinbilder durch Jurgis Baltrusaitis und Roger Caillois«, in: Nadia Schneider (Hg.): *Markus Müller – Nutzen und Nachteil*, Zürich: edition fink 2006, S. 25–32.

Anna Echterhölter: »Die Listen des Collège de Sociologie«, in: *ilinx – Berliner Beiträge zur Kulturwissenschaft* 1: *Wirbel, Ströme, Turbulenzen* (2009), hg. v. Anna Echterhölter, Sebastian Gießmann, Rebekka Ladewig u. Mark Butler, Hamburg: Philo Fine Arts 2010, S. 229–242.

Peter Geble: »Der Mimese-Komplex«, in: *ilinx – Berliner Beiträge zur Kulturwissenschaft* 2: *Mimesen*, hg. v. Eva Johach, Jasmin Mersmann u. Evke Rulffes, Hamburg: Philo Fine Arts 2011, S. 185–195; * S. 89–106 im vorliegenden Band.

Karlheinz Barck: »Leonardo-Effekte. Perspektiven aus der Differenzierung von Natur- und Geisteswissenschaften«, in: *Weimarer Beiträge* 59/2 (2013), S. 167–189; * Heiden, Kolb: *Logik des Imaginären*, Bd. 1 (2018), S. 271–309.

Anne von der Heiden, Sarah Kolb: »Caillois' geheime Elixiere«, * 48: *Der Fluss Alpheios* (2016), S. 175–186.

Sarah Kolb: »Impossible! Bergson after Duchamp after Caillois«, in: Sjoerd van Tuinen (Hg.): *Speculative Art Histories. Analysis at the Limits*, Edinburgh: Edinburgh University Press 2017, S. 245–263.

Sarah Kolb: »Dizziness as Method. Roger Caillois and the Lure of Material Space«, in: Ruth Anderwald, Karoline Feyertag, Leonhard Grond (Hg.): *Dizziness – A Resource*, Berlin, New York: Sternberg Press 2019, S. 138–145.

Sarah Kolb: »Abtrünnige Objekte und magnetische Signale. Caillois' Wege zum diagonalen Wissen«, in: *Regards croisés. Deutsch-französische Zeitschrift für Kunstgeschichte, Literaturwissenschaft und Ästhetik / Revue franco-allemande d'histoire de l'art, d'esthétique et de littérature comparée* 13: *Roger Caillois* (Dezember 2023), S. 12–23, DOI: 10.57732/rc.2023.1.102660. Frz.: »Objets transfuges et signaux magnétiques. Les voies

de Caillois vers une connaissance diagonale«, übers. v. Florence Rougerie, ebd., S 24–34, DOI: 10.57732/rc.2023.1.102661.
Elisabeth Heyne: »Wie sammelt man das Imaginäre? Von der Leuchtzirpe«, in: *Avenue. Das Magazin für Wissenskultur* 7 (27. Februar 2019), https://avenue.jetzt/sammeln/wie-sammelt-man-das-imaginaere-von-der-leuchtzirpe/ (aufgerufen: 3.7.2023).
Elisabeth Heyne: »Inverser Parasitismus. Fiktionale Wissenschaft des Selbstverlusts bei Roger Caillois«, in: Björn Bertrams, Antonio Roselli (Hg.): *Selbstverlust und Welterfahrung. Erkundungen einer pathischen Moderne*, Wien/Berlin: Turia + Kant 2020, S. 173–195.
Elisabeth Heyne: »Roger Caillois' Bericht des Entwohnten (1970)«, in: Kathrin Busch, Georg Dickmann, Maja Figge, Felix Laubscher (Hg.): Das Ästhetisch-Spekulative. Spekulationen in den Künsten. Bielefeld: Wilhelm Fink 2020, S. 59–61.

Konferenzen und Ausstellungen

L'Échiquier labyrinthique de Roger Caillois, Konferenz, organisiert v. André-Alain Morello u. Valeria Sguelia, Université de Toulon, 8.–9. Nov. 2007.

Roger Caillois: Traversing Art and Science, Konferenz, organisiert v. Donna Roberts in Kooperation m. dem AHRC Research Centre for Studies of Surrealism and its Legacies, University of Essex, 30. März 2007.

Mimétisme, Gruppenausstellung m. konzeptuellen Anleihen bei Roger Caillois, kuratiert v. Anselm Franke, Kunsthalle Extra City, Antwerpen, 25. Jan. – 6. Apr. 2008.

Pasajes Roger Caillois, Konferenz, Alianza Francesa de Buenos Aires, 22.–24. Apr. 2009.

Il Palazzo Enciclopedico (The Encyclopedic Palace), Gruppenausstellung m. einem Beitrag v. Roger Caillois, kuratiert v. Massimiliano Gioni, m. Beiträgen v. Roger Caillois u.a., 55. Biennale von Venedig, Arsenale und Padiglione Centrale, Giardini, 1. Juni – 24. Nov. 2013.

Katalog: *The Encyclopedic Palace. 55th International Art Exhibition: La Biennale di Venezia*, hg. v. Massimiliano Gioni, Venedig: Marsilio 2013.

Spiel/Raum/Kunst/Theorie, Workshop, organisiert v. Anne von der Heiden u. Sarah Kolb, Kunstuniversität Linz, 16. Dez. 2011.

Logik des Imaginären. Diagonale Wissenschaft nach Roger Caillois, Konferenz, organisiert v. Anne von der Heiden u. Sarah Kolb, Kunstuniversität Linz, 12.– 13. Okt. 2012.

Méduse & Cie, Gruppenausstellung m. konzeptuellen Anleihen bei Roger Caillois, kuratiert v. Dennis Scholl, Philipp von Rosen Galerie, Berlin, 27. Apr. – 22. Juni 2013.

Curiosity: Art and the Pleasures of Knowing, Gruppenausstellung m. einem Beitrag v. Roger Caillois, kuratiert v. Brian Dillon, De Appel Arts Center, Amsterdam, 28. Juni – 14. Sept. 2014.

Listen to the Stones, Think Like a Mountain, Gruppenausstellung m. konzeptuellen Anleihen bei Roger Caillois, kuratiert v. Evelien Bracke, Galerie Tatjana Pieters, Gent, 23. Aug. – 8. Nov. 2015.

The Keeper, Gruppenausstellung m. einem Beitrag v. Roger Caillois, kuratiert v. Massimiliano Gioni, New Museum, New York, 20. Juli – 2. Okt. 2016.

Katalog: *The Keeper*, hg. v. Massimiliano Gioni, Natalie Bell u. Lisa Phillips, New York: New Museum 2016.

Le précieux pouvoir des pierres, Gruppenausstellung m. konzeptuellen Anleihen bei Roger Caillois, MAMAC Musée d'Art Moderne et d'Art Contemporain de Nice in Kooperation mit dem Muséum d'Histoire Naturelle de Nice, Nizza, 30. Jan. – 15. Mai 2016.

Natura Pictrix, hommage à Roger Caillois, Galerie Abraham & Wolff, Paris, 4.–28. Okt. 2023.

Storie di pietra / Histories de Pierres / Stories of Stones / Geschichten aus Stein, nach Roger Caillois, Ausstellungsprolog m. Mineralien u. Texten aus der Sammlung Roger Caillois, kuratiert v. Jean de Loisy u. Sam Stourdzé, Villa Medici, Rom, 13. Okt. 2023 – 14. Jan. 2024.

Katalog: *Histories de Pierres / Stories of Stones*, hg. v. Jean de Loisy u. Sam Stourdzé, Rom/Paris: Delpire & Co 2023.

Nachlass

Steine und Mineralien aus der Sammlung von Roger Caillois: Museum national d'Histoire naturelle, Paris (Schenkung von 1988).

Manuskripte, Korrespondenzen und weitere Dokumente: Fonds Roger Caillois, Médiathèques Vichy (Schenkung von 1976).

ABBILDUNGSNACHWEISE

Kolb

Abb. 1–6 | S. 28–66
Copyright: Muséum national d'Histoire naturelle, Paris – François Farges.

Koester

Abb. 1–7 | S. 75–87
Courtesy: Galleri Nicolai Wallner, Kopenhagen.

Geble

Abb. 1 | S. 97
Copyright: Zoologische Lehrsammlung, Humboldt Universität zu Berlin.

Abb. 2 | S. 98
Copyright: Zoologische Lehrsammlung, Humboldt Universität zu Berlin.

Kadi

Abb. 1 | S. 143
Provenienz: Staatliche Kunsthalle Karlsruhe.

Abb. 2 | S. 148
Provenienz: Museum of Modern Art, New York.

Abb. 3 | S. 152
Provenienz: Musées Royaux des Beaux-Arts de Belgique, Brüssel.

Anderwald + Grond

Abb. 1–6 | S. 171–181
Foto und Copyright: Anderwald + Grond.

Balke

Abb. 1 | S. 211
Quelle: Roger Caillois: *Die Spiele und die Menschen. Maske und Rausch*, übers. v. Sigrid von Massenbach, Frankfurt a.M., Berlin, Wien 1982, S. 65.

Butler

Abb. 1 | S. 253
Quelle: Jacques Lacan: *Die vier Grundbegriffe der Psychoanalyse. Das Seminar, Buch XI* (1964), Textherstellung v. Jacques-Alain Miller, übers. v. Norbert Haas, Weinheim, Berlin 1996, S. 97.

Abb. 2 | S. 254
Quelle: Jacques Lacan: *Die vier Grundbegriffe der Psychoanalyse. Das Seminar, Buch XI* (1964), Textherstellung v. Jacques-Alain Miller, übers. v. Norbert Haas, Weinheim, Berlin 1996, S. 112.

Abb. 3 | S. 261
Quelle: Sergei Kuprejanov (Creative Director): MAX PAYNE 3, Computerspiel, USA 2012, Screenshot.

Abb. 4 | S. 262
Quelle: Sergei Kuprejanov (Creative Director): MAX PAYNE 3, Computerspiel, USA 2012, Benutzerhandbuch, S. 5.

Abb. 5 | S. 264
Quelle: Sergei Kuprejanov (Creative Director): MAX PAYNE 3, Computerspiel, USA 2012, Screenshot.

Hirschhorn

Abb. 1–6 | S. 268–285
Courtesy: Thomas Hirschhorn.

Tscholl

Abb. 1 | S. 333
Quelle: Léon Chestov: *L'Idée de Bien chez Tolstoi et Nietzsche*, übers. v. T. Beresovski-Chestov u. Georges Bataille, Paris 1925, Umschlag.

Abb. 2 | S. 335
Quelle: Roger Caillois: *L'Homme et le sacré*, Paris 1939, Umschlag.

Abb. 3 | S. 347
Quelle: Jorge Luis Borges: *Images du Labyrinthe*, übers. v. Roger Caillois, Paris 1953, Umschlag.

IMPRESSUM

Logik des Imaginären 2 erscheint im August Verlag. Der August Verlag ist ein Forum für Theorie im Schnittpunkt von Philosophie, Politik und Kunst. Der August Verlag ist ein Imprint von Matthes & Seitz Berlin.

August Verlag
august@augustverlag.de
www.augustverlag.de

Erste Auflage Berlin 2024

Gestaltung: Selitsch Weig nach einem Entwurf von Christoph Stolberg
Satz: Selitsch Weig
Lektorat: Sarah Kolb, Peter Geble, Jana Mangold, Angelika Seppi
Druck: Druckerei Kettler, Bönen

Die Deutsche Nationalbibliothek verzeichnet diese Publikation in der Deutschen Nationalbibliografie; detaillierte bibliografische Daten sind über http://dnb.d-nb.de abrufbar.

Printed in Germany
ISBN 978-3-941360-59-4

BISHER ERSCHIENEN

Georges Canguilhem
DIE ERKENNTNIS DES LEBENS
ISBN 978-3-941360-00-6

Marietta Kesting,
Aljoscha Weskott (Hg.)
SUN TROPES
Sun City and (Post-)Apartheid Culture in South Africa
ISBN 978-3-941360-04-4

Anselm Haverkamp
BEGREIFEN IM BILD
Methodische Annäherung an die Aktualität der Kunst (Antonello da Messina, August Sander)
Kleine Edition 1
ISBN 978-3-941360-02-0

Barbara Vinken
EINE LEGENDE DER MODERNE
Flauberts *Einfaches Herz*
Flaubert Lectures I
Kleine Edition 2
ISBN 978-3-941360-03-7

Volker Pantenburg
RÄNDER DES KINOS
Godard – Wiseman – Benning – Costa
Kleine Edition 3
ISBN 978-3-941360-08-2

Jacques Rancière
DER HASS DER DEMOKRATIE
Kleine Edition 24
ISBN 978-3-941360-01-3

Alain Badiou
KLEINES TRAGBARES PANTHEON
ISBN 978-3-941360-06-8

Maria Muhle, Kathrin Thiele (Hg.)
BIOPOLITISCHE KONSTELLATIONEN
ISBN 978-3-941360-05-1

Jean Starobinski
GESCHICHTE DER MELANCHOLIEBEHANDLUNG
ISBN 978-3-941360-09-9

Thomas Khurana,
Christoph Menke (Hg.)
PARADOXIEN DER AUTONOMIE
Freiheit und Gesetz I
ISBN 978-3-941360-10-5

Juliane Rebentisch,
Dirk Setton (Hg.)
WILLKÜR
Freiheit und Gesetz II
ISBN 978-3-941360-11-2

Christoph Menke
RECHT UND GEWALT
Kleine Edition 4
ISBN 978-3-941360-14-3

Jonathan Culler
WHY FLAUBERT?
and Jacques Neefs
LOVE, GODS, WARS
A modern epic prose
Flaubert Lectures II
Kleine Edition 5
ISBN 978-3-941360-15-0

Thomas Schestag
REALABSENZ, SCHATTEN
Flauberts Erziehung:
Zur *Education Sentimentale*
Flaubert Lectures III
Kleine Edition 6
ISBN 978-3-941360-16-7

Jalal Toufic
VOM RÜCKZUG DER TRADITION NACH EINEM UNERMESSLICHEN DESASTER
Kleine Edition 7
ISBN 978-3-941360-24-2

Branden W. Joseph
THE *ROH* AND THE COOKED
Tony Conrad and Beverly Grant in Europe (with an Essay by Tony Conrad)
ISBN 978-3-941360-18-1

Alexander García Düttmann
NAIVE KUNST
Ein Versuch über das Glück
Kleine Edition 8
ISBN 978-3-941360-13-6

Alain Brossat
PLEBS INVICTA
Kleine Edition 9
ISBN 978-3-941360-07-5

Jacques Rancière
UND DAS KINO GEHT WEITER
Schriften zum Film
ISBN 978-3-941360-19-8

Anselm Haverkamp
DIE ZWEIDEUTIGKEIT DER KUNST
Zur historischen Epistemologie der Bilder
Kleine Edition 10
ISBN 978-3-941360-23-5

Beate Söntgen, Gabriele Brandstetter
RENAISSANCEN DER PASSION
Flaubert Lectures IV
Kleine Edition 11
ISBN 978-3-941360-22-8

Isabelle Graw, Peter Geimer
ÜBER MALEREI
Eine Diskussion
Kleine Edition 12
ISBN 978-3-941360-28-0

Jacques Rancière
BÉLA TARR. DIE ZEIT DANACH
Kleine Edition 13
ISBN 978-3-941360-26-6

Björn Quiring (Hg.)
THEATRUM MUNDI
Die Metapher des Welttheaters von Shakespeare bis Beckett
ISBN 978-3-941360-17-4

Georges Canguilhem
DAS NORMALE UND DAS PATHOLOGISCHE
ISBN 978-3-941360-20-4

Thomas Khurana (Hg.)
THE FREEDOM OF LIFE
Hegelian Perspectives
Freiheit und Gesetz III
ISBN 978-3-941360-21-1

Eva Horn, Michèle Lowrie (Hg.)
DENKFIGUREN / FIGURES OF THOUGHT
Für / For Anselm Haverkamp
ISBN 978-3-941360-32-7

Andreas Fischer-Lescano
RECHTSKRAFT
Kleine Edition 14
ISBN 978-3-941360-29-7

Simon Rothöhler
HIGH DEFINITION
Digitale Filmästhetik
Kleine Edition 15
ISBN 978-3-941360-25-9

Stefanos Geroulanos, Todd Meyers
EXPERIMENTE IM INDIVIDUUM
Kurt Goldstein und die Fragen des Organismus
Kleine Edition 16
ISBN 978-3-941360-30-3

Rüdiger Campe, Christoph Menke, Anselm Haverkamp
BAUMGARTEN-STUDIEN
Zur Genealogie der Ästhetik
ISBN 978-3-941360-38-9

Friedrich Balke, Rembert Hüser
REISEN MIT KAFKA
Paris, Weimar
Kleine Edition 17
ISBN 978-3-941360-39-6

Jacques Lacan
STRUKTUR. ANDERSHEIT. SUBJEKTKONSTITUTION
Lacanian Explorations I
Kleine Edition 18
ISBN 978-3-941360-37-2

Leon Filter
BIEGEN
Mit einem Essay von Helmut Draxler
Kleine Edition 19
ISBN 978-3-941360-36-5

Volker Pantenburg u.a. (Hg.)
WÖRTERBUCH KINEMATOGRAFISCHER OBJEKTE
ISBN 978-3-941360-33-4

Jacques Rancière
DIE WÖRTER DER GESCHICHTE
Versuch einer Poetik des Wissens
ISBN 978-3-941360-42-6

Slavoj Žižek
THE WAGNERIAN SUBLIME
Four Lacanian Readings of Classic Operas
Lacanian Explorations II
Kleine Edition 20
ISBN 978-3-941360-41-9

Volker Pantenburg (ed.)
CINEMATOGRAPHIC OBJECTS
Things and Operations
ISBN 978-3-941360-34-1

Frédéric Paul
SARAH MORRIS
CAPITAL letters read better for Initials
ISBN 978-3-941360-46-4

David Joselit
NACH KUNST
ISBN 978-3-941360-47-1

Alexander García Düttmann
GEGEN DIE SELBSTERHALTUNG
Ernst und Unernst des Denkens
ISBN 978-3-941360-49-5

Eva Geulen
AUS DEM LEBEN DER FORM
Goethes Morphologie und die Nager
ISBN 978-3-941360-40-2

Daniel Loick
DER MISSBRAUCH DES EIGENTUMS
Kleine Edition 21
ISBN 978-3-941360-54-9

Georges Canguilhem
REGULATION UND LEBEN
Kleine Edition 22
ISBN 978-3-941360-43-3

Maria Muhle, Christiane Voss (Hg.)
BLACK BOX LEBEN
ISBN 978-3-941360-44-0

Astrid Deuber-Mankowsky
QUEERES POST-CINEMA
Yael Bartana, Su Friedrich, Todd Haynes, Sharon Hayes
Kleine Edition 25
ISBN 978-3-941360-55-6

Felix Trautmann (Hg.)
DAS POLITISCHE IMAGINÄRE
Freiheit und Gesetz V
ISBN 978-3-941360-31-0

Eric L. Santner
GESETZ UND PARANOIA
Freud, Schreber und die Passionen der Psychoanalyse
Lacanian Explorations III
ISBN 978-3-941360-53-2

Christoph Menke
RECHT UND GEWALT
Erweiterte Neuauflage
Kleine Edition 26
ISBN 978-3-941360-14-3

Richard Baxstrom, Todd Meyers
VIOLENCE'S FABLED EXPERIMENT
Kleine Edition 27
ISBN 978-3-941360-57-0

Christoph Menke
AM TAG DER KRISE
Kolumnen
Kleine Edition 29
ISBN 978-3-941360-62-4

Anne von der Heiden,
Sarah Kolb (Hg.)
LOGIK DES IMAGINÄREN
Diagonale Wissenschaft nach
Roger Caillois
Band 1: Versuchungen durch Natur,
Kultur und Imagination
ISBN 978-3-941360-58-7

Katja Müller-Helle (ed.)
THE LEGACY OF TRANSGRESSIVE
OBJECTS
ISBN 978-3-941360-64-8

Samo Tomšič
THE LABOUR OF ENJOYMENT
Towards a Critique of Libidinal
Economy
Lacanian Explorations IV
ISBN 978-3-941360-56-3

Gilles Deleuze, Claire Parnet
DIALOGE
ISBN 978-3-941360-48-8

Anne Sauvagnargues
ETHOLOGIE DER KUNST
Deleuze, Guattari und Simondon
Kleine Edition 30
ISBN 978-3-941360-60-0

Eric Fassin
REVOLTE ODER RESSENTIMENT
Über den Populismus
Kleine Edition 31
ISBN 978-3-941360-68-6

Jörg Dünne
KOSMOGRAMME
Geohistorische Skalierungen
romanischer Literaturen
Kleine Edition 32
ISBN 978-3-941360-69-3

Christian Maurel
FÜR DEN ARSCH
Mit einem Essay von Peter Rehberg
Kleine Edition 28
Isbn 978-3-941360-63-1

Anna Häusler, Elisabeth Heyne,
Lars Koch, Tanja Prokic´
VERLETZEN UND BELEIDIGEN
ISBN 978-3-941360-70-9

Jörg Kreienbrock
DAS MEDIUM DER PROSA
Studien zur Theorie der Lyrik
ISBN 978-3-941360-66-2

Ludger Schwarte
DENKEN IN FARBE
Zur Epistemologie des Malens
ISBN 978-3-941360-71-6

Henning Trüper
SEUCHENJAHR
Kleine Edition 33
ISBN 978-3-941360-83-9

Hanna Hamel
ÜBERGÄNGLICHE NATUR
Kant, Herder, Goethe und
die Gegenwart des Klimas
ISBN 978-3-941360-80-8

Peer Illner (ed.)
UNWORKING
ISBN 978-3-941360-67-9

Gilles Châtelet
LEBEN UND DENKEN WIE
DIE SCHWEINE
ISBN 978-3-941360-79-2

Didier Debaise
VOM REIZ DES MÖGLICHEN
Natur als Ereignis
ISBN 978-3-941360-78-5

Martina Dobbe und
Francesca Raimondi (Hg.)
SERIALITÄT UND
WIEDERHOLUNG:
REVISITED
ISBN 978-3-941360-75-4

Johanna Bussemer, Katja Kipping
GREEN NEW DEALS
ALS ZUKUNFTSPAKT
Die Karten neu mischen
Kleine Edition 37
ISBN 978-3-941360-88-4

Hanna Sohns und
Johannes Ungelenk (Hg.)
BERÜHREN LESEN
ISBN 978-3-941360-84-6

Hervé Guibert
ZYTOMEGALIEVIRUS
Krankenhaustagebuch
Kleine Edition 36
ISBN 978-3-941360-87-7

Hervé Guibert
DEM FREUND, DER MIR DAS
LEBEN NICHT GERETTET HAT
ISBN 978-3-941360-86-0

Alexander García Düttmann
DIE HOFFNUNGSLOSEN
ISBN 978-3-941360-90-7

Saidiya Hartman
DIESE BITTERE ERDE
(IST WOMÖGLICH NICHT,
WAS SIE SCHEINT)
ISBN 978-3-941360-91-4

Hannes Bajohr
SCHREIBENLASSEN
Texte zur Literatur im Digitalen
ISBN 978-3-94136-097-6

Leander Scholz
DIE REGIERUNG DER NATUR
Ökologie und politische Ordnung
ISBN 978-3-94136-096-9

Niklaus Largier, Anja Lemke (Hg.)
THEORIEN DES MÖGLICHEN
ISBN 978-3-94136-074-7

Kathy Acker, McKenzie Wark
DU HAST ES MIR SEHR ANGETAN
E-MAILS 1995/96
ISBN 978-3-94136-099-0

Julian Radlmaier
BLUTSAUGER
ISBN 978-3-7518-9004-5

Anna Häusler
SZENEN DER HERABSETZUNG
Tragik und Ideologie
ISBN 978-3-94136-098-3

Volker Pantenburg
AGGREGATZUSTÄNDE
BEWEGTER BILDER
ISBN 978-3-94136-095-2

Jeffrey Jerome Cohen
STEIN
Ökologie des Nichthumanen
ISBN 978-3-7518-9005-2

Georges Canguilhem
ÜBER MAURICE HALBWACHS
Mit einem Essay von
Henning Schmidgen
Kleine Edition 41
ISBN 978-3-7518-9007-6

Roger Caillois, Sarah Kolb (Hg.),
Anne von der Heiden (Hg.)
DER MYTHOS UND DER MENSCH
ISBN 978-3-7518-9006-9

Olivia Sudjic
EXPONIERT
Kleine Edition 34
ISBN 978-3-94136-082-2

McKenzie Wark
REVERSE COWGIRL
ISBN 978-3-7518-9010-6

Louis Chude-Sokei
TECHNOLOGIE UND RACE
ISBN 978-3-7518-9011-3

Maurice Merleau-Ponty, Oliver Precht
DER ROTE FADEN
Maurice Merleau-Ponty und
die Politik der Wahrnehmung
ISBN 978-3-7518-9016-8

Dan Edelstein, Stefanos Geroulanos,
Natasha Wheatley
MACHT UND ZEIT
Kleine Edition 43
ISBN 978-3-7518-9018-2

Chris Kraus
EHRGEIZ, DEMUT, GLÜCK
Texte zu Kunst und Freundschaft
ISBN 978-3-7518-9015-1

Simon Baier, Markus Klammer (Hg),
AESTHETICS OF EQUIVALENCE
Art in Capitalism
ISBN 978-3-7518-9019-9

Bernd Stiegler
BILDPOLITIKEN DER IDENTITÄT
Von Portaitfotografien bis zu rechten
Netzwerken
Kleine Edition 44
ISBN 978-3-7518-9028-1

Hannes Bajohr, Markus Krajewski (Hg.)
QUELLCODEKRITIK
Zur Philologie von Algorithmen
ISBN 978-3-7518-9020-5